L'Auteur Espagnol a en 2 livres contenu dans ce volume est inconnu et les Traductions françoises ne... encore Nicolas d'Herberay. La 1ere Ed.on in.4o des 2. livres est de 1543. Le huitième livre est precedé d'un discours sur les amadis qui est de Michel Sevin d'Orléans. Je retrouve encore dans cette Edition cy et n'est point dans les Posterieures. Car deux livres dans cette Trad.on françoise contiennent l'histoire d'amadis de Grece qui dans l'original Espagnol, ne commence qu'au 9eme Livre.

———————

ce ~~[rayé]~~ 3eme volume de cette edition contient les 7 et huitieme livres d'amadis de gaule, il est conforme pour le Stile et pour les ornemens, aux editions, in 4to, et in 16, la seule difference qu'il y a dans celle in folio, c'est que le fr des enarts a ~~mis~~ a la fin du 7eme livre, un eloge en vers, des amadis, cet eloge est fait par michel Sevin, et ne se trouve point, dans les editions, in 4to, ni in 16,

LE SEPTIESME LI-
ure d'Amadis de Gaule, histoire

TRESEXCELLENTE D'AMADIS DE
GRECE, SVRNOMME LE CHEVALIER DE L'ARDANTE
Espée, filz de Lisuart de Grece, & de la belle Onolorie
de Trebisonde : mis en Françoys par le Seigneur des Essars Nicolas de Herberay,
Commissaire ordinaire de
l'artillerie du Roy.

Acuerdo Oluido.

Auecq' priuilege du Roy.

A PARIS.

1 5 4 6.

De l'Imprimerie de Ieanne Marnef, demeurant en la rue Neuue nostre Dame à l'enseigne saint Ian Baptiste.

Vn amy du Seigneur des
ESSARS, AV LECTEVR.

Huictain.

SI d'Amadis le Premier, & Deuxiesme
Sont estimez entre les gents de bien:
   Le Tiers, le Quart, le Quint, & le Sixiesme,
N'ont moins d'honneur, pour l'esgal entretien.
Quoy du Septiesme? Or il n'y manque rien,
Tant est parfait qu'il monte iusqu'aux cieux,
Et laisse en France vn fruit quotidien
De bien parler, maugré le Furieux.

Espoir loyal.

Le petit Angeuin,
A' CE PROPOS.

Sonnet.

LEs Grecz ont eu iadis pour Orateur
Demostenes, l'eloquent, & parfait:
   Pour leur poëte, Homere satisfait
   Aux bons espritz, maugré son detracteur.
Quant aux Latins, Cicero, docte Auteur,
   En son doulx style excelle par effait:
   Et de Maro le metre tant bien fait
   Passe tout autre, en science, & haulteur.
L'Italien, sectateur du Latin,
   Veult exalter Petrarque, & l'Aretin,
   Iusques au ciel, & là leur siege il pose:
Et le Françoys esgale aux dessusditz,
   Soit en douceur, sentences, & beaux ditz,
   Salel, en vers, & Herberay, en prose.

Solicito é secretto.

Enſuyt la Table du Septiesme
LIVRE D'AMADIS DE GAVLE.

Et premierement.

Comme les

ã iii　　Comme

FIN DE LA TABLE.
de ce preſent liure.

Le Septiefme liure d'Amadis de

GAVLE, HISTOIRE TRESEXCELLEN-
TE D'AMADIS DE GRECE SVRNOMME' LE CHEVALIER DE
l'ardante Efpée, filz de Lifuart de Græce & de la belle Ono-
loire de Trebifonde : mis en François par le Seigneur
des Effars Nicolas de Herberay , Commiffaire
ordinaire de l'artillerie du Roy.

Comme certains courfaires

Mores prefenterent au Roy de Saba Magadan, le
Damoyfel de l'ardante Efpée,

Chapitre   Premier.

V Royaume de Saba , regnoit iadis vn Roy More
nommé Magadan, lequel, contre le commun naturel
des noirs, eftoit affable, humain , & debonnaire : aymant fur tout peuple ceulx qui eftoient blancz , defquelz il fe feruoit trop plus voluntiers que des autres.
Ce Magadan eut à femme & efpoufe vne noble da-
me no mmée Buruca, noire comme luy : & d'eulx deux yffit le vaillant
A   Fulurtin.

Fulurtin, dont noſtre hiſtoire fera quelquefois mencion . Si fut Fulurtin
reſſemblant au pere en bonnes condicions, & aprint en ſes ieunes ans
toutes langues eſtrangieres : Et à ce l'inſtruit Mandaiar eſclaue blanc &
ſçauant à merueilles . Or eſtoit commun en tout le Royaume de Saba, le
plaiſir que prenoit le Roy à recouurer captifz eſtrangiers , meſmes des
parties de Septentrion , pour leur blancheur : & ſouuent pardonnoit iuſques aux crimes de leze maieſté , pourueu qu'on luy fiſt preſent de telz
perſonnages . Dont il auint, qu'vn iour ſortant de table, entrerent en ſa
ſalle quatre Mores , côduiſants par la main vn Damoyſel beau en toute
perfection, & aagé de trois ans. Si ſaluerent Magadan ſelon leur mode,
& l'vn d'eulx parla ainſi : Sire, les deux freres, qui ont mis à mort voſtre
couſin , vous ſaluent en toute humilité , & vous ſuplient receuoir ceſt
enfant qu'ilz vous enuoyent : lequel, oultre l'excellence de ſa perſonne,
a aporté du ventre de la mere vn ſigne eſmerueillable . Ce diſant luy
deſueſtirent vne petite iube de taffetas iaune qu'il portoit, & monſtrerent deuant tous vne eſpée rouge comme feu, le pommeau de laquelle
luy procedoit du genoil gauche , finiſſant la pointe pres du tetin : & ſi
eſtoit couuerte de certains caracteres blancs, qui furent pour lors incogneuz de tous, meſmes de Mandaiar , encores qu'il y euſt en ceſte ſaiſon peu d'auſſi doctes que luy . Le Roy ayſe au poſſible de ſi beau preſent, & plus encores esbahy de l'eſpée naturelle que l'enfant portoit ſur
ſoy , voulut qu'on l'apellaſt le Damoyſel de l'ardante Eſpée : & des
l'heure le donna à ſon filz Fulurtin, qui l'ayma tant depuys , qu'il en
faiſoit vn ſecond ſoymeſmes. Mais auant paſſer oultre, il eſt beſoing
que vous entendiez que ce Damoyſel eſtoit celuy propre, que Garinde
(l'vne des femmes d'Onolorie) laiſſa ſur le bord de la fontaine , ainſi
qu'elle le portoit nourrir au port de Filine, comme il vous a eſté recité
au ſixieſme liure. Et l'enleuerent ces courſaires en leur vaiſſeau, ou de
puys ilz le nourrirent iuſques à ce qu'ilz le preſenterent au Roy Magadan, qui à ceſte ocaſion leur pardonna , non ſeulement la mort de ſon
couſin, pour lequel ilz eſtoient fugitifz, ains leur fiſt pluſieurs grands
biens, tant eut agreable le Damoyſel de l'ardante Eſpée, qui creut & ſe
fit ſi beau, qu'en l'aage d'huict ans on luy en euſt donné plus de douze : Et auecq' ce, ſe conforma de telle ſorte aux complexions du Prince
Fulurtin, qu'il ne pouuoit eſtre ſans luy . Eulx deux furent enſeignez en
toutes bonnes letres, à luyter, piquer cheuaux, ieter la barre, eſcrimer,
& faire actes apartenants à Gentilzhommes bien condicionnez . Et encores que le Damoyſel de l'ardante Fſpée deuint en toutes ces choſes ſi
bien aprins qu'il n'auoit ſon ſemblable, ſi ne ſe voulut il onques eſprouuer contre ſon Prince Fulurtin, pour l'honneur & reuerance qu'il luy
portoit : dont le Roy Magadan luy ſçauoit tant bon gré, qu'il le menoit
ordinairement en tous lieux de plaiſir, fuſt courre le Cerf, ou autrement.

Comme

Comme le Roy Magadan, estãt

aux toiles, fut assailly d'vn Ours, & deliuré de mort par
le Damoysel de l'ardante Espée.

Chapitre   II.

Velques années depuys, & vn iour entre autres, le
Roy de Saba ayant fait tendre les toiles en la prochaine forest, & atendant le long d'vne grand' route vn
fort Sanglier, tenant au poing vn espieu trenchant, va
sortir du hallier vn Ours, qui d'effroy (ayant ouy les
aboys des chiens courants, & le retentissement des
trompes) taschoit par tous moyens à se sauuer. Or n'estoit Magadan
pour lors acompaigné d'autre personne, que du Damoysel de l'ardante
Espée, qui tenoit au relais vn leūrier, lequel auisant l'Ours se deffit de sa
laisse & courut l'assaillir: mais la beste luy donna si grand coup de l'vne
des pattes de deuant, qu'elle luy rompit les machoueres, & sans tarder
se lança contre le Roy, qui luy presenta l'espieu & l'enferra. Neant-

A ii   moins

moings l'Ours agile fift tant qu'il luy arracha des poings, & à force de
braz le faifit au corps, & le ieta par terre . Ce que voyant le Damoyfel,
courut haftiuement le fecourir, & d'arriuée empoigna vn coufteau de
chaffe qui pendoit à fa ceinture, duquel il frapa la befte fi rudement,
qu'il luy coupa quafi la iambe . L'Ours fe fentant naüré lafcha fa prinfe, & la gueule ouuerte fe ieta fur le Damoyfel, qui fans f'effroyer leua le
bras, & l'ataignit entre les deux oreilles de fi grand' force , qu'il luy fepara la tefte en deux . Et comme il retournoit pour ayder au Roy à fe
releuer, aperceut venir contre luy vn grand Lyon coronné, portant entre fes dents vn enfant de l'aage de deux ans , qui crioit à haulte voix:
Helas, Damoyfel de l'ardante Efpée, aydez moy ! ce que voftre pere ne
me refuferoit f'il eftoit icy comme vous eftes ! Le Damoyfel entendant
telles paroles, ne fut moins esbahy de ce propos, que de voir celuy qui
parloit à luy, vers lequel il courut diligemment pour le tirer du danger.
Mais le Lyon qui le vid aprocher laiffa l'enfant, & pour deuorer le Damoyfel f'adreffa à luy : toutesfois il fe deftourna, & en ce deftournant
luy donna fi grand coup de fon coufteau , qu'il luy ofta la iambe d'a-
uecq' le corps . Neantmoins la befte efchauffée auança l'autre patte, &
de fes ongles trenchants luy defchira partie de la robe qu'il auoit veftue,
& le tira à foy tant rudement qu'il le ieta par terre . Ce nonobftant il fe
releua auffi toft, & rechargeant le Lyon luy entama d'vn reuers les reins,
en forte qu'on luy voyoit le foye dans le corps, & demoura mort fur
l'herbe . Lors regarda le Damoyfel qu'eftoit deuenu l'enfant qu'il auoit
fecouru, & l'auifa fuyr le long d'vne fente : au moyen dequoy il courut
apres, à fin qu'il luy declaraft quelle cognoiffance il auoit de luy . Si l'a-
taignit, & le pria de grand' affection qu'il luy dift comme il eftoit tombé en ce danger, & f'il l'auoit autresfois veu:car(dit il) vous m'auez n'a-
gueres affeuré, que fi mon pere euft efté prefent il ne vous euft failly de
garant, non plus que i'ay fait . Le ieune gars l'entendant rinfi parler, fe
print à rire, & luy refpondit:Certes,Damoyfel,vous eftes filz de tel pere, qu'il vous faudra trauailler beaucoup pour luy reffembler, combien
que vous foyez nay pour receuoir plus d'honneur en haulte proueffe
& cheualerie, qu'autre qui vous ayt precedé, & du furplus ne vous donnez peine d'enquerre : car ce vous feroit temps perdu . Adoncq' f'efua-
nouyt, & ne fut veu depuys, dont le Damoyfel demoura fi esbahy, qu'il
penfoit auoir fongé : trefayfe, toutesfois, de ce qu'il auoit entendu . Et
plus enuieux que deuant de fçauoir de qui il eftoit yffu, reprint fon a-
dreffe vers le Roy qu'il trouua fort rompu, & bleffé durement en la
cuyffe d'vne dentée de l'Ours : parquoy luy demanda (la larme à l'œil)
comme il fe portoit . Magadan, qui auoit fongneufement prins garde à
ce qui eftoit auenu au Damoyfel, tant contre l'Ours, qu'enuers la Lyon,
luy refpondit gracieufement:Certes, mon amy, graces à noz Dieux &
à vous.

à vous, ie suis mieux que ie n'esperois n'agueres: tant y a qu'onques nourriture ne fut si bien employée comme celle que ie vous ay faite, veu le deuoir auquel vous vous estes mis pour me garantir, qui me donne bonne
cognoissance, que iamais la vertu ne se perd ou elle est viuement plantée.
Sire, dit le Damoysel, il n'y a point de doute que la vertu ne se recognoist
que par vertu : & toutesfois ie sçay bien que ie ne pourrois de ma vie satisfaire aux biensfaitz que i'ay desia receuz de vous. Et neātmoins ie prie
humblement au grand dieu Iupiter me donner la grace, que mon pouuoir puisse quelque iour corespondre à mon vouloir, lors ce manifestera
à veuë d'œil l'enuie que iay de vous obeir & seruir. Mais, sire, il me semble pour le mieux, que ie doy aller trouuer quelquesvns de voz veneurs,
ou autres, pour vous faire vne biere cheualeresse & vous porter en la ville:
car, à ce que ie puis voir, l'Ours vous a traité malement . Ie vous en prie,
respondit le Roy. Adoncq' s'auança le Damoysel à trauers boys & buis-
sons, tant qu'il rencontra Fulurtin & plusieurs Gentilzhommes, lesquelz
auertiz de l'inconuenient auenu à leur Prince, furent fort ennuyez, & y
coururent à bride abatue . Si le trouuerent en piteux estat pour le sang
qu'il auoit perdu, toutesfois il leur conta tresbien que sans le Damoysel
de l'ardante Espée, sa vie estoit au plus grand danger qu'elle fut oncq'.
Lors luy dresserét vne lictiere, sur laquelle ilz l'emporterent en la cité de
Saba, ou la Royne le fist traiter auecq' grand soing, portant si bon visage
au Damoysel, que depuys ne faisoit moindre estat de luy que de son propre filz.

Comme Fulurtin & le Damoy-

sel de l'ardante Espée furent armez Cheualiers par la main du
Roy Magadan: & de la faulce acusation que fist Maudan par enuie, contre la Royne Buruca.

Chapitre	III.

A iii	Magadan

Agadan ayant receu telle ayde du Damoysel de l’ardante Espée, qu’il vous a esté dit, le print en si grand’ amour, qu’il l’eut aussi cher que s’il eust esté son proche parent : mesmes depuys qu’il luy eut raconté les propoz que l’enfant du Lyon luy auoit tenuz, dont il imprima en sa fantasie qu’il deuoit estre yssu de quelque hault lieu. Et pour ceste cause le faisoit seoir ordinairement à sa table ioignant Fulurtin. Et aussi luy donna vn ieune Gentilhomme blanc nommé Yneril, pour le seruir & estre tousiours pres de sa personne. Ainsi se passerent quelques années, que le Damoysel (aymé des grands & des petitz) paruint en l’aage de quatorze ans, tant bien formé & dispos, qu’il se monstroit en auoir plus de seize. Or auint que Fulurtin (vn peu plus ancien que luy) gentil Prince & traitable, requist au Roy luy donner cheualerie, à quoy il s’acorda aysément : dont le Damoysel de l’ardante Espée auerty (desirant cest hôneur plus qu’autre qui luy peust auenir) en parla à Magadan, lequel cognoissant son bon cueur, auecq’ l’amytié qu’il luy portoit, n’eut tant d’esgard au bas aage, qu’à la vertu de la personne, & fut content que Fulurtin & luy deuinssent compaignons d’armes, tellement qu’il leur donna à tous deux l’acolée auecq’ harnois blancs. Et ainsi que la coustume estoit de garder les ceremonies, la feste continua par l’espace de quinze iours entiers, durant lesquelz Maudan, filz de l’vn des plus grands seigneurs de Saba, vint à court, pour estre nourry auecq’ Fulurtin : toutesfois il n’y seiourna guerès qu’il deuint tant ialoux & enuieux de l’honneur que le Roy faisoit au Cheualier de l’ardante Espée, qu’il seichoit sur les piedz, & pensoient plusieurs qu’il fust malade. Et tant plus ce poison luy rongeoit le cueur, & plus cherchoit moyens de le mettre en la male grace du Roy, encores qu’il n’y trouuast ocasion : dont son mal rengregeoit, si qu’on le voyoit deschoir d’heure en heure, ny plus ny moins que fait la neige à la chaleur du Soleil. Mais quelque temps depuys, Magadan estant party de Saba, ou il auoit laissé la Royne, pour aller visiter vn sienne ville nommée Terryne, ainsi que la bonne dame s’esbatoit iouant aux eschetz auecq’ le Cheualier de l’ardante Espée, Fulurtin & Maudan, qui les regardoient, ennuyez de la longueur du ieu, les laisserent seulz : & finablement apres quelques matz dont la Royne eut la victoire, elle qui aymoit (comme vous auez entendu) autant que son propre filz celuy contre lequel elle s’esbatoit, tant pour les vertuz de luy, que pour le secours quil auoit donné au Roy, le deliurant du peril ou il s’estoit trouué à la chasse, le fit seoir ioignant d’elle sur le pied d’vn lict, & deuisants ensemble, sans penser en rien offencer son honneur, le baisoit & acoloit doucement : toutesfois l’enuieux Maudan, qui auoit laissé Fulurtin pour les espier, voyant telles caresses, se persuada tout au

contraire

contraire de ce qu'il en estoit , deliberant en son malin esprit , auertir le
Roy de leur amour , aussi tost qu'il seroit arriué , qui fut peu de temps a-
pres.car on luy vint raporter que les Roys d'Arabie & de Tharse descen-
doient en ses païs pour luy faire la guerre : Et à ceste cause retourna en sa
ville de Saba, à fin d'assembler gents de toutes parts , & aller au deuant
d'eulx.Mais à peine eut il loysir de souper, que Maudan le trouuant seul
apuyé sur vne des fenestres de la salle , apres quelques propoz qu'il mist
en auant pour pallier sa trahison, commença à luy dire. Sire, ie vous suplie treshumblement me pardóner , si ie vous descouure chose qui m'est
tant ennuyeuse,que ie voudrois quasi mourir,& n'auoir ocasion de tomber en ces termes, tant pour le desplaisir que vous en receurez, que pour
la grande amytié que ie porte au Cheualier de l'ardante Espée , lequel
i'ay tousiours aymé, honoré, & estimé , plus qu'autre de ma cognoissance:& de ce soient tesmoings tous noz dieux : mais vous touchant le cas
comme il vous touche,moy qui suis vostre vassal, commettrois felonnie
& trahison trop grande, demeurant la nourriture qu'auez faite en moy
tresmal employée,en sorte que raison me contraint de posposer toute affection de personnes,voire & fust ce à mon propre pere, pour maintenir
la fidelité,laquelle ie doy à vous qui estes mon Prince lige & naturel sei-
gneur.Lors commença à discourir, comme il auoit veu la Royne iouant
aux eschetz auecq' le Cheualier de l'ardante Espée,& les priuautez qu'elle luy auoit monstrées, aioustant mille bourdes & malheurtez, & iusques à l'asseurer , qu'lle s'estoit habandonnée, violant le commun droit
de mariage.Le Roy bien esbahy (& non sans cause)demeura tant esper-
du,qu'il se cuyda laisser tomber du hault de soy , & fut bien long temps
qu'il ne peut proferer vne seule parole , pour le debat qui suruint en son
esprit, entre l'amytié qu'il portoit à l'acusé, & au deshonneur qui luy a-
uoit esté pourchassé, tellement qu'il ne se peut tenir de plourer: & ayant
la face couuerte de larmes, demanda à Maudan, s'il estoit possible que le
Cheualier de l'ardante Espée l'eust hóny,ainsi qu'il luy auoit recité. Oy,
sire, respondit il, & le vous iureray par les dieux viuants : car ie l'ay veu
de mes propres yeux. Ah ! ah dit le Roy (ietant vn hault souspir) le trahistre s'est tant oublié, que tout ainsi que l'auois preferé entre tous ceulx
de ce royaume , ainsi le feray-ie mourir , & la Louue aussi, de la plus
cruelle mort que morurent onques chetiues creatures ! Et commandant
le Roy à Maudan qu'il tint le tout couuert, le laissa seul, & entra en sa
chambre autant ennuyé , que le meschant ayse d'auoir si bien mis à fin
son proiect. Et tout ainsi comme l'amour de pere à filz est incomparable
auecques les amytiez communes, ainsi la hayne de l'vn à l'autre (quand
elle a vigueur)est indubitablemét plus extreme qu'on ne sçauroit expri-
mer:semblablement le Roy qui s'estoit tant affectionné au Cheualier
de l'ardante Espée , qu'il lauoit presque fait esgal à Fulurtin, oyant les
A iiii   propoz

propoz du flateur, se trouua si perturbé qu'à toutes les peines du monde
ne peut dissimuler qu'il ne l'enuoyast sur l'heure au dernier suplice: mais
il esperoit le prendre sur le fait: parquoy mist le tout en suspens non sans
grand' peine . Or est communément le peché de telle condicion , qu'il
n'est plustost nay , qu'il n'amene quant & soy vn repentir , qui fut cause que Maudan mist de l'eau en son vin , & commença de là en auant à
cognoistre son offence: considerant les plaisirs & bons tours qu'il auoit
receuz du Cheualier qu'il acusoit, en sorte qu'il eust bien voulu n'auoir
oncq' mesdit de luy , toutesfois les cheuaux perduz l'estable est trop
tard fermée . Et neantmoins remords de conscience conduit par raison,
gaigna tant sur luy, qu'il proposa pour le moins luy sauuer la vie, l'auisant que le Roy parloit de luy faire vn mauuais tour , & qu'à ceste cause
il s'absentast pour euiter telle fureur . Et comme il le pensa ainsi le mist
en effait, chose venant de Dieu, comme il est vray semblable , non pour
le merite de si malheureuse personne qu'estoit Maudan, ains pour la iustice du iuste , qui est cause que l'on voit quelques fois le meschant donner lieu au bien, & laisser le mal contre son naturel. Le Soleil estoit desia
bien auant retiré derriere les montaignes, & s'aprochoit la nuict, quand
le trahistre vint trouuer le Cheualier de l'ardante Espée, auquel (couurát
la poison de son cueur) il parla ainsi : Mon grand amy , le bien que ie
vous desire est tel, qu'il ne vous pourroit auenir fascherie dont ie ne fusse
autant ennuyé que si c'estoit à moymesmes: parquoy il est necessaire que
vous vous retirez le plus diligemment qu'il vous sera possible: car ie sçay
pour certain, que le Roy delibere vous faire mourir , & vous prendre ce
soir mesmes, aussi tost que vous entrerez au palays : la cause n'ay-ie peu
entendre au vray, tant y a que l'on luy a fait quelque raport, pour lequel
il vous hayt en toute extremité. Si le Cheualier de l'ardáte Espée fut lors
esbahy il est aysé à croire, & eust fait doute de cest auertissement (n'ayant
onques offencé) sans le bon visage que luy auoit tousiours móstré Maudan, auquel il aiousta tant de foy, que sur l'heure commanda à Yneril son
Escuyer aporter ses armes, & montants à cheual, eulx deux seulz, sortirent de la ville secretement, & cheminerent toute nuict , tant tristes qu'à
merueilles. Ainsi ourdissoit Maudan le filé, qui luy cousta depuys la vie,
comme il vous sera recité. Et pour mieux encores couurir son desceing,
le soir tout tard estant le Roy à ses affaires, il luy vint dire . Sire, ie doute
qu'Yneril a peu entédre quelque chose des propoz que ie vous ay tenuz
de son maistre , par ce que l'on m'a asseuré, qu'il estoit souz les fenestres
de la salle & nous escoutoit, ce qui est aysé à croire: car ie n'ay depuys
veu le Cheualier de l'ardante Espée , & trouuerez qu'il s'en est fuy . Celà
viédroit mal, respódit le Roy, ie vous prie sçachez le pour certain, & tout
presentement. A ceste parole sortit Maudan du palays, & tirant droit au
logis du Cheualier, retourna (faisant de l'esbahy) raporter au Roy qu'il

s'estoit

s'estoit absenté. Ce qu'entendu par Magadan, enuoya hastiuemét prendre la Royne Buruca, iurant qu'il la feroit brusler viue, dont la pauure
dame bien pertroublée, ne sçachât à quelle occasion, se ieta aux piedz du
Roy, le supliant à iointes mains, qu'il luy declarast le motif de son courroux. Meschante, respondit il, vous le sçaurez assez tost pour vous. Et
commandant l'enfermer, mist gardes ausquelz il chargea d'en respódre
sur leur teste: puys enuoya gents de toutes parts pour trouuer le Cheualier de l'ardante Espée, & le luy amener mort, ou vif: car, dit il, il m'a fait
la plus grande trahison du monde. Fulurtin, esmerueillé de ceste muta-
cion tant soudaine, trouua façon d'en sçauoir la cause, que le Roy ne luy
voulut taire, à fin de le rendre plus indigné contre celuy qui luy auoit
tant fait de seruices: bien luy cela il de qui il tenoit telle acusacion: &
toutesfois le ieune Prince bien auisé fist grand deuoir pour rapaiser le
tout, & dissuader Magadan d'en rien croire, ce qui luy fut impossible.
Or ne tarderent longuement depuys à retourner ceulx qui auoyent e-
sté à la poursuyte du Cheualier de l'ardante Espée, & n'en peurent onques auoir nouuelles, dont le Roy fut si mal content, que peu s'en falut
qu'il ne fist mourir la Royne: mais par l'auis d'aucuns ses plus familiers,
il differa iusques à ce qu'il le peust recouurer, aussi qu'à l'instant arriua
vn courrier, qui aporta nouuelles du degast que faisoient les ennemis au
Royaume, ou ilz estoient entrez. Au moyen dequoy, estant l'armée de
Magadan preste, marcha au deuant d'eulx pour leur donner la bataille,
& conduisoit Fulurtin l'auantgarde, & le Roy le surplus de ses forces:
car il ne separa sa troupe qu'en deux escadrons, dequoy auertiz les Roys
de Tharse & d'Arabie, se parquerent pour l'atendre & combatre, ou ilz
fisrent tel deuoir, que finablement Magadan & son filz furent prisonniers, & leurs gents mis en route, la pluspart desquelz se sauuerent es villes prochaines, & le surplus passa au fil de l'espée. Ceste victoire ainsi
obtenue par ces Roys estrangiers, auiserent ensemble d'enuoyer Magadan & Fulurtin en seure garde: & de ce voulut auoir la charge le Roy
d'Arabie mesmes, auecq' dix Cheualiers seulement qu'il esleut, ne se
fiant de tel butin à autre qu'en sa propre personne. Et ce pendant le Roy
de Tharse s'auançoit, pour assieger Saba.

Comme le Cheualier de l'ardan-

te Espée trouua vn Hermite more: & des propoz
qu'ilz eurent ensemble.

Chapitre   I I I I.

Tant

Ant chemina le Cheualier de l'ardante Espée auecq'
son Escuyer Yneril, qu'apres auoir trauersé maintes
lieuës sans sçauoir ou, ny en quelle part il tiroient,
vindrent en vne grande forest, par laquelle ilz cheuau-
cherent deux iours entiers premier qu'en trouuer l'yssue : mais enuiron Soleil failly arriuerent ioignant le
petit hermitaige d'vn Payen More, lequel, pour sa bonne vie, ceulx de
sa loy reputoient à saint homme. Or estoit il lors assis deuant sa maison-
nette, & auoit le Cheualier de l'ardante Espée ouy parler de luy quelquesfois : parquoy l'auisant à telle heure, mist soudain pied à terre & le
salua en grande humilité, puys luy voulut baiser les piedz. Le bon hóme
esbahy de telle façon de faire (mesmes par vn tant beau ieune & dispos
Cheualier) le releua gracieusement, & le pria se soir pres de luy & se reposer quelque peu : puys luy demanda dont il estoit, & quellle auanture
l'amenoit en ce desert tant inhabitable. Car, dit il, mon enfant, ie croy
qu'il y ayt plus de dix ans, que creature raisonnable, autre que moy &
vous, ne passa au lieu ou ie vous voy à ceste heure. Mon pere, respódit il,
m'estant le malheur si grand cóme il est, & plus qu'à autre qui fut oncq'
engendré de mere, ce n'est pas merueilles si vous voyez en moy ce que
vous trouueriez estrange à plusieurs : veu mesmemét que fortune à voulu me faire ces iours passez cognoistre asseurément l'entier essait de sa
mobilité. Mais si elle estoit autre, le nom qu'elle porte ne luy seroit en
rien conuenable, atendu qu'elle esleue ores l'vn iusques au sommet de
sa rouë, & sans l'auoir merité, & abaisse tantost l'autre au bas de ses piedz
contre tout droit & raison. Ce qui s'espreuue bien en moy, qu'elle auoit
coloqué par longues années au trosne de toute prosperité, & à vn sil
d'oeil, n'a pas trois iours, m'a tellement ruyné & abatu, que quand ie con
sidere l'estat ou ie suis, & voyant tant de malheur en moy, ie pense son-
ger, ne pouuant comprendre comme, pourquoy, ny en quelle sorte celà
m'est auenu, n'ayant onques fait chose pour deseruir le mal que i'endure. Le More l'escoutant parler si posémét & auecq' tant de raison (veu son
bas aage) fut tout estonné, mesmes pour la pitié qu'il luy faisoit : car proferant telles paroles, les grosses larmes luy couloient le long du visage
en tresgrande abondance, parquoy il luy dist. Mon enfant, les dieux
pour tenter ceulx qu'ilz ayment & qui sont plus à eulx, permettent souuent leur venir maintes auersitez, qui leur est satisfacion des pechez
qu'ilz commettent comme hommes, leur donnant puys apres (au lieu de
ceste vie transitoire) la gloire parmanante & bien heurée. Pourtant il est
necessaire, que vous cóformez vostre vouloir à leur bon plaisir, leur ren-
dát gloire & actions de graces de tout ce qu'ilz vous enuoyent, & ne fust
ce que pour la beauté & bon esprit, desquelz il vous ont douez, qui me
fait estimer beaucoup de grádes choses deuoir passer en vous, ainsi qu'à

plusieurs

plufieurs qui vous feruiront d'exemple, comme ce Roy de la grand'Bretaigne, nommé Amadis de Gaule, & fon filz l'Empereur de Conftantinople Efplandian, que la diuine bonté a pourueu autresfois de femblables perfections que les voftres, encores qu'ilz ayent efté toufiours &
font infideles, & fauorifants la loy de leur Chrift. Mais tout ainfi que
le Soleil donne fa lumiere auffi bien fur les mefchants que fur les meilleurs, femblablement l'inefable amour de noz dieux eftendent indiffe-
remment leurs graces & mifericordes fur toutes perfonnes, efperants les
apeller par ce moyen à la vraye cognoiffance de leur falut. Et qu'il foit
vray, ceft Amadis & Efplandian cherchants les auätures eftranges, ainfi
qu'ont de couftume faire tous Cheualiers auantureux, fe trouuants quelquesfois (& bien fouuent) en telz dangers, qu'il defefperoient de leur
propre vie & falut, voire de iamais auoir ayfe, ne plaifir, ainfi que vous
eftes maintenant, neantmoins au bout d'vne infinité de miferes & perilz
qu'ilz ont efchapez, la fortune, ou(pour mieux dire) le vouloir diuin les
a fi haultemét efleuez, que l'vn eft deuenu grand Roy, & l'autre puiffant
Empereur, fans que l'vn ny l'autre euffent droit, ne que quereller es païs
dont ilz iouyffent, ains y font paruenuz par la magnanimité de leurs
courages, acompaignez de prudence, force, & vertu. Parquoy, mon
filz, effayez à les imiter : car vous auez difpoficion & difcrecion affez
ample pour leur reffembler : & font noz dieux auffi puiffants qu'ilz furent onques, pour conuertir cefte voftre grande trifteffe en plus de ioye,
que voftre defplaifir n'eft extreme, & ce que vous tenez à mal, en plus de
contentement & de bien. Tant d'autres remonftrances fift le Payen
Hermite au Cheualier de l'ardante Efpée, qu'il fe trouua fort confolé, &
le pria d'auoir fouuenance de luy en fes deuotes prieres, luy promettant
qu'il nuyroit deformais le plus qu'il luy feroit poffible à la loy des Chre
ftiens, puys que par eulx la court celefte eftoit offencée. Adoncq' luy
difcourut (fans riens obmetre) l'ocafion de fa fuyte & de fa trifteffe:
mais le pauure fancto l'affeura que l'yffue en feroit tresbonne. Et le prenant par la main le mena en fon petit repaire, ou ilz feiournerent Yneril & luy huict iours entiers, durant lefquelz l'Hermite leur donna pour
menger de fes petites prouifions, & quelque paille à leurs cheuaux,
qu'il gardoit pour la nourriture d'vn thoreau, fur lequel il montoit
quelquesfois quand il efloignoit fon hermitaige : & eftoit le commun
bruit par toute la contrée, que ce preud'homme domptoit fouuent &
rendoit traitables les plus cruelles & fieres beftes, par la trefgrande fain-
teté qui eftoit en luy.

                                                                Comme

Comme le Roy de Saba Maga-

dan & Fulurtin son filz, furent recoux des mains du Roy de Tharse par le Cheualier de l'ardante Espée.

Chapitre   V.

Ne sepmaine entiere seiourna le Cheualier de l'ardante Espée auecq' l'Hermite, puys prenant congé de luy,
entrerent luy & Yneril son Escuyer en vne sente, qui có-
duisoit droit à vn port de mer, apartenant au Roy de
Tharse, ou ilz se deliberoient embarquer. Si cheminerét
tout le iour sans trouuer auanture, iusques au lendemain matin qu'ilz rencontrerent vn cheuaucheur armé de toutes pieces,
que le Cheualier de l'ardente Espée salua, luy demandant quelles nouuelles, & là ou il tiroit. Le Roy de Tharse mon Prince, respondit l'autre,
est entré au païs de Saba auecq' son armée, & dit-on que le Roy Magadan marche encontre auecq' sa puissance pour luy dóner la bataille, ou ie
ne veux faillir de me trouuer. Ce disant passa oultre, & sans faire plus
long seiour laissa le Cheualier de l'ardante Espée si triste, qu'il commença à dire à Yncril : Ie voudrois, beau sire, que tu fusses allé iusques à ce port
de mer, qui n'est loing d'icy : la ville est marchande, ainsi que i'ay entédu,
porte y mes armes, & les change à autres qui soient noires : car ie ne veux
d'oresenauant estre cogneu : & ce pendát ie demeureray sur la lisiere du
boys,

boys, ou ie t'atendray : mais ie te prie, Yneril, diligente. Ie seray bien
cela, respondit il, toutesfois vostre harnois est tresbon, ie ne sçay pas qui
vous meut de le vouloir changer pour vn pire. Va, dit il, tu le sçauras puys apres. Lors se retirerent en la forest plus ouuerte, & là se desarma le Cheualier : puys print Yneril ses armes, & piqua droit à la ville,
ou il trouua ce qu'il cherchoit chez vn armeurier : parquoy retourna
court vers son maistre qui s'arma, & montant sur son destrier dist à Yneril : Ie te prie atends moy à la ville, & vien tous les soirs en ce lieu veoir
si ie seray de retour ou non, car il fault que ie secoure le Roy, & Fulurtin, autrement la nourriture qu'ilz ont faicte en moy, seroit trop mal employée, si en temps de telle necessité ie ne mettois ma personne en danger pour leur saluacion. Comment ? respondit l'Escuyer, voulez vous
entreprendre tel hazard, pour celuy qui cherche à vous faire mourir ? Il
ne me cognoistra pas, dit le Cheualier : & d'auantage i'ay ouy tousiours
asseurer, que faisant bien contre le mal c'est double merite. Et puys que
les dieux me donnent ceste bonne volunté, ie l'emploiray, & ma personne aussi, faisant seruice au Roy à qui ie suis tenu. Yneril le voyant si
affectionné ne l'osa contredire, parquoy le commendant en la garde
de ses dieux print vn chemin, & Cheualier l'autre, suyuant la voye qu'il
auoit veu tenir à celuy qu'il rencontra le iour precedent. Le long de laquelle il auisa peu apres venir en toute diligence vn courrier, auquel il
demanda quelles nouuelles il portoit. Cheualier, respondit il, resiouys-
sez vous, le Roy de Tharse nostre Prince à deffait le Roy Magadan &
son silz, & les amene luy mesmes prisonniers en la garde de dix Cheualiers seulement, qui ne sont loing derriere moy : & à ceste cause ie m'en
vois auertir ceulx de la ville, à fin qu'ilz viennent au deuant les receuoir.
Lors passa oultre, & cheminant tousiours le Cheualier de l'ardente
Espée, disoit en soymesmes : Iamais Dieu ne m'ayde, si ie ne les deliure ou ie mourray en la peine : & pour ne lasser son cheual marcha de
là en auant au petit pas, iusques au hault d'vn tertre, dont il peut choy-
sir à son ayse la troupe qui conduisoit le Roy & son silz, montez sur
deux petitz cauallins, & en croupe chascun vn Escuyer qui les tenoit em-
brassez pour plusgrande seurete : dont le Cheualier de l'ardente Espée
se sentit tant esmeu que sans plus differer baissa la veuë de son armet, &
voyant son poinct, donna à trauers eulx, criant à haulte voix : Demeurez (trahystres) demeurez, l'iniure que vous faites à si nobles Princes
vous sera venduë cherement. Le Roy de Tharse & son frere qui marchoient premiers, se voyants assailliz tant à l'impoURueu, se mirent en
defence, & rompirent leur boys contre celuy qui leur couroit sus, lequel donna si rude atainte au Roy qu'il luy faulça escu & haubert, & luy
mist la lance si auant au costé droit qu'il le desarçonna, & au tomber le
bras luy rompit en deux. Lors passa oultre, & entra pesle mesle les sept

aútres qui l'enuironnerent de toutes parts : car des dix , deux auoient
retiré Magadan & Fulurtin à quartier . Or ne se trouua le Cheualier
de l'ardente Espee aucunement estonné , ains frapant à dextre & à senestre ne donnoit coup à ferme , dont la mort n'en ensuyuist . Ce que
voyant le Roy de Saba & son filz esmerueillez, ne sçauoient bonnement
penser, qui estoit celuy qui faisoit si haulte entreprinse : bien disoient
ilz en eulz mesmes , qu'onques n'auoient veu tant de prouesses à vn
seul homme, & à bon droit: car cest estour continua l'espace de quatre
heures & plus , durant lequel les sept Cheualiers assailliz furent si mal
traitez, que le frere du Roy de Tharse y perdit sa vie , & trois autres a-
uecq' luy. Le reste tourna doz , fuiants à trauers les boys, ou le Cheualier de l'ardente Espée ne les poursuyuit gueres, ains tourna bride,
doutant que ceulx qui gardoient Magadan & Fulurtin ne les missent à
mort: Mais ilz auoient veu leurs compaignons si bien froter , que pour
ne tomber en ce peril ,prindrent la chasse comme eulx . Ainsi demeurerent les prisonniers sans ancune garde , vers lesquelz retournant le Cheualier de l'arpente Espée , leur couppa les cordes dont ilz estoient liez,
disant au Roy: Sire, il vous plaira me donner congé, car à ce que ie voy,
vous vous pouuez desormais passer de mon ayde . Ah bon Cheualier,
respondit il , ie vous supplie nous dire qui vous estes à fin que nous vous
sçachions gré toutes noz vies, de la grace & bon ayde que nous auons
receu de vous. Sire, dit le Cheualier, ie suis tel, que ie doy encores à vostre
seruice trop plus que ie n'ay fait, & i'espere que le temps viendra, que
vous cognoistrez par espreuue la bonne volunté que i'ay à vous
& aux vostres . Ce pendant ne vous mettez point en peine s'il vous
plaist, de sçauoir d'auantage de mon estre, ains faites monter le Roy de
Tharse qui gist nauré , & l'enuoyez si bon vous semble en la prochaine de voz villes: car quant à moy, ie m'en vois chercher qui visite mes
playes . Le Roy cognoissant qu'il se vouloit celer , ne l'importuna
plus oultre, ains en le remerciant de grande affection , le commanda en la garde de ses dieux, & le Cheualier aussi , qui sans plus arrester
se mist à trauers les boys . Adoncq' le Roy & Fulurtin trouuerent
moyen de reprendre deux des destriers eschapez , & s'armerent des
meilleures armes qu'ilz peurent choisir, puys s'aprochants du Roy de
Tharse, voyants qu'il n'estoit pas mort , luy banderent sa playe , & le
fisrent monter sur l'vn de leurs petitz cheuaulx , le conduisant de là en
la ville de Terryne , ou arriuez & sçachans que le Roy d'Arabie auoit
planté son camp pres de Saba , Magadan si luy enuoya dire par vn
Trompette que s'il ne se retiroit , il seroit trencher la teste au Roy de
Tharse qu'il tenoit prisonnier. Ce qu'entendu par l'autre, & comme le
tout cestoit passé, craignant la mort de son cousin, leua le siege, & sans
plus seiourner retourna en Arabie. Et Magadan à Saba, menant quant
& luy

& luy, auecq' bonne troupe de Cheualiers, le Roy ſon priſonnier, duquel il eut depuys non ſeulement la paix , ains gros tribut & rançon.

Comme apres que le Cheua-

lier de l'ardente Eſpée eut recoux le Roy de Saba & ſon filz,
entra en l'eſpeſſeur de la foreſt, ou il rencontra
vn vieillard: & des propoz qu'ilz eurent enſemble,

Chapitre   VI.

E Cheualier de l'ardente Eſpée , ayant deliuré Magadan & Fulurtin , ainſi qu'il vous a eſté dit , tourna
bride le chemin qu'il eſtoit venu , & combien qu'il
fuſt naüré durement, ſi ne luy venoit ce mal à tant de
deſplaiſir, comme ne ſçauoir le lieu ou il eſtoit , &
moins le moyen de trouuer qui le ſecouruſt : car le
païs circonuoyſin apartenoit au Roy de Tharſe qu'il auoit deffait, &
craignoit grandement eſtre recogneu de ceulx qui ſ'en eſtoient fuiz:
parquoy ſe tenoit dans la foreſt le plus couuert qu'il luy eſtoit poſſible,
& ne ceſſa de cheminer iuſques à la nuict que le ſerain entra en ſes playes,
en ſorte que la douleur ſ'y augmenta grandement. Et en ce mal ayſe vid

B ii   venir

venir au clair de la Lune vn homme à pied,qui luy sembla de prime face auoir le visage couuert d'vn linge,toutesfoys il n'estoit pas ainsi,ains
la grande barbe chanue & les cheueux blancs qu'il portoit, luy faisoient tel vmbrage.Lors eut souspeçon le Cheualier de l'ardente Espée
que c'estoit quelque esclaue de la contrée qui se desroboit,& à ceste cause le salua selon l'vsage du païs : mais le vieillard luy rendit son salut
en Græc ,que le Cheualier entendoit, & tous autres langaiges aussi,les
ayant aprins de son precepteur Mandaiar , parquoy commença à luy
dire en mesme langue : Vieillard honorable , ne me sçauriez-vous enseigner pres d'icy , ou ie peusse trouuer remede à quelques playes que
i'ay sur le corps? Si vous estiez Chrestien comme ie suis , respondit le
bon homme , ie vous satifferois asseurément , En bonne foy , dit le
Cheualier, celà ne vous en doit pas retarder, car iamais la vertu ne se
perd en quelque lieu qu'elle soit exercée, veu qu'elle demeure tousiours
vertu . Ainsi doncq' si elle est en vous , ie vous suplie m'enseigner ce
que ie vous demande, & puys que vous estes plus obligé à vous mesmes qu'a autre,ne retardez si bonne oeuure que vous pouuez faire : car
les dieux ne sont reuerez sinon pour le bien qu'on espere d'eulx , &
qu'il ya en eulx.Et partant,encores que ne soyez de leur loy , ne laissez à les imiter à ce qui est bien, veu que moymesmes qui ne suis Chrestien,ains payen , ensuyurois vostre Dieu,en ce que me sembleroit iuste & equitable,atendu que la vertu dont ie vous parle (en quelque lieu
qu'elle soit logée) n'est iamais que vertueuse,rendant les hommes en qui
elle est aprochants de la diuinité. Vous parlez si bien,respondit le vieillard , que vous trouuerez en moy ce que vous cherchez : or mettez
pied à terre,& ie vous secourray à mon pouuoir, car il vous prendroit
mal d'estre cogneu en ce païs , dont ne sortiriez pas aysément puys
apres.A tel conseil obeit incontinent le Cheualier, esmerueillé , toutesfois, d'ouyr les propoz du bon homme, auquel il demanda comme il sçauoit,s'il estoit cogneu, qu'il auroit desplaisir . Ne vous enquerez point si auant,respondit il, & vous suffise que ie sçay plus de voz
affaires que vous mesmes:mais ie m'en tairay pour cest heure . Adoncq'
luy apliqua tel remede es lieux ou il estoit naüré qu'il se trouua sans
douleur, puys luy donna quelques viures qu'il portoit en vne pennetie-
re dont il mengea, & s'endormit d'vn somme si profond , qu'il estoit
grand iour quand il s'esueilla,se trouuant non pas armé des armes noires que Yneril luy auoit aportées en change des siennes , ains d'autres
blanches, trop plus riches & fortes, auecq' vn escu tout semblable, au
milieu duquel estoit painte vne espée ressemblant à celle qu'il auoit sur
le corps par nature. Luy doncq' esbahy au possible, comme ce luy e-
stoit auenu , demeura tant perplex qu'il doutoit beaucoup s'il resuoit
ou non,

ou non, mesmes quand il ne trouua plus le vieillard qui l'auoit guery:
& tout à l'heure vid venir sur ce chemin vne damoyselle montée sur
vn palefroy, accompaignée d'vn Escuyer qu'il recogneut : car c'estoit
Yneril. Et comme ceste femme fut pres, elle luy sembla si vieille & cadu-
que qu'a peine se pouuoit elle tenir à cheual, toutesfois il la salua gracieusement, & elle luy demanda, s'il luy pouuoit dire nouuelles d'vn
homme fort ancien qui alloit deuant elle. Certes, respondit il, nouuelles en sçaurois-ie voluntiers, pour l'enuie que i'ay de le trouuer. Encores
l'auriez-vous plusgrãde, dit la vieille, si vous le cognoissiez cõme moy.
Ce disant chassa son palefroy & passa oultre, laissant celuy auquel elle
parloit en grãd' peine, & fort ayse pour l'arriuée d'Yneril, auquel il demanda qui l'auoit là amené. Sur ma foy, respondit il, ce vous diray-ie
voluntiers. Au sortir de la forest ou ie vous laissay, la vieille qui a parlé à
vous s'adressa à moy, me disant de vostre part que ie la suyuisse, & qu'elle me conduiroit en lieu ou nous vous trouueriõs à ceste heure mesmes,
& ainsi sommes-nous venus de compaignie : & en cheminant me con-
toit que vous & son vieillard mary estiez ensemble, & qu'il vous disoit
choses qui vous importoient grandement. Et à ce que ie puis entendre,
elle se nomme Vrgande la Descogneuë, & le bon homme au Alquif. Or
auoit ouy maintesfois le Cheualier de l'ardente Espée faire grands cas
d'eulx & de leur sçauoir en la maison du Roy Magadan, parquoy (comme s'il luy fust suruenu quelque nouueau accident) se print à escrier. O
Iupiter, est il possible que la saige Vrgande & le prudent Alquif me
soient venuz visiter : Par mon chef, ie ne sçache inconuenient qui me
peust destourner, que ie ne les suyue en quelque lieu qu'ilz soient : & me
dirõt (premier qu'ilz m'eschapent) de qui ie suis filz. Lors monta à cheual, & à bride abatue courut apres Vrgande & Alquif, qu'ilz auisa au
hault d'vn taillis, ou il les perdit de veuë : & puys les descouurit encores
sur le riuage de la mer, ainsi qu'ilz entroient en vne barquette que quatre hommes commencerent à ramer. Si les apella tant qu'il peut, pensant
les faire arrester, mais ce fut en vain : car le vaisseau estoigna de terre en
moins de rien, prenant la routte d'vne Isle assez loingtaine de là, dont le
Cheualier fut si desplaisant que riens plus, toutesfois il vint iusques sur
la greue, ou il trouua vn coquet auecq' deux rames & quelques viures
dedans, qu'aucuns pescheurs y auoient laissez. Lors demanda à Yneril
s'il le pourroit guyder en l'Isle qu'il luy monstra. Oy bien, respondit il,
mais ie doute que la marine ne porte dommage à voz playes : & ce disoit il, pource qu'il luy auoit raconté comme il luy estoit auenu sur la
deliurance de Magadan. Ne te chaille, dit le Cheualier, ie n'ay mal qui
retarde mon entreprinse. Puys qu'ainsi est, respondit Yneril, descen-
dons de cheual & les laissons paistre atendants nostre retour, & ainsi le
B iii   fisrent

fifrent, & entrèrent en l'efquif, qu'Yneril commença à voguer, & arriuerent en l'ifle, quafi à iour failly. Si mifrent pied à terre & chercherent hault & bas Vrgande & Alquif, mais il n'y trouuerent creature
viuante: parquoy r'entrerent en leur vaiffeau, efperants au clair de la lune retourner ou ilz auoient laiffé leurs deftriers. Toutesfois à peine eurent ilz leué l'ancre, qne le temps commença à fe troubler, & la mer à
f'enfler fi defefperément, qu'ilz habandonnerent bafteau & auirons à
la mercy du vent & des vagues : & fans fçauoir ou ny en quelle part ilz
tiroient, perdirent toute cognoiffance de terre, atendants d'heure à autre leur fin malheureufe.

Comme le Cheualier de l'ar-

dente Efpée uint à la montaigne Deffendue, ou il eut combat contre Frandalo, Frandalon, & Bel-leris, qu'il uainquit.

Chapitre VII.

Ix iours & dix nuictz le Cheualier de l'ardente Espée
& Yneril furent traitez de la sorte que vous auez entendu , remettants tout l'espoir de leur vie soubz le
bon plaisir de leur dieu Neptune , & autres qu'ilz re-
clamoient sans cesse , tant qu'vn matin le Soleil commença à gaigner le dessus, & la mer à deuenir calme. Lors descouurirent
vne haulte coste, au pied de laquelle il pleut à Fortune les pousser. Si leur
sembla le païs tant plaisant & peuplé de haultz arbres qu'ilz delibererent (pour eulx refraischir) y prendre port , & sçauoir s'il y auoit ha-
bitacion de gents : & à ceste ocasion misrent pied à terre , & suyuirent vn sentier qui plus les mena droit à la porte d'vn monastere , deuant lequel estoit plantée vne haulte croix de boys. On n'auoit le Cheualier de l'ardente Espée onques veu telle enseigne, parquoy demanda à Yneril s'il sçauoit qu'elle signifioit . Asseurez- vous , respondit il,
que nous sommes en la terre des Chrestiens , car en arbre semblable leur
Dieu fut autresfois ataché. Ces nouuelles pleurent grandement au Cheualier de l'ardente Espée, esperant trouuer quelque auanture , & s'esprouuer en sorte, qu'a l'augmentacion de sa loy il feroit quelque glorieux acte de cheualerie, parquoy passerent plus auant , & trouuerent la
porte ouuerte d'vne eglise , au front de laquelle estoient plantez trois
beaux autelz garniz d'ornements sacerdotaulx , auecq' quelques repre-
sentacions de sainctz, suyuant la coustume des fideles , & quant & quant
entr'ouyrent plusieurs voix d'hommes psalmodier , encores qu'ilz n'en
vissent aucun d'eulx : dont tous esbahys vindrent iusques au cueur , ou
ilz auiserét vne sepulture d'albastre couuerte d'vn crista l tresclair, soubz
lequel estoit la representacion d'vn Cheualier armé de toutes pieces , &
letres grauées à l'entour, qui disoient : Cy gist le vaillant & magnanime Matroco, qui auant sa mort eut (par la grace de Dieu) cognoissance de la vie eternelle : & comme champion de Iesus Christ luy mesmes fist de son sang le signe de la croix qu'il adora, & mourut tresheu-
ré en la foy des esleuz . Lors cogneut bien le Cheualier de l'ardente Espée au contenu de cest epitaphe , qu'Yneril luy auoit dit verité, & que
certainement ceste contrée estoit Chrestienne, mesmes qu'à l'instant suruint vn religieux preparé à dire messe, lequel auisant cest estrangier tant
beau, ieune, & dispos, ne sçauoit que presumer de luy : toutesfois sans
s'amuser d'auentage, il commença le seruice de Dieu, à quoy le Cheualier print tel plaisir , qu'il eut pacience d'atendre la fin des cerimonies,
& cogneut aysément le religieux aux gestes & peu de reuerence qu'il y
portoit, que vrayement il estoit autre que catholique. Et à ceste cause,
ayant deuestu son aube & paracheué ses oraisons, vint s'adresser à luy, &
luy dist: Sire Cheualier, ie vous prie ne me celer de quel païs vous estes,
qui sans honorer lieu si sainct n'auez tenu conte du seruice diuin, tandis

B iiii

que i'ay

que i'ay celebré la messe: En verité si vous estes payen, ie m'estonne comment vous osastes entrer en ce païs tant contraire à vostre loy. Pere, respondit le Cheualier, Payen suis-ie de soy & de nacion, non moins esbahy d'estre arriué icy, que vous de m'y trouuer. Neantmoins ie vous prie affectueusement me dire quelle est ceste contrée, & le prince ou seigneur soubz qui vous viuez. Mon enfant, dit le prud'homme, pour la pitié que i'ay de vostre ieunesse ignorante, ie vous satisferay voluntiers. Ceste terre est du royaulme de Natolie apellée la montaigne Defendue, toutesfoys l'Empereur de Constantinoble la tient maintenaht, aussi la il conquise à force d'armes. Adoncq' luy raconta par le menu la sorte qu'Esplandian s'en fist possesseur, comme il vous a esté deduit au cinquiesme liure. Ce que le Cheualier escouta voluntiers: car il auoit souuent ouy parler de cest Empereur, & les grands faitz d'armes de luy. Et neantmoins il pensa aussi tost d'essayer par tous moyens à reduire le lieu à sa premiere obeissance, & le peuple d'enuiron à la loy soubz laquelle il auoit auparauant vescu: pour à quoy paruenir demanda au religieux, qui estoit là pour garder la place. Vn Cheualier, respondit il, nommé Frandalo: lequel (estant payen comme vous estes) s'est submis à la congnoissance de Dieu: ce monstrant depuys tant cheualereux, & specialement à la garde de ceste Isle, que l'Empereur la fait Comte, & apres Amiral & gouuerneur de la forteresse, en laquelle, pour estre imprenable le Roy ce Ierusalem a esté amené n'a pas long temps prisonnier, sans qu'on ayt renforcé la garnison d'autre que d'vn Cheualier Geant nommé Frandalon, que Frandalo (duquel il est parent) a fait venir puis n'agueres, ainsi que nous a asseuré vn Conuers de ceans, qui ces iours passez monta là hault: & ceulx deux ensemble oseroient bien (comme l'on dit) entreprendre garder la place, non seulement contre les Roys voisins, ains enuers tous ceulx de l'Asie ensemble, s'ilz auoient deliberé de la forcer. Et sont ilz seulz? dit le Cheualier. Non, respondit le religieux, Belleris leur tient compaignie, & tous ensemble ont leurs seruiteurs & Escuyers, auecq' quelques sergents & gents de peine. Mais s'il leur venoit affaire, le Roy Norandel (qui est à Tesifante) seroit du iour au l'endemain icy, auecq' son armée qui est grosse & belle, & mesmes l'Empereur de Constantinoble s'il estoit besoing, car la mer n'est loing entre deux, pourtant amy, ie suis d'auis que vous vous retiriez, autrement vous tomberez au danger de mort ou de captiuité. Premier verray-ie de plus pres le lieu fort dont vous me racontez tant de choses, respondit le Cheualier. Et quel proffit en aurez-vous? dit le beau pere, si n'est la prison dont ie vous ay auerty? De prison ne sçay-ie pas, respondit le Cheualier, pour le moins essayray-ie si les dieux sont autant irritez contre moy, comme ilz ont esté contre ceulx qui l'ont laissé perdre autresfoys. Ce qui ne fust auenu par l'effort d'vn seul homme (ainsi

me (ainfi que vous pouuez eftimer) n'euft efté que la diuine bôté a con-.
fenty ce malheur eftre executé, pour les offences des mefchants qui le
poffedoient lors. Et ores, peult eftre, fôt noz dieux r'apaifez, & permettront, ainfi que i'efpere, que leur loy faincte (qui a efté depuys profanée
par vous autres Chreftiens) y fera renouuellée & remife en fon eftre
premier. Ah, fire Cheualier, dit le preud'homme, donnez-vous garde
que le dyable ne vous deçoiue foubz couleur de la faincteté dont vous
parlez, en forte qu'il vous face entreprendre chofe que ne pouuez ne
deuez faire pour voftre honneur, & moins pour le falut de voftre ame.
Ceft abus, refpondit le Cheualier, ne me peult eftre la fortune auffi fauorable qu'elle a efté à celuy qui la conquife, comme vous m'auez raconté? Ie vous prie beau fire, monftrez moy le chemin pour y aller fans
me fermonner d'auantage. Certes, dit le bon religieux, ce ne feray-ie
pas, car encores que vous foyez Payen & du tout contraire à la loy de
Iefus Chrift, fi n'eft il permis à gents religieux telz que moy, auancer la
mort d'aucune perfonne en quelque forte que ce foit. Puys qu'ainfi eft,
refpondit le Cheualier, demourez en la bonne heure, ie le trouueray
doncq' par autre moyen. Ce difant luy & Yneril fortirent de leglife, &
fuyuirent vn petit fentier, trefioyeulx par femblant d'auoir ocafion de
pouuoir faire feruice à leurs faulx dieux & aquerir honneur. Si n'eurent
longuement cheminé, qu'ilz auiferent vn bon homme, qui en des bar-
raudz portoit de l'eau fur deux muletz, auquel ilz f'enquirêt de la voye
pour aller au chafteau, laquelle le paifant leur monftra voluntiers. Lors
commencerent à monter contremont la montaigne, non fans grand
trauail. Et pource qu'Yneril eftoit plus trifte que de couftume, le Cheualier de l'ardente Efpée luy demanda à quoy il penfoit tant. Certes,
refpondit il, fi ie ne craignois vous fafcher, ie le vous dirois voluntiers
pour l'amour que ie vous porte, acompaignée du defir que i'ay de vous
faire feruice. Amy, dit le Cheualier, tu ne me fçaurois parler de propos
qui ne me foit agreable, veu qu'en toutes chofes l'intencion fe doit plus
recueillir que l'effait qui en auient. Et d'auantage, puys que quelquef-
fois le confeil d'vn ennemy fe treuué bon, celuy d'vn amy, tel que tu
m'es, doit bien eftre eftimé fain & falutaire: ainfi dy hardiment, car fi
ton auis eft raifonnable, affeure toy que ie le fuiuray, ne voulant imiter
plufieurs opiniaftres, lefquelz cognoiffants leurs faultes, defdaignent le
confeil d'autruy, & en celà faillent deux fois: l'vne par leur peu de fens,
l'autre par leur peu de fçauoir. Vrayement, refpondit Yneril, vous m'en
auez tant remôftré que ie franchiray le fault, & ne tairay aucune chofe
de ce que i'ay fur le cueur. Vous n'ignorez pas qu'on vous trouua le lôg
de la marine, fans que vous fçachez (comme ie penfe ny ceulx mefmes
qui vous ont nourry) fi la contrée ou ce fut eft Chreftiéne ou Payenne:
ainfi il me femble que vous faillez grandement en ce que vous entreprenez

prenez, veu que parauenture estes-vous filz de quelque baptizé, enco=
res que teniez à present autre loy. Et donques, si ainsi estoit, n'estes-vous
pas obligé d'ensuyure la voye de voz parents? Si estes vrayement, & deuez donner lieu au conseil de ce pauure sancto , iusques à ce que vous
vous cognoissiez mieux que ne faites : car bien souuent les mains faillent auecq' saine intencion. Et ce disoit Yneril , pource que luy mesmes
estoit yssu de lignée de Chrestiens, encores qu'il fust lors Payen , mais
son cueur tendoit tousiours de retourner à la foy de ses peres , & eust
voluntiers destourné son maistre de passer oultre , tant pour la crainte
qu'il auoit de sa personne , que pour le mal qui auiendroit si ceste contrée, ou l'on seruoit Dieu si deuotement, estoit conquise par luy , & re-
duite en son erreur premier. Le Cheualier de l'ardête Espée oyant parler de telle affection Yneril, ne se peut garder de soubzrire , & luy dist:
Vrayement Yneril, il peult estre que ie suis descer du (comme tu dis) de
quelque Chrestien, mais i'en doute , & ie suis certain' que le Rôy m'a
nourry en la loy payenne: par ainsi aux choses douteuses le plus aparent
se doit ensuyure. Or ay-ie tousiours vescu entre ceulx de Saba , & receu
cheualerie suyuât leur foy, en laquelle ie perseuereray iusques au mourir, si la volunté ne me change: autrement ie ressemblerois proprement
à celuy , qui se fait sciemment aueugle , ayant la veuë saine , ou (pour
mieulx dire) laissant le grand chemin cogneu de tous , prendrois la sente pour me conduire à perdicion. Croy moy que les saiges ne s'auancent
qu'auecq le temps, & suyuent leur bonne fortune quand elle se presente, & à ces deux, temps, & fortune, sont toutes personnes assubiecties de
nature . Par ainsi donques, posé le cas que mes peres ayét esté Chrestiés
ou soient encores, il est en moy pourtant d'eslire la loy qui me semblera
la meilleure, non pas de les imiter cognoissant qu'ilz faillent. Car pour
ceste cause les dieux ont fait difference des hommes aux bestes, leur donnants raison pour eslire le bien & euiter le mal, parquoy ie me delibe-
re(iusques à ce que i'aye autre inspiracion) d'essayer par tous moyens
d'augmenter la loy payenne, & destruire son contraire , voire & deussay-ie mourir de mille morts : car telle fin se doit nommer proprement
commencement de vie . Et d'auantage il est vray semblable , que noz
dieux nous ont ietez en ces marches, & tirez de peril, expressemét pour
nous efforcer de leur y faire seruice agreable, destruisant ceste canaille
qui y a residé trop long temps . Et quant à ce que tu m'as amené deuant
les yeulx, disant que ie suis tenu d'ensuyure mes parents: à celà ie te re-
sponds, que ie suis encores plus obligé à ceulx à qui ie doy, ainsi comme
ie te prouueray presentement, par vn cas aduenu que me recita vne fois
entre autres Mandaiar, qui m'a endoctriné tát que i'ay vescu chez Ma-
dagan. Il y eut, & est encores à Sobradise, vn Roy nommé don Galaor,
lequel estant Cheualier errant , nourry en la maison d'vn Prince qui
lors do-

lors dominoit la grand' Bretaigne, apellé Lifuart, auint que certain different fe meut entre Lifuart, & Amadis frere de Galaor, touchât l.Ifle
de Mongaze, pour laquelle defendre, Amadis, auecq'fon pere le Roy
de Gaule, vn fien autre frere don Floreftan, & plufieurs de leurs paréts,
amys, & alhez y pafferent: & tellemét s'efchauffa cefte querelle, qu'il en
enfuyuit maintes groffes & cruelles batailles, efquelles Galaor fe trouua toufiours de la part du Roy qui l'auoit entretenu, donnant certain
tefmoignage par fes prouefles de la recognoiffance des grands biens &
faueurs qui'l luy auoit faitz, pferant l'amytié & feruitude qu'il luy portoit à tout droit d'affinité & parentage, voire combien que ce fuft contre fon pere. Et par là peulx-tu iuger que tout perfonnage de bon cueur
eft trop plus redeuable à fon honneur & à la raifon (par laquelle il fe
doit gouuerner) qu'à pere, parents, ny amys, fuft ce à foy mefmes propre. Et ainfi diuifans, vindrent au pont ioignant la forterefle qu'ilz
contemplerent longuement: & là print le Cheualier fon heaume &
efcu, & commanda à Yneril l'atendre fans pafler oultre, ce qu'il luy fut
trefgrief. Lors marcha brauemét iufques affez pres de la premiere tour,
aux feneftres de laquelle il aperceut deux Cheualiers iouants aux ef-
cherz, mais l'vn plus grand que l'autre, tous deux aagez d'enuiron cinquante ans, & veftuz d'habitz noirs. Si portoit le plus petit les cheueux
longs à merueilles, & la barbe iufques au deffoubz de la ceinture, treffée
à gros cordons d'or, qui donna certaine opinion au Cheualier que ce
deuoit eftre le Roy de Hierufalem, auffi eftoit il vray. Mais quád le plus
grand l'auifa armé de toutes pieces, preft à combatre & monter les degrez taillez au roc, il mift la tefte hors la croifée, & parla à luy en lan-
gaige Grec, difant affez hault: Cheualier ne paffez plus auant, premier
que nous fçachions qui vous eftes, autrement la couftume de ceás veul t
que l'on vous face defcédre maulgré vous. De ces menafles ne f'effroya
celuy auquel il parloit, ains fans faire femblant de rien. paruint iufques
ioignant la porte lors luy refpondit pofément, Damp Cheualier faites
ouurir le chafteau, & moy dedans, ie fatisferay à vous & à la couftume.
Par mon chef, dit l'autre, affez à temps en fera faite l'ouuerture à voftre
malheur: car il eft vray femblable que ne venez maintenant en ces marches pour bien que vous nous vouliez, auffi y demeurerez vo⁹ pour ef-
pie premier que vous m'efchapez. Et comme il acheuoit cefte parole, fe
prefenta vn autre Cheualier plus ieune, mais fi grand que celuy de l'ardente Efpée f'en trouua aucunement esbahy: toutesfois il n'en fift femblant, ains refpódit à l'autre: Vous vous pourriez tromper parauanture, car fi ie puis ie renouuelleray le bien qu'auez ofté en cefte contrée
pour y femer tant de mal. Et en quelle forte? dit celuy de la forterefle.
Les dieux, refpondit le Cheualier de l'ardente Efpée, ennuyez de voftre
mefchante vie, contraire à leur gloire & honneur, permettront que ie
vous

vous chastie & vous chasse de leans. Comment ? dit le ieune Geant, es
tu donq' de ces folz qui croyent en plus de dieux qu'il n'y a d'arene en
mer?atends vn peu & tu verras comme il t'en prendra. A peine eut il a-
cheué la parole qu'ilz se retirerent de la fenestre. Et peu apres fut ouuert
vn poultiz, à l'entrée duquel se presenta vn Cheualier armé de toutes armes, lequel tenant son escu prest de côbatre, dist à celuy de l'ardente Espée: Entre, pauure hôme, & peult estre auray-ie mercy de toy. Ie ne sçay
quel mercy, respôdit l'autre, ie n'ay encores membre sur moy qui m'in-
cite à te le demâder, aussi l'execution des armes gist a l'effait des mains
non pas aux paroles. Adoncq' entra celuy de l'ardente Espée, & tost a-
pres comméça vn tel chamaillis entre eulx, qu'à les ouyr fraper l'vn sur
l'autre, il sembloit proprement d'vn moulin à tan, lors qu'il est mis en
besongne: celuy du chasteau luy donna tel coup d'espée, qu'il luy fist
estinceler les yeulx, mais l'autre vsat de reuenche, l'ataignit de telle force qu'il luy fendit l'escu en deux, & tombant la pointe de l'espée sur la
creste de l'armet, le naüra si durement qu'il cheut à la renuerse comme
mort. Ce que voyants ceulx qui les regardoient furent fort marriz, estimants qu'il fust oultre, & moins n'en pensoit le Cheualier de l'ardente
Espée: parquoy le laissa, & passa oultre, iusques en la basse court, ou il
trouua dix valetz armez de brigandines qui luy coururent sus, luy
criâts: Paillard infidele ennemy de Dieu & de sa foy, tu payras maintenant la temerité qui t'a fait marcher si auant, & quant & quant l'enuironnerent de toutes parts. Mais luy, comme le meilleur Cheualier du
monde, leur monstra visage, en sorte qu'ilz sentirent en moins de rien
combien pesoient ses coups, & estoit celuy qu'il ataignoit, asseuré de
mort ou de blessure: parquoy se misrent à reculer petit à petit, & non
sans cause: car d'entrée trois d'entre eulx demourerent sur la place, qui
esmeut tellement les sept autres à vengeance, qu'ilz delibererent de
mourir tous ou les tuer, aussi le presserent ilz de là en auant plus qu'ilz
n'auoient encores fait, neantmoins il se sceut tant bien defédre, qu'a-
uant la separacion du ieu, deux autres furent renuersez secouant le iarret. Mais les cinq qui restoient luy donnerent depuys tant d'affaires,
qu'il est incroyable comme il se peut garentir: car l'vn d'eulx le saisit au
faulx du corps, & pensoit bien le desroquer & mettre bas, toutesfois le
Cheualier de l'ardente Espée haulça le poing, & luy rômpit les dents &
les machoueres, dont de douleur extreme laischa prinse, & tomba le
nez en terre. Ce que voyants les autres s'enfuyrent droit au donion
criants: Sortez, seigneur, sortez, nous sommes tous morts & perduz. Si
leur chaussoit le Cheualier de l'ardente Espée de si pres les esperons,
qu'ilz n'eurent moyen de fermer l'huys apres eulx, ains entra quant &
quant, iusques au milieu de la place, ou il entendit la voix d'vn qui luy
disoit: Dyable ennemy de Dieu, tu mourras par mes mains, & de la plus

cruelle

cruelle mort qu'onques paillard fina ces iours. Lors aperceut le Geant qu'il auoit veu à la fenestre , lequel armé de toutes pieces tenant l'espée nuë au poing, venoit le combatre. Et combien que le Cheualier estrange eust meilleur besoing de repos que de meslee, & plus d'ocation de crainte que d'asseurance, voyant ce grand lourdault en telle volunté de luy mal faire, toutesfois il fut si magnanime, que baissant la teste marcha encontre, & estant pres quasi de la lögueur d'vne brace, parla à luy en telle sorte: Geant, la grandeur de ton corps a du commencement mis quelque paour en moy, qui ne suis quasi qu'vn demy homme à ton regard: mais quäd i'ay escouté tes menasses, i'ay sentu mon cueur si gros & enflé qu'il m'a du tout asseuré , me mettant deuant les yeulx qu'il est trop mieux seant à tous Cheualiers(pour bons & vaillâts qu'ilz soient)de plus executer que dire. Et acheuât ceste parole, sans atendre responce, se couplerent l'vn l'autre auecq' telle cruauté , qu'onques deux mortelz ennemys ne s'entremonstrerent par effait pretendre plus à leur mort : tellement qu'en ce conflit volloiet par terre les lames & mailles de leurs haubertz, leurs heaumes furent effondrez, & leurs escuz, voire leur propre chair tant decoupée, que les regardants s'esmerueilloient de leur longue resistance : & mesmes le Roy de Ierusalem, lequel voyant le sang couler le long des armes du Geant, le pensoit quelquefois vaincu, & tout soudain changeoit d'opinion, tant sçauoit mal traiter son ennemy. Neantmoins apres que l'escarmouche eut côtinué par l'espace de deux grosses heures la chance malheureuse fut cogneuë à veuë d'œil tomber vers le Geant, combien qu'il fist grand effort de resister . Et sur ce point va suruenir vn autre Cheualier armé de toutes armes, Portant au col vn escu d'or à vne croix de gueulles, & estoit encores plusgrand & plus fort que nul qui ce fust combatu. Si vouloit entrer en ieu, quand celuy de l'ardente Espée le cogneut estre Frandalo aux enseignes que luy auoit donné le moyne: parquoy reculant vn pas arriere, luy dist: Ie te prie, Frandalo, conforme tes œuures à ta renommée, & estime que tu te ferois tord, estant ce combat entreprins vn pour vn , de t'en mesler plus auant . Laisse-nous donques paracheuer , & si Fortune permet que ie demeure vif, lors tu pourras faire auecq' plus de raison ce que cheualerie te permet pour la satifaction de ton cueur, aultrement la vengeance que tu entreprendrois sur moy tourneroit au desauantage de ton honneur, en sorte que pésant me faire mourir, tu mettrois parauanture fin à ta vertu , voire à ta vie propre, estant le hazard pour tomber aussi tost sur toy que sur moy. Frandalo, oyant parler le Payen auecq' tant de raison , s'arresta court, mesmes quand il s'ouyt nommer , & luy respondit : Vrayement , Cheualier, ie confesse que ie m'estois beaucoup oublié, mais la douleur qui m'a surprins, ayant veu mourir mon neueu que tu as deffait à l'entreé de ceans, & depuys mes gents iusques à ce Cheualier mon cousin, ie pensois bien me venger de toy sans plus differer , preferant ma colere à la raison,

C.

que tout

que tout preud'homme doit auoir deuant les yeulx comme tu m'as
fait souuenir : & si ne puys penser quelle cognoissance tu as à moy.
Neantmoins, qui que tu sois , i'auray plaisir de sçauoir ton nom , &
plus encores si tu veulx laisser ta folle creance , & suyure la foy de Iesus
Christ. Ce faisant ie ne te quiteray seulement le cóbat de toy à moy, ains
trouueray moyen que l'Empereur mon maistre te receura en sa maison
comme tu merites. Frandalo , dist le Cheualier de l'ardente Espée , i'e-
stois sur le poinct de te persuader les mesmes propoz que tu m'as tenuz,
ainsi c'est temps mal employé de cuider prester conseil à celuy qui vient
pour le donner à autruy, non pas le receuoir : Pourtant retire toy, &
nous laisse au Cheualier & à moy acheuer nostre entreprinse, car nous
perdons en vain trop belle ocasion. Seigneur (dit celuy qui auoit du pire à Frádalo) il a raison, ie vous suplie laissez à luy & à moy faire la fortune : & si ie suis vaincu , lors gouuernez-vous comme il vous plaira.
Ainsi demeura coy Frandalo , & recommencerent les deux autres leur
combat plus aspre qu'il n'auoit esté de tout le iour , tellement, qu'en
moins d'vn quart d'heure le Cheualier endommagea tant l'escu du
Geant, qu'il ne luy en resta au poing que la poignée dont il le tenoit. Et
à ceste ocasion se trouua si pressé, que la force du harnois ne le pouuoit
garantir contre le trenchant de l'espée, si que le sang luy couloit à telle
abondance, que la place, auparauát brune & seiche, fut changée en couleur rouge & trempée: toutefois le Geant ne laissoit à faire son deuoir,
car tant auoit le cueur gros & bó, que le Cheualier cuidant quelquefois
estre au dessus, se trouuoit à recommencer. Mais d'autant que l'vn s'ape-
santissoit, l'autre se monstroit legier & dispos. Dequoy Frandalo esbahy, disoit en soymesmes, n'auoir iamais veu homme esgaler en prouesse
à c'est estrangier, encores qu'il estimast auoir cogneu les meilleurs Cheualiers du monde . Et en ces entrefaites le Geant qui diminuoit petit à
petit (voulant iouer à quite ou à double) ieta le peu de l'escu qui luy restoit par terre, & prenant son espée à deux mains , s'auança d'en donner
tel coup sur l'armet de son ennemy, qu'il pensoit luy fendre la teste en
deux , toutesfois il n'auint ainsi , parce que le Cheualier para l'escu, dedans lequel l'espée entra plus d'vne grand' palme : & neantmoins la
pointe luy tomba sur le heaume tant rudement, qu'elle le luy enfondra
iusques au test. Et comme le Geant la cuidoit retirer se trouua si debile,
que peu s'en falut qu'il ne cheut le nez à terre , & se demarcha l'autre a-
uecq' telle dexterité, qu'en retirant son escu, il emporta l'espée qui y tenoit haulçant la sienne , prest à donner au Geant le coup de la mort, si
Frandalo ne se fust mis entre deux, disant: Ah, Cheualier, s'il y a en vous
autant de courtoisie que de bonne parole, ie vous prie sauuez la vie à
ce pauure vaincu. Et comme il acheuoit ce mot, l'autre denué de tout
pouuoir, tomba de son long, si qu'on pensoit qu'il fust expiré , dont le
Cheualier marry aucunement, respondit à Frandalo: En ma foy ie voudrois

drois que tu n'eusses esté tant tardif à me demander ce plaisir que voluntiers i'eusse açordé,& s'il y a ordre,ie le t'octroye encores de bon
cueur. Car combien que ie te repute comme ennemy, si m'est il bien
permis vser enuers toy de toute courtoisie & bonne parole qu'il me sera possible.Vrayement,respondit Frandalo, tu parles tant bien, & t'e-
stime de sorte, que s'il estoit possible d'empescher le combat de nous
deux, ie le ferois voluntiers:mais ie te tiens tel, que tu ne le differerois
pour rien.Aussi ferois-tu contre ton honneur, & moy semblablement,
si nous demourions en cest acord. Ainsi doncq' la mort de l'vn de nous,
ou de tous deux ensemble donnera fin à ce different, & non autre. Vne
seule chose voudrois-ie que tu m'acordasses à ton grand proffit, & plus
pour le deuoir que ie doy à cheualerie,qu'a ta propre personne, estant
ennemy de nostre foy. C'est que tu te reposes iusques à demain matin,
car ie te voy tant las & trauaillé, que la victoire que i'espere de ta personne me sera contée à rien. Si fut telle offre tant estimée du Cheualier
à l'ardente espée,qu'il en loua grandemét Frandalo, & toutesfois il l'en
remercia, luy disant : Frandalo,croy moy que ie ne suis encores si
debilité,que i'aye besoing d'aucun repos,en sorte que ie ne voy maintenant ocasion pour retarder nostre meslée : pourtant auise de te defen-
dre.Puys qu'ainsi est,respondit il,or auant.Lors se misrent en grand deuoir d'outrager l'vn l'autre,faisants à coups d'espées retentir la place,&
sortir les viues estincelles de feu de leurs harnois, tellement que par l'espace de demye heure on ne leur vid prendre aleine , ains sans cesser fut
leur combat si furieux, qu'il ne leur resta escu, ne piece de haubert entiere , & dont la place ne se trouuast semée, mesmes de leur pur sang.
Dequoy le Roy de Ierusalem estonné prioit sans cesse pour le Cheualier de l'ardente Espée , esperant par sa victoire recouurer sa liberté.
Neantmoins,considerant les efforts qu'il auoit desia soustenuz, & qu'il
luy conuenoit souffrir d'auantage , doutoit par trop de ce qu'il se vouloit plus asseurer,en le voyant aussi dispos, à son auis, comme si du iour
il n'eust tiré coup d'spée : Au moyen dequoy Frandalo commença à
se desier de soymesmes, & saisi d'vne paour froide & non acoustumée,
sentit ses forces diminuer & celles de son ennemy croistre & redoubler.
Et ainsi se maintindrent quatre heures & plus,qu'il fut tant nauré &
pressé de pres,qu'il se trouua bien empesché,non tant à ofendre qu'a se
garantir.Et combien que le Cheualier de l'ardente Espée en eust eu ay-
sement la raison sans plus gueres trauailler, neantmoins il se tira vn pas
ou deux arriere:& comme s'il eust voulu prendre alaine, s'apuya sur le
pommeau de son espée,& commença à dire:Frandalo,tu peulx cognoistre asseurément ta mort prochaine , si tu t'esforces d'auantage contre
moy:ie te prie,beau sire,rends toy & ie te sauueray la vie,tant i'ay bonne opinion de ta personne.Sur mon Dieu, respondit il, i'aymerois plus

C ii

cher

cher mourir de mille morts ensemble, qu'il me fuft reproché auoir of-
fenfé mon honneur de la moindre tache du monde . Peult eftre auras
tu bien moyen de me meurdrir le corps, mais quant à l'intencion, autre
que le feigneur, en qui i'ay ma fiance, ne la pourra iamais immuer.
Ainfi donques paracheue fans efperer de moy autre chofe, veu mef-
mement que ie delibere finir mes iours pour perpetuer ma renommée,
gardant la foy que i'ay à Dieu, & à mon Prince, fçachant tresbien
l'honneur que ce me fera à l'auenir de payer auecq' tant de gloire le
deu auquel ie fuis obligé du iour que ie nafquy, & que nous deuons
tous au fouuerain qui nous a créez & mis fur terre. Tant fut fatisfait le
Cheualier de l'ardente Efpée par cefte remonftrance, qu'il difoit en
fon cueur : Par mon chef, i'aurois bien grand tort d'effayer d'auantage
à vouloir forcer celuy, lequel denué de toutes forces f'eft vaincu foymefmes, iufques à choifir pluftoft la mort que d'endommager tant foit
peu fa loyauté & vertu: & feroit, certes, vraye trahyfon pourfuyuir d'a-
uantage vn fi noble, fidele, & magnanime cueur, tel qu'eft le fien : auffi
m'en deporteray-ie. Mais il n'eut quafi acheué ce difcours d'efprit, que
Frandalo, affoibly, tomba du hault de foy fans remuer pied ny main.
Dont celuy de l'ardente Efpée trop marry f'auança, & courut luy de-
lacer l'armet pour le foulager. Neantmoins le Roy de Ierufalem penfoit qu'il luy vousfift trencher la tefte, parquoy luy efcria piteufement:
Ah, Cheualier, ie vous requiers, par la vertu qui eft en vous, de luy pardonner, A ce cry l'autre laiffa Frandalo, & oftant fon heaume f'adreffa
au Roy, deuant lequel il fe mift à genoux pour luy baifer les mains,
mais le Roy l'embraffa, luy difant : Certes, mon amy, ie ne vous vy onques que ie fçache, ie vous prie (de grace) me dire quelle cognoiffance
vous auez de moy, & qui vous eftes. Sire, refpondit il, il vous plaira
commander à quelqu'vn de ceans, bander les playes de ces Cheualiers
naürez auant qu'ilz meurent : i'aurois grand defplaifir (veu la proueffe qui eft en eulx) que l'vn ny l'autre euft pis par faulte d'eftre fecouruz.
Ce fait, ie vous refpondray au moins mal qu'il me fera poffible, à ce
qu'il vous plaift fçauoir de moy. En verité, dit le Roy, il n'y a homme
ceans qui entende à guerir les naürez, ouy bien là bas au monaftere. Lors
apella vn valet, & par luy manda vn religieux qui fçauoit affez de chirurgie . Ce pendant donna ordre que l'on defarmaft Frandalo, & le
Geant Frandalon, qu'il porterent gefir en la meilleure chambre du chafteau . Et defirant le Cheualier de l'ardente Efpée fçauoir qui eftoit le
premier qui l'affaillit à l'entrée du chafteau, luy fut dit qu'il auoit nom
Belleris, gentil perfonnage, & neueu de l'Amiral Frandalo. Cema'ift-
dieux, dit il, ce feroit doncq' grand' perte qu'il fuft mort. Allez le querir,
& f'il eft vif qu'on le mette auecq' fon oncle. Lors y coururent aucuns &
le trouuâts reuenu à foy & hors de pafmoifon, l'emporterét doulcemét

& le con

& le coucherent en vn autre lit pres de Frandalo. Adoncq' le Cheualier
de l'ardente Espée se retira en vne autre chambre , & se mist entre deux
draps à fin que le moyne luy apliquast quelques remedes aux playes qu'il
auoit receues. Mais aussi tost entra Yneril, lequel ayant entendu comme
le tout s'estoit porté, fut si ayse qu'on ne pourroit dire, & plus encores,
quand il ouyt le raport du religieux, qui l'asseuroit de tout danger. Et
de fait traita si doulcement les naürez à force d'onguéts propres, qu'ilz
s'endormirent tous iusques au l'endemain matin, signe aparent deb rief-
ue guerison.

Des propoz que le Roy de

Ierusalem eut auecq'le Cheualier de l'ardente Espée,
sur le fait de sa liberté: & depuys a-
uecq' Frandalo, & Belleris.

Chapitre   VIII.

E iour enfuyuant que les chofes auindrent ainfi qu'el-
les vous ont efte recitees, le Roy de Ierufalem alla vi-
fiter le Cheualier de l'ardente Efpée, lequel il trouua
fe promenant en fa chambre: car il n'auoit playe fur
luy, qui luy commandaft garder le lict. Et à cefte caufe, voyât entrer le Roy, le vint receuoir, & auecq' vne
grande reuerance le pria fe feoir en vne chaire couuerte de velours, &
luy tout ioignant commença fon propos: Helas, Sire, comme pourray
ie recognoiftre de ma vie l'honneur qu'il vous plaift me faire, n'eftant
qu'vn fimple Cheualier encores incogneu, & neantmoins vous prenez
la peine de me venir vifiter, fans vous auoir fait de ma vie feruice: Mon
amy, refpondit le Roy, celuy qui peult deliurer les Roys de prifon, merite bien eftre honore par les plus grands feigneurs du monde, & d'i-
ceulx eftre remercié à iamais. Et moy donques, à qui vous auez fceu
moyenner tant cheualereufement la liberté, n'eft il pas raifonnable que
ie m'offre à vous, & demeure voftre tenu toute ma vie? Pardónez moy
(Sire)dit le Cheualier, c'eft peu de cas payer vne obligacion deuë par
neceffité. Or n'eft il rien plus certain, que vous & voz femblables eftes
naiz en ce monde pour eftre reuerez & feruiz de tous, comme y eftants
tous obligez naturellement, mais telle obligacion aporte quant & foy
vn tel fruct, que celuy qui y fatisfait s'honore d'autant que l'honneur
qu'il defere à fon maieûr, ou autre, eft de telle nature, qu'il retourne au
lieu d'ou il eft forty, ny plus ny moins que les fleuues & ruiffeaux en la
mer, dont ilz font yffuz. Tellemét(Sire)que vous me faites tord de tant
me remercier, veu qu'il fuffit grandement louer celuy qui fait bien, non
pas luy en rendre graces. Car s'il faifoit autrement que bien, il ne meri-
teroit(par raifon)eftre apellé homme, ains befte brute & infenfée. Le
Roy oyant parler de telle grace ce ieune Cheualier tant faige & victorieux, luy refpondit feulement: Mon grand amy, ie voy en vous tant de
bon efprit, que ce feroit folie à moy de penfer vous fçauoir vaincre, ny
en parole, ny par effait. Ainfi donques(laiffant à part cefte conteftació)
ie vous prie me dire feulement voftre auis de ce que nous auons deformais affaire céás, veu qu'il n'y a perfonne en qui vous vous puiffiez fier,
qu'en voftre Efcuyer & à moy: Et crains beaucoup qu'aucun foit fuy
vers le Roy Nórandel, luy porter nouuelles de la conquefte qu'auez faite de cefte place fur Frandalo. Or eft il fi pres de nous, qu'en moins de
rien il nous aura affiegez, & pourroit fortune nous tourner vifage tout
au rebours de ce commencement. Puys que voulez fçauoir qu'il m'en
femble, refpondit le Cheualier à l'ardente Efpée, ie le vous diray prefentement. I'ay laiffé au pied de ce chafteau vne barque, en laquelle nous
enuoyrons l'vn de ceans, & Yneril en la plus prochaine cité payenne
querir fecours: Et ce pendant(veu la fortereffe du lieu)nous le garderós
ayfement

ayſément contre tous ceulx qui vouldroient l'aiſſer. C'eſt auis fut trouue bon, & s'embarquerent l'Eſcuyer, & vn autre incontinent apres diſner, au ſortir duquel le Cheualier a l'ardente Eſpée & le Roy furent viſi
ter Frandalo, auquel le Roy de Ieruſalem demanda, comme il ſe trouuoit. Vous le pouuez voir(Sire)reſpondit il, & mieux encores conſiderer, veu la mobilite de fortune, laquelle, ſur la ſin de mes ans vieulx,
s'eſt monſtrée enuers moy ſi hagarde, qu'elle m'a reduit en captiuité, &
au pouuoir de celuy qui m'a ſceu vaincre, & côquerir par meſme moyen
ceſte place que l'Empereur mon maiſtre m'auoit donnée en garde : qui
m'eſt trop plus grief que la mort. Car auſſi bien la vie me ſera deſormais
ennuyeuſe, veu que ie ne la deſirois longue, ſinon pour ſeruir celuy qui
m'auoit mis en l'honneur & eſtat ou ſ'eſtois hier. Ah, Frandalo, dit le
Roy, vous auez eſté touſiours tenu pour l'vn des plus ſaiges Cheualiers
du monde, & maintenant il ſemble que vueillez faire cognoiſtre en
vous ce que n'y eut oncques part, qui eſt puſilanimite, le vous prie, beau
ſire, vſez du conſeil que vous m'auez donné tant de fois, peſant me con-
ſoler durant ma priſon, & monſtrer la magnanimité de voſtre cueur,
prenant exemple à maintz autres, qui ont paſſe ſemblables deſtroitz,
que celuy ou vous eſtes tombé à preſent, & duquel vous pourrez ſortir
a voſtre honneur, ſeachant la vertu qui eſt en ce Cheualier, lequel ie ſu-
pliray pour vous: car luy ſeul y peult, & non autre. Le Cheualier de l'ardente Eſpée oyant ainſi parler le Roy à ſon auantage, ne ſe peut tenir de
rougir, & prenant la parole luy diſt: Sire, vous me pouez commander en
toutes choſes: Et quant à vous, Frandalo, voſtre bonté & loyauté ſatiſ-
font aſſez à ce qu'auez n'agueres remonſtré au Roy, & les efforts que
vous me fiſtes hier ſentir(pour defendre ce que l'Empereur vous auoit
baillé en garde)teſmoigneront touſiours du deuoir auquel vous vous e-
ſtes employé à le ſeruir ſidelement. Ainſi, donques, vous n'auez raiſon
de vous plaindre de Fortune, ains la deuez pluſtoſt eſtimer fauorable en
voſtre endroit, que contraire ny hagarde, veu qu'elle n'a abaiſſe aucunement voſtre honneur, mais exalté voſtre renommee par voſtre perte,
qui ſe doit pluſtoſt eſtimer grain, qu'autrement : atendu que vous porte
plus d'enuie de l'honneur que vous gaignez auecq' moy, que ie n'aurois
de gloire ſi ſ'auois reduit à la loy de noz dieux toute ceſte Iſle, comme
elle à eſté autresfois. Sire Cheualier, reſpondit Frandalo, le peu de cognoiſſance que ſ'ay encores de vous, empeſchera (peult eſtre) que ie ne
vous pourray remercier des louenges que vous dites de moy, ſi haultement que vous meritez, tant y a qu'on peut voir ayſément, qu'en toutes
choſes vous deſirez rendre eſgales voz condicions & proueſſes, à voſtre
diſcrecion & vertu, pour ne perdre par raiſons, & en deuiſant, ce que, la
bonté de voſtre cheualerie a conquis à mon endroit. Ainſi donques ie
ne veux oultre contendre par paroles auecq' vous, craignant que par

C iiij

icelles

icelles gaignez sur moy, ce que pour perdre la vie vous n'eussiez peu
vsurper, qui est me faire vostre voluntairement, puys se teut : car la debilité de sa personne ne luy permettoit parler d'auantage . Ce que cognoissants le Roy, & le Cheualier à l'ardéte Espée, le laisserent en paix,
pour visiter Belleris, & Frandalon, auecq' lesquelz ilz deuiserent longuement : puys leur donnants l: bonsoir, se retirerét en leurs chambres.
Mais pour ce qu'il est besoing reprendre les erres qui sont plus pro pres
à nostre histoire, nous les laisserons là iusques à quelque temps , & r'entrerons en matiere.

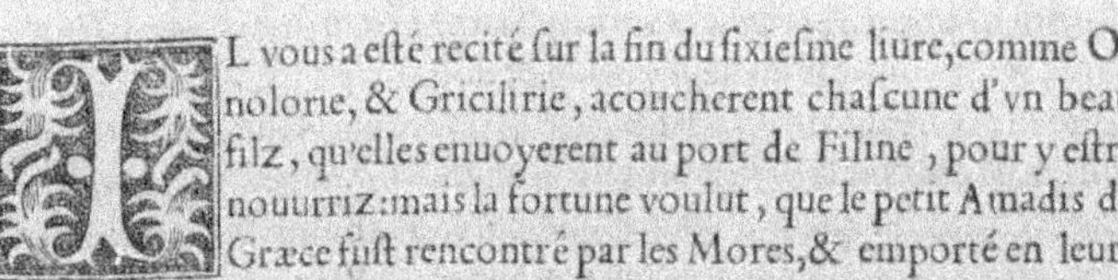

Comme Garinde preslee par

Onolorie d'aller à Filine querir le petit Amadis de Graece
perdu, s'enfuit desesperée à trauers les boys, sans
oser plus retourner vers sa maistres-
se: & de ce quil en auint.

Chapitre   IX.

L vous a esté recité sur la fin du sixiesme liure, comme O-
nolorie, & Gricilirie, acoucherent chascune d'vn beau
filz, qu'elles enuoyerent au port de Filine , pour y estre
nourriz : mais la fortune voulut , que le petit Amadis de
Græce fust rencontré par les Mores, & emporté en leurs
galeres ou ilz le nourrirent, & eut nom depuys le Damoysel de l'ardente
Espée, comme il vous à esté dit. Maintenant entendez, que ces deux princesses, cuydants que Garinde eust entierement satisfait à leur commandement, & que les deux enfants eussent femmes propices à les esleuer, enuoyent souuent leur messagiere fidele sçauoir de leur bóne disposicion,
laquelle raportoit tout le contraire de ce qui estoit auenu au petit Amadis. Quant à l'autre, elle le bailla à vne siéne cousine nómée Florisme, laquelle peu apres demoura vesue, & n'aiát q' vn seul filz apellé Florindo,
l'esleua quát & le petit Lucencio, tát qu'vn an se passa, que l'Imperatrix
vint au monastere de saincte Sophie, & si desolée(pour n'auoir nouuelles de l'Empereur) qu'elle faisoit estat de viure auecq'ses filles , & plus ne
se mesler du gouuernemét de l'empire . Si fut receuë d'elles ainsi qu'il a-
partenoit, & de là en auát amoindrirét leur tristesse au moins mal qu'elles peurét. Mais vn iour entre autres, auint qu'Onolorie (afectiónée de
veoir só filz) cómáda à Garinde l'aller querir à Filine, & pour oster toute suspició, luy chargea expsseemét de dire, qu'il estoit só neueu filz de sa
soeur.

ſœur. Garinde, voyant ſon entrepriſe quaſi deſcouuerte, ſ'en partit tant
ennuyée qu'elle euſt vovlu eſtre morte : Et en ce deſeſpoir entra en l'e-
peſſeur de la foreſt, deliberée de iamais ne ſe monſtrer à homme n'y à
femme, ains finir ſes iours auecq' autãt de miſere, qu'elle ſe ſentoit malheureuſe. Et en ceſte deliberacion choiſit vn rocher creux, ou elle ſe logea, ſans que delà en auant vouſiſt menger autres viandes, qu'herbettes
ſauuages, & mal ſauoureuſes, eſperãt par ceſte auſterité abreger ſes ans,
& mourir bien toſt . Or l'atendoit Onolorie d'heure en heure . Mais
voyant qu'elle ne reuenoit point, esbahie au poſſible, enuoya vn païſãt
vers Filine pour ſçauoir qu'elle eſtoit deuenue, & d'ou precedoit tel retardement. Le vilain fiſt grande diligence de ſ'enquerir du tout , ainſi
qu'il luy auoit eſte cõmandé, toutesfois il n'en peut auoir vent ny voix:
parquoy ſ'en retourna au monaſtere, ou arriué (& apres auoir fait ſon
raport) ie vous laiſſe penſer la peine ou ſe trouua la dolente mere , qui
recouurera ſa ioye perdue quand il plaira à Dieu. Ce pédant le petit Lucencio croiſſoit de iour en iour , l'eſtimant eſtre filz de la bonne veſue
Floriſme, & frere de Florindo, qu'il aymoit autant que ſoymeſines . Si
paruindrent l'vn, & l'autre, iuſques à telle aage, qu'ilz furent forts pour
aller à la chaſſe, à quoy Lucécio prenoit vn ſingulier plaiſir. Et quelque
fois aſſis à l'ombre d'vn buiſſon (tandis que la chaleur duroit) atendant
la veſprée, pour mieulx trouuer le gibier deuiſoit auecq' ſon cõpaignõ,
luy diſant: Mon frere, il n'y a choſe au monde que ie deſiraſſe plus qu'e-
ſtre de l'ordre de cheualerie, ſ'il eſtoit poſſible . Mais quoy? ie n'y voy
moyen, car noſtre pere n'eſtoit gentilhomme ains laboureur , encores
qu'il fuſt riche, & hõme de bien ainſi ne ſommes-nous nobles , ains ru-
ſtiques:& gents de ceſte condicion, ſont reputez indignes de ſuyure les
armes, dont ie meurs de deſpit. Et tant cõtinua Lucencio ce propos , que
la bonne veſue en fut auertie par Florindo. Si douta fort de là en auant,
qu'il entẽdiſt la verité de ſon fait, & qu'il la laiſſaſt, pour à quoy obuier
miſt toutes les peines du monde à le luy deſguiſer . Mais il auint qu'vne
fois entre autres, ainſi que luy & ſon compaignon eſtoiét à la chaſſe, tenants chaſcun vn arc au poing, rencontrerent vne Biche ſur laquelle ilz
decocherét, & fut naürée: neãtmoins elle ſ'enfuyt à trauers les halliers,
ou les chiens la pourſuyuirent, toutesſois elle uſa de telle ruze qu'ilz demeurerent en default, & peu apres recommancerent leurs aboys, en ſorte que Lucencio, & Florindo, penſants qu'ilz l'euſſent abatue, y coururent haſtiuement. Si les aperceurent enuiron vne femme nue , & tant de-
haſlée, qu'elle ſẽbloit mieulx fantoſme que crẽature humaine , & en eut
Florindo telle frayeur, que ſans paſſer oultre tourna viſage, fuyãt & trẽ-
blant comme la fueille . Mais Lucencio(le ſang duquel ne pouuoit de-
nier le lieu d'ou il eſtoit yſſu) ſ'auança, & prenant vn baſton , chaſſa ſes
chiens d'alentour ceſte femme, à qui il diſt: Par l'ame mon pere, ie ſçauray à

ray à ceſte heure, ſi vous eſtes Loupgarou, ou quelque dyable deſguiſé.
La pauurette bien eſbahie, car elle penſoit qu'il la vouſiſt fraper, ſe ieta à
deux genoux, & ioignant les mains luy reſpondit : Ah Damoyſel : Ie
vous ſuplie, par la foy que deuez à Dieu me laiſſer en paix, ſans me donner plus de mal que la miſere ou i'ay veſcu depuys treze ou quatorze
ans, & viuray tant qu'il plaira à celuy qui m'a fait naiſtre. Lucencio eſ-
bahy, & non ſans cauſe, d'entendre parler ſi prudemment celle que n'a-
gueres il auoit eſtimée fantoſme, la regarda plus diſtinctement qu'il n'a-
uoit encores fait, & luy ſembla aux lineaments de la face, qu'elle deuoit
autresfois auoir eſté belle : parquoy luy demanda, comme elle repairoit
ainſi en lieu inhabitable , & entre les beſtes plus ſauuages . Helas , reſpondit elle, ie vous prie n'ayez enuie de le ſçauoir, car mon infortune
eſt pire , que vous ne la ſcauriez comprendre : parquoy ie vous ſuplie
retirer voz chiens, & ne m'importuner d'auantage. Si fit telle pitié à Lucencio, qu'il luy diſt gracieuſemét : Dame ie vous obeïray de bon cueur,
combien que vous auriez plus de raiſon & d'ayſe, laiſſant ceſte vie au-
ſtere, & venir auec q'moy chez ma mere, ou ie vous conduyray voluntiers, pour le deſir que i'ay de faire ſeruice à vous , & à toutes les autres
qui me voudroient employer. Mon enfant, reſpondit elle, ie vous mercie : & ſi me ferez plaiſir de me dire voſtre nom , & qui vous eſtes, à fin
que ie prie noſtre ſeigneur vous conſeruer, tant que voſtre renommée ſe
puiſſe conformer a voſtre beaute par bonnes œuures . On m'apelle (dit
il) Lucencio : mon pere eſtoit Sinofrie qui eſt decedé long temps a , &
ma mere qui vit, ſe nomme Floriſine . A peine eut il proferé la parole,
qu'elle ſe print à pleurer, & ſouſpirer tendrement. Et penſant Lucencio,
que ces larmes luy procedaſſent pour auoir entendu la nouuelle de la
mort de Sinofrie, luy demanda ſi elle l'auoit iamais cogneu. Certes, mon
enfant (reſpondit elle) voſtre pere ay-ie veu pluſieursfois, & ſçay peult
eſtre , plus de voz affaires , que vous meſmes : tant y a , que Sinofrie ne
vous apartenoit en rien . Quand Lucencio l'entendit , il fut plus eſmeu
que deuāt, & penſa lors qu'elle fuſt Fee, ou Magicienne, à ceſte cauſe luy
diſt : Dame ie vous requiers tant qu'il m'eſt poſſible, me declarer d'auantage ce que vous auez commencé : car, ſelon voz propoz, ma mere ſe doit
donq' eſtre forfaite enuers celuy duquel ie m'eſtime filz . Voſtre mere,
reſpondit elle , ne fiſt oncques tord à voſtre pere : toutesfois ſi vous me
voulez promettre vn don, ie vous raconteray choſe dont vous ſerez
ioyeux . Oy, dame, dit il , ie le vous prometz, tel qu'il vous plaira me
le demander. Mon enfant , aſſeurez vous que voſtre pere & voſtre mere ſont de ſi noble ſang, que vous deſcendez de lignée d'Empereur , &
de Roy : le don que vous m'auez octroyé eſt , que vous vous deportez
à tant de plus m'interroguer, taiſant à toute perſonne que vous m'ayez
trouuée, & les propoz que vous ay tenuz : & à fin qu'il n'en auiéne faulte, faites

te,faites tãt que voſtre compaignon le vous promette ainſi,auquel(toutesfois)vous pourrez reciter, ce que ie vous ay dit . Et trouuez moyen
enſemble,de ſçauoir ſi deux Cheualiers,l'vn apellé Liſuart de Græce,
l'autre Perion de Gaule(perduz quatorze ans a ou enuirõ auecq' l'Empereur)ſont de retour en ce païs, & me les amenez icy tous deux , ou
l'vn pour le moins:car celà vous importe grandement,& à moy auſſi.
Et l'embraſſant le baiſa,puys ſe miſt à trauers les halliers,courant ſi fort
que Lucencio tout pẽſif la perdit de veuë,ioyeux neantmoins, d'auoir
ſceu qu'il eſtoit aparenté de ſi nobles parents , à la faueur deſquelz il
pourroit quelque iour eſtre Cheualier. Adoncq'reprint le chemin qu'il
eſtoit venu,ſur lequel il entendit peu apres Florindo l'apeller à haulte
& piteuſe voix:car il penſoit qu'il fuſt mort,& pour ceſte ocaſion pleuroit & ſe deconfortoit amerement : mais Lucencio print ſa trompe &
ſonna vn ſi hault mot que ſon compaignon l'entẽdit. Lors tout r'aſſeuré vint au deuant, & à ſon arriuée luy diſt l'armoyant encores : Helas,
mon frere,que i'ay eu grand paour de la beſte ſauuaige,craignant qu'elle
vous euſt outragé : Sur ma foy ie faiſois bien eſtat , que c'eſtoit fait de
vous:auſſi ne ſçay-ie comme vous fuſtes ſi hatif,de vous aller ieter entre
ſes pattes.Lors luy reſpondit Lucencio en riant , ne vous auois-ie pas
dit aſſez ſouuent,que les filz de telz que vous & moy ſommes , ne peuuent eſtre Cheualiers:car ilz ont naturellemẽt pour compaignie paour
au lieu d'aſſeurance,ainſi que par vous meſmes l'auez experimenté:tou-
tesfois,ſi me voulez promettre ne raporter iamais ce que ie vous decla-
reray, vous orrez preſentemẽt choſe,dont vous eſmerueillerez aſſez.Si
lúy en fiſt Florindo tel ſerment qu'il voulut. Il fault premierement, dit
Lucencio,que ne parlez à perſonne viuant de la beſte que nous auons
trouuée:auſſi n'eſt elle pas beſte: mais femme ſaige,& prudente. Et diſ-
courant de poinct en poinct tout ce qu'auez entendu,vindrent hors du
boys. Ah,ah,dit Florindo, ie vous prie aumoins que ie demeure touſiours en voſtre compaignie,& vous ſeruir de moy comme de voſtre Eſ-
cuyer:car ie me tiendray heureux,ſi ie puys paruenir à tel honneur. Ce
que luy acorda ayſément Lucencio,& r'aliants leurs chiens retournerent en la ville.

Comme Lucencio & Florin-

do ſ'enfuyrent ſecretement de Filine à Conſtantinoble,ou
Lucencio receut cheualerie par la main de
l'Empereur Eſplandian ſon oncle.

Chapitre   X.

Es propoz que la damoyſelle ſauuaige eut auecq' Lu-
cencio luy creurent tant le cueur, qu'il ne repoſa de-
puys vne ſeule heure, ſans penſer comme il pourroit
paruenir à eſtre Cheualier. Vne fois deliberoit d'en
parler à ſa mere nourriſſe Floriſme, puystout ſoudain
changeoit d'opinion: En ſorte que toutes choſes de-
batues en ſon eſprit, reſolut(pour le mieux)s'en aller a Conſtantinoble,
& là ſuplier humblement l'Empereur Eſplandian (duquel il auoit ouy
parler mainteſſfois)luy donner lacolée, auec harnois. & monture, eſpe-
rant(veu la reputacion qu'on luy donnoit d'eſtre le Prince du monde
plus afable & debonnaire)qu'il ne le refuſeroit iamais. Tout ce diſcours
fiſt il entendre à Florindo, lequel s'eſtoit rendu trop plus ſeruiable enuers luy, du iour qu'il luy recita les propoz de la ſauuaige, qu'auparauát.
Si commencerent à baſtir leur moyen de deſloger, & pour ce faire auiſerent enſemble de crocheter vn cofre, ou Floriſme auoit quelque argent, & en prendre ce que leur eſtoit de neceſſité pour leur voyage, &
ainſi le fiſrent:tellement que le iour d'apres(faignants d'aller à la chaſſe
comme ilz auoient de couſtume)s'embarquerent ſecretement en vn nauire, qu'ilz trouuerenr au port preſt à faire voile en Thrace, & auecq'
vent propre ſinglerent en pleine mer, ſi qu'en peu de temps ilz arriuerent en Conſtantinoble, ou ſeiournoit l'Empereur Eſplandian, vers lequel Lucencio, & Florindo ſe retirerent. Or eſtoit il lors en la grand'
ſalle de ſon palays, acompaigné de maintz preud'hommes, tous portants dueil de la mort du vieil Empereur & ſa femme, n'agueres decedez.

Tout

Tout au plus pres de luy estoit l'Imperatrix Leonorine, & Luciane sa
fille aagée lors de douze ans, tát belle, & bié aprinse, que c'estoit vne Per
le entre toutes les dames de Græce. Et combien que Lucencio eust toute
sa vie esté nourry entre pasteurs & autres gents mecaniques, si ne s'estonna il voyát si grosse assemblée, ains trouua façon de s'aprocher de l'Empereur, & en luy faisant vne grande reueráce mist le genoil en terre, luy
disant: Trespuissant Prince, l'on dit tát de bien de vous par tout le monde, que ie suis venu en vostre court pour vous suplier de me donner cheualerie, auecq' cheuaux & harnois necessaires: car encore que pour tous
biens ie n'aye à present vaillant que ce que vous pouez voir sur moy, si
vous osay-ie bié asseurer que ie suis yssu de lignée de grands Seigneurs,
voire de Roys, ainsi que l'on m'a dit: Mais fortune qui ne veult faire tous
esgaux, m'a mis en si pauure lieu, que ie n'ay pas seulement moyen d'a-
uoir monture, si vous ne me la donnez. L'Empereur le voyant tant beau,
ieune, & de bonne grace, le regarda d'vn tel œil, qu'il fut esmeu à pitié,
& luy respondit: Vrayement, mon amy, ie feray ce dont vous me priez:
car i'estime (veu ce que ie puys comprédre de vostre personne) que cheualerie n'y sera mal employée. Et se tournant vers le Marquis Saluder
luy dist: Seigneur Marquis, ie vous donne pour hoste ce Damoysel, me-
nez le auecq' vous, & luy faites acoustrer tout ce qui sera necessaire pour
luy & vn Escuyer. Lucencio se leua, & apres luy auoir fait la reuerance
pour le remercier, s'en alla auecq' le Marquis, qui le pourueut le iour
mesmes d'vn riche harnois blanc, selon qu'il estoit requis aux nouueaux
Cheualiers. Et combien qu'il n'eust onques endossé tel acoustrement, si
luy fut il si propre, & luy seoit tant bien, qu'il sembloit auoir esté nay
quant & quant. Ceste nuict veilla en la chapelle auecq' Florindo: & le
lendemain l'Empereur acompaigné des dames (apres la messe dite) luy
donna l'acolée, & l'Infante Luciane (pour luy faire plus d'honneur) luy
ceignit l'espée: Puys le prenant par la main le conduit en la salle, ou les
tables estoient couuertes pour disner. Mais à peine furent il entrez, qu'il
se presenta vne tresbelle dame vestue d'vn drap d'or, ayant ses cheueux
(plus blondz que le Soleil) espars sur les espaules, & au dessus vne guirlande couuerte d'vne infinité de pierreries: elle portoit en escharpe vne
espée, & vn escu, si richement garniz d'or & de Perles que merueilles:
& la conduisoient souz les braz deux Cheualiers tant vieilz & caducz,
qu'on leur eust donné cent ans & d'auantage. A costé d'elle marchoit
vn Damoysel de seize à dixsept ans, grand, beau, & tát dispos, que Nature estoit louée en luy de sa perfection: & vn peu derriere deux autres
Cheualiers armez de toutes pieces, fors les mains & la teste, auecq' quatre damoyselles en tresbon equipage. Lors celle qui par aparence monstroit estre dame de ceste compaignie, salua humblement l'Empereur, &
luy faisant la reueráce s'efforça luy baiser les mains, & le Damoysel aussi: mais il les releua gracieusement, puys leur demanda s'ilz auoient af-
D   faire

faire à luy. Sire, reſpõdit elle, il vous plaira entendre que ie ſuis Ducheſſe
de Sauoye, apellée Grimarte, & quant à ce Damoyſel, vous ny autre ne
pouuez ſçauoir ſon nom, premier que ce pourquoy nous ſommes partiz
de noſtre contrée ſoit acomply, & dont ie vous feray preſentement le
diſcours. Entende doncq' voſtre excellence, que mourant le feu Duc
mon pere, ſans laiſſer autres heritiers que moy, fu incontinent coronnée
en la cité de Chambery, ou pour lors eſtoit nouuellement arriué ce Gentilhomme, lequel vaincu de mon amour eſtoit deſlogé de ſes païs, eſperant (apres m'auoir veuë) s'employer à me ſeruir, de ſorte que ce trauail
& bonne volunté ſeroient recogneuz par moy, tellement qu'il paruien-
droit à ſes fins : & de fait, ſi ma renommée luy auoit cauſé quelque affection, c'eſtoit peu au reſpect de l'ardeur ou il ſe trouua, auſſi toſt que l'œil
l'eut fait iouyr de ma preſence, qui s'augmenta encores de trop plus, lors
que les propoz de luy à moy eurent commencement de familiarité.
Dont il auint qu'vn iour entre les autres (croiſſant le feu de ceſt amour
petit à petit) ainſi que nous eſtions à la chaſſe auecq' bonne compaignie
de Gentilzhommes, dames, & damoyſelles, les vns deçà, autres delà,
eſcartez par les boys, me trouuay de fortune a vn relais, acompaignée
ſeulement de quatre de mes femmes, & de deux Cheualiers, auecq' ce
Damoyſel. Si vit acourir vers moy vn Ours eſchauffé la gueule ouuerte,
& tant furieux, que les deux Cheualiers(eſquelz giſoit la ſeureté de noz
perſonnes) eurent telle frayeur, qu'au lieu de nous garantir, fuyrent à
vauderoutte à trauers la foreſt. Qui fut lors bien effrayée? croyez (ſire)
que ce fu-ie : mais ce Damoyſel mettant pied à terre ſe monſtra tant vertueux, qu'à l'aprocher (ainſi que l'Ours penſoit le ſaiſir) luy donna tel
coup de baſton entre les deux oreilles, qu'il le ieta mort par terre: dont
ie receu tel contentement, que ſur l'heure determinay en moymeſmes
l'aymer cóme il meritoit, & non ſans cauſe, conſiderant l'honneſteté de
luy, le trauail qu'il auoit prins à venir de loingtaine terre pour me voir
& ſeruir, & meſme le danger ou il s'eſtoit offert pour me ſauuer la vie,
ſe monſtrant (encores qu'il fuſt nud & ſans armes) plus hardy que les
deux qui tournerent le dos auecq' leurs lances & eſcuz. Parquoy com-
mençay delà en auant à vſer de plus grande priuauté auecq' luy que ie
n'auois fait, luy offrant mes biens, & ce que peult honneſtement offrir
femme de maiſon telle que ie ſuis, qu'il eut en tel contentement, qu'apres
mille gráds mercis, il me diſt: Ma dame, combien qu'il me ſeroit impoſ-
ſible recognoiſtre de ma vie enuers vous, le bien & hóneur qu'il vous a
pleu & plaiſt de me faire, eſtant tel que ie ſuis, & vous ſi grande dame &
Princeſſe : toutesfois (ſouz le protexte de ne vous ennuyer) ie m'en-
hardiray d'auátage à vous faire vne requeſte, laquelle ie vous ſuplie tres-
humblemét m'octroyer, eſperant que l'effait en redondera à voſtre gloire, & à mon honneur. C'eſt qu'il vous plaiſe me donner congé d'aller
trouuer le Roy Amadis en la grand'Bretaigne, & que par luy, & à vo-

ſtre

stre requeste, ie reçoyue l'ordre de Cheualerie : Ce fait (pour autant que
le païs est plus frequent de Cheualiers auantureux qu'autre dont l'on
parle) ie garderay, & defendray vn pas six moys durants pour l'amour
de vous, & souz la faueur de vostre presence, contre tous ceulx qui voudront enteprendre le passer : souz condicion, que si pendant ce temps ie
suis vaincu, le vaincueur aura de vous vn ioyau de valeur, tel que trouuerez bon luy donner : mais si fortune me donne l'honneur, & i'ay le
dessus, celuy ou ceulx qui se rendront, seront côtraintz laisser leurs escuz
en vostre pauillon, & leurs noms par escrit, pour asseurance de vous venir seruir quand vous les requerrez. Et s'il auient qu'en ceste entreprinse
ie face chose digne de vostre amour, il vous plaira me l'octroyer lors, &
non plustost : car ia à Dieu ne plaise, que Princesse de si hault nom ayt a-
my, sinon tel qu'elle merite : aussi ne seroit ce raison, que moy, ny autre
(ayant encores si peu fait pour vous) paruint à si grand bien, que se pouuoir dire vostre, souz vostre auctorité . Ceste requeste (Sire) luy acorday
ie si voluntiers, que nous nous mismes en chemin peu de iours apres, &
pour le ioyau dont il m'auoit parlé, fis porter quát & moy ceste espée &
l'escu que vous voyez, auecq' vn armet qu'on ne sçauroit priser, tant est
bon, beau, & riche. Mais de malheur ceste damoyselle(dit elle luy monstrant l'vne de ses fémes)qui l'auoit en charge, estant ce matin demeurée
derriere nous, a esté rencontrée d'vn Cheualier, qui luy a demandé pour
qui elle le gardoit. Et elle luy a respondu : pour le meilleur Cheualier du
monde.Lors celuy à qui elle parloit, plus mal courtois que gentilesse ne
desire, le luy osta par force, disant : que puys qu'il estoit voué au meilleur
Cheualier du monde, que c'estoit il, & que partát il n'apartenoit à autre.
Et de fait l'en desaisit maugré elle, & s'enfuyt à trauers les boys, si qu'elle le perdit de veuë : dont trop offencée nous vint trouuer, pleurant du
grand outraige, qu'elle nous raconta . Ce qu'entendu par ces Cheualiers
qui m'acompaignent, coururét pour l'ataindre : Toutesfois apres l'auoir
quis, & voyants qu'ilz perdoiét leur peines, auertiz que vous faisiez seiour en ceste vostre cité, deliberasmes vous venir faire la reueráce, & sçauoir s'il vous plairoit mander quelque chose au Roy Amadis, vers lequel
nous fussions arriuez long temps a, sans la fortune qui nous a poussez en
ces marches : puys se teut.Ma dame, respondit l'Empereur, vous m'auez
fait honneur & plaisir, de me venir si priuément visiter, & vous en mercie de bien bon cueur, mesmes le Damoysel, auquel nostre Seigneur don
nera la grace, s'il luy plaist, de parachueer entreprinse de si hault cômen-
cement : Et quant au paillard qui vous a fait tord du heaume, croyez que
i'en suis fort desplaisant, tant pour estre auenu si grande laschcté en mes
païs, que pour s'estre adressé à dame telle que vous estes . Durát ce pourparler, Lucencio pensoit en son cueur qu'il iroit venger la damoyselle, &
recouurer ce qu'elle auoit perdu . Au moyen dequoy, sans plus differer
mist le genoil en terre, & suplia humblemét l'Empereur, qu'il luy pleust
D ii   donner

dóner permiſſion de ce faire: ce qu'il luy octroya de bon cueur, puys ſadreſſant à la Ducheſſe, luy diſt: Ma dame, i'ay toute ma vie ouy dire, que cheualerie a eſté ordónée principalement pour garder qu'on ne fiſt tord aux dames, & damoyſelles : ie vous ſuplie commander à celle, auquel le Cheualier a fait ceſte iniure, me venir guider, tant que l'ayons trouué, & ie vous prometz la foy que ie doy à l'Empereur, que ie l'en vengeray, & vous auſſi, ou ie mourray en la peine. Vrayement, Cheualier, reſpódit la Ducheſſe, ie vous en mercie de bien bon cueur. Et ſur l'heure cómanda à la damoyſelle qu'elle l'acópaignaſt. Et auſſi toſt, dit elle, que vous aurez recouuré le heaume, ne faillez de vous trouuer en la grand'Bretaigne. A doncq' Lucencio (apres auoir mangé quelque peu) monta à cheual, & acompaigné ſeulemét de Florindo qui le ſeruoit d'Eſcuyer, & de la damoyſelle, ſortit de la cité, en laquelle la Ducheſſe fiſt depuys peu de ſeiour : car apres auoir remercié l'Empereur du bon recueil qu'il luy auoit fait, prenant congé de luy, des ſeigneurs, & dames, ſ'embarqua ſuyuant la routte des coulónes d'Hercules pour entrér en la mer Occeane. Or la conduiſoient encores de l'œil maints qui eſtoient ſur le riuage de l'eau, quand vn Cheualier armé de toutes armes, hors la teſte & les mains, entra au palays, & ſaluant l'Empereur fut recogneu pour Sergil. Si luy fiſt Eſplãdian bien bon viſage, & luy demanda cóme ſe portoit le Roy Norandel. Sire, reſpondit il, il ſe recómande humblement à voſtre bóne grace, & m'a depeſché expres vers vous, pour vous auertir, qu'vn ſeul Cheualier a valeureuſement cóquis la montaigne Defendue, cóbatu & vaincu Belleris, Frandalon, & Frandalo, en ſorte que luy & le Roy de Ieruſalem ſont demeurez maiſtres de la fortereſſe, ainſi que nous auons ſceu certainement par deux Morteſpayes, qui ſe ſont deſrobez pour venir à Teſifante: Et par ainſi, ſire, il vous plaira auiſer comme voulez deſormais que le Roy Norandel ſe gouuerne par delà, & cóſiderer l'importance de ceſte place, ayſée à regaigner premier que les Turcs y enuoyent ſecours, ſi vous les preuenez. Cóment? reſpondit l'Empereur, eſt il poſſible qu'vn ſeul Cheualier ayt fait tant d'armes que vous dites? Et mes gents ſont ilz tous morts? Non, ſire, dit il : mais onques Cheualiers ne fiſrét plus de deuoir, combien qu'ilz ayent eſté à la fin vaincuz, & laiſſez ſans moyen d'eulx defendre. Dieu ſoit loué de tout, reſpondit l'Empereur, il fault eſſayer d'y pouruoir. A doncq' apella le Prince de Brandalic, & le Marquis Saluder, auſquelz il commanda faire freter & armer tous les vaiſſeaux qu'ilz pourroient aſſembler, meſmes ſoldatz & autres gents neceſſaires au voyage: Et quant & quant r'enuoya Sergil en diligence vers Norandel, à fin qu'il fiſt marcher par terre l'armée qu'il auoit auecq' luy, pour empeſcher que ſes ennemys ne donnaſſent ſecours au Roy de Ieruſalem. Or les laiſſons donques pouruoir à leur equipage, & retournons à Lucencio, qui va cherchant le Cheualier qui auoit oſté le heaume à la damoyſelle, qu'il trouua depuys, ainſi que vous entendrez.

Comme

le vous promctz, dit le premier . A ceste parole cogneut bien Lucencio,
que s'estoit à luy à qui on en vouloit: parquoy se retira quelque peu arrie
re pour mieux donner carriere à son cheual, & baissant la lance courut
sur eulx de si droit fil, qu'il rencôtra celuy du heaume par telle force, que
vollant son boys en esclatz le rua par terre : toutesfois il tint ferme les
resnes du destrier, & remonta peu apres dessus . Ce pendant Lucencio
tourna bride , & mettant la main à l'espée, commença la meslée des
deux contre vn , aspre, & si dangereuse, que Lucencio cogneut à veuë
d'œil son danger present, s'il n'y pouruoyoit. Lors, combien qu'il n'eust
onques esté en telles noces , neantmoins esmeu d'vn instinct naturel à
imiter ceulx desquelz il estoit yssu, eut le cueur si bon & vertueux, que
ses ennemys s'en aperceurent en moins de rien, tant que la place fut tain-
te en plusieurs lieux du sang de leurs corps. Mais à beau ieu beau retour:
car les deux assaillants le traiterent si mal, qu'il se sentit naüre iusques à
douter de mort, dont il deuint tant furieux , qu'il entra pesle mesle, ny
plus ny moins que fait le Thoreau eschauffé , entre ceulx qui l'esguillon
nent en la place ou il est enferré, pour estre couru & donner passetemps.
Et ainsi chamaillant à dextre & à senestre, rencontra (non pas le Cheualier larron) mais l'autre , auquel il donna tel coup de pommeau sur l'o-
reille, que la teste luy inclina iusques sur l'arçon de deuant: & baissant
le col (comme ie vous ay dit) Lucencio redoubla, & du trenchant de son
espée luy separa la teste d'auecq' les espaules , tombant le corps tout
bouillant: dont Lucencio bien ayse, s'escria assez hault : Par Dieu, maistre, vous n'aurez plus que faire de bonnet de nuict, & moins de l'armet
que vous auez tant desiré. Quand l'autre vid son compaignon si mal en
ordre, ne voulut d'auantage esprouuer l'effort de celuy qu'il auoit iniu-
rié : parquoy pour mieux se garantir (faignant venger son compaignon) s'aprocha , & haulçant le bras donna tel coup d'espée entre les
deux oreilles du cheual de Lucencio , qu'il le tua : puys à bride abatue
tourna le dos, fuyant comme chassé de tous les dyables . Si Lucencio fut
lors desplaisant, seigneurs, vous le pouuez aysément croire: car il se voyoit sans monture , quasi hors d'esperance de recouurer ce qu'il auoit
quis, qui estoit le heaume que l'autre emportoit: mais apres qu'il fut releué auisant le destrier du Cheualier mort qui passoit, trouua façon de
s'en saisir, & luy remettant le frain monta dessus , & courut apres le
fuyard. Lors Florindo & la damoyselle demeurez cachez à l'yssue de la
forest, le voyants ainsi esloigner , sortirent de leur embusche pour le suyure , mais ilz le perdirent de veuë : & estoit presque nuict fermée, qu'ilz
le r'auiserent au hault d'vn tertre, d'ou il descouuroit son homme, deual-
lant auecq' telle haste, que son cheual lassé & quasi hors d'aleine , print
si grand sault le long de la vallée, qu'il roulla plus d'vn iet de pierre a-
uant que s'arrester , & tellement que Lucencio ne se peut tenir de rire:
D iiii   car il

car il penſoit qu'il l'euſt le col rompu, & ſon maiſtre quant & quant : tou
tesfois ilz ſe releuerent l'vn & l'autre , & tandis Lucencio ſaprocha,
ſeſcriant à haulte voix : Par Dieu, damp Cheualier, à ce coup laiſſe-
re-vous le heaume qui n'eſt voſtre , & la teſte quant & quant, L'autre
voyant qu'il luy chauſſoit de ſi pres les eſperons, ne trouua meilleur
moyen pour garantir ſa vie, que ieter ce qu'il tenoit, eſperant que Lucencio ſamuſeroit à le releuer,non à le pourſuyure:mais il n'en fiſt rien,
ains paſſa oultre auecq' telle viteſſe, qu'il l'arreſta pres d'vn grand boys,
& luy donna tel coup ſur la teſte nue , qu'il luy fendit iuſques aux dents:
Puys tourna court ou il auoit veu ieter le heaume, toutesfois il ne l'y
trouua plus:parquoy eſtima lors que Florindo & la damoyſelle l'auoiēt
releué . Et à ceſte cauſe ieta ſa veuë de toutes parts pour auoir nouuelles
d'eulx , mais ce fut en vain, dont bien ennuyé retourna au ſommet du
tertre : & entrant de là en la foreſt,delibera atendre le iour , car l'obſcurité eſtoit ſi grande qu'il ne voyoit à ce conduire . Lors entendit vn cheual banir, & penſant que ce fuſſent ceulx qu'il cherchoit piqua celle
part, ou il aperceut à la lueur d'vn grand feu vne bien belle & ieune damoyſelle, lauant ſes mains en vne fontaine,qui ſortoit d'vn creux rocher ioignant : & l'acompaignoient ſix autres,portans chacune d'elles ſur leurs chefz guirlande & chapeaux de fleurettes treſodoriferan-
tes , deux deſquelles acordants leurs voix au ſon des lucz qu'elles tou-
choient doucement , faiſoient retentir l'air d'vne telle armonie , que
Lucencio demeura tout esbahy , ſurprins(toutesfois) de quelque ardeur
d'amour qui luy eſguillonna le cueur, en ſorte qu'il aprocha d'elles :&
ſaluant la compaignie ſadreſſa à la plus belle , & luy diſt: Ma dame,ie
vous ſuplie excuſer la priuauté dont i'vſe en voſtre endroit, vous aſſeurant que mon arriuée en ce lieu n'eſt pour vous ennuyer, ains pluſtoſt
pour vous ſeruir, ſil vous plaiſt quelque choſe me commander . A ceſte
parole,elle qui ne penſoit qu'à ſe refraiſchir leua la teſte,& l'auiſant tout
armé fors de ſon heaume qu'il portoit à l'arçon, ſe trouua de prime face
eſtonnée: toutesfois il luy ſembla de ſi bóne grace qu'elle ſe r'aſſeura,luy
demandant qu'il queroit . Ma dame, reſpondit il , ie cherchois vn mien
Eſcuyer, & vne damoyſelle qu'il acompaigne: mais Amour(comme ie
penſe) m'a adreſſé à la lueur de ce feu, pour experimenter la chaleur
d'vn plus aſpre, & duquel ie me ſents deſia trop embraſé: toutesfois voſtre bonne grace & grande excellence qui l'ont allumé en mon cueur,
ont bien le moyen de le moderer, ſi vous prenez pitié de moy, qui ne
vous meffis onques que ie ſçache. La dame l'oyant parler de telle affection , ne ſe peut tenir de ſouzrire , & faignant n'entendre ce langage
d'amour, tourna la charue contre les Bœufz , luy diſant: Et comme vous
ont ainſi perdu voz gents ? Ma dame, reſpondit Lucencio, i'allois apres
vn Cheualier, qui auoit tollu par force vn armet à la damoyſelle dont

ie vous

ie vous parle, mon Escuyer & elle qui me suyuoient de loing ont esté
surprins de la nuict, & cuidois les rencontrer en ce boys, mais ie me
trouue bien mesconté : car pensant recouurer autruy, ie me suis moymesmes perdu, par l'excellence de la grande beauté qui est en vous. A
doncq' luy recita de poinct en poinct tout ce que vous auez entendu du
heaume, & qu'il en estoit auenu depuys. Cheualier, dit elle, i'ay veu par
tie de ce que vous me contez de celuy qui fuyoit : tant y a que de vostre
Escuyer, ny de la damoyselle, ie ne vous en sçaurois parler : oy bien du
heaume, duquel ie vous rendray bon conte, si me voulez promettre vn
don tel que ie vous demanderay. Ma dame, respondit Lucencio, vostre
bonne grace m'a tant fait vostre, que vous me pouuez commander en
tout ce qu'il vous plaira, & plus encores seray-ie enclin de vous seruir, si
par vostre moyen ie puis recouurer le heaume que ie suis obligé rendre
à celle qui me suyuoit. Lors elle souzleua le bord d'vn manteau de sa-
tin, sur lequel elle estoit assise, & le luy monstra, disant : N'est ce pas ce
que vous cherchez ? l'vne de mes femmes le releua peu apres que le Cheualier que vous poursuyuiez l'eut ieté. Or donques mettez pied à terre,
& vous reposez vn peu auecq' nous : car ie croy que vous en auez bon
besoing. Luy qui ne demandoit pas meilleure ocasion de deuiser auecq'
elle, luy obeir promptement : & comme il fut assis, elle enuoya l'vne de
ses femmes hors la forest, pour voir s'elle pourroit rien entendre de
l'Escuyer & de la damoyselle esgarée : car desia la Lune commençoit à
luyre, & ce pendant entra en propos auecq' Lucencio, & luy dist : Cheualier, vous m'auez promis vn don tel que ie vous demanderay, ie vous
prie pour l'acomplir, qu'aussi tost que vous aurez recouuré vostre Escuyer, & la damoyselle dont vous estes en peine, que m'acompaignez
en vn mien nauire, que mes gents tiennent à l'ancre le long de ceste coste, & duquel ie suis sortie ce matin, tant pour voir ceste contrée, qui
me sembloit plaisante & bien ombragée, que pour me rafraischir du
trauail de la mer, ou i'ay seiourné longuement. Ma dame, respondit Lucencio, vous pouuez disposer de moy comme de l'vn de voz esclaues :
car ie ne vous desobeïray, ains me trouuerez prest & prompt à suyure
tousiours vostre plaisir. En bonne foy, dit elle, ie vous mercie de bien
bon cueur. Et comme ilz estoient en ces termes, arriuerent Yneril & sa
compaignie, auecq' celle qui estoit allée les chercher : & descendants de
cheual, passerent le reste de la nuict iusques à Soleil leuant, que Lucencio apella la damoyselle de la Duchesse, à laquelle il dist : Ma grande a-
mye, voylà le heaume qui vous fut osté, vous le porterez à vostre maistresse, & me recommandant à sa bonne grace, l'asseurez de ma part,
que ie suis son seruiteur. Et pour autant que i'ay promis à ma dame de
m'embarquer presentement auecq' elle, ie vous prie m'excuser si ie ne
vous tiens plus longue compaignie. Sire Cheualier, respondit elle, vous
auez

auez tant fait pour ma maiſtreſſe & pour moy, que nous vous en deuons
ſçauoir gré toutes noz vies: & puys qu'il vous plaiſt me donner congé, ie
m'en vois en paſſant auertir l'Empereur du deuoir ou vous vous eſtes
mis, & de là m'embarqueray pour faire voyle en la grand' Bretaigne, có
me il m'a eſté ordóné: pourtát auiſez s'il vous plaiſt autre choſe de moy.
Non, dit il, & le commandant en la garde de noſtre Seigneur, monta ſur
ſon palefroy, & ſuyuit le chemin de Conſtantinople, & les autres celuy
de la mer, ou il trouuerent le nauire, dans lequel, apres eſtre embarquez,
ſinglerent à vau l'eau. Voguent donques à leur ayſe, ſi le téps leur permet
& retournós, à ceulx que nous auons laiſſez en la montaigne Defendue.

Comme l'Empereur Eſplandian

arriua en la montaigne Defendue, ou il ſe combatit contre le
Cheualier de l'ardante Eſpée: & quelle fut
l'yſſue de leur combat.

Chapitre   XII.

Rois semaines & plus seiourna le Cheualier de l'ardante Espée au chasteau de la montaigne defendue, depuys
la victoire qu'il eut sur ceulx qui le gardoient: & ne paf
soit iour qu'il n'allaft visiter Frandalo, & les autres Che
ualiers naürez, tant qu'Yncril retourna de la Natolie a-
uecq' vingt Turcs de renfort, qui furét tresbien receuz,
specialement par le Roy de Ierusalem . Lequel auparauant auoit recité
bien au long au Cheualier de l'ardante Espée, la forte qu'il fut prins au sie
ge de Constantinople, & vn peu au precedát ses filz & fille par Perion de
Gaule, lors surnommé le Cheualier de l'Esphere. Mais croyez, disoit il,
qu'onques on ne fist plus d'honneur, ny meilleur traitement , ny tant de
gracieusetez à Prince captif, que le Roy Amadis & l'Empereur Espáldiá
ont fait en mon endroit. Lors se mist à reciter bien amplement toutes les
façons & honnestetez qu'on luy auoit gardées, & tant en sceut raconter,
que le Cheualier de l'ardante Espée dist tout hault: Vrayement ie confef
seray bien par voz propoz mesmes, que vertu & prouesse sont plus familieres d'Amadis & de ses enfants, que d'autres Cheualiers que ie cognoif
se. Et ainsi deuisants, apuyez sur vne fenestre qui auoit veuë sur la marine,
aperceurent vne barque à deux rames prendre port, & descendre à terre
vn Cheualier armé d'vnes armes noires fors la teste : cär vn Escuyer luy
portoit le heaume, & vne damoyselle l'escu en champ d'or, au mylieu du
quel estoit figuré vne croix vermeille comme sang . Si commencerent à
monter les degrez taillez en la roche, en forte qu'en peu d'heure ilz vindrent ioignant le portail, ou le Cheualier s'equipa pourcombatre. Ce que
voyant celuy de l'ardante Espée qui le regardoit monter tant hardiment
ne sçauoit de prime face qu'en péser, mais il luy va tomber en l'esprit, que
sans doute c'estoit aucun Chrestien, lequel ayant entendu la perte du cha
steau , vouloit essayer à le recouurer s'il pouuoit . Et à ceste cause luy demanda de la fenestre, ou il alloit, & qu'il cherchoit: car, dit il, le blason de
cest escu que vous portez , me donne tesmoignage que ne deuez estre
autre qu'ennemy des Turcs . A ceste parole le Cheualier Noir haulça la
veuë , & voyant celuy qui l'interrogoit, luy sembla le plus beau personnage qu'il vid onques , parquoy il luy respondit: En bonne foy, Cheualier, si vous estes celuy qui auez gaigné ce chasteau à force d'armes,
vrayement (veu vostre ieune aage & ce que vostre visage monstre) cheualerie est en vous mieux employée, qu'en autre que ie sçache: & si voz
condicions sont telles que vostre renómée bruit, ne deuez trouuer mauuais, que (portant le signe qui est en mon escu) i'essaye de faire ce que
vousauez fait, desirant m'esprouuer contre vous, comme contre le plus
courtois & preux Cheualier d'Asie. Ainsi donques ie vous prie me faire ouutir la porte: car souz vostre parole i'entreray dedans, & essayrons

(si me

(si me voulez croire)auquel fortune fauorisera le plus , par le combat de vous à moy . Bien pensa le Cheualier de l'ardante Espée aux propoz de l'autre , qu'il deuoit estre preud'homme. Et pour ceste ocasion luy dist: Certes, Cheualier ,vous parlez tant à mon auantage,que ie doute beaucoup si ie vous doy asseurer , que ie suis celuy que vous pensez,ou autre. Vn bien y a , que l'honneur redonde tousiours à celuy dont il part: ainsi ne peult il estre qu'il ne vous honore au combat que vous demandez, soit que vous ayez le meilleur, ou le pire: Car louer la force & les vertuz de son ennemy, n'est autre chose,si non illustrer soymesmes , & vouloir conquerir le cueur par vertu, premier que le corps par force. Et partant, puys que vous estes venu hazarder la vie , & essayer d'aquerir renommée, faisant le deuoir à quoy vostre loy vous oblige, ce ne seroit raison ny courtoisie,si ie vous denyois ce dont vous me priez.Or atendez donques vn peu, & ie vous feray entrer souz la condicion que vous auez demandée,& que ie vous acorde de bon cueur. Lors se retira de la fenestre , laissant le Cheualier Noir content au possible des honnestes propoz qu'il luy auoit tenuz . Mais il ne seiourna gueres depuys , que la porte fut ouuerte : à l'entrée de laquelle se presenta vn Cheualier de belle taille , armé d'vnes armes blanches,portant au col vn escu de fin acier, sur lequel estoit emprainte vne espée rouge , auecq' aucuns caracteres qu'il ne peut entendre : toutesfois il douta bien que c'estoit celuy qui auoit parlé à luy à la fenestre, & qu'il desiroit côbatre : car il luy dist qu'il entrast,puys qu'il mist peine de donner fin à ce pourquoy il estoit venu. A ceste parole passa oultre le Cheualier Noir,& en entrant dist à l'autre: Ie te prie, beau sire,que nostre combat se face plus auant dans la court du donion . Et ce disoit il , craignant(s'il vaincoit) qu'il luy fust fermé au visage. Ce que cognoissant tresbien le Cheualier de l'ardante Espée,luy respondit, qu'il luy plaisoit ainsi: & luy deferant l'honneur,l'importuna de marcher deuant luy:mais le Cheualier Noir le refusa,luy disant,puys que luy mesmes estoit seigneur de la place, qu'il luy deuoit monstrer le chemin.Ie vous obeïray donques,respondit l'autre:car il pourroit estre, que cuidant me monstrer trop courtois enuers vous , ie faudrois en ne faisant ce dont vous me priez: aussi que i'ay toute ma vie ouy dire , que Cheualiers qui sont en termes de combatre, doiuent auoir la courtoisie recommandée comme l'honneur, vsants les vns enuers les autres de propoz humbles & gracieux,remettans tout le mal vouloir qu'ilz se pourroient porter en la force de leurs braz , conduite par la magnanimité de cueur , souz l'atente de la victoire future , laquelle(leur auenant)se treue plus glorieuse,d'autant que leur parler a esté plus courtois & affable, que le lieu & l'ocasion ne permettoient. Lors passa oultre,& le Cheualier Noir apres , lequel auant que commencer le combat , luy dist: Cheualier , si tu voulois laisser ta folle creance , & me suyure en lieu, ou tes

forces

forces feront mieux employées à la gloire & honneur de celuy, dont tu
les as receuës, croy moy que ie me deporterois ayfément de cefte meflée:
non pour doute que i'aye de toy, ains feulement à fin que fuffions amys:
tant ie te loue & eftime. Ah! refpondit l'autre, cefte requefte eft fi hors
de raifon, que ie ne te deuroys nulement contefter: Partant ne t'amufe
plus à fermonner, mais regarde à quelle fin tu m'es venu trouuer. Eft il
vray? dit celuy aux armes noires, or auant donques. Et proferanr cefte
parole, fe chargerent l'vn l'autre par telle vigueur, qu'il ne fut onques
veu fi rude chamaillis: car par l'efpace de deux groffes heures & plus,
ilz ne cefferent de ruer d'eftoc & de taille, defmaillants haubertz & fai-
fants tel chaplis de leurs efcuz, que la place eftoit femée en plufieurs
lieux des pieces qui en fortoient, fi qu'on n'euft peu iuger à qui la victoire eftoit promife: pource que tant plus alloient auant, & plus trauailloient, comme il fembloit: dont il auint que de l'ardeur du Soleil
(eftant au hault du iour) efchaufferent tellement leurs harnois, que force leur fut d'eulx tirer arriere, & haulcer la veuë de leurs heaumes pour
prendre aleine. Mais cela dura peu qu'ilz ne fe rechargeaffent mieux
que deuant, & neantmoins ilz ne pouuoient rien conquerir l'vn fur
l'autre: dont trop defpitez en eulx mefmes, habandonnerent les efpées
qu'ilz auoient au poing, pendantes à chaifnes d'argent, & fe harperent
pour à force de pous de croc, & de hanches, fe ieter par terre: ce qui
leur fut impoffible, ains fe maintindrent tant vigoureufement, que le
Roy de Ierufalem f'en courut vers Frandalo, qui pour fa foibleffe n'ha-
bandonnoit la chambre, & luy dift: Si vous pouuez venir iufques à ces
galleries, vous verrez (peult eftre) le plus cruel combat pour deux hommes, qu'il eft poffible. Frandalo esbahy qui ce pouuoit eftre, trouua façon de fe trainer iufques là, & y furuint comme ilz tomberent l'vn fur
l'autre, fans (toutesfois) lafcher nulement leur prinfe. Lors fut à qui auroit l'auantage: mais quoy? l'vn n'auoit pluftoft gaigné le deffus, qu'il ne
fe trouuaft deffouz. Et ainfi culbutants, puis hault, puis bas, fe trouuerent tellement hors d'aleine, qu'ilz fe defcouplerent, & fe releuants reprindrent leurs efpées, auecq' lefquelles ilz fiffrent autant d'effort, comme fi de tout le iour ilz n'euffent tiré coup: qui donna argument à Frandalo (auquel le Roy de Ierufalem auoir recité tout le commencement
de cefte meflée) que le Cheualier aux armes noires eftoit fans doute A-
madis de Gaule. Toutesfois cefte opinion luy mua foudain: car (à la verité) Amadis eftoit de plus petite ftature, & en trop loingtain païs: parquoy eut fufpeçon que Lifuart de Græce auroit pluftoft fait cefte entreprinfe. Et le difoit au Roy de Ierufalem, ainfi que le Cheualier aux armes noires leua la tefte, & auifa Frandalo, qu'il recogneut, dont il fut
ayfe, & marry enfemble. Ayfe, pour le voir en vie, & defplaifant, pour
la couleur flaque & debile qu'il portoit, à caufe de la douleur côtinuelle

E   qu'il a

qu'il auoit soufferte en ses playes, qui donna telle enuie au Cheualier
Noir de l'en venger, que despité en soymesmes pour auoir desia tant
mis, ne se peut tenir qu'il ne dist entre ses dents : Par mon chef, c'est trop
bataillé pour victoire tant desirée, & fault que ie croye asseurément,
que cestuy soit quelque dyable deschainé du fons d'enfer : car s'il fust
autre, long temps a que ie l'eusse mené à la raison. Et à l'instant luy creut
le courage, de sorte qu'il frapa celuy des armes blanches si outrageusement, qu'il le contraignit mettre le genoil en terre, toutesfois il se releua
soudain : & pour mieux luy rendre la pareille, print son espée à deux
mains, dont il l'ataignit si à ferme, que sans la rencontre de l'escu qu'il
para, c'estoit fait de luy : neantmoins la pointe luy tomba sur l'armet,
& l'estonna si fort, qu'il luy fut contraint s'apuyer contre la paroy, autrement il s'en alloit par terre. Mais cest esblouissement luy dura peu, qu'ilz
ne se rechargeassent mieux que deuant, combien qu'à la verité le Cheualier Noir commença à s'apesantir & diminuer à veuë d'œil, encores
qu'il fist tousiours tresgrand deuoir : toutesfois on cognoissoit aysément
qu'à la longue il ne pourroit resister, parquoy celuy des armes blanches
se tira vn peu arriere, & luy dist : Cheualier, ie te prie ne sois homicide
de toy mesmes, & te rends : car ce seroit dommage que tu mourusses, e-
stant si preud'homme que ie te cognois. Par Dieu, respondit l'autre, ta
courtoisie me semond quasi à suyure ton conseil : mais mon honneur y
contredit en, sorte qu'autre que la mort ne finira entre nous deux ceste
meslée. Et combien qu'il ne luy restast lors escu pour luy couurir seulement le bras, & que son heaume & haubert fussent si declouez & rom
puz, que le nud de la chair paroissoit en plusieurs endroitz : si entra il en
telle colere, respondant à l'autre, qu'il auança vn pas, & en ce desmarchant luy donna vn si grand coup d'espée sur l'espauliere, que le sang
rougit son harnois par cest endroit, qui irrita par trop le Cheualier
Blanc, aussi le luy faisoit il bien sentir, quand vn valet acourut dire au
Roy de Ierusalem, qu'vne damoyselle estoit à la porte, demandant à entrer pour chose qui importoit beaucoup les deux combatants. Le Roy
commanda soudain qu'on l'amenast, & quasi à l'instant ce vint presenter aux Cheualiers ausquelz elle dist : Seigneurs, ie vous suplie entendez
le message que i'ay à vous faire, & differez vostre meslée, s'il vous plaist.
A ceste parole se retirerent arriere, principalement celuy aux armes
noires qui la recogneut : car c'estoit Alquife, qui depuys la perte de Lisuart & Perion, auoit tenu compaignie à Vrgande en l'Isle des Singes,
& l'enuoyoit son pere vers les deux Cheualiers, pour empescher leur
mort prochaine, si leur colere eust continué comme elle estoit commencée. Pour à quoy obuier, vint se prosterner aux piedz de celuy aux armes noires, parlant à luy de telle sorte : Sire, mon pere qui vous ayme
& estime, m'a commandé vous porter cest honneur, m'asseurant qu'à
la seule

la seule parole de moy vous me cognoistriez , encores que ie ne vous
aye onques veu que ie sçache.Il vous prie,que le combat de vous & de ce
Cheualier ne passe oultre , & pour la raison qu'il vous fera entendre
quelquefois , & dont vous l'en remercirez . Damoyselle, respondit il,si
vous me mescognoissez à present, ie sçay tresbien qui vous estes, aussi
auons-nous souuent deuisé ensemble, & en temps plus agreable : &
quant au reste, vous pouuez voir à veuë d'œil,que ie n'ay puissance sur
ce Cheualier pour le prier,ny luy commander , veu l'estat ou nous sommes : parquoy ie suis d'auis que vous mesmes parlez à luy , & sentez ce
qu'il en pense . A celà ne tiendra, dit la damoyselle . Lors tournant visage , luy dist : Cheualier,le vieillard qui vous trouua nauré en la forest(a
pres que vous eustes deliuré le Roy Magadan)vous prie,& pour cause,
ne combatre d'auantage contre cestuy,à qui ie me suis adressée: ains qu'il
vous souuienne des propoz que vous luy tintes, disant, que la vertu n'e-
stoit iamais perdue en quelque lieu qu'elle fust exercée . Damoyselle,
respondit il,ie suis vrayement tant tenu au vieillard, que ie croiray son
conseil , & voudrois bien me trouuer en lieu pour luy faire seruice,ainsi
que ie le desire . Or auoit il prins garde à l'honneur qu'elle auoit porté
au Cheualier Noir , qui luy donna coniecture que c'estoit quelque Roy,
ou autre grand personnage , parquoy il luy dist : Seigneur , pardonnez
moy ie vous prie, si au traitement & paroles ie ne vous ay esté tant courtois que ie deusse , & me faire le bien de me declarer qui vous estes,à fin
que ie cognoisse mieux d'oresenauant par nom celuy, auquel y a tant de
bonté & prouesse . Cheualier, respondit il, vostre discrecion tant glorieuse , me fait perdre entierement le mal vouloir que ie vous ay porté
iusques icy , & si me semond à vous laisser la place, puys que nostre
meslée ne peult prendre autre trait : Toutesfois ie satisferay premierement à vostre requeste, & vous diray qui ie suis, souz condicion que
par apres vous, ny autre, ne me donnera empeschement à me retirer.De
ce pouuez-vous estre seur, dit le Cheualier Blanc , & si le vous prometz
sur mon honneur . Entendez, dit il, que vous pouuez voir maintenant
Esplandian Empereur de Constantinople , qui estoit venu par deçà, esperant seul conquerir ce que vous mesmes auez gaigné sur moy & les
miens : mais sçachant ce qui est en vous . & cognoissant la forteresse du
lieu , ie ne fais quasi plus d'estat d'y rien auoir , quelque puissance que ie
sçache y amener . O Iupiter ! s'escria le Cheualier à l'ardante Espée,est il
possible que le Prince de tout le monde, duquel la renommée est plus
grande & recommandée,m'ayt fait cest honneur ! Sur ma foy ie me puis
bien nommer à present le plus heureux de la terre , ayant eu moyen de
m'esprouuer contre le meilleur Cheualier qui viue . Ah ! ah tresexcellent Empereur ! vous estes tel,que les louanges que l'on vous donne sont
peu au respect de ce que vous meritez ! Que pleust à noz dieux que la

E ii   loy que

loy que vous tenez fuſt conforme à leur honneur, à fin que vous viſſiez
auecq' le temps, de quelle affection ie vous voudrois faire ſeruice, au
lieu du deplaiſir qu'auez receu par mon ignorance : dequoy ie vous
ſuplie, & ceſte damoyſelle, m'excuſer. Or la penſoit il encores derriere luy : mais elle ſ'eſtoit deſia retirée, dont il ſ'aperceut cuydant luy
gratiffier : parquoy trop deſplaiſant changea propos, & demanda qu'il
chemin elle auoit prins. Seigneur, reſpondit vn de leans, elle eſt ſortie,
& l'auons veuë deſcendre droit à la marine. Ah ! dit le Cheualier, elle
me fait tord. Or penſoit il ſçauoir d'elle, ou il trouueroit le vieillard
Alquif, par lequel il eſperoit cognoiſtre ſes parents. Et à ceſte cauſe laiſſa
l'Empereur, & ſortit haſtiuement du chaſteau courant apres elle, &
tant plus ſ'eſloignoit, & plus diſoit en ſoymeſmes : Par mon chef ie n'ay
playe qui me deſtourne, ſi vne fois ie vous atrape, que ne me reueliez ou
eſt voſtre pere: Mais nonobſtant ſa diligéce, fortune le guida bié ailleurs,
ainſi comme il vous ſera recité cy apres.

Comme les vingt Turcs, que

Yneril auoit amenez de la Natolie, pour le ſecours de la
montaigne Defendue, ſe miſrent en deuoir de
tuer l'Empereur Eſplandian : &
de ce qu'il en auint.

Chapitre   XIII.

Randalo, qui estoit descendu des galeries à bas, pour escouter les propoz de la damoyselle, ayant entendu par le dire mesmes de l'Empereur Esplandian, que c'estoit il qui auoit combatu le Cheualier de l'ardante Espée, mist aussi tost le genoil en terre pour luy baiser les mains, & quant & quant le Roy de Ierusalem luy fist vne grande reuerance. Si les receut l'Empereur de bon visage, & embraça le Roy luy disant : En bonne foy, mon frere, vostre liberté est plus heureuse que vous n'esperiez, ainsi que ie pense, estant deliuré & mis hors de prison par le meilleur Cheualier que ie vy de ma vie. Ah! sire, dist Frandalo, vostre presence me donne vne ioye non pareille, & vn regret iusques à la mort! Mon grand amy, respondit l'Empereur, vous auez esté estimé tousiours si saige, qu'il ne vous fault autre confort que celuy que vous vous pouez donner. Mais il n'eut pas longuement contiué en cest entretien, que les vingt nouuellement arriuez pour la defence de la place, crierent aux armes, & coururent sus à l'Empereur : lequel estonné plus que deuant (& non sans cause) dist au Roy de Ierusalem (qu'il soupçonnoit chef de ceste trahison) Comment? mon frere, auez-vous bien osé tant mesfaire à vostre honneur, & au droit de cheualerie? Sur ma foy vous faites tord, non seulement à vostre personne, ains à tous autres qui portent titre de Gentilhomme : car vous ne pouuez ignorer que ie suis entré ceans auecques seureté de celuy, qui auoit puissance de me la donner. Le Roy de Ierusalem bien marry de tel insult, mist soudain l'espée au poing, & se print à menacer rude-

E iii　　　　ment ces

ment ces paillardz: toutesfois ilz monstrerent bien contenance de vouloir faire peu pour luy, & commencerent à deschocher tant de coups de
flesches, qu'il sembloit d'vne gresle tombant du ciel: qui eschauffa tellement l'Empereur, que sans marchander d'auantage se couurit de son
escu, & tenant l'espée au poing entra pesle mesle, frapant à dextre & à
senestre, en sorte qu'il donna tel coup au premier, qu'il n'en parla onques puys, & poursuyuant les autres, en mist trois le nez contre terre.
Neantmoins celà ne l'eust peu garantir sans Frandalo, lequel (tout foible
& debilité) saisit vne hache, & suiuy par deux de ses Escuyers, acompaignerent si bien l'Empereur, que voulissent les autres, ou non, force leur
fut d'eulx reculer à leur honte & grand' perte. Et tout ainsi que l'on voit
souuét vne bande de Pyes ou Agasses poursuyure l'Autour, ayant prins
l'essor partant du poing de son maistre, & s'arrester sur quelque arbre,
au partir duquel se sentant buffeté est tellement marry, qu'il n'en pille
seulement vne, deux, ou trois, ains escarte rudement le surplus: ny plus
ny moins ceste canaille ayant fait son effort contre l'Empereur, print la
chasse, les vns mourants, les autres mettants toute leur esperance à l'entrée d'vn escalier, ou ilz se retirerent pour le garder. Mais ceste resistance foible dura moins que rien, par ce que l'Empereur & Frandalo leur
passerent sur le ventre, si qu'il n'en reschapa vn seul. Lors se trouua le
Roy de Ierusalem en grand' perplexité, doutant que l'Empereur luy
vousist imputer auoir esté auteur de si grande lascheté: dequoy se voulant excuser premier qu'on luy en parlast, vint au deuant, & luy dist:
Monsieur, ie vous suplie humblement croire, que la trahison de ses pen-
dardz ne passa onques deuant mes yeux, & moins au sceu du Cheualier
à l'ardante Espée, ainsi comme Frandalo vous pourra asseurer, mesmes
de l'honnesteté qui luy a esté gardée depuys la conqueste de ceste place.
Vrayement, respondit l'Empereur, les meschants ont bien monstré com
me ilz sçauoient peu maintenir la fidelité requise entre Cheualiers, aussi
en ont ilz receu recompense & tresbon chastiment. Et quant à vous,
Roy de Ierusalem, ie croy certainement ce que vous m'asseurez, & pour
vous en faire penser d'auantage, il ne tiendra à moy que ne vous en allez, ou, & quand bon vous semblera, hors de ceste place, laquelle (comme
vous sçauez) i'ay conquise par deux diuerses fois au prix de mon sang,
qui me donne plus d'enuie de la vouloir mieux garder que iamais, & sans
que mon honneur en puisse estre offensé, m'estant plus obligé à maintenir loyauté enuers ceulx de ceans, qu'ilz n'ont esté promptz à l'entretenir en mon endroit: tellement que veu le meschant & lasche tour
des paillardz qui m'ont assailly, & la suspicion mesmes qu'on peult auoir
sur vous (qui estes de leur loy) si ie vous fais maintenant quelque courtoisie & honnesteté, vous en deuez sçauoir gré au Cheualier qui s'en va,
& non à autre. Et acheuant leur propos, entrerent en la grand' salle, la

veuë de

veuë de laquelle respondit sur la marine, ou le Roy de Ierusalem descouurit vne grande flote de nauires, & autre equipaige de guerre qu'E-
splandian auoit fait venir pour le recouuremét de ceste place . Mais premier qu'y mettre siege, voulut essayer à la reconquerir par le moyen que
vous auez entendu : & pour à ce paruenir estoit entré en vn esquif, sans
mener autre en sa compaignie qu'vn Escuyer, & Carmelle, qui l'atendoit
à la porte, ou elle entra quand elle aperceut sortir le Cheualier de l'ardante Espée : toutesfois l'Empereur la r'enuoya aussi tost querir maistre Eli-
zabet, qui vint auecq' le Prince de Brandalie, & le Roy de Hongrie, lesquelz douteux d'entreprinse si hazardeuse estoient en vne estrange peine de la personne de l'Empereur:mais quand ilz sceurent comme il luy
estoit auenu, louerent Dieu, & vindrent le trouuer. Si visita maistre Eli-
zabet ses playes grandes, & dangereuses, & partant fut contraint se coucher au liét, ou quelques iours apres il commença à bien se porter, durant lesquelz arriua le Roy Norandel auecq' l'armée qu'il amenoit par
terre de Thesifante, suyuant ce que luy auoit mandé Esplandian . Or a-
uoit il eu nouuelles à vne iournée de là,comme la place de la montaigne
Defendue estoit recouurée, parquoy laissant ses soldatz campez auecq'
le Prince Elinio,monta à mont la forteresse, ou il trouua l'Empereur, lequel (apres luy auoir fait tresbon recueil) luy raconta la sorte du combat de luy & du Cheualier de l'ardante Espée, qui est à mon auis (dit il)
le meilleur, & plus courtois Cheualier du monde . Ah ! monsieur, respondit le Roy Norandel, & comme donques l'auez-vous si tost perdu?
Certes vostre court eust esté de beaucoup honorée, si vous l'eussiez arre-
sté pour vostre.Il a suiuy, dit l'Empereur, la damoyselle qui nous a separez, & (peult estre) retournera il . Lors vous pourrez tenir seur qu'il ne
m'eschapera,& luy deussay-ie donner la moytié de la Thrace . Ainsi e-
stoit deuisant l'Empereur de celuy duquel il estoit ayeul, sans le cognoi-
stre:Et fist tant long seiour en la montaigne Defendue, que finablement
la guerison de ses playes en ensuyuit. Ce que voyant le Roy de Ierusalem, & le trouuant à propos, luy dist:Monsieur, vous sçauez la liberté
que vous m'auez donnée, il vous plaira (puys que le Cheualier à l'ardante Espée tarde tant à reuenir) me faire deliurer quelque vaisseau,
auecq' lequel ie me puisse retirer en mes païs. Mon frere,respondit l'Empereur, vous l'aurez . Et sur l'heure commanda qu'on le pourueust de
tout ce qu'il seroit besoing, tellement qu'il s'embarqua le lendemain de
grand matin , & Yneril pour luy tenir compaignie, tant triste que rien
plus,ayant ainsi perdu son maistre, sans sçauoir ou, ny en quelle part il
en pourroit ouir vent, ny voix . Ainsi fut recouurée la forteresse de la
montaigne Defendue, dont l'Empereur voulut bien auertir le Roy A-
madis, par vn Gentilhomme qu'il enuoya en la grand'Bretaigne . Et ce

E iiii   pendant

pendant (apres auoir mis ordre à ce qui estoit necessaire pour la defence de l'Isle ou il laissa Frandalo) r'entra en ses vaisseaux, faisant voyle en
Constantinople.

Comme estant le Cheualier de

l'ardante Espée en queste de la damoyselle Alquise, rencontra
Alpatracie Roy de Sicile, auecq' lequel il combatit: & de ce qu'il leur auint depuys.

Chapitre　　XIIII.

Ous auez entendu la maniere, comme le Cheualier de
l'ardante Espée sortit du chasteau, ou il laissa l'Empereur Esplandian, pour suyure la damoyselle, de laquelle il esperoit sçauoir nouuelles du vieillard qui le se-
courut en la forest, ainsi qu'il vous a esté recité: Et pour
ceste ocasion chemina tant, que la nuict le surprint &
se perdit, sans cognoistre quelle part il tiroit, tant estoit l'obscurité grande, & l'espesseur du boys ou il entra forte & difficile . Lors commencerent ses playes à sieger & refroydir, dont luy suruint telle douleur, qu'il
balançoit d'heure à autre pour retourner d'ou il estoit deslogé, s'il en
eust eu

euſt eu le moyen:& comme il eſtoit en ces alteres,entreuid d'aſſez loing
vne clarté de feu , & penſa que là pourroit eſtre celle qu'il queroit : mais
quand il fut ioignant n'auiſa autre que paſteurs gardants le beſtial des
moynes,qui de frayeur ſ'en fuyrent auſſi toſt qu'ilz l'aperceurent : Toutesfois il les r'apella & aſſeura ſi bien,qu'ilz reuindrent vers luy, & ſ'en-
quiſt a eulx,ſ'ilz auoyent point veu paſſer vne damoyſelle, de laquelle il
leur donna les meilleures enſeignes qu'il peut . Par ſainte Marie, reſpondit le plus hardy , il n'y a pas demye heure qu'elle a trauerſé ceſte
ſente,& ſ'en va deuant tant qu'elle peut.Ce poyſe moy,dit il. car voluntiers i'euſſe parlé à elle : neantmoins (puys qu'il n'ya meshuy ordre) ie
vous prie,ſi auez que repaiſtre, m'en faire part. Adoncq' l'vn d'eulx tira
de ſon biſſac vn quignon de pain dur, & de l'eau en la bouteille,qu'il luy
preſenta ſi à propos, qu'onques feſtin ne luy fut tant agreable en la maiſon de Magadan : & atendant le clair de la Lune , fiſt bander ſes playes
aux mieux qu'il peut,& dormit.Mais auſſitoſt qu'il peut voir à ſe conduire , remerciant ſes hoſtes , ſuyuit le chemin qu'ilz luy monſtrerent,
tant qu'au poinct du iour il ſe trouua ſur le riuage de la mer , ſans ſçauoir plus ou tirer:car l'eau luy interdiſoit paſſer plus auant, & ſ'il cuidoit
aller d'autre coſté,la roche haulte & inacceſſible luy monſtroit l'auſterité du deſert. Ainſi en peine de ce qu'il deuoit faire, tout triſte & quaſi
deſeſperé eut enuye de boire, & auiſant le cours d'vne claire fontaine
(paſſant entre les arbriſſeaux) marcha celle part : & montant contre
mont trouua la ſource ſi plaiſante, qu'apres en auoir prins au creux de ſa
main tant qu'il luy ſuffiſt,oſta ſon heaume, & ſe couchant ſur l'herbe po-
lie & deliée, la teſte apuyée ſur la main gauche, ſ'en dormit ſi profonde-
ment,qu'à ſon reſueil il eſtoit ia haulte heure: & encores ne ſe fuſt il reſ-
ueillé, mais il entendit à trauers les halliers quelque bruit, parquoy laça
ſon armet, & auſſi toſt vid venir vn Cheualier (armé d'vn harnois tant
riche que merueilles) acompaigné ſeulement d'vne damoyſelle, auecq'
laquelle il deuiſoit, en ſorte qu'il eſtoit preſque ſur le bord de la fontaine, quand il aperceut celuy de l'ardante Eſpée . Or eſtoit deſia couru le
bruit par toute la contrée, de la perte de la montaigne Defendue, & diſoient ceulx qui ſ'en eſtoient fuyz,qu'vn Cheualier portant vn eſcu d'argent à vne eſpée de gueules, auoit combatu Frandalo, & les autres gardes,& par ces enſeignes cogneut incontinant le Cheualier aux riches armes , que celuy de la fontaine auoit fait tel effort : & à ceſte cauſe il ſ'a-
dreſſa à luy, & ſans le ſaluer vſa de tel langage: Damp Cheualier, n'eſtes
vous mie celuy , qui viuant contre la loy Chreſtienne auez force n'agueres la montaigne Defendue ? Certainement i'eſſayray , ſi ie puys, à vous
garder deſormais de plus offenſer le Dieu du ciel & de la terre , & duquel vous faignez n'auoir aucune cognoiſſance. Et comme il eut proferé
la parole, print ſon eſcu, & courut ſus à celuy de l'ardante Eſpée, lequel
ſans

sans s'effrayer, luy respondit brauement: Par mon chef, ie ne sçay qui
vous estes, mais i'en ay veu maints aussi glorieux que vous, qui à l'yssue
du combat ont esté assez refroydiz, & sans collere: pourtant gardez qu'il
ne vous en prene tout ainsi. Il y paroistra, dit l'autre. Adoncq' commencerent à s'entrefraper si durement, qu'onques deux Cerfz eschauffez au
rut pour l'amour de la Biche ne se monstrerent plus furieux: Et tellemét
qu'apres maints coups ietez, fortune voulut que celuy de la fontaine
eust le meilleur, donnant deux telles ataintes à l'autre, que vousist, ou
non, il tomba du hault de soy perdát toute cognoissance: Ce que voyant
le Cheualier de l'ardante Espée, s'auança pour luy oster le heaume, & la
teste apres: Mais Frandamelle (ainsi nommée celle qui les auoit regardez longuement) commença à s'escrier, & pleurant à grosses larmes demanda mercy pour le Cheualier vaincu. Damoyselle m'amye, respondit
celuy de l'ardante Espée, ie ne vous refuseray pas, ains serez obeïe : car ie
n'aprins onques à faire desplaisir aux dames, ny ne commenceray pas en
vostre endroit, encores que le Cheualier soit digne de grand chastiment,
veu qu'il m'a assailly sans l'auoir offensé de ma vie que ie sçache: tant ya,
que ie vous prie en recompense me dire son nom, par ce qu'au riche harnois qu'il porte, & à la preud'hommie & bonté que i'ay trouuée en luy,
i'estime qu'il soit grand personnage. Ah! ah bon Cheualier, respondit
elle, cela feray-ie voluntiers, souz condicion que vous m'octroyez
quant & quant vn don, qui ne vous viendra à fascherie, comme ie pense:
car si vous estes celuy, duquel la renommée volle par tout le monde, ie
me tiens quasi asseurée, que sans contrainte vous me l'acorderez apres
l'auoir sceu. Damoyselle, dit il, vous aurez de moy tout ce que vous
voudrez, & ne m'en gardera la controuersie de la loy que ie tiens à la
vostre: pourueu qu'il y ayt raison & discrecion, veu que moy, & tous autres qui portent armes, & nom de Cheualier, sommes specialement tenuz de garder le droit, & faire pour les dames nostre possible: autremét
la force que les dieux nous ont donnée, ne meriteroit non plus de louange, que ceste fragilité & impuissance, qui est en vous si peculiere, que ne
pouuez (sans nous) resister aux meschâts. Ah! bon Cheualier, respondit
elle, vous auez si bien parlé, que ie vous en louray toute ma vie! Et quant
à ce que desirez sçauoir du Cheualier: entendez qu'il est Roy naturel de
Sicile, nommé Alpatracie, mary d'vne des plus nobles Princesses d'Europe, apellée Miramynie, fille du Roy de Metz en France : & eux deux
ont esté quelque temps enchantez par la saige Medée : mais vingt ans a,
ou enuiron, que le meilleur Cheualier, & la plus belle dame du monde,
les tirerent de ceste peine, conquestant le Cheualier (dont ie vous parle)
vn heaume, & la dame vne corône non estimables en valeur: Mais comme vn malheur acompaigne souuent l'autre, estants le Roy Alpatracie
& la Royne paisibles en leur contrée, pourueuz d'vne seule fille que
Dieu

Dieu leur a donné, la plus diuinement acomplie en toutes perfections, qu'autre creature viuant , est auenu le trepas du Roy de Metz, par la mort duquel Miramynie sa fille & seule heritiere, est demeurée Royne & dame de ses païs, grands & riches, comme venuz & baillez pour apanage à vn second filz de France : car de Pharamond qui premier print sur les François titre de Roy, descendirent (ainsi que i'ay ouy dire maintesfois) Claudius, & Meronée. Ce Meronée eut trois enfants legitimes, lesquelz (mourât leur pere) deuiserent ensemble ceste grâde monarchie, en sorte que le royaume de Metz vint au puisné, pere de la Royne femme de ce Cheualier. Et pour ceste cause se nommoit & intituloit quelque fois Roy de France, ou, pour mieux dire, Roy de Metz en France. Si en a prins possession, n'a pas long temps, Alpatracie, & le serment de fidelité de tous ses subietz : Mais a'nsi qu'il retournoit en Sicile eut nouuelles qu'vn proche parent de la Royne s'estoit reuolté, & prins d'emblée les principales villes du royaume , souz couleur de telle quelle pretendue loy establie & statuée (comme l'on dit) d'iceluy Pharamond, par laquelle le trahistre maintient le royaume de France ne deuoir iamais tomber en quelongne, & que celuy de Metz est asubiety à tel statut, côme membre & partie de la monarchie Françoyse. Certes cest auertissement pleut lors au Roy ainsi que pouuez estimer, encores qu'il esperoit bien s'en venger, & l'eust fait aysément, sans vne seconde & pire fortune qui l'en destourna . Sça'-vous quelle ? estants la Royne Miramynie & sa fille chassants en la forest prochaine de Saragosse, furent surprinses par Frandalo Ciclops & son filz, tous deux Géants horribles & impitoyables, lesquelz maugré veneurs, & autres , emmenerent les deux dames prisonnieres en l'Isle de Silanchie , ou elles sont encores de present : & ont mandé ces diables au Roy , qui iamais ne les recouurera , si n'est qu'il vienne auecq' vn autre les combatre, souz le droit qu'ilz pretendent au royaume & païs de Sicile, qu'ilz disent leur apartenir , comme ayant esté premierement peuplé & habité de leur ancestres : & là ou ilz seront vaincuz, ilz rendront les dames . Aussi ou le Roy & son ayde auroient du pire , il sera contraint & tenu par serment, leur remettre la contrée qu'ilz querellent en leurs mains, pour en iouyr sans contredit, tout ainsi que de leur chose . Voylà comme le pauure Prince a esté traité quasi en mesmes temps par fortune , qui luy a en moins de rien fait perdre païs, femme, & enfant, qu'ilz ayme, & a plus cher que sa propre personne: aussi a il cuidé mourir de trop grande tristesse. Toutesfois voulant faire cognoistre à chacun la magnanimité de son courage & que non le temps, ains la vertu apaiseroit son dueil, s'est tellement reconforté & resolu, qu'il a entreprins de combatre les deux Geants . Et pour ceste cause s'est embarqué, voulant trouuer l'Empereur de Constantinople , & faire tant enuers luy, qu'il le secoure d'aucun sien parent, pour le seconder

contre

contre les Ciclopes . Or est auenu que trauersant le destroit de l'Helespont auons rencontré vne galere, qui faisoit voile en Bretaigne, du patron de laquelle nous auons sceu, comme la montaigne Defendue a esté nouuellement conquise par vn seul Cheualier: & aux enseignes que i'ay ouy donner, ie croy notamment que ce soit vous . Si a esté le Roy tant ennuyé de ceste fortune, pour l'amytié que luy & l'Empereur ont ensemble, qu'il a voulu prendre terre, & pour passer sa melencolie descendre vis à vis de la bouche de ce ruisseau, ou il a veu la forest si ombragée, que, pensant y trouuer plaisir, le malheur luy est succedé pire que ie n'eusse cuidé . Or vous ay-ie si bien satisfait à ce que m'auez demandé, qu'il ne reste plus que l'acomplissement de vostre promesse, & qui ne vous tournera qu'à gloire & louange: sça'-vous comme ? Ie vous suplie qu'il vous plaise acompaigner le Roy en l'Isle de Silanchie, & faire tout vostre pouuoir pour deliurer la Royne ma maistresse & sa fille . Ce qui vous sera aysé, veu la haulte prouesse que i'ay veuë de mes deux yeux estre en vous, ayant mené à telle raison celuy que i'auois ouy estimer entre les plus vaillants hommes de la terre. En bonne foy, damoyselle, respódit le Cheualier de l'ardante Espée, celà vous acorday-ie tant voluntiers, que quand bien vous ne m'en eussiez requis, de moymesme ie vous en eusse fait la requeste, ayant entédu l'affaire comme elle va: à laquelle si ie pouuois donner fin, ie me tiendrois asseurément pour l'vn des plus heureux Cheualiers qui viue . Car posé le cas que ceulx qui ont rauy la Royne & sa fille soient de la loy que ie tiens , si ne les voudrois-ie soustenir en leur meschanceté, n'ayant receu cheualerie à autre intention, que pour employer mon pouuoir à secourir ceulx ausquelz l'on fait tord , & iniustice:Et par ainsi allons ou il vous plaira, & ie vous acompaigneray de bon cueur, quelque affaire que i'aye en ces marches . Durant ce pourparler, le Roy qui s'estoit tenu comme esuanouy , commença à ouurir les yeux, ce que voyant la damoyselle s'aprocha pour luy souzleuer la teste , & d'vn visaige riant commença à luy dire : Hé, sire, pour Dieu resiouissez vous, la fortune presente vous est plus fauorable que n'eussiez iamais estimé, ayant si pres de vous celuy qui vous releuera du trauail de passer en Constantinople, pour trouuer secours contre Frandalon & son filz. Comment? respondit le Roy . Sire, dit elle, ce bon Cheualier est content de vous acompaigner en Silanchie, & s'employer pour recouurer vostre perte . Adoncq' luy raconta de poinct en poinct tout les propoz qu'ilz auoient euz ensemble: dequoy le Roy fut si ioyeux qu'il se leua soudain, & tendant les bras vint acoler celuy de l'ardante Espée, luy disant: Certes, bon Cheualier, ie cognois bien maintenant, que vous n'estes moins acompaigné de vertu, que de prouesse & courtoysie : & si me faites tant de faueur (comme m'asseure ceste damoyselle) vous aurez à tousiours vn Roy pour amy, & prest à vous faire plaisir : car i'ay telle esperance

en vostre

en voſtre haulte proueſſe, que ie m'aſſeure quaſi recouurer, par voſtre
moyen, la choſe que i'ayme, & tiens plus chere que moymeſmes : &
pour la perte de laquelle i'ay deſia enduré vn mal & triſteſſe pire que la
mort. Sire, reſpondit il, ie vous ſuyuray par tout, ainſi que commanderez, non tant pour vous acompaigner & ſeruir, comme pour m'aquiter
de ce que la raiſon me commande : car encores que pour la dignité du
Roy (qui eſt en vous) toute perſonne moindre vous doit ſeruir : neantmoins la diuerſité de la loy que ie garde, à celle en qui vous viuez, me
defend vous fauoriſer, ou ayder, non pas de ſecourir les affligez, au
nombre deſquelz ie vous eſtime : & pour ce bon œuure ſeulement, me
mettray-ie au hazard de mort quand il ſ'offrira . Or eſtoit Alpatracie
tant naüré, qu'à peine ſe pouuoit il ſouſtenir : parquoy luy & la damoyſelle le prindrent ſouz les braz, & à toutes les peines du monde le re-
menerent en ſon nauire, ou ſes playes furent viſitées par Chirurgiens,
qui en prindrent tel ſoing, que la gueriſon en enſuyuit bien brieue, &
ſemblablement au Cheualier de l'ardante Eſpée, qui auoit eu bonne part
du gaſteau, & telle qu'il fut contraint garder le lict . Ce pendant le Roy
raconta aux ſiens le peril ou il ſ'eſtoit trouué, & comme il menoit le
meilleur Cheualier du monde combatre Frandalon Ciclops, & que par
tant ſon voyage de Conſtantinople ſeroit excuſé : auſſi commanda il ſur
l'heure aux pylotes faire voyle en Silanchie : mais la mer ſ'enfla qui les
ieta bien ailleurs.

Comme Alpatracie Roy de

*Sicile, & ſa flotte, furent pouſſez par tempeſte en la
grand'Bretaigne, ou ilz eurent combat contre vn Cheualier gardant vn paſſage,
pour l'amour de la Ducheſſe
de Sauoye.*

Chapitre   XV.

Vinze iours & autant de nuictz voguerent en mer le
Roy de Sicile & le Cheualier de l'ardante Espée, auecq'
si bon vent, qu'ilz faisoient estat d'arriuer bien tost en
l'Isle de Silanchie : mais Fortune, qui ne peult demeurer longuement en vn estat, pour suyure son acoustumée mobilité, amena si grand' tourmête, que bien sou-
uent Cheualiers & pylotes n'atendoient l'heure d'estre pasture aux pois-
sons, & prendre sepulture au plus parfond des ondes : Car il n'y eut cordage, ny voyle, qui ne fust brisée, si que desesperez du tout & poussez à la
mercy des vents, habandonnerent leur nauire, & sans sçauoir ou, ny en
quelle part il tiroient demeurerent en ce malayse l'espace quasi de deux
moys. Toutesfois la misericorde de Dieu leur fut si propice, qu'vn dimanche matin se trouuerent l'orée d'vne forest, contre laquelle la mer
batoit, & estoit port, mais peu cogneu par n'estre frequenté. Lors demanda le Cheualier de l'ardante Espée aux mariniers en quelle contrée
ilz estoient. Si ne luy en peurent rendre certaine asseurance : parquoy
ennuyé de la fatigue, & longue tourmente, & voyant le païs assez plaisant, suplia le Roy prendre terre, ce qu'il eut agreable. Adoncq' s'armerent & fisrent tirer leurs cheuaux du nauire, sur lesquelz ilz monterent,
portants eulx mesmes leurs armes & escuz : car pour toute compaignie
Frandamelle seule les suyuit, commandants aux autres les atendre, sans
partir de là. Et entrant en la forest n'eurent longuement cheminé, qu'ilz
rencontrerent vne damoyselle, qui se lamentoit fort, ayant deuant elle
sur sa haquenée vn Cheualier fort naüré en la teste, & luy tenoit la main
encontre

encontre pour empefcher la vidange du fang qu'il perdoit . Alors luy
demanderent fon nom, & qui l'auoit ainfi outragé. Helas! feigneurs, refpondit elle, mon infortune feule luy a caufé ce malheur ! non par faulte
de proueffe qui foit en luy : car il eft auiourd'huy eftimé (entre les preu-
d'hommes) l'vn des plus adroitz & cheualereux que l'on fache ! Son
nom eft Farinée de Carfante, & l'a ainfi traité vn dyable qui garde à l'yffue de ce boys vn quay , ou il ne feuffre paffer aucun pour l'amour d'vne
damoyfelle qu'il a en fa compaignie. Que maudite foit l'heure, qu'elle,
ny luy, y vindrent onques ! par ce qu'il ya quinze iours & d'auantage,
qu'il a fait cefte entreprinfe, auecq' tant d'armes, que c'eft chofe efmer-
ueillable. Ainfi ie vous confeille retourner arriere , & euiter ce chemin,
aumoins fi voulez paffer au quay, dont Dieu vous gard, & vous condui-
fe en fauneté : car ie m'en vois effayer à trouuer aucun qui donne remede à ce Gentilhomme mon frere germain , lequel defirant f'efprouuer
contre celuy dont ie vous parle, m'auoit amenée pour l'acompaigner,
mais il luy en eft trop mal prins , comme vous voyez . Ce difant paffa
oultre , & laiffa les deux Cheualiers riants enfemble du confeil qu'elle
leur auoit donné Lors cheminerent tant qu'ilz aperceurent venir à eulx
vne autre damoyfelle montée fur vn palefroy, qui portoit vn efcu d'a-
cier poly, fans autre painture, laquelle les falua, & f'adreffant à celuy de
l'ardante Efpée luy dift : Sire Cheualier, vous foyez le tresbien venu,
vous eftes celuy que ie queroye pour vous faire prefent de ceft efcu, comme au plus beau Gentilhomme que ie vy onques. Et puys que vous receuez telle louange de moy, ie vous fuplie m'octroyer vn don Damoyfelle m'amye, refpondit il, demandez ce qu'il vous plaira, vous ne ferez pas
reffufée, veu mefmemét le bon fecours que vous me faites par ces armes,
defquelles i'auois trefgrand befoing, eftants les miennes de fi peu de valeur comme elles font. E à dire vray fon efcu eftoit tant detaillé, du combat qu'il auoit eu contre fon ayeul l'Empereur Efplandian , qu'il ne luy
en reftoit quafi pour luy couurir le bras . Si luy bailla la damoyfelle celuy qu'lle portoit, & luy demanda l'autre, que ie garderay, dit elle, pour
fouuenáce de ce que vous m'auez promis, & que vous me tiendrez quád
ie vous en requerray . Lors chaffa fon palefroy fuyuant fon chemin : &
eulx d'autre cofté, tant qu'ilz vindrent à l'yffue de la foreft, ou ilz aperceurent vn riche pauillon dreffé fouz vne haulte ormoye, contre laquelle eftoient maintes lances apuyées, & virent deux Efcuyers amener
vn grand cheual bay, fur lequel monta vn Cheualier armé d'vn trefri-
che harnois , & yne damoyfelle venir au deuant d'eulx, qui les falua
de bonne grace, leur difant : Seigneurs, la Ducheffe de Sauoye ma maiftreffe, qui eft en ce pauillon, vous mande par moy , que celuy que vous
voyez preft à combatre, luy à iure defendre ce pas fix moys entiers pour

F ii　　l'amour

l'amour d'elle, contre tous Cheualiers, qui voudroient y passer, souz
condicion que s'il demeure vaincueur, le vaincu sera tenu laisser deuers
elle son escu, & son nom par escrit, auecq' promesses de la seruir toutes
& quantesfois qu'elle l'en requerra. Et si son Cheualier a du pire, elle
sera aussi tenue donner au victorieux, vn heaume, vne espée, & vn escu,
les plus beaux & plus riches qu'on vid onques: Pourtant auisez que vous
auez à faire. Damoyselle, respondit le Roy, si nous pensions que la Duchesse eust à plaisir que nous prinsions autre chemin, nous le ferions
pour l'amour d'elle: mais estimants qu'elle aura plus agreable l'honneur
que nous ferons à son Cheualier (suyuant ce qu'il a entreprins) retour-
nez luy dire, que nous voulons passer le quay, souz les condicions
qu'elle nous a mandées. Certainement, dit la damoyselle, de tant beaux
& adroitz Cheualiers comme vous estes, ie n'esperois pas autre respon-
se. Et entendez, que c'estoit celle mesmes qui conduit Lucencio hors
Constantinople, pour trouuer le Cheualier, qui luy auoit osté le heaume par force, & estoit puys n'agueres arriuée en la grand'Bretaigne,
ou la Duchesse de Sauoye auoit amené le beau damoysel, à fin d'estre
fait Cheualier par la main du Roy Amadis, duquel il receut l'acolée, &
aussi tost entreprint la garde du quay, ou il auoit desia seiourné quinze
iours auecq' tant d'heur, que plus de soixante Cheualiers y laisserent
noms & escuz, suyuant la coustume y establie. Au moyen dequoy la renommée de luy volloit en tant de lieux, qu'on ne parloit d'autre chose.
Ainsi retourna la damoyselle messagiere vers l'ormoye, & tandis le Roy
de Sicile pria celuy de l'ardante Espée luy laisser le premier combat, ce
qu'il luy acorda voluntiers : à ceste cause laça son heaume, chargea sa
lance, & marcha au petit pas vers le Cheualier de la Duchesse : laquelle
sortant de son pauillon pour regarder le combat, s'assist en vne chaire
couuerte de drap d'or, portant entre ses braz le riche escu, pris & loyer
du victorieux estrangier. Mais premier que les deux combatants com-
mençassent leur meslée, suruindrent du costé de la grand'forest (a main
droite) deux ieunes damoyselz armez, comme ceulx qui sont sur le
poinct d'estre faitz Cheualiers, differents, toutesfois, de blasons : car l'vn
portoit tout noir, & l'autre blanc : Et les acompaignoient Escuyers a-
uecq' leur heaumes & escuz, tous lesquelz s'arresterent pour regarder
comme se maintiendroient ceulx qui estoient en ieu.

Comme

Comme le Roy de Sicile & le

Cheualier de l'ardante Espée eurent combat l'vn apres l'autre, contre le Cheualier de la Duchesse : & de ce qu'il en auint.

Chapitre   XVI.

E Cheualier qui gardoit le pas (ainsi qu'il vous a esté recité) ayant entendu la responce de la messagiere, & voyant le Roy de Sicile prest à bien faire, vint sur luy à cource de Cheual, & fut leur rencontre telle, que fauçants leurs escuz, leur boys volla en esclatz, se ioignâts de corps & de teste si rudement, que le Cheualier du Quay perdit vn estrier : mais le Roy dôna du cul sur l'herbe : Toutesfois il se releua de grand'legiereté, & mettant la main à l'espée dist à l'autre: Cheualier, descendez de cheual: car vous me vainquerez premier à l'spée que vous ayez mon escu. Il me plaist tresbien, respondit l'autre. Adoncq' mist pied à terre, & sans gueres marchander commença entr'eulx deux vn combat tresrude, qui continua l'espace d'vne grosse demye heure, a- uant qu'on s'aperceust qui auroit du meilleur, ou le pire. Neantmoins peu apres le Roy commença à affoyblir tellement, qu'il cogneut bien ne pouuoir plus gueres resister sans mort, ou demourer vaincu: pour à qnoy

F iii   obuier

obuier se retira vn peu à costé, & dist à celuy du Quay : Cheualier, ie
vous prie prenons aleine, le iour est suffisant pour nous laisser donner
fin à ceste meslée. Nostre combat, respondit l'autre, est plus de plaisir que
d'inimytié : ainsi ie vous complairay pour ce coup, encores que ie n'en
aye nul besoing. Le Roy qui entendit ceste gracieuse responce, cognoissant tresbien qu'il estoit vray, s'auisa (pour mieux sauuer son honneur
& se tirer de danger) couurir souz ombre de courtoysie, ce qui luy des-
failloit en force, luy disant : En bonne foy, Cheualier, vostre gracieuseté
m'a si bien vaincu, que considerant vostre entreprinse estre du tout cau-
sée sur l'amour & seruice que vous portez à celle à qui vous estes, il me
plaist tresbien tenir compaignie à tant de preud'hommes contre lesquelz
vous vous estes desia esprouué, & vous rends mon escu, ou i'escriray
mon nom, pour obeir à la Duchesse, ainsi qu'elle me voudra commander. Lors le tira du col pour le luy presenter : mais le Cheualier du Quay
mist la main au deuant, & luy respndit : Atendez, Cheualier, vostre escu
ne laisserez-vous mye, ouy bien vostre nom, s'il vous plaist, que i'estimeray plus que tout l'auoir du monde, veu la prouesse & grand'honnesteté qui est en vous : non pour vous auoir vaincu, car vous mesmes
m'auez sceu vaincre, en sorte que ie vous seray toute ma vie redeuable,
ne m'ayant voulu contraindre habandonner ce passage : car il m'eust falu quant & quant perdre de veuë, & laisser la chose que i'ayme le plus,
qui est ma dame. Adoncq' luy raconta par le menu son intencion, comme il auoit entreprins la garde de ce pas, ny plus ny moins que la Duchesse, fist entendre à l'Empereur Esplandian en Constantinople. Par
Dieu dist le Roy, si i'en eusse tant sceu, vous eussiez encores eu meilleur
marché de moy : car i'ay trop experimenté auecq' mille trauaux, le mal
que fait Amour, par la moindre defaueur de la chose aymée. Et entendez, que ie suis Alpatracie Roy de Sicile, & de Metz, arriué n'a pas dix
heures en ces marches, nom de mon bon gré, mais par la plus grand'a-
uanture que l'on pourroit penser : Tant y a, que si vous auez agreable
laisser le combat contre mon compaignon, ie feray bien tant auecq' luy,
que pour l'amour de moy il s'en deportera. Le Cheualier tresayse de la
cognoissance que luy donnoit Alpatracie, non tant pource qu'il estoit
Roy, que pour l'auoir ouyr estimer entre les mieux combatants du mó-
de, luy respondit : Sire, ie ne sçay comme vous rendre graces de l'honneur que vous faites à moy qui ne suis qu'vn simple Gentilhomme, &
vous si grand Prince, que ie m'estimeray heureux de vous pouuoir aller seruir en France, ou en Sicile, aussi tost que i'auray satiffait à ma dame, & de ce vous en pourrez asseurer : mais quant à ce que m'offrez
prier vostre compaignon de s'excuser de meslée enuers moy, si bon me
semble, ie vous paie (sire) me pardonner, & estre content que i'entre-
tienne la coustume du quay : car pour autre raison ne suis-ie venu pardeçà.

deçà. Vous en ferez ainſi que trouuerez pour le mieux, reſpondit le
Roy, il me ſuffiſt qu'ayez ſouuenance de la promeſſe que vous m'auez
preſentée, de m'acompaigner à la conqueſte de mon royaume de Metz,
incontinent que i'auray donné fin à vn voyage, duquel ie ne me puis
excuſer. Adoncq' furent leurs cheuaux r'amenez, ſur leſquelz ilz monterent, & ſ'aprocha la Ducheſſe pour ſçauoir quelz propoz ilz auoient
euz enſemble, que ſon Cheualier luy raconta ſans rien obmettre, dont
elle fut treſioyeuſe. Et tandis, celuy qui eſtoit venu auecq' Alpatracie
prenoit vn tel plaiſir à regarder l'excellente beauté de ceſte Princeſſe,
qu'il ne luy ſouuenoit de combatre, quand le Cheualier du Quay qui
ſ'en aperceut luy eſcria: Damp Cheualier, c'eſt aſſez muſé pour vn coup,
la couſtume de ce pais requiert autre choſe que l'amuſement de la beauté des dames: penſez bien (ſire) à quoy vous eſtes venu. Et proferant telle
parole, ſ'aprocha de l'orme contre lequel eſtoient dreſſées les lances,
& en choiſit la plus roide à ſon gré. Lors cogneut bien le compaignon
d'Alpatracie, que ialouſie auoit vn peu eſguillonné le Cheualier du
Quay: toutesfois il print ſi mal paciemment ceſte remonſtrance, qu'il
ſ'eſloigna la ſuffiſance d'vne carriere, du bout de laquelle (voyant ſon
homme à poinct) brocha le cheual des eſperons, & l'autre contre luy,
tellement qu'au ioindre ſ'entreferirent de telle roideur, qu'ilz rompirent tous deux: & tournants bride, le Cheualier eſtrange voulut mettre
la main à l'eſpée, mais celuy du Quay le pria de tant iouſter, que l'vn
vint à terre, ou tous deux: ce qu'il luy acorda. Lors ſ'auancerent valetz
& Eſcuyers d'aporter lances nouuelles, & rompirent par ſix diuerſes
fois, ſans mouuoir des arçons, qui les anima tous deux ſi fort, qu'à la
ſeptieſme charge (demeurants leurs bois briſez iuſques dans les ganteletz) ſ'entre rencontrerent d'eſcuz, de corps, & de teſtes, & leurs cheuaux chanfrain à chanfrain, & eſpaule contre eſpaule, ſi qu'eſtourdiz
tomberent eſtenduz ſur l'herbe: toutesfois les deux bons combatants ſe
releuerent ſans tarder, & embraſſants leurs eſcuz ayants les eſpées aux
poings ſe miſrent à ſ'entre chamailler de telle viuacité, qu'en peu d'heure la place demeura ſemée de lames & pieces de leurs haubertz & mailles. Vray eſt que le Cheualier de l'ardante Eſpée auoit vn grand auantage ſur l'autre: car l'eſcu que la damoyſelle luy preſenta en la foreſt, eſtoit
de telle eſtoffe, que coup de glaiue n'y d'eſpée n'y pouuoit mordre:
Neantmoins celuy du Quay faiſoit tant de reſiſtance, & tant de deuoir,
que par l'eſpace d'vne groſſe heure & plus, on ne pouuoit cognoiſtre qui
auoit du meilleur. Ainſi frapants à dextre & à ſeneſtre, à tord & trauers,
arriuerent grand' compaignie de dames, damoyſelles, & Cheualiers, a-
uecq' le Roy Amadis, & la Royne Oriane, leſquelz ayants ouy parler
des grandes proueſſes de celuy qui gardoit le quay, eſtoient deſlogez de
Londres, pour venir voir ce paſſetemps, auecq' deliberacion de n'en

F iiii   partir

partir de la femaine. Si auiferent les deux combatants en l'eftat que ie
vous difois n'agueres : parquoy f'arrefterent pour regarder à qui l'honneur demeureroit, ne fçachant le Roy mefmes qu'en iuger, tant les voyoit archarnez l'vn enuers l'autre, ains fut grandement efmerueillé quãd
on affeura qu'il y auoit deux heures & plus, qu'ilz eftoient en ces alteres, & fans prendre aleine ny repos, tellement qu'on n'en efperoit pour
le mieux, que la brieue mort de l'vn, ou de l'autre, ou de tous deux enfemble. Qui eftonnoit tant la Duchefle, qu'elle ne fçauoit quelle contenance tenir, encores qu'elle monftraft vifage riant & affeuré, pour
toufiours donner cueur à fon Cheualier : lequel, ne voulant rien laiffer
derriere, mettoit toutes les peines du monde à vaincre fon ennemy.
Mais quoy ? fa partie eftoit trop roide, & pretendant au mefme but ou
il tendoit, auffi le preffoit il de fi pres, qu'il ne faifoit plus que parer l'efcu aux coups : dont la Duchefle (quafi defefperée de fon falut) changea
fi fort couleur, qu'il f'en aperceut, & en entra en telle fureur, que iouant
à quite ou double, print fon efpée à deux mains, & en rua de fi grand'
force à fon ennemy, qui luy fift mettre le genoil en terre. Neantmoins
il fe releua promptement, & pour fe venger mena de là en auant l'autre
de fi pres, que maille, cotte, ny haubert, ne le peureut garantir, qu'à tous
coups le trenchant de fon efpée ne l'ataignift iufques en la chair viue, fi
qu'on cogneut à veuë d'œil (f'il f'opiniaftroit d'auantage) que la mort
luy feroit prochaine. Et comme il eftoit en telle extremité, arriua à
grand' hafte vne damoyfelle montée fur vn palefroy, laquelle à l'aprocher f'efcria tant qu'elle peut Holà, Cheualiers, holà, entendez ce que ie
veulx dire. A ce cry les deux combatants f'efloignerent quelque peu
l'vn de l'autre, & f'adreffant la damoyfelle à celuy de l'ardante Efpée,
luy demanda f'il la cognoiffoit point : Oy certes, refpondit il, vous m'a-
uez ce iourd'huy donné le meilleur efcu du monde. Il eft vray, dit la damoyfelle, auffi fuis-ie venue vous femondre d'acomplir le don que vous
m'auez acordé : & fça-vous quel ? il fault que fans differer vous laiffiez
ce combat en l'eftat qu'il eft, & retourniez, & voftre compaignon auffi,
à voz mariniers, qui vous atendent. En bonne foy (damoyfelle) refpondit il, vous me prenez de bien court : neantmoins ie vous fatisferay,
quoy qu'il en puiffe auenir. A peine eut il acheué la parole, que la damoyfelle tourna bride, & chaffant fon palefroy, entra en la foreft, fi
qu'on la perdit de veuë, laiffant le Cheualier de l'ardante Efpée fi defplaifant, qu'il euft voulu eftre mort, pour n'auoir plus moyen de pour-
fuyure fa victoire affeurée : car fa parole l'auoit obligé, & pour rien du
monde il n'y euft contreuenu : Parquoy remonta à cheual, & luy & le
Roy fe retirerent vers la marine, eftimants bien que fans miftere la damoyfelle n'auoit apaifé cefte querelle. Eulx donques arriuez, & apres a-
uoir fait regarder à leurs playes, commanderent leuer les ancres & haul

cer les

cer les voyles, reprenants leurs adreſſes vers l'Iſle de Silanchie. Et pource
que le Roy Amadis n'auoit veu le combat du Cheualier contre Alpatracie, & qu'on luy raporta la maniere qu'ilz auoient fait paix enſemble,
il demanda au Cheualier du Quay, s'il le cognoiſſoit, & l'autre auſſi.
Sire, reſpondit il, celuy des riches armes eſt le Roy de Sicile: mais de ſon
compaignon ie n'en ay rien aprins, ſinon qu'il m'a le mieux froté que
ie fus de ma vie. En bonne foy, dit le Roy, il eſt preud'homme, & ſuis
bien ayſe de l'auanture qui vous a ainſi departiz, toutesfois ſi i'euſſe penſé le Roy de Sicile en ces marches, il nous euſt tenu plus longue compaignie, ou il m'euſt refuſé: car ie l'ayme & eſtime cóme l'vn des meilleurs
Princes de la terre. Or eſtoit le Cheualier du Quay ſi naüré, qu'il fut
contraint garder le lict quinze iours entiers: & partant nous le laiſſerons
à preſent, pour ſuyure autre matiere.

Comme le Roy Amadis eut

nouuelles que l'Empereur Eſplandian auoit reconquis la
montaigne Deſendue, & ſceut que celuy qui
auoit ſi mal traité le Cheualier du
Quay, eſtoit le Cheualier
de l'ardante Eſpée.

Chapitre   XVII.

AV chapitre precedant il a eſté fait mencion, qu'ainſi
que le Roy de Sicile & le Cheualier de la Ducheſſe
vouloient commencer leur meſlée, ſuruindrent deux
damoyſelz armez, l'vn d'vn harnois blanc, & l'autre
de noir. Maintenant entendez, qu'apres que le Roy
Amadis eut laiſſé le Cheualier naüré, ainſi qu'il ſe retiroit en vn pauillon qu'on luy auoit dreſſé, ou l'atendoit la Royne O-
riane, les deux damoyſelz (dont ie vous parlois n'agueres) le vindrent
deuancer, & luy faiſants vne grande reuerance, celuy des armes noires
parla ainſi: Prince excellent, ce mien compaignon nommé Orizenes,
filz de voſtre neueu le Roy de Californie, & de la Royne Calaſie, &
moy nommé Brauarte de Sircie, filz de voſtre autre neueu le Roy Perion, & de la Royne Pintiquineſtre, ſommes venuz vers vous expreſſement vous ſuplier nous donner cheualerie, eſperants puis apres entrer
en queſte, & trouuer (ſ'il eſt poſſible) Perion, & Liſuart, que l'on dit eſtre
perduz, auecq l'Empereur de Trebiſonde, eſtimants le trauail que nous
y prendrons tresbien employé, ſ'il vous eſt agreable, & que cognoiſſez
par ce commencement l'enuie que nous auons de vous ſeruir à iamais.
                                                        Le Roy

Le Roy, qui ne les auoit onques veux les ombraſſa, & leur fiſt tresbon
recueil, leur diſant:Vrayement ie ſuis treſayſe de ce bon vouloir,& vous
en ſçay tresbon gré.Lors les print, l'vn à dextre,l'autre à ſeneſtre, & les
conduit vers Oriane, à laquelle il les preſenta : & ſçachant qui ilz
eſtoient furent les tresbien receuz, remettant le Roy à leur donner cheualerie, auſſi toſt que le Cheualier du Quay ſe porteroit bien . Ce pendant delibera courre le Cerf, & manda Veneurs & chiés, auecq' leſquelz
il donna maint paſſetemps aux dames.En ces entrefaites arriua vers luy
vn courrier de la part de l'Empereur Eſplandian, pour l'auertir comme
il auoit reconquis la montaigne Defendue, & luy eſcriuoit de poinct en
poinct, ainſi que le tout eſtoit paſſé entre luy & le Cheualier de l'ardante Eſpée, meſmes le peril ou il ſ'eſtoit trouué, & preſt à mourir, ſans la
damoyſelle Alquiſe qui les ſepara. De ces nouuelles portà le Roy grand
ennuy, tant par ce que l'Empereur ne luy taiſoit pas qu'il ne fuſt encores en danger, qu'auſſi luy vindrent en memoire les propoz que l'enfant luy tint en la foreſt, & les menaſſes qu'il luy fiſt, comme il vous a
eſté recité en la ſixieſme partie de noſtre hiſtoire: neãtmoins il diſſimu-
la prudemment ce qu'il en penſoit, ſans reſpondre autre choſe au courrier, que puys que la place eſtoit recouurée, il en faloit rendre graces à
noſtre Seigneur : & quant & quant luy demanda, ſ'il auoit onques puys
eu nouuelles du Cheualier de l'ardante Eſpée. Non,ſire,reſpõdit le cour
rier, il ſ'en alla(comme vous eſcrit l'Empereur) apres la damoyſelle Alquiſe, & n'auons ſceu qu'il eſt deuenu . Il ſe retrouuera quelque autre
fois, dit le Roy . Et ſur l'heure deſlogea pour aller viſiter le Cheualier du
Quay: mais à peine eut il mis le pied en ſa tente, qu'il entra vne damoyſelle, & eſtoit la ſœur de Farinée de Carſante, laquelle ayant laiſſé ſon
frere entre les mains des Chirurgiens, eſtoit venue trouuer le Roy pour
luy dire les nouuelles, comme elle auoit rencontré le Cheualier de l'ardante Eſpée:car elle ſçauoit, par renommée, qu'il auoit conquis la montaigne Defendue , & à ceſte cauſe auſſi toſt qu'elle auiſa Amadis, mettant les genoux en terre, luy diſt:Sire, le Cheualier qu'on dit auoir com
batu Frandalo & ſes gents eſt en ce païs, & ie le ſçay certainement . Eſt il
vray? reſpondit il,l'auez-vous veu? Oy(ſire)dit la damoyſelle.Adoncq'
luy raconta comme elle l'auoit trouué en la foreſt, ainſi qu'elle portoit
ſon frere, & qu'il ſoit vray(dit elle)il auoit encores l'eſcu à l'eſpée ardante, & luy tenoit compaignie vn autre,armé des plus riches armes que ie
vy de ma vie . Ne me croyez iamais, reſpondit le Roy, ſi ce n'eſt luy qui
a ſi mal traité noſtre Cheualier, & pour ſe celer ainſi,changea ſes armes:
mais ſi ie l'euſſe cogneu, ie luy euſſe fait l'hõneur & bon traitement qu'il
merite . Toutesfois il parloit contre ſa propre conſcience: car il l'euſt mis
à mort ſans doute, ne pouuant oublier la menaſſe de l'enfant, duquel ie
vous ay n'agueres parlé : & pour ceſte cauſe vouloit enuoyer apres,n'euſt
eſté

esté qu'il luy souuint de la priere que luy auoit faite la damoyselle de retourner en son nauire. Or y auoit là maintz bons Cheualiers, lesquelz sçachants que le Cheualier de l'ardante Espée s'estoit ainsi depesché d'eulx, & sans autrement s'esprouuer en la grand' Bretaigne, furent fort desplaisants: car ilz eussent voluntiers eu combat à luy pour cognoistre à l'effait, si sa renommée estoit veritable, ou non : & se promettoit bien celuy du Quay, que luy retourné en santé, & son serment aquité enuers la Duchesse, il ne seiourneroit en lieu qu'il ne l'eust retrouué & mené à outrance. Si ne tarda gueres depuys qu'il fut dispos pour porter armes : ce que venu à la cognoissance du Roy Amadis, dist à Orizenes & Brauarte, que le lendemain il leur donneroit l'acolée: & pour ceste cause fisrent la veille, & leur ceignit la Royne mesmes l'espée. Et à fin que de là en auant elle & les autres dames peussent mieux voir & plus à leurs ayse les ioustes & combatz qui se feroiét au quay, le Roy commanda leur dresser vn eschaffault, ou ne demeurerent longuement oyseuses qu'elles aperceurent sortir de la forest six Cheualiers marchants au petit pas vers elles. Ce que voyant la Duchesse, enuoya sa messagiere leur donner à entendre les conuenances acoustumées: à laquelle ilz respódirent, que pour ceste cause vouloiét ilz passer le Quay. Lors se misrent en equipage de combatre, & semblablement le Cheualier de la Duchesse, qui rencontra le premier si rudement, qu'il le ieta bas: toutesfois il se releua tost apres, & mist la main à l'espée, disant au Cheualier du Quay, qu'il descendist, ou il tueroit son destrier : car il vouloit essayer si fortune luy seroit point plus fauorable à pied qu'à cheual. A ceste remonstráce, l'amy de la Duchesse ne voulut có tester ains se ieta à terre, & commença entr'eulx deux vn combat assez farouche d'entrée, toutesfois la fin fut telle, que l'estrangier demeura contraint laisser nom & escu, suyuant le cópromis. Et à fin de ne vous tenir en plus long suspens qu'il estoit, on l'apelloit Atalio, filz d'Oliuas, & les autres qui l'acompaignoient, Garimonte filz du Roy de Norgales, Brucelisfilz de Brandoyuas, Ysanie, Yrguian filz du Comte Gandalin, & Brianses son frere, tous lesquelz furent si mal receuz par le Cheualier du Quay, qu'il n'eurét point d'ocasion d'eulx en louer. Ce neantmoins leur ayant la fortune mal basté, le prindrent à ieu, & vindrent faire la reueran ce au Roy, & aux dames, conuertissants leur defaueur en plaisir & gracieux entretiens, tant que le iour dura, voire iusques au troysiesme ensuy uant que huict autres Cheualiers, cuidants venger ceste iniure, tomberét en pareil malheur: car ilz y laisserent noms, reputacion, & escuz. Dequoy le Roy Amadis estonné, & quasi ialoux, delibera de là en auant vouloir cognoistre par nom le Cheualier de la Duchesse, laquelle il importuna à ceste cause iusques au bout, pour le luy dire : mais elle s'en excusa si gracieusement, qu'il se contenta d'atendre encores, pour voir si son heur continuroit, ainsi qu'il estoit commencé.

Comme

Comme le Cheualier du Quay

vainquit Orizenes, & Brauarte, qui le vindrent assaillir en armes dissimulez: & de ce qui en auint.

Chapitre   XVIII.

 A victoire des six Cheualiers precedants donna tel exemple au legiers entrepreneurs, que de quatre iours apres aucun ne se presenta pour hazarder sa reputacion, contre celuy qu'on nommoit le Coustumier de vaincre. Toutesfois auant que la semaine fust hors, ainsi que le Roy Amadis sortoit de table, se promenant le long d'vne gallerie, descouurit d'assez loing deux hommes armez & montez à l'auantage : au deuant desquelz la Duchesse enuoya (suyuant la coustume) la damoyselle messagiere, pour les auertir du lieu, ou il leur conuenoit passer, & ce à quoy ilz estoient obligez. Elle, qui n'estoit aprentisse de telles embassades, fist ce qu'on luy auoit commandé:mais

dé:mais les Cheualiers luy respondirent, qu'à autre fin n'estoient ilz venuz : parquoy s'en reuint. Et aussi tost le Cheualier de la Duchesse chargea vne des plus grosses lances qu'il peut trouuer, & donnant des espe
rons à son cheual, courut de telle roideur contre celuy qui se presenta,
que les escuz demeurerent faulcez, & leur boys froissé iusques dans le
gantelet, desmaillants cottes & hauberts pres de la chair, sans receuoir
autre mal, comme ilz donnerent bien à cognoistre : car au bout de leur
carriere tournerent visage, & mettants la main aux espées commence-
cerent à se traiter (non ainsi qu'en tournoy de plaisir) ains pirement que
s'ilz eussent combatu pour quelque querelle, ou ilz fussent obligez sur
leur teste. Et y aquist le Cheualier de la forest tresgrand honneur : car par
l'espace d'vne grosse heure & plus, il se porta si cheualereusement, que
celuy de la Duchesse ne sçauoit ou il en estoit . Parquoy semond de colere extreme, haulça l'espée, & cuidant bien emporter l'autre rua sur luy
de toute sa force : mais il para l'escu, & fut le coup si violent, qu'il mist
bas tout ce qu'il rencontra, voire iusques à entamer le test du cheual, qui
tout estourdy tomba, & son maistre dessouz, si peu à propos, qu'il demeura hors du moyen de se releuer, tant luy pesoit la beste sur la iambe
droite. Et comme le Cheualier du Quay s'esbranloit pour descendre &
luy faire iurer les conuenants acoustumez, l'autre luy escria, qu'il luy a-
cordoit, & son nom, & son escu, puys que fortune l'auoit si mal fauori-
sé par la faute de sa monture . Lors s'aprocherent valetz & Escuyers, qui
le tirerent de ce malayse, & demeura tout honteux, atendant qu'il a-
uiendroit à son compaignon : lequel, voyant le Cheualier de la Duchesse
sur les rengs, & auecq' nouuelle lance, luy courut sus, & rompirent tous
deux galentement : mais au ioindre leur rencontre fut telle, que le Cheualier de la Duchesse perdit l'vn des estriers prest de tomber, s'il n'eust
embrassé la criniere du cheual . Et pis eut l'autre encores : car luy & son
destrier tomberent en vn moment, si qu'on pensoit qu'ilz eussent tous
deux les colz rompuz, qui donna grande ocasion au Cheualier de la
Duchesse de descendre, & voir qu'il en estoit . Toutesfois il ne se peut
tant haster, que son contraire ne se trouuast sur piedz, l'espée au poing,
& l'escu au deuant, bien deliberé de venger l'iniure soufferte . Et de ce
pas se misrent à ruer tellement, que d'vne alleure, demeurerent troys
quartz d'heure, sans qu'on cogneust plus d'auantage à l'vn qu'à l'autre.
Neantmoins force leur fut à la fin de reposer, combien que tel repos du
rast peu, par ce qu'en moins de rien ilz recommencerent à s'entrecha-
mailler mieux que deuant : dont il auint telle execucion, que leurs hauberts se trouuerent enfoncez, leurs mailles deselouées, & leur chair tain-
te de sang en plusieurs endroitz, encores que l'vn ny l'autre monstrast
(pour tout cela) vn seul brin de couardie, ains se maintindrent encores
vne grosse heure tousiours continuants de mieux en mieux. Mais on

G fut tout

fut tout esbahy, ainſi que le Cheualier de la foreſt auançoit vn pas pour ſe deſtourner, qu'il tomba du hault de ſoy, dont ſon compaignon (qui le regardoit) trop ennuyé, penſant qu'il fuſt mort, commença à mener le plus grand dueil du monde: & ietant ſon heaume par terre & loing de ſoy, ſ'eſcria ſi hault que chacun l'entendit: Helas! noſtre folle outre-cuidance nous a bien deceuz, & encores mieux chaſtiez! car nous de-uions conſiderer, que ceſtuy eſt le meilleur Cheualier du monde! & toutesfois nous auons eſté tant temeraires, que de nous adreſſer contre luy à la mal'heure! Lors furent cogneuz l'vn pour Orizenes, & l'autre Brauarte, leſquelz (à fin de mieux faire eſpreuue de leurs perſonnes con tre l'amy de la Ducheſſe) ſ'eſtoient ainſi deſguiſez, & mal pour eulx: car ilz cuiderent perdre la vie, principalement Brauarte, que l'on d'eſar-ma ſoudain, & fut ſi bien ſecouru, qu'il ſe porta mieux qu'on n'eſperoit. Si ne fut pas le Roy Amadis content de leur folie, ains leur remonſtra particulierement & en priué, qu'ilz ſe deuoient excuſer de telle entre-prinſe, veu l'experience qu'ilz auoient veu du Cheualier eſtrange, le-quel n'eſtoit moins ayſe de ſa victoire, que les autres dolents d'auoir eſté vaincuz, combien qu'il fut contraint garder le lict, ainſi que Brauarte, & Orizenes. Et ce pendant la Ducheſſe qui luy tenoit bonne compaignie, luy demandoit de fois à d'autres, comme il ſe portoit. Ma dame, reſpon-dit il, l'ayſe que i'ay à voir continuellement voſtre excellente beauté allege tant mon mal, que ie ne ſents douleur en playe, pour dangereuſe qu'elle ſoit: meſmement puys qu'elles ont eſté cauſées en voſtre ſeruice. Làs! mon amy, diſoit elle, vous faites tant pour moy que ie me doy bien reſiouyr! veu qu'il n'y a ſi grand' Princeſſe au monde qui ne ſ'eſtimaſt trop heureuſe de vous auoir pour ſien, atendu la bonté & haulte cheua-lerie qui eſt en vous! Et moy donques qui ſuis peu, au reſpect d'vne infi-nité d'autres plus grandes dames, que preſumeray-ie en ma perſonne pour vous meriter? certes rien quelconques, ſi n'eſt que l'amour extreme que ie vous porte me promet, que ie doy auoir deuant toutes le premier lieu en voſtre bonne grace: ce que ie vous ſuplie humblement m'acor-der. Vous me ferez tel qu'il vous plaira, reſpondit il, & ſi ſçay bien que nul autre ne peult mieux iuger de combien vous eſtes digne par vous meſmes, que moy, laiſſant à part le reng que vous tenez, & la maiſon dont vous eſtes yſſue: tant y a, que Liſuart de Græce eſtimé la fleur de cheualerie, ny tous ceulx nommez auiourd'huy entre les plus preu-d'hommes de la terre, ne ſont ſuffiſants pour donner atainte, ſeulement de l'œil, ſur la moindre de voz perfections. Et moy qui en leur regard ne ſuis qu'vn ſonge, combien me rendez-vous voſtre par les faueurs que vous me faites? & par leſquelles les armes, dont me louez tant, ont eſté cogneuës en moy, & tout le reſte de la bonté, ſi bonté y a? Auſſi mour-ray ie pluſtoſt que ie n'obtienne le riche armet, l'eſpée, & l'eſcu, de prix

que vous

que vous promettez au mieux combatant, sçachant bien que les laissant
perdre, ie perdrois vostre amour, sans oser iamais aparoistre deuãt vous:
En bonne foy, mon amy, disoit elle, vous me faites tord, doutant ainsi
de ma fermeté, atendu qu'il n'y a chose au ciel, ny en la terre, qui peust
esloigner de mon entendement le bien que ie vous desire. Et si ainsi e-
stoit, que par fortune, ou autrement, nous separacions l'vn de l'autre,
croyez qu'à l'heure mesmes ie separerois ma vie du corps, qui est & sera
vostre iusques au bout. Voylà comme la Duchesse contentoit son cueur
passionné, atendant la guerison de son Cheualier, que le Roy visitoit
quasi tous les iours. Or se trouuerent Orizenes, & Brauarte quelque
temps depuys forts pour trauailler: parquoy suplierent treshumblement
Amadis leur permettre d'entrer en la queste de Perion de Gaule, & Lisuart de Gręce, ce qu'il leur accorda volũtiers. Et pour ceste cause, prenãts
congé de la court, s'embarquerent en la nef ou ilz estoient venuz: & faisants voile, singlerét en pleine mer, trop desplaisants de la fortune qu'ilz
auoient euë, pour leur commencement de porter armes: toutesfois considerants la bonté de celuy qui auoit eu auantage sur eulx, porterent cest
ennuy au mieux qu'il leur fut possible. Mais pour autant que nous auons
laissé derriere trop longuement le Cheualier de l'ardante Espée, nous re
tournerons à parler de luy. Et demeurera ce pendant Amadis au quay
auecq' la Duchesse & son Cheualier.

Comme le Roy de Sicile, & le

Cheualier de l'ardante Espée arriuerent en l'Isle de Silanchie, ou ilz combatirent Frandalon Ciclops, & son filz.

Chapitre XIX.

G ii   Le Roy

E Roy de Sicile, & le Cheualier de l'ardante Espée, partiz du lieu ou fut combatu l'amy de la Duchesse, cheminerent tant auecq' Frandamelle, qu'ilz vindrent ou ilz auoient laissé leur nauire. Si fifrent soigneusement visiter leurs playes, & quant & quant commanderent tirer le plus droit qu'il seroit possible en l'Isle de Silanchie : mais ilz n'eurent esloigné terre d'vn mille, que Frandamelle s'adressant au Cheualier de l'ardante Espée, luy presenta vne letre de la part de celle qui l'auoit separé au quay, comme vous auez entendu, luy disant qu'elle l'auoit expressement enchargée de ne la luy bailler plustost : & partant qu'il la leust à son ayse. Adoncq' la print le Cheualier, & rompit le séel pour voir le contenu, qui estoit tel :

Rgande la Descogneuë, salut au Cheualier de l'ardante Espée. Sçaches, que pour tirer autruy de prison, tu entreras auant peu de iours en la plus grande captiuité ou fut onques mis pauure esclaue, & auras l'ame & le corps tant affligez, que ceste mesme espée, qui maintesfois a sauué le lieu dont tu es yssu, te transpercera le corps, & sera puys apres retirée par les mains de celle, qui pensant se garantir te restitura la vie pire que mille morts ensemble : & te durera ceste amertume, iusques à ce qu'estant ta maison paternelle sur le poinct de tomber en ruyne, sera garantie & sauuée par son premier possesseur, & me croy : car ainsi auiendra comme ie le te predy. Et à fin que tu y aioustes foy, entends, que pour te garantir d'vn malheur ou tu deuois tomber ce iour d'huy, combatant le Cheualier du Quay, ie te donnay l'escu blanc, &

te deman-

te demanday le don que depuys tu m'as acordé & tenu, & de quoy tu
me dois sçauoir gré, parce que sans ma prouidence tu tombois en vn repentir pour toute ta vie, comme tu sçauras mieux auecq' le temps : &
plustost ne te trauaille pour en penser rien cognoistre, car ce seroit peine
perdue, aussi bien que de me chercher: suffise toy que ie te cognois mieux
que tu ne te cognois toy mesmes, & que pour l'esperance d'vn secours
que i'espere auoir de toy quelque iour, ie t'ay voulu porter telle faueur.
Suy au demeurant ton entreprinse, sans differer pour ocasion qui se presente, entendu que c'est le vouloir de celuy à qui tu seras quelque fois.

Trop fut pensif le Cheualier de l'ardante Espée, ayant leu le contenu
de la letre, & ce qui le rendoit encores plus triste, il n'y pouuoit comprendre chose qui ne luy semblast grieue à suporter: toutesfois il disoit en
son cueur, que vrayement il estoit fort tenu à Vrgande d'auoir tant fait
pour luy : mais que puys qu'il ne pouuoit resister aux destinées, il s'en
passeroit à tant: en sorte que, pour mieux dissimuler ce qu'il en pensoit,
commença à monstrer bon visage, disant qu'Vrgande l'auertissoit que
le païs ou ilz auoient descendu estoit la grand' Bretaigne, & que de là
en auant ilz auroient temps prospere. Aussi nauiguerent ilz par mer si
bonace, qu'estants le Roy & luy gueriz de toutes leurs playes, descouurirent vn dimanche matin la forteresse de Frandalon, & vindrent sur
gir au prochain port, ou ilz descendirent tous, fors les mariniers qui de
meurerent à l'ancre, atendants quelle seroit l'yssue de ceste entreprinse.
en laquelle le Roy estoit acompaigné de trente Cheualiers, sans celuy
de l'ardante Espée, craignant que Frandalo (qui auoit enleué la Royne
& Lucelle) ne les vousist rendre, suyuant le combat qu'il auoit acordé:
ains qu'au lieu de ce faire, il essayast de l'arrester luy mesmes par quelque
trahison. Et pour ceste cause, estants en tresbon equipaige, marcherent
droit vers vne touffe d'arbres, ou la sentinelle du chasteau les descouurit, & sonna vn cor si hautement, qu'ilz l'entendirent : & peu apres vi
rent venir à eulx à grád' haste, vne damoyselle montée sur vn palefroy:
laquelle s'adressant au Roy plustost qu'à nul des autres (par ce qu'il e-
stoit le plus richement armé) luy dist: Cheualier, monseigneur Frandalon Ciclops m'enuoye sçauoir qui vous estes, pour estre entrez en sa
terre si priuément, & sans permission de luy. Damoyselle, respondit le
Roy, auertissez le, que s'il veult acomplir la promesse qu'il a faite à Alpatracie, duquel il detient à tord la femme & la fille, il le trouuerra auecq
vn autre Cheualier prest à combatre luy & son filz : Mais par ce qu'il est
meschant de nature, & que ne voulons nous fier en parole qu'il nous
donne, fault qu'il nous enuoye ostage, premier qu'entrions en camp
l'vn contre l'autre, autrement nous auiserons que nous auons à faire.
Ha a, dist la damoyselle par vn souzriz, & secouant la teste, vous auez

G iii   raison

raiſon : mais aſſez toſt vient qui cherche ſon malheur . Lors reprint le
chemin qu'elle eſtoit venue , & r'entra en la fortereſſe , d'ou elle retour
na peu apres dire au Roy, que Frandalon euſt eu plus agreable , qu'il luy
euſt rendu liberalement & ſans meſlée le païs de Sicile, qui luy apartenoit par droit d'heritage : Toutesfois, dit elle , puys que voſtre vouloir
eſt autre,il vous enuoyra, pour la ſeureté que demandez, ſa fille vnique:
ſouz condicion que tous voz gents ſe retireront , ſans retenir auecq'
vous,que celuy qui vous doit acompaigner à ſon malheur : car il n'y a
autre en ſon chaſteau, que luy & ſon filz, de qui vous deuiez auoir dou-
te.Damoyſelle, reſpondit le Roy, ſa fille arriuée , nous ferons ce qui ſera
en nous.Ainſi retourna de rechef la meſſagiere , qui ne tarda gueres depuys à amener la fille de Frandalon , belle,bien en ordre , & de la bonne
grace que vous entendrez . Elle eſtoit Geante , auecq' vn ſeul œil , parée
au ſurplus d'vn acouſtrement qui trainoit plus d'vne brace oultre ſes ta-
lons,couuert de menues eſcailles de poiſſon,& ſur ſon chef vne guimple
ſemée de coquilles de Lymaz. Tel eſtoit l'acouſtrement de ceſte pucelle,
laquelle le Roy ſalua courtoiſement : & toutesfois elle n'en fiſt cas, ains
ſ'adreſſa au Cheualier de l'ardante Eſpée , qu'elle voyoit ſans barbe , &
luy diſt : Eſtes-vous donques celuy qui deuez combatre , auecq' le Roy,
contre mon pere , & mon frere? Oy, ma dame, reſpondit le Cheualier:
mais pourquoy le demandez-vous ? Pour autant,dit elle,que ie penſe a-
uoir de mes femmes plus propres à telles dáces,que vous n'eſtes : & vous
ſieroit mieux vn atour de damoyſelle, que ceſt armet qui vous eſchauffe
ainſi le front . Et combien que le Cheualier de l'ardante Eſpée ſe ſentiſt
gaudir en ſa preſence,ſi ne ſ'en fiſt il que rire , & luy reſpondit: Par Dieu
ma dame,ſi toutes les belles de ceſte contrée vous reſſemblent , on ne iu-
gera iamais que ie ſoys venu par deça pour y faire l'amour, & moins en-
cor' que vous & moy ſoyons enfants d'vn meſme pere . Et comme ilz e-
ſtoient en ces termes,auiſerent ſortir Frandalon , & ſon filz : parquoy le
Roy commanda à ſes gents d'eulx retirer au nauire , & emmener quant
& eulx la Geante pour oſtaige . Si ne tarderent gueres les deux Ciclops
à ſ'aprocher , & eſtoit monté le pere ſur vne beſte quaſi ſemblable à vn
Dromadaire , portant pour toutes armures vn eſcu de fin acier , qu'il a-
uoit pendu au col , & en ſon poing vne hache,lourde,peſante,& propre
à vn ſi gentil & gracieux damoyſel qu'il eſtoit. Tant y a, qu'on ne vid de
ſon temps homme plus grand que luy , & ſi n'auoit qu'vn œil non plus
que ſa fille : auſſi l'apelloit-on pour ceſte cauſe Ciclops . Son filz beaucoup moindre en corpulence que luy , eſtoit armé d'vn fort haubert,à ſa
ceinture pendoit vne grand' ſimeterre , & ſur la cuiſſe portoit vne lance
forte & roide . Et comme ilz furent à vne carriere pres du Roy, le Geant
luy eſcria tant qu'il peut : Rends moy,ſi tu es ſaige,mes païs, & entre de
gré en mes priſons, autrement tu mourras piteuſemét par mes mains, &
le paillard

le paillard qui t'acompaigne auſſi. Ho grand lourdaud, reſpódit le Roy,
eſtimes-tu que nous ayons tant trauerſé de mers pour receuoir telle ca-
reſſe de toy? Non, non, ie ſuis party de Sicile auecq' bóne intencion de te
rompre la teſte, cóme au plus vil, trahiſtre, & meſchãt, qui fut oncq' nay
de mere. Sire, dit le Cheualier de l'ardante Eſpée, ie vous ſuplie me laiſſer deſmeſler ceſte querelle contre luy, & prenez ceſt autre pour vous eſ-
batre. Ie feray, reſpondit le Roy, ce qu'il vous plaira. A ceſte parole le
Cheualier baiſſa ſa viſiere, & courut de telle roideur contre Frandalon,
qu'il luy couſit l'eſcu & la cuiſſe enſemble : & neantmoins au paſſer le
Geant cuidoit bien luy rédre la pareille, & le ſeparer en deux, mais ainſi
qu'il leuoit le bras, le Cheualier de l'ardante Eſpée gauchit au coup, &
tomba la hache en vain, ſe rencontrants, corps contre corps, de telle force, que Frandalon naüré & debilité de la iambe, ne peut demeurer en
ſelle, non plus que le Cheualier, qui de ceſte grande ſecouſſe, & pour
la roideur de ſa lance, ſe rompirent les arçons & ſangles, ſi qu'il paſſa
oultre la crouppe du cheual, ſans toutesfois receuoir autre deſplaiſir. Et
neantmoins il ne ſ'en contenta aucunement, ains tout deſpité ſe releua,
& miſt la main à l'eſpée pour fraper Frandalon, lequel ainſi naüré que
vous auez entendu, ne pouuoit nulement demeurer ſur bout, ains ſe tenoit aſſis contre terre, non que partant il tint autre côtenance qu'aſſeurée : Auſſi donna il au Cheualier ſi grand coup d'arriuée, qu'il fut contraint ſ'apuyer de la main dextre, ou il fuſt tombé. Mais auant qu'il euſt
releué la hache, celuy de l'ardante Eſpée ſe lança ſur luy, & le prenant au
deſcouuert luy fendit la teſte iuſques au ceruean : car il n'auoit cabaſſet
ny coiffe pour le garantir. Ce que voyant ſon filz (qui iuſques adoncq'
ne ſ'eſtoit meu, ny le Roy ſemblablement, pour mieux regarder le combat des deux autres) ſurprins & enflammé de colere vint, & à bride abatue, contre Alpatracie, auquel il donna ſi grand coup de lance, qu'il le naüra durement au pis, le ietant par terre : dont le Cheualier de l'ardante
Eſpée trop marry, doutant qu'il fuſt mort, delibera le venger: Toutesfois
le ieune Ciclops ſ'en ſoucioit peu, penſant en auoir bien toſt la raiſon.
Et pour ceſte cauſe coucha ſon bois, & à courſe de cheual faiſoit pour le
moins eſtat de le terraſſer, quand le Cheualier de l'ardáte Eſpée, prompt
& adroit, ſe deſtourna, & en ſe deſtournant rua tel coup ſur le cheual de
l'autre qu'il luy coupa les iarretz, ſi que le ieune Frandalon fut contraint
l'habandonner, & venir combatre à pied: mais premier celuy de l'ardante Eſpée ſe ſaiſit de la hache du Geant, auecq' laquelle il fiſt teſte à l'autre,
qui d'vn coup de ſimeterre cuida l'acabler : ce qu'il euſt fait, ſans doute,
ſi elle ne luy euſt tourné au poing, tant de propos, que de roideur il en
perdit la poſſeſſion. Et neantmoins ce fut vn coup fourré : car le Cheualier de l'ardante Eſpée l'ataignit ſi à ferme de ſa grand' hache, qu'il luy a-
uala l'eſpaule droite, & rendit l'ame. Adoncq' ſ'aprocha le victorieux

G iiii   vers

vers le Roy, que Frandamelle tenoit en son giron esuanouy, toutesfois
aussi tost que l'armet luy fut osté, & qu'il eut air, il commença à respirer.
Or l'auoient veu renuerser par terre la Royne Miraminye, & Lucelle,
& doutants qu'il eust pis se desoloient & ploroient amerement, & si
hault que le Roy les entendit crier & lamenter : Parquoy reprint cueur,
& pour les reconforter, se releua, faignant ne sentir mal ne douleur : &
ainsi l'asseuroit il au Cheualier de l'ardante Espée, lequel, sans se donner
garde, se trouua chargé d'vn coup de massue, que luy donna la Geante,
femme de Frandalon : car elle sçachant la mort de ses mary, & filz, estoit
yssue du chasteau, & comme desesperée & pleine de raige auoit surprins
le Cheualier par derriere, pensant l'assommer : aussi luy estincellerent les
yeulx du grand coup qu'il receut. Ce nonobstant il ne la voulut fraper
d'espée, mais print vn tronçon de lance, auecq' lequel il luy fit tel abru-
uoir à Mousches, qu'elle commença à secouer le iarret, ainsi que si elle
eust souffert les traitz de la mort. Si la laissa le Cheualier, & reuint au
Roy qui l'embrassa, luy disant : Helas ! benoist soit le iour que vous nas-
quites ! car oultre la vie que vous m'auez sauuée, ie recouure au iourd'huy
par vostre moyen, la chose du monde que i'ayme le plus ! Sire, respondit
le Cheualier, n'en sçachez gré qu'à vostre bon droit : car i'ay fait seulement ce à quoy i'estois obligé par raison. Mais ne vous plaist il pas que
nous allions trouuer la Royne, & ma dame vostre fille, que ie voy aux
fenestres de ceste tour ? elles vous atendent en bonne deuocion, comme
ie pense. Ie vous en suplie, respondit le Roy. Lors marcherent vers le cha
steau, & comme il furent ioignant, la Royne leur escria qu'ilz, ostassent
les clefz à la Geante, autrement qu'ilz ne pourroient entrer en la tour,
ou elles estoient enfermées. Et à ceste cause le Roy commanda a Frandamelle les aller querir : & ce pendant vindrent en la basse court, ou ilz
ne furent plustost arriuez, qu'ilz entendirent leur damoyselle criant, &
les apellant au secours : parquoy y coururent hastiuement, & aperceurent
qu'elle se sauuoit à course. car la Geante la poursuynoit auecq' le tronçon
de lance, & de la grace que l'vne & l'autre arpentoient, le Roy & le Cheu-
ualier ne se peurent garder de rire. Toutesfois craignants que Frandamelle fust outragée de la Geante, il s'auancerét pour la garâtir, mais elle
tourna dos à trauers champs, emportant (toutesfois, les clefz de la tour,
qui donna meilleure enuie au Cheualier de la prendre, & les luy oster :
& pource faire y mist tout son effort, sans qu'il y peust donner ordre : car
elle couroit trop bien. Et d'auantage (pour mieux se preseruer) entra si
auant dans l'estang, qui d'vn costé enuironnoit la place, que celuy de
l'ardante Espée n'en peut onques aprocher, ains la donnant à tous les
dyables, retourna vers le Roy, qui l'atendant auoit enuoyé Frandamelle
à la marine apeller dix de ses Cheualiers, pour forcer la Geante, lesquelz
auertiz comme la meslée c'estoit finée, onques gents ne furét plus ayses.
Si sortirent

Si sortirent hastiuement du nauire & vindrent droit au chasteau, ou premier qu'ilz y arriuassent, la Geante qui auoit veu entrer le Roy & le Che
ualier de l'ardante Espée au donion, & la Royne mesmes se retirer de la
fenestre, sortit de l'eau & courut en la basse court droit en vne salle, ou
elle se saisit d'vn fort arc auecq' la trousse pleine de fleches, & retournant arriere print l'escu du Geant son mary, & vne grand' simeterre qui
luy pendoit au costé: puys r'entra au lac comme au precedant, sans qu'l-
le fust aperceuë du Roy ny autre: car ilz estoient montez aux chambres,
ou ilz trouuerent deux hommes qui ploroient, ausquelz ilz commanderent de leur monstrer l'huys de la tour. Eulx tremblants de grand' frayeur, les menerent à vn petit poultis de fer fermé à gros cadenas: Et si y a
oultre (disrent ilz) vne cloison plus forte, & mieux barrée que ceste premiere, & de l'vne & de l'autre la Geante porte les clefz: & par ainsi il
vous est impossible d'y entrer sans elle. Sire, dit le Cheualier de l'ardante Espée, vous estes durement naüré, ie suis d'auis que vous ietez sur ce
lict & vous desarmez, à fin que ie bande vostre playe: puys i'auiseray
quelque moyen pour recouurer la Royne, & ma dame vostre fille. A
quoy s'acorda le Roy, qui peu apres s'endormit, & à ceste cause le Cheualier de l'ardante Espée, sortit de la chambre, & s'en alla au deuant de
ceulx, que Frandamelle estoit allée querir, lesquelz il auisa à l'entour du
lac poursuyuants la Geante: mais elle les seruoit à coups de fleches tellement que l'vn deulx tomba mort, dont les autres trop marriz y entrerent si auant, qu'ilz cu'derent y demeurer. Lors se print la dyablesse, à
renforcer son trait, de l'vn desquelz enfonça le chanfrain d'vn destrier,
& le ieta en l'eau son maistre dessouz, qui mist tel espouentement aux
autres qu'ilz se retirent arriere. Or regardoit la Royne & Lucelle ce
passetemps par les fenestres de la tour: ce que voyant la Geante descocha
sur elle de telle roideur, que la fleche donna au mylieu de la croisée, sans
leur faire aucun mal: dont elle s'esbahyrent, & le Cheualier de l'ardante Espée mesmes, qui estoit lors au dessouz, & tomba le flic à ses piedz,
dont il fut tant irrité, qu'iniuriant ceulx qui pour crainte de mort auoient
laissé la Geante en paix, les contraignit retourner l'aissaillir. Si cogneut
bien la vieille qu'elle auroit fort à faire, & toutesfois, voulant plus tost
mourir que choir en leurs mains, tira si fort contre eulx, qu'elle en naüra à mort deux des plus gentilz compaignons: puys se plongea au lac si
auant, qu'il estoit impossible aux autres de l'aborder, sinon à nou : &
neantmoins vn plus hazardeux que les autres poussa son cheual, & ainsi
qu'il la cuidoit ioindre, elle se souzleua sur le bout des piedz, luy donnant tel coup de la simeterre entre les deux oreilles, que maistre & destrier demeurerent au fons de l'eau, sans que depuys il en fust nouuelles.
Et par là cogneut bié le Cheualier de l'ardáte Espée, qu'on ne l'auroit iamais sans autre moyen: parquoy les fist tous retirer, & esperát la gaigner
au plat

au plat de la langue, ce qu'il n'auoit peu aquerir par armes, parla à elle de
telle sorte : Dame, donnez nous les clefz de la tour, & ie vous prometz
foy de Gentilhomme, qu'il ne vous sera fait mal ne desplaisir, autrement
asseurez-vous que vostre fille paira vostre temerité au pris de sa teste.
Mais pour priere, ne pour menace, elle n'en tint conte, ains s'en retourna
au chasteau le Cheualier, & les autres quant & luy , pour trouuer auecq'
le Roy quelque meilleur expediant : car la Royne & sa fille mouroient
de faim, & n'auoit ordre de leur donner à manger.

Comme le Cheualier de l'ardan-

te Espée mist à mort la Geante, femme de Frandalon Ciclops,
& s'enamoura de la belle Lucelle, pour laquelle il
fist depuys maintz haultx faitz d'armes.

Chapitre   XX.

L A nuict donques venue, & s'estants les Cheualiers mis
à reposer, le Roy qui pensoit à la Royne & à sa fille,
encores enfermées, sans viures, ny moyen de les secourir promptement, n'auoit encores cloz l'œil, quand il
entr'ouyt vne voix, qui cryoit d'effroy: parquoy se leua en sursault, & apellant le Cheualier de l'ardante
Espée, luy dist. Sur mon Dieu, mon grand amy , ie suis deceu, ou c'est la
Royne qu'on outraige. Et à ceste parole se leua hastiuement le Cheualier, & prenant son espée en vne main , & vn flambeau en l'autre, courut
ou il entendit le bruyt, & comme il descendoit l'esclair , entreuid la
Geante qui emportoit la Royne & sa fille souz ses deux esselles, fuyant
tant qu'elle pouuoit vers le lac . Et combien que telle charge luy pesast
grandement, si se diligenta elle de sorte, qu'il ne la peut atcaindre qu'elle
n'eust l'eau quasi iusques au iarret; mais là enuiron il la surprit de tant
pres, qu'onques puys elle n'en partit, ains demeura morte, laissant choir
la Royne & Lucelle si couuertes d'eau, qu'elles en burent pour ce coup
plus que de vin : & ce pendāt arriuerent les autres que le Roy auoit semblablement esueillez, & si bien à poinct que le Cheualier de l'ardante
Espée estoit lors fort embesongné à sauuer la mere & la fille . Ainsi furent les dames secourues & tandis que les derniers venuz releuoient la
Royne , il emporta à terre Lucelle , la bonne grace & excellente beauté
de laquelle aquist telle puissance sur luy, qu'il se trouua esprins de son a-
mour, chose trop nouuelle en son endroit : car il n'auoit onques experimenté l'effort de ce petit dieu, qui le traita (neantmoins) auecq' tant
d'humanité

d'humanité (contre sa coustume) qu'à mesmes instant il inclina le cucur
de la Princesse à luy vouloir bien, ne le desirant moins qu'elle estoit desirée. Et toutesfois l'vn & l'autre (saiges & bien auisez) dissimulerent lon
guement ceste passion , combien que le Cheualier de l'ardante Espée ne
l'eut plustost tirée de peril & mise en terre ferme , que (luy faisant vne
grande reuerance) luy demanda comme elle se trouuoit: Helas! dist elle,
le cucur me bat si fort, que ie ne sçay si ie suis morte, ou viue ! pour Dieu
conduisez moy, ou est le Roy , & me dites s'il est fort naüré : car ie le vy
hier à telle heure , que i'auois tresmauuaise estime de sa santé . Ma dame,
respondit le Cheualier, il est asseurément naüré , & non pas si fort que
vous penseriez bien, & que l'aise qu'il receura de vostre presence, ne luy
face oublier la plus grande partie de ses douleurs . En bonne foy, dit Lucelle , vous nous auez tant obligées, que nous vous sommes tenuz à iamais , specialement moy pauurette, qui ne meritay onques faucur de tel
Cheualier . Ma dame, respondit il, ie me priseray bien le plus heureux
du monde , si vous prenez en gré le peu que i'ay fait pour vostre deliurance, atendu que ie suis tant à vous, que souz vostre seule faueur ie delibere suyure desormais les armes, & non autrement, me donnant la gloi
re d'estre seruiteur de la plus belle Princesse qui viue au iour d'huy . Disant ceste parole le nouueau mal d'amour le tenoit tellement assiegé,
que si la nuiçt eust esté plus claire, on luy eust veu muer couleur plus de
dix fois en vn instant, & vouloit encore dire d'auantage: mais les autres
qui auoient secouru la Royne s'aprocherent , & ensemble cheminerent
vers le chasteau, ou les rencontra Frandamelle: laquelle de grand ayse se
ieta aux piedz de la Royne, qui la releua & l'embrassa gracieusement:
car elle l'aymoit beaucoup pour l'amour de Fristion son pere , qui auoit
esté gouuerneur de Sicile , ainsi qu'il vous a esté dit . Lors monterent à
mont les degrez , & entrerent ou le Roy gisoit naüré , lequel auisant la
Royne & Lucelle en bonne santé , croyez que le bon Prince fut remply
de tel ayse, que la parole luy faillit : & estandant les braz (ainsi que ces
deux dames luy faisoient la reuerance) les embrassa l'vne à dextre, l'autre à senestre, pleurant à grosses larmes . Puys à chef de piece, ietant vn
hault soupir, esleua les yeux au ciel, & s'escria: O souuerain Dieu! loué
soit vostre saint nom! quand il vous à pleu, apres nous auoir deliurez de
la maudite coniuracion & enchantement, ou nous auoit mis la sorciere
Medée , me faire encores ceste grace de voir auiourd'huy de mes deux
yeux, les deux personnes qui sont plus cheres enuers moy, que ma propre vie. Ah ! ah Cheualier de l'ardante Espée ! comme est il possible, que
ie puisse iamais recognoistre le bien que ie reçoy par vostre moyen ! Sur
ma foy nous sommes tant tenuz à vous, que nous vous pouuons bien
nommer par raison nostre second pere, comme nous ayant donné nouuelle vie: asseurez, que (sans vostre bonne ayde) nous estions perduz, ces

dames

dames par mauuais traitement, & moy d'vne extreme melencolie. Or
n'auoient mangé la Royne & Lucelle deux iours y auoit, parquoy le
Cheualier de l'ardante Espée voyant que le Roy entroit en propos qu'il
vouloit longuement continuer, vint à la trauerse, & luy dist:Sire, vostre
nouueau contentemét vous fait oublier le long temps que ces dames ne
repeurent, vous plaist il pas qu'on leur aporte quelque viures ? Ie vous en
prie, respódit il: car ie pense qu'elles en ont tresgrand besoing. Lors furent les tables dressées : & tandis la Royne recita la frayeur qu'elle auoit
euë, iusques à ce qu'ile vid la Geante morte. Et qui l'a tuée ? dit le Roy.
Monsieur, respódit elle(luy monstrant le Cheualier de l'ardante Espée)
ce Gétilhomme luy a fendu la teste en deux, & est demeurée enseuelie en
la bourbe du lac. La voylà tresbien logée, dit il, Dieu, ou le dyable, la trai
teront desormais comme elle l'a deseruy. Assez d'autres choses misrent
en auant, iusques à ce que le Cheualier de l'ardante Espée donna le bon
soir au Roy, & aux dames, pour se retirer atendant le iour en vne autre chambre, ou(au lieu de dormir)se ieta tout vestu sur vn lict de camp,
& ayant deuant les yeux de son ame la grand'beauté de sa nouuelle a-
mye, entra en vn penser si profond, qu'il ne luy souuenoit quasi de soymesmes. Et toutesfois, apres auoir bien tournoyé, & sur le costé gauche,
& sur le droit, ieta vn hault souspir: & luy souuenant de la menace que
luy faisoit Vrgande par la letre qu'elle luy laissa au sortir de la grand'
Bretaigne, commença à dire tout seul: Helas ! saige Prophete, i'aperçoy
bien maintenant que l'auis que vous me donnastes est veritable ! car le
iour propre, que ma dame est sortie de prison, ie me suis fait tellement
captif & esclaue d'elle, que ie n'ay rien en moy de libre, & qui ne luy soit
asseruy. Ah ! ah triste Cheualier de l'ardante Espée ! as-tu doncques
esperance de receuoir iamais guerison ? Certes tu peux bien cognoistre à
veuë d'œil ta perdicion asseurée : car tes yeux ont assis les eschelles de ta
foy en si hault lieu, que tu dois plustost esperer le choir que le monter.
Ainsi tu seras celuy qui aura plus de mal, veu que tu te deuois cognoistre
pour celuy, qui moins deuoit penser en tel bien. O malheureux serf de
toymesmes ! tu defineras desormais peu à peu, desirant chose ou tu ne
peux ataindre ! veu que le plus qui soit en toy & qui te puisse honorer, est
la nourriture que tu as prinse chez le Roy Magadan, duquel encores tu
es banny sans ocasion ! Cóme donques oses-tu ainsi consommer le téps
en pensée plus vaine qu'on ne pourroit estimer? Non non, aprends à có-
mander à toymesmes, aumoins si tu t'aymes pour viure. Et tout soudain
changeoit d'opinion. Hé dea ! disoit il, peult estre, aussi suis-ie yssu de tel
lignage, que ie ne doy si peu esperer de moy ! Et qu'il soit vray, puys que
mon cueur prend vn vol si hault, c'est argumét pour me faire croire, que
mon pere estoit Gentilhomme, & qu'il merite bien quelque chose. Ah !
que relue-ie maintenant ? certes ma folie ce manifeste trop à veuë d'œil:

car si

car si i'estois filz du plus grand Prince de la terre, encores fault il que ie
confesse estre indigne de seruir telle dame . Et d'auantage elle, & moy,
sommes de loy cótraires : ainsi(posé le cas que ie paruinse à mes atentes)
il me fauldroit en la gaignant oublier noz dieux, & perdre le corps &
l'ame, & l'adorer desormais comme ma seule dame & déesse. Le feray-ie
donques? pourquoy non ? Oy asseurément, & vienne ce que venir en
pourra, tant que ie viue ie ne me repentiray de si noble pensée : asseuré
que ce seroit vraye heresie d'essayer à m'en distraire . La mort peult bien
vser de sa puissance sur mon corps, non pas en mes affections: car vueille,
ou non, elles viuront pour iamais, & à iamais demeureront ou ie les
ay assises. Mille, & mille autres discours fist le Cheualier de l'ardante Espée toute nuict, tant qu'il n'eut moyen de prendre vne seule heure de repos, iusques au poinct du iour qu'il sommeilloit quelque peu,
quand on luy vint dire que les dames estoient prestes : parquoy se leua,
& entrant en leurs chambres, apres les auoir saluées humblement, demanda comme le Roy s'estoit porté. Si bien, respondit il, que ie me delibere (sans plus seiourner) r'entrer en mon nauire, ou iespere auoir plus
brieue guerison, qu'en ce lieu, ou i'ay tant receu de desplaisir. Et combien
que la Royne & les autres missent toutes les peines qu'ilz peurent à l'en
dissuader qu'il ne fust plus sain, si ne les sceurét ilz gaigner pour ce coup,
ains à peine eut il le loysir de disner, qu'il fist trousser bagaige & s'embarquer, commandant au pylote faire voyle . Ce que voyant Galdafée fille
du Ciclops, qui auoit esté baillée en hostaige, ainsi qu'il vous a esté dit,
commença à faire le plus grand dueil du monde. Or n'auoit elle encores
riens entendu de la mort de ses parents: mais quand elle sceut comme le
tout s'estoit passé, onques femme ne se trouua plus pertroublée : Toutesfois Lucelle la recóforta en tant de sortes, qu'vsant plus de modestie que
de plus long desespoir, se gouuerna par pacience, cognoissant n'y auoir
autre remede. Puys demanderent les mariniers au Roy, ou il luy plaisoit
qu'il tirassent . En France, respondit il: car ie n'espere retourner en Sicile
premier que cóbatre le paillard, qui m'a si laschement fait reuolter mon
royaume de Metz, aumoins s'il vous plaist (dit il au Cheualier de l'ardante Espée) me tenir compaignie . Ce qu'il luy acorda de bon cueur:
non tant pour luy faire seruice, que pour le plaisir qu'il prenoit en la presence de sa nouuelle amye, laquelle entachée de semblable mal , ne se
pouuoit garder iour & nuict de penser à ses perfections . Et combien
qu'ilz portassent quant & eulx la medecine propre à leur entiere guerison, si la celerent ilz pour vn temps : mais à la fin la bouette fut ouuerte,
& l'onguent apliqué si à propos, que leur douleur eut quelque allegement, ainsi qu'il vous sera deduit au huytiesme liure suyuant.

H   D'vne

D'vne auanture merueilleuse,

qui auint au Roy de Sicile, au Cheualier de l'ardante Espée,
à la Royne, Lucelle, & à Frandamelle, qui fut
cause de les separer de leur flotte, &
pres de perir en mer.

Chapitre   XXI.

Ix semaines entieres nauiguerent le Roy Alpatracie &
sa trouppe, auecq' si bon vent, que toutes choses leurs
venoient à plaisir, ainsi qu'il leur estoit auis, & fut le
Roy si bien pensé par ses Chirurgiens, qu'il se trouua
entierement guery de ses playes. Mais celle du Cheualier de l'ardante Espée empiroit de iour en iour,
voyant si pres de soy (& tant hors de son commandement) Lucelle,
qu'il aymoit de tout soncueur: Et ce qui luy greuoit encores plus, iamais
la Royne ne la laissoit hors de sa presence. Ainsi n'auoient ilz moyen de
parler priuément l'vn à l'autre, ains viuoient en esperance, que quelque
iour le lieu & le temps leur moyennerent meilleure commodité. Et ce
pendant leur seul plaisir estoit de deuiser ensemble, contenants leurs
affections par le doux regard de leurs yeux, qui portoit souuent nouuelles à leur cueurs passionnez de ce qu'ilz desiroient le plus, tant qu'vn

soir

soir enuiron soleil couchant ilz descouurirent vne petite Isle à vne lieuë
pres, qu'il leur sembla tant belle & si peuplée d'arbres, & arrousée d'vne
infinité de petitz ruisseaux, que la Royne ennuyée de la mer pria Alpatracie d'y prendre terre, & eulx rafreschir, ce qu'il eut agreable : & pour
ceste cause fist ieter en l'eau vne barquette, en laquelle luy & elle entrerét
sans autre, fors Lucelle, Frandamelle, & le Cheualier de l'ardante Espée,
qui print ses armes, & le Roy aussi, auecq' leurs destriers, pour eulx defendre, si auanture leur en aportoit ocasion. Lors Frandamelle, qui seruoit de pylote, se mist à ramer : car autresfois auoit elle manié l'auiron
pour plaisir. Au moyen dequoy elle les esloigna en moins de rien du
principal nauire, que le Roy commanda ce pendant demeurer à l'ancre,
par ce qu'il faisoit estat retourner bien tost. Si n'eurent longuement na-
uigué, que poussez & maistrisez par le vent, aprocherent à vn trait d'arc
d'vn treshault rocher : hault & droit puys ie bien dire, car il touchoit
quasi aux nues, & taillé, ou de nature, ou auecq' tel artifice, qu'il sembloit
que la sie & le cizeau y eussent passé. Au dessus estoient vne vieille & vn
vieillard, se tenants colet à colet, & luytants si bien l'vn contre l'autre,
qu'il sembloit à tous coups qu'ilz se deussent abatre : aussi se desroque-
rent ilz finablement, auecq' si grand sault, que tous deux, sans lascher
prinse, tomberent au profond de la mer, & quant & quant s'abisma le
rocher, auecq' telle emocion & tempeste, que les ondes & vagues s'en
esleuerént auecq' contrarieté de vents, si que la barquette, que conduisoit
Frandamelle, fut plus de cent fois couuerte d'eau, & preste à submerger,
leur ostant (de grand paour) toute esperance de iamais arriuer à bord:
car leur guide se trouua si estonnée, que habandonnant peautre, auiron,
& tout ce qu'il leur seruoit, se laissa tomber, sans remuer pied ny main.
Ce que voyant Lucelle, tremblante comme la fueille, ne sceut trouuer
meilleur moyen pour s'asseurer, que les braz de son Cheualier, entre lesquelz se ieta pour dernier refuge. Lors (combien que l'iniure du temps
leur presentast vn peril si à veuë d'œil) ceste faueur d'amye luy fut si
agreable, que tout ainsi qu'vn cloud chasse l'autre, il oublia le danger
du naufraige, pour luy faire entendre celuy, auquel estoit sa vie pour
l'aymer, si elle ne prenoit pitié de sa personne. Pour à quoy paruenir,
commença à luy faire telle remonstrance : Ma dame, ie vous suplie
humblement croire, que la rigueur de ceste mer ne peult estre si cruelle
ny espouentable en mon endroit, qu'est l'ardeur qui me consomme en
vous aymant de telle affection, qu'autre que moy ne le peult sentir ne
comprendre, s'il ne vouloit mesurer la grandeur & excellence de vostre
beauté : & en ce cas toute personne de bon iugement portera pour moy
tesmoignage, qu'ores que ie mourrois cent fois le iour, si ne seroient ces
morts suffisantes pour meriter la moindre faueur de voz bonnes graces.
Par ainsi, doncques, si vous cognoissez de quelle affection mon cueur a

H ii entreprins

entreprins vous seruir, il est impossible que ne luy en sçachez gré, ce que
ie vous requiers pour l'honneur de vous mesmes, qui estes, & serez à iamais, ma seule dame & maistresse. Et comme il faisoit ces remóstrances, il
souspiroit par interualles, auecq' telle habódance de larmes, que le deuát
de son haubert estoit tout trempé: & neantmoins elle faignoit de ne l'entendre, ains dissimulant le grand plaisir qu'lle auoit de l'escouter, fon-
doit sa paour extreme sur le danger present: & souz ceste couleur commença à clorre les yeux, & baisser la teste à la renuerse sur l'estomac de
son amy, comme s'elle eust esté esuanouye. Mais Amour luy fist lors entendre, que tout ce faisoit à l'auantage de luy: parquoy voyant bouche &
visage si à propos, & tát desirez, ne se peut tenir de la baiser plus de mille
fois. Ah! ah langue heureuse, & esprit content! comme pourrois ie à
ceste heure exprimer par escrit l'ayse, le bien, le contentement, l'heur, &
le paradis, ou vous demourastes, tádis que vous fustes si pres l'vn de l'autre! Certes telle felicité ne se peult dire, non pas penser, & celuy seul qui
a aproché de tel plaisir, se doit estimer heureux: car c'est le chemin qui
guide droit au iardin, ou est le rosier & le bouton, fruit & recompense de
tous loyaux amants: & pour lequel obtenir tant de personnes ont trauaillé, les vns en vain, & quelques autres auecq' contentement. Ainsi
prenoit Lucelle tousiours sur & tant moins ces douces caresses, à quoy
luy aydoient beaucoup (pour n'estre aperceuë du Roy ny de la Royne)
l'obscurité du temps, la pluye, & le trouble d'àlors, qui enhardit le Cheualier de sorte, que gaignant païs petit à petit, vint des baisers à l'atou-
chement du tetin: & si eust passé oultre (comme ie croy) si honte pous-
sée par honneur ne s'en fust meslée: mais elle contraignit Lucelle à ieter
vn hault souspir, & faignant retourner à soy, s'escria doucement: O souuerain Dieu! iusques à quand serons-nous en ce danger! Ah! ah mon
Cheualier! ne m'habandonnez ie vous suplie! sans vous ie fusse desia
morte! Le Roy, qui l'entendit plaindre si piteusement, l'apella pour la
faire aprocher de luy, & de la Royne. Or estoit, comme ie vous ay dit,
le temps si nebuleux, & la brouée si espesse, qu'ilz ne s'entre pouuoient
voir, & eust bien voulu Lucelle retenir la parole, pour ne perdre le plaisir qu'elle auoit par le doux entretien que luy faisoit son amy: mais
quoy? force luy fut (pour obeir au Roy) se leuer, & auecq' l'ayde du
Cheualier passer iusques à l'autre bout de la barque, ou la Royne faisoit
vœuz & deuotes prieres à Dieu pour leur saluacion, de laquelle elle esperoit moins que rien: car la tempeste maistrisoit tellement leur vaisseau,
que tout le iour entier perdirent cognoissance de ciel & de terre, sans
voir autre chose que brouhoux impetueux, & nues poussées par le vent
entremeslé de gresle, tonnerre, & esclairs, assez horribles pour espouen-
ter les plus asseurez. Ce pendant ceulx qui estoient demeurez au grand
nauire, ainsi que le Roy leur auoit commandé, voyants en moins de rien

le temps

le temps & la mer se changer, artimons, hunes, & cordaiges, brisez &
mis en pieces, furent contraints suyure la fortune, sans pouuoir plus seiourner, quelque mal qu'il leur fist de laisser ainsi, & habandonner ceulx
de la barque, qu'ilz tenoient bien pour perduz. Et en ce malayse trauerse-
rent tant qu'ilz arriuerent sur la fin de la semaine en la coste de la Sicile,
ou ilz trouuerent façon de prendre port, deliberants par commun auis
taire le malheur des autres, & asseurer qu'ilz seiournoient en l'Isle de
Silanchie, & que pour amener la fille de Frandalon, le Roy les auoit de-
peschez. A quoy ceulx du païs aiousterent aysément foy, voyants Galdafée, laquelle deslors ilz misrent en seure garde, racontants deuant tous
cóme le Cheualier de l'ardáte Espée auoit deffait Frandalon, & son filz,
deliuré la Royne, & sa fille, & mesmement la peine que leur auoit fait la
vieille Geante, ou trois, ou quatre de leurs compaignós estoient demeurez. Puys aussi tost que leur vaisseau fut raboubé & refreté, r'entrerent en
mer, suyuants la route, en laquelle ilz esperoient auoir plustost nouuelles
de ce, qu'ilz tenoient quasi pour perdu.

Comme le Roy de Sicile, &

ceulx qui nauigeoint en la barque, furent poussez
en l'Isle d'Argenes : & de ce qu'il
leur auint.

Chapitre   XXII.

A barque, en laquelle estoient le Roy, le Cheualier de
l'ardante Espée, la Royne, Lucelle, & Frandamelle,
fut tout le iour, & la nuict semblablement, en vn
merueilleux danger, & plus encores la matinée ensuyuant : car elle se vint entr'ouurir contre vn sable
ioignant vn hault rocher, ou quasi miraculeusement
ilz se sauuerent, & tout ce qui estoit dedans, sans rien perdre. Et combien que telle contrée leur fust incogneuë, & qu'ilz ne voyoient sentier
ny voye pour monter contremont, ny viures pour repaistre, si se trouuerent ilz trop mieux entre les buyssons & bruyeres, que parmy l'impetuosité & tempeste de ceste impitoyable marine, ou ilz auoient esté
tant tourmentez. Or est necessité (comme chacun sçait) maistresse des
arts, qui fist tant pour eulx, que de leur faire rencontrer, non sans grand'
peine, vn sentier quelque peu batu & frequenté. Lors dist le Cheualier
H iii   de l'ar-

de l'ardante Espée au Roy : Sire, il me semble pour le mieux, que nous deuons monter là hault, & voir si nous descouurirons quelque maison ou hebergement, duquel nous nous puissions ayder. Et bien, respondit il, allons doncq'. Si monterent tous à cheual, & grimperent tant qu'ilz aperceurent la couuerture de certains edifices, vers lesquelz ilz s'acheminerent, en sorte qu'enuiron nuict fermée ilz peurent voir à leur ayse la forteresse, qui estoit vn gros donion quarré enuironné de murailles espesses, carnelées, & en bonne defence : mais premier qu'ilz en peussent aprocher, virent d'assez loing deux gros pilliers de Marbre, ou commençoit vn mur qui tendoit contre vne bien belle tour, & de là à vne autre, ou estoient semblablement deux pilliers : & ainsi de trait d'arc en trait d'arc quatre autres tours, & iusques au donion qui parfaisoit le nombre de sept. Mais ilz ne voyent homme ny femme pour leur enquerir du lieu, ains pensoient asseurément qu'il fust desert : toutesfois considerants le danger d'ou ilz sortoient, rien ne se pouuoit presenter à leurs yeux qui les peust defendre, ce leur sembloit : & à ceste cause marcherent plus oultre, tant qu'ilz trouuerent en leur voye vne coulonne de Cristal haulte esleuée, & au dessus vne grande statue dorée, representant la personne de quelque Royne, qui tenoit en la main gauche vn roulleau si long, qu'il tumboit iusques à la baze de la coulonne, dans lequel estoient grauez, par merueilleux artifice, certains carraéteres Caldeans, qu'elle monstroit auecq' la main droite. Lors demanda le Roy au Cheualier, s'il y entendoit quelque chose. Oy, sire, respondit il. Adoncq' commença à le luy exposer, & telle estoit la substance. Zirfée Magicienne, sœur du grand Soudan de Babilone, Royne & dame de ceste Isle d'Argenes, & de tous ceulx & celles qui y sont, ou y arriuent sans nostre congé, soient de loy payenne, ou du nouueau Christ, faisons sçauoir, que par nostre art & industrie auons construit ce palays, apellé la fortresse du tresor, qui sera defendu par les sept gardes y ordonnées, iusques au temps que la belle se saisira de la cruelle espée, pour se deliurer & garentir contre l'espouentable Lion, au rugiments duquel son cueur douteux & passionné recouurera nouuelle force, chassant toute debilité feminine : & lors finiront les enchantements que nous y auons establiz, & non plus tost. En bonne foy, dit le Roy, voicy vn estrange cas : à ce que ie voy nous sommes donques arriuez en l'Isle d'Argenes, dont ie n'ouy iamais parler que ie sçache : au pis aller, nous verrons quelz enchantements, & les auantures qui y sont. Sire, respondit le Cheualier, la nuict nous presse, & suis d'auis que ne passions meshuy oultre, iusques à demain que nous entrerons au chasteau, si nous pouuons. Ce que les dames eurent tresagreable : parquoy misrent pied à terre, & desbridants leurs cheuaux pour les laisser paistre, s'assirent

au pied

au pied de la coulonne, ou ilz ne seiournerent longuement, qu'il arriua vers eulx vn Gentilhomme fort ancien, portant sur le poing vn Faul-
con, lequel cognoissant qu'ilz estoient estrangiers, leur demanda qu'ilz
faisoient : car, dit il, si vous estes aperceuz de ceulx du chasteau, vous
ne pouuez euiter que ne soyez mis en la plus douloureuse prison, ou
entrerent onques chetiues personnes. Cheualier, respondit celuy de
l'ardante Espée, declarez-nous donques, s'il vous plaist, à quelle ocasion, & par qui a esté ordonné si malheureuse coustume. Voluntiers,
dit le vieillard, pour la pitié que vous me faites. Entendez que ce païs
est l'Isle d'Argenes, & ceste effigie la representacion de Zirfée, qui en
est dame, mais absente pour l'heure, & long temps a, & si ne sçait-on
bonnement ou l'on en pourroit auoir nouuelles, qui la voudroit trouuer. Vray est qu'elle a laissé en son lieu vne sienne fille, nommée Axiane, la plus belle qui soit (comme ie pense) en tout le monde, & auecq'
elle sept Cheualiers, estimez entre les meilleurs de l'Asie, dont les quatre sont Geants, & ont chacun des sept l'vne de ses tours en garde, a-
uecq' commandement exprès de la Royne, que nul Cheualier arriue
en ceste contrée, qu'il ne soit mort, ou prins. Or suis-ie venu faire sçauoir aux gardes, qu'Axiane sera dans deux iours de retour de la chasse,
ou elle a esté toute ceste semaine passée : & n'ayez doute que ie leur
die rien de vous autres, car ie les destournerois plustost de vous faire
mal. Puys leur donnant le bon soir, piqua vers le chasteau, les laissant
en grand doute, & prestz à prendre autre chemin, s'il y auoit moyen :
mais le Cheualier de l'ardante Espée les arresta, remonstrant au Roy,
que puys qu'en chacune tour n'y auoit qu'vne seule garde, qu'ilz deuoient tenter la fortune : Car i'espere, dit il, auecq' l'ayde de noz dieux,
que nous les deferons, & aurons la place à nostre commandement,
premier qu'Axiane y arriue. Et quand ainsi ne seroit, vous sçauez (sire)
le peu d'ordre qu'il y a pour nous sauuer, estant ce païs circuy de mer,
& nous sans barque, ny barquerot. Ainsi il vault trop mieux mourir
promptement, que languir d'auantage. Vn poinct y a, qui me console
beaucoup, ie croy asseurément, que tout ce qui nous est auenu iusques
icy, soit quelque destinée fatale, l'yssue de laquelle sera, peult estre,
meilleure & plus honorable que nous n'auons esperé : & pourtant, ie
vous suplie ne vous fascher, ains reconforter ces dames, que vous mettez en trop de malayse, vous voyant si douteux. Et à dire vray, elles
pleuroient comme presque desesperées, qui donna au Roy meilleure
ocasion de croyre le Cheualier, remettant leur fortune souz la proue-
esse qui estoit en luy, & pour ceste cause dist qu'il le croyroit, & qu'aussi
tost qu'il seroit iour, eulx deux monteroient à cheual pour aller combatre les gardes, tandis que les dames reposeroient. Mais la Royne n'y

H iiii   vouloit

vouloit entendre, ains respondit, qu'elle seroit presente au bien & au mal qui leur auiendroit. Dont le Cheualier de l'ardante Espée receut grand plaisir, esperant faire tant d'armes deuant Lucelle, qu'elle l'en aymeroit d'auantage.

Comme le Cheualier de l'ar-

dente Espée conquist le Chasteau de l'Isle d'Argenes: & des combatz qu'il y eut.

Chapitre   XXIII.

Insi passerent grand' partie de la nuict, & iusques au lendemain qu'ilz aperceurent le iour. Lors monterent tous à cheual, & se mettants les Cheualiers en equipage de combatre, marcherent oultre la premiere tour: & en cheminant, celuy de l'ardante Espée suplia le Roy, que puys qu'il leur conuenoit cóbatre les gardes l'vne

apres

apres l'autre, fon plaifir fuft ne fe mettre en ieu, tant qu'il auroit moyen
de leur refifter: ce que le Roy luy acorda voluntiers . Et ainfi deuifants,
fe trouuerent le long d'vne riuiere fort profonde, fur laquelle eftoit vn
pont de boys, par lequel on entroit en la premiere tour. Lors entendirent
auffi toft fonner vn cor, & aperceurent fortir vn Cheualier grand oultre
mefure, monté fur vn deftrier puiffant à merueilles, qui de l'entrée du
pont f'efcria contre celuy de l'ardante Efpée (car il marchoit deuant le
Roy) Damp Cheualier, laiffez les armes, & venez fans contrainte en ma
prifon, autrement ie vous feray perdre la tefte, & à voftre compaignon
auffi . Mais pour ces menaces il ne luy refpondit vn feul mot, ains coururent tout le long du pont l'vn contre l'autre de telle roideur, que vol-
lants leurs boys en pieces, fe ioignirent, en forte que le Cheualier de la
tour & fon deftrier, furent renuerfez en l'eau, d'ou le cheual fe fauua peu
apres, laiffant fon maiftre au fons, qui onques puis n'en parla . Et marchant celuy de l'ardante Efpée plus oultre, la guette, qui auoit fonné le
cor, fift vne grande exclamacion, & f'abfenta. Lors f'aprocherent le Roy
& les dames du Cheualier de l'ardante Efpée, & pafferent enfemble la
tour, au fortir de laquelle ilz entendirent de la fortereffe fuyuante retentir vn autre cor . Si penferent bien que c'eftoit la garde qui venoit au
combat: parquoy celuy de l'ardante Efpée marcha au deuant, & comme
ilz furent à vne carriere l'vn de l'autre, le Cheualier de la tour cheuau-
chant vn grand cheual moreau, f'efcria tant qu'il peut : Rendez-vous,
pauure chetif, & vous deliberez d'endurer à iamais prifon & famine:
car par vous eft mort mon compaignon, ainfi que nous auons cogneu à
la clameur de la guette. Or auoit recouuert celuy de l'ardante Efpée
la lance du Roy : parquoy fe tenant plus affeuré, refpondit à l'autre: Par
mon chef, damp Cheualier, fi voftre compaignon eft mort, tant pis pour
luy : & pource que bien fouuent tel cuide venger la honte d'autruy, qui
acroift la fienne propre, ie fuis d'auis que vous vous deportiez de plus
nous menacer, ains que penfiez à vous garder de moy. Adoncq' f'efmeu-
rent l'vn contre l'autre, & fut leur rencontre telle, que la garde brifa fon
glaiue dans l'efcu de fon ennemy, lequel le prenant mieux à propos,
& de plus droit fil, le trauerfa de part en part, tombant mort fur l'herbe.
Ce que voyant la guette feconde, fift femblable cry que le precedant,
puys fe difparut, tandis que le Roy & les dames f'aprochoient de la tour,
qu'ilz trouuerent fermée : Mais les clefz pendoient à vne chaifne de fer,
tout ioignant, & l'ouurirent : toutesfois la troifiefme guette, qui fonna
comme les precedants, les fift incontinent fortir, pour venir au combat
contre l'autre, qui eftoit defia en campaigne : au moyen dequoy le Cheualier de l'ardante Efpée f'auança, & vid de loing marcher vn grand
Geant, armé d'vnes lames renforcées, portant deux maffes d'acier, l'vne
fur fes efpaules, & l'autre pendante à l'arçon, lequel (premier que ioindre) dift

dre) dist à celuy de l'ardante Espée : Cheualier, il conuient (suyuant la
coustume de ceste tour) que le combat de toy à moy se paracheue masse
à masse, par ainsi pren de ces deux laquelle tu voudras, & pense à faire
ton deuoir : neantmoins si tu te veux rendre à ma volunté, peult estre,
auray-ie mercy de ta personne qui est en si grãd danger. Certes, respondit celuy de l'ardante Espée, premier essayray-ie comme tu sçais fraper:
car ie n'eu onques enuie ny pensement de prendre misericorde de telz
personnages que tu es. Or bien, dit il, choysis doncq'. Et luy presentant
les masses, en print celle qu'il eut plus agreable, & quant & quant commencerent à chamailler : mais les deux premiers coups furent si merueilleux, qu'ilz tomberent & l'vn & l'autre comme morts : parquoy la guette de la troysiesme tour ieta encores vn plus hault & piteux cry que nul
des autres, & s'absenta quant & quant. Si pensoit Lucelle certainement
estre vesue d'amy, dont elle se desoloit en son cueur si fort, qu'elle eust
voulu estre morte, quand elle l'auisa releuer, & courir sus au Geant, qu'il
cuidoit estre estourdy seulement. Toutesfois il auoit bien pis, car les
deux yeulx luy estoient sortiz de la teste, & n'auoit plus de vie. Adoncq'
r'amena le Roy le cheual du victorieux, & s'aprocherent les dames
pour sçauoir comme il se sentoit. Tant bien, respondit il, que ie n'ay mal
pour me garder de passer oultre, s'il ne me suruient pis. En bonne foy,
dist la Royne (continuant comme vous auez commencé) vous aquer-
rez à bon droit nom du meilleur, & plus heureux Cheualier qui fut onques. Ce disant passerent la tour, & sonna la guette de la quatreiesme
ainsi que les autres. Et soudain se presenta vn Cheualier d'vne merueilleuse stature : car il auoit la teste ressemblante à celle d'vn Dogue An-
glois, & pour ses armes la chemise de maille, auecq' l'escu grand & fort,
le simeterre au costé, l'arc au poing, & la trousse pendante & pleine de
fleches, dont il en tenoit vne preste à descocher. Et pource qu'il estoit
d'vne Isle appellée Cynofale (ou tout le peuple qui y habite a le visage de
chien) il en auoit retenu le nom, & s'apelloit Cynofale. Or venoit il
pour combatre à pied, qui fist penser au Cheualier de l'ardante Espée,
qu'auecq' ceste nouuelle sorte d'armes il auroit beaucoup d'affaires : &
toutesfois, baissant la teste, delibera d'en atendre la fortune, qui fut telle,
que le Cynofale le voyant marcher droit à luy, premier qu'il en aprochast, estendit le bras, & descocha l'vne des sagettes par telle roideur,
qu'il faulça le chanfrain de son destrier, & le renuersa mort. Puys en reprint vne autre, dont il le naüra en la cuisse, qui l'esmeut à telle fureur,
que sans rien sentir du coup (pour l'heure) se releua hastiuement, & luy
courut sus, estant bien couuert de son escu, dans lequel il receut encores
deux autres coups du visage de chien : lequel finablement il ioignit, &
fut leur combat si aspre & cruel, que les pieces de leurs hauberts & mailles tomboient menu & souuent sur l'herbe. Et ainsi frapants à dextre &

senestre

seneftre, le Cheualier de l'ardante Efpée marry & honteux du retardement de fi longue victoire, mefmes en la prefence de fa dame & amye,
f'auança, & haulçant le bras (comme f'il euft voulu fraper le Cynofale
au hault de la tefte) luy faifit de la main gauche la courroye de l'efcu,
qu'il tira à foy par telle force, qu'en le luy arrachant du col, le fift tomber
le nez contre terre: toutesfois il fe releua foudain, & penfant redoubler,
defchargea de fa fimeterre tant qu'il peut fur celuy de l'ardante Efpée:
mais il fe deftourna, en forte que fans atainte le coup paffa oultre, & en
fe deftournant donna telle eftoquade en la gorge du vifage de chien,
qu'il luy coupa le chifflet, dequoy celuy de la tour cinqiefme esbahy,
fonna fon cor, & f'efcriant d'vne piteufe voix, f'abfenta, tandis que le
Roy & les dames f'auançoient, doutants que leur Cheualier fuft plus
naüré des fagettes qu'il n'eftoit. Pour à quoy remedier Frandamelle de
fcendit incontinent de cheual, & auecq' vn linge blanc luy banda fa
playe: mais le fang ne fut pluftoft eftanché, que la garde de la cinqiefme
tour fe prefenta, non moins furieux que les autres: car oultre ce qu'il e-
ftoit Geant & de contenance farouche, il vouloit que le combat fuft hache à hache: & pour cefte raifon en portoit il deux fur fes efpaules, dont
il bailla le choix au Cheualier de l'ardante efpée, qui finablement le def
confit, & fonna la fentinelle d'apres ainfi qu'auoient fait les precedan-
tes. Eftant donques la tour cinqiefme conquife, & l'ayant le Roy paffée
auecq' fa fuyte, fortit de la fixiefme vn ieune Cheualier, aagé (peult eftre)
de trente ans: & fi n'auoit pour toutes armes que l'efpée & cappe, auecq'
lefquelles il efperoit defendre ce, à quoy il eftoit ordonné. Lors marcha
contre celuy qui auoit defia tant conquis, & à l'aprocher commença à
luy dire: Certes, damp Cheualier, vous deuez par raifon eftre beaucoup
eftimé, ayant fceu deffaire cinq telz, que l'on faudroit bien à trouuer
leurs femblables. Et qu'il foit vray, il eft hors de la memoire d'homme,
qu'autre que vous ayt iamais conquis par force iufques à la troyfiefme
tour: mais puys que l'heur vous a efté fi fauorable, & qu'à ce que ie voy,
vous vous deliberez fuyure la fortune, il fault garder les condicions re-
quifes en ceft endroit, qui font telles. Le combat de nous deux fe fera a
uecq' l'efpée & cappe, fans autres armes quelconques: pourtant vous
vous pouuez bien alleger de ces mailles & haubert, qui vous poifent
beaucoup, comme ie penfe. Or fçauoit le Cheualier de l'ardante Efpée
l'efcrime autant qu'il eftoit poffible, & à cefte caufe, ne voulant refufer
l'offre de l'autre, luy refpondit: En bonne foy ie fuis defplaifant de la
mort de voz compaignons, combien que vous pouuez affez entendre,
que c'eft plus leur faulte que la mienne, & par la peruerfe couftume de
ce lieu, dont il me defplaift, en forte que fi vous trouuiez bon la laiffer à
tant, fans me contraindre d'auantage à ce combat, affeurez-vous que ce
me feroit vne obligacion pour iamais enuers vous. Car oultre ce que

vous me

vous me semblez à preud'homme, vous m'auez au commencement si
fort loué, que ie ne sçay pas quel grand mercy ie vous en puisse rendre.
Veritablement, dit l'autre, si i'estois maistre de moy, nostre acord seroit
bien aysé à conduire: mais i'ay donné ma foy à celle qui m'amena en ces
marches, de defendre la tour iusques au mourir. Et fut(certes) bien surprins lors que ie m'y obligeay: car elle me demanda vn don que ie luy
acorday, sans sçauoir quel, dont ie me suis repenty tout à loysir. Puys
qu'ainsi va, respondit le Cheualier de l'ardante Espée, ie ne voudrois
pour rien vous semondre à chose qui offençast vostre honneur. Lors a-
pella Frandamelle pour luy ayder à oster son harnois, & comme il fut
en pourpoint, celuy du chasteau le voyant de si belle taille, & tant beau,
l'estima beaucoup en soymesmes. Or auoit il besoing de cappe, ou de
manteau, mais Lucelle qui entendit tous leurs propoz, luy enuoya le
sien par la damoyselle, le priant de sa part qu'il mist peine de bien se defendre pour l'amour d'elle. Si lors son ame receut plaisir, parfaitz amāts,
qu'en estimez-vous? ne luy fist pas Amour vn bon tour, luy manifestant
à telle heure, & à veuë d'œil, le bien que luy desiroit celle pour laquelle
il mouroit iour & nuict? Veritablement il fault que vous me confessiez,
que ceste seule faueur estoit suffisante pour luy causer tant de hardiesse,
que non seulement il eust osé combatre le Gentilhomme qui l'assailloit,
mais Athlas, voire les Geants que Iupiter enuelopa dans les creuses
montaignes qu'il fist tomber sur eulx. Aussi le donna il bien à entendre,
par la responce qu'il fist à Frandamelle. Ma grand' amye, dit il, ma dame
a eu telle souuenance de moy, que ce manteau tant heureux ne partira
de mon bras, iusques à ce que l'honneur de ce combat me soit du tout a-
cordé, ou que la mort separe l'ame de mon corps, qui n'est en ce monde
que pour luy obeir, comme à la plus belle, saige, & vertueuse Princesse
de la terre. A peine eut il proferé le mot, que la damoyselle se retira:
car le Cheualier de la tour vouloit iouer des cousteaux, & fut veu entr'eulx le plus galant combat, dequoy l'on ouyt onques parler. Car si
l'vn entendoit l'art & industrie de telles couchillades, l'autre s'en faisoit
apeller vn droit maistre: si qu'à bien tout considerer, le plaisir n'estoit
moins grand à les regarder, que dangereux à entretenir pour eulx. Toutesfois ilz marchanderent longuement, & receurent plusieurs coups
sans toucher au vif, tant estoient preuds, vigilants, & adroitz. Et combien que celuy de la tour fist maintes ruses & desguisements pour endommager & surprendre l'autre, si ne le peut il onques offencer, non
pas donner seulement sur le manteau, qu'il gardoit & defendoit plus
que sa propre personne: dont son ennemy irrité(pensant qu'il le desdai-
gnast) se desmarcha, & en se desmarchant auança le bras pour luy fendre la teste, à quoy le Cheualier de l'ardante Espée obuia si bien, qu'en se
reculant faignit luy tirer d'vne estoquade droit en la mammelle: mais

il plia

il plia le bras, & luy donna telle couftelade fur la iambe qu'il auoit auan-
cée, que force luy fut tomber par terre, fans fe pouuoir plus fouftenir,
ains f'efcria: Ah ! ah Cheualier ! puys que l'heur vous eft fi à commandement, paffez oultre, & fuyuez voftre fortune ! Et comme il vouloit parler d'auantage, la guette de la tour fuyuante (au lieu de fonner le cor ainfi que les autres) fift vne grande exclamacion, criant: Sortez (foldatz) for-
tez, autrement nous fommes à ce coup tous perduz. Si penfa bien le Cheualier de l'ardante Efpée, qu'il auroit plus à befongner que deuant, parquoy f'aprocha de Lucelle, & mettant le genoil en terre, luy rendit fon
manteau, auffi entier qu'il l'auoit receu par Frandamelle, difant : Tenez,
ma dame, ce que vous m'auez prefté, que i'ay defendu à mon poffible
contre l'efpée de mon ennemy, pour vous monftrer combien i'ay cher
ce qui vient de vous . Puys reprint haftiuement fes armes, car on entendoit defia le bruit & rumeur qui fe faifoit par ceulx qui vouloient fortir,
lefquelz il aperceut à l'inftant mefmes, & eftoient fix portants hauberts
& acouftrements de Cheualiers, auecq' quatre vilains couuerts de cape-
lines de fer, & tous enfemble luy coururent fus. Lors commença la meflée des dix contre vn, mais le Roy voulut eftre de la partie, & entra pef-
lemefle frapant comme celuy à qui l'affaire touchoit de pres . Ce que
voyants les quatre vilains f'efcarterent, & vindrent faifir les dames qu'ilz
emmenerent (nonobftant leurs criz & lamentacions) dedans la fortereffe. Qui caufa telle fureur aux deux Cheualiers affailliz, que fans efper
gner peau, ne chair, quatre des autres tomberent morts en la place, fuyants les deux autres à vau de routte, penfants garantir leurs vies : mais
ilz furent peu apres ataints & traitez comme leurs compaignons . Ainfi
entrerent le Roy & le Cheualier dans la tour, ou ilz auoient veu emporter les dames, qu'ilz n'y trouuerent pas : & à cefte caufe tirerent vers la
feptiefme, pres de laquelle ilz rencontrerent les quatre vilains retournants de leur entreprinfe, pour fecourir leurs gents . Si furent affailliz,
& en forte, quel quelque refiftance qu'ilz y miffent, les deux principaulx
demeurerent fur le champ, & les autres prins à mercy, fouz promeffe
de declarer qu'ilz auoient fait de la Royne & fa compaignie. Et comme
ilz les conduifoient au donion (voyant le Cheualier de l'ardante Efpée
que la derniere garde n'aparoiffoit point ainfi que les autres) f'enquift
aux vilains, à quoy il tenoit. Seigneurs, refpondit l'vn d'eulx, l'Infante
Axiane noftre Princeffe, qui l'ayme de tout fon cueur, l'a mené ces iours
paffez à la chaffe, & nous affeura hyer vn des noftres qui en vient, qu'elle arriueroit ce iourd'huy, ou demain pour le plus tard : tant y a, qu'il ne
vous print onques mieux pour leur abfence : car fi celuy que vous demandez euft efté ceans, encores que voftre proueffe foit grande, voire
extreme, fi n'euffiez-vous iamais peu efchaper de fes mains, fans mort,
ou prifon. Et tant continuerent ce propos, qu'ilz entrerent en vne falle

I   baffe,

baſſe, ou ilz trouuerent la Royne, ſa fille, & la damoyſelle, atachées a-
uecq' groſſes cordes, eſtants plus mortes que viues : mais tel malayſe fut
toſt eſtaint, quand elles aperceurent le Roy, & le Cheualier de l'ardante
Eſpée, qui les deſlierent incontinent. Or eſtoit il lors quaſi nuiĉt fermée.
& n'auoient beu ny mengé de tout le iour : parquoy demáderent à leurs
priſonniers, ſ'ilz n'auoient nulz viures, & ilz leurs reſpondirent q u'ouy.
Allez les donques querir, dit le Roy. Si leur en aporterent tant qu'ilz
ſ'en contenterent, & repeurent à leur ayſe : puys venant l'heure d'aller
dormir, furent conduitz en vne chambre, ou y auoit trois liĉtz dreſſez,
& pauillons d'or & de ſoye à l'entour, auecq' tapiſſeries les plus belles
qu'on ſçauroit eſtimer. Et comme ilz ſ'amuſoient à les regarder, le Roy
aperceut l'entrée d'vn eſcalier, dont les marches eſtoient de Porphire,
& de Iaſpe, & demanda quelle montée c'eſtoit. Sire, reſpondit celuy
auquel il parloit, c'eſt pour aller à la chambre du treſor, ou aucun ne
peult entrer : mais qui void les richeſſes du perron aſſis deuant, il a aſſez
dequoy ſ'eſmerueiller. Ce ſera donques pour demain, dit il : car meshuy
le repos nous eſt fort neceſſaire. Toutesfois, beau ſire, ie ſçaurois voluntiers par qui la chambre eſt ſi bien defendue, & quel treſor il y a dedans,
dont on doiue faire tant grand cas. Sire, reſpondit il, celà ne vous pourrois-ie pas bien declarer : par ce qu'autre que la Royne Zirfée n'y entra
onques, nó pas ſa propre fille. Bien ay-ie ouy aſſeurer maintesfois, qu'on
faudroit bien de trouuer en tout le reſte du monde tant de richeſſes.
Mais quoy ? les enchantements les gardent, en ſorte que nul en oſe aprocher. Si ne demeurerons-nous pas en ſi beau chemin, dit le Roy, que demain ne combations le dyable, premier que ne voyons que c'eſt. Et ſur
ce poinĉt allez-vous en dormir, & nous laiſſez en ceſte chambre deux
flambeaux allumez. Ce qui fut fait, puys luy donnants le bon ſoir ſe retirerent les vilains. Et ſe coucherent le Roy & le Cheualier de l'ardante
Eſpée tous armez, pour n'eſtre ſurprins : & les dames ſur vn autre liĉt,
ſans oſter robes ny acouſtrements qu'elles euſſent.

Comme le Cheualier de l'ardan-

te Eſpée monta à la chambre du treſor, ou eſtoient l'Empereur de Trebiſonde, Liſuart de Græce, & Perion de Gaule enchantez : & de ce qu'il leur auint.

Chapitre XXIIII.

LE Cheualier de l'ardante Espée naüré de deux diuerses playes, l'vne en la iambe, & l'autre au cueur, pour
la beauté de Lucelle, ne peut onques reposer tant que
dura la clarté des flambeaux, qui ardoient en la chambre : mais aussi tost qu'ilz furent amortiz, pensant clo-
re les yeux par l'ayde de l'obscurité, suruint telle
splandeur de l'escalier, dont il vous a esté parlé n'agueres, qu'il se leua en
sursault : & doutant quelque trahison, print hastiuement son heaume,
son escu, & espée au poing, & marchant droit au lieu d'ou procedoit si
grand' lumiere, commença à monter contre mont, vers la chambre du

I ii　　　tresor,

trefor, tant qu'il vint fouz vn perron fouftenu par fept colonnes de Iacinte, fi diafanes & luifantes, qu'il auifa ayfément fur chacune d'icelles
vne ymage d'or tant bien taillée, qu'il n'y reftoit que le vif. Deux defquelles reprefentoient effigies d'hommes, & toutes les autres de femmes : dont l'acouftrement eftoit fi couuert de Dyamants & autres pierres precieufes, que de la refplandeur d'icelles vingt torches allumées
n'euffent fceu rendre plus grande lumiere. Or tenoit chacune ftatue en
la main gauche vn rouleau d'or, auecq'letres Latines, & de l'autre main
monftroient les murailles, vers lefquelles elles auoient leurs afpect, ou
eftoient defpaintes, par merueilleux artifice, certaines hiftoires, dont
nous ferons cy apres mencion. Mais pour fuyure l'ordre nous retourne
rons aux ftatues, dont la premiere portant care d'homme, auoit fur fon
chef vne couronne d'Empereur, & en fon rouleau ces motz. Apolidon
Empereur de Conftantinople, Magicien fur tous les Magiciens qui furent onques. Les hiftoires qu'il monftroit de la main droite, eftoit la
preuue de l'arc des loyaux amants, & la chambre defendue, ou Amadis & Oriane aquifrent louange entre tous ceux qui y vouloient entrer. La preuue de l'efpée & de la guirlande, auecq' le couurechef couuert de fleurs, que ces deux excellents Roy & Royne gaignerent, comme il vous a efté defcrit en noftre fecond liure. Et vn peu à cofté eftoit,
comme Lifuart de Græce arracha l'efpée du corps du Lyon, deuant le
portail du puyts en Conftantinople, au temps que le Roy Armato la
tenoit affiegée, & que ceux de l'Ifle Ferme furent defanchantez. L'autre
ftatue d'homme eftoit d'vn vieillard trefancien, au roulleau duquel y a-
uoit ce qui f'enfuit. Alquif grand Philofophe, & fçauant aux chofes fu-
pernaturelles plus qu'homme de fon temps. Les hiftoires qu'il monftroit paintes contre la paroy oppofite, eftoient le nauire gouuerné par
les Singes, lors qu'il enuoya querir le Roy de la grand' Bretaigne, &
ceulx qu'Vrgande auoit arreftez au palays d'Apolidon, à force de coniuracions : la forte qu'il arriua à Fenufe, ou Perion de Gaule, & Lifuart
de Græce (furnommez l'vn le Cheualier Aleman & l'autre le Solitaire)
tenoient la ioufte contre tous venants, & par luy furent defcouuerts a-
pres f'eftre longuement celez. Tout ioignant fur l'autre colonne eftoit
l'ymage d'vne Royne tenant fon rouleau, ou eftoit efcrit. Medée ex-
perte, & entendue fur toutes autres es fecretz de Nature. La painture vis
à vis, monftroit les Roy Alpatracie & fa femme enchantez, auecq' le
heaume & la coronne, qu'iceluy Lifuart de Græce & Onolorie gaignerent, recours au fixiefme volume de noftre hiftoire. La prochaine ftatue
fuyuante eftoit d'vne femme, le rouleau de laquelle difoit : Ie fuis la
damoyfelle Enchantereffe, qui ne fut feconde à autre. Et la painture o-
pofite eftoit, comme l'Empereur Efplandian gaigna l'efpée, le trefor, l'y-
mage de Iupiter, & le Lyon, auecq' les tumbes, ainfi que noftre cinqiefme liure

me liure vous a defcrit . L'autre ymage fuyuant reprefentoit vne vieille
honorable portant coronne , & en fon rouleau cefte ligne . Melie Prin-
cefle, la premiere du monde en l'art fortilege. La paroy painte eftoit l'hiftoire de la fontaine auantureufe, ou Efplandian trouua l'Infante Eliaxe,
la maniere qu'icelle Melie fut emmenée prifonniere, auecq' le Roy Armato, dans Conftantinople, la forte que les Dragons les enleuerent au
char auecq' Vrgande la Defcogneuë, femblablement la commette de
l'efpée flamboyante, qui tint fi long temps toute la Thrace en crainte,
lors que Lifuart eftoit captif. L'autre ftatue eftoit auffi d'vne femme an-
cienne, couuerte comme les matrofnes d'àlors, en l'efcriteau qu'elle tenoit y auoit ces motz . Vrgande la treffaige Enchanterefle. Et monftroit
l'hiftoire de l'enchantement qu'elle fift au chafteau d'Apolidon , fur les
Roys Amadis, Galaor, Agraies, & antres Princes, Seigneurs, Dames, &
Damoyfelles , ainfi qu'il vous a efté amplement recité au quatreiefme liure . La nef de la Serpente , auecq' les effrois qu'elle donna maintesfois,
arriuant au port de Fenufe . Et la ftatue derniere & feptiefme, reprefentoit vne Royne, qui tenoit vn rouleau fi long , qu'il enuironnoit tout le
circuit du perron , dans lequel eftoient grauées ces letres. Zirfée Royne
d'Argenes , Magicienne , amye de fçauoir & des fçauans en l'art ou i'ay
efté inftruite , par lequel (pour perpetuer ma memoire) i'ay conftruit ce
perron & ce qu'il contient , fpecialement à fin de mettre admiracion à la
pofterité , par les faitz eftranges de ceux qui y font reprefentez , qui
n'ont eu deuant , ny depuys , leur femblables. De fa main gauche monftroit l'entrée d'vn fecond efcalier, dont les degrez eftoient de Saphir
blanc, & le lambris du perron fait à vignette, les fueilles d'or & les grap-
pes de Dyamants , Rubiz, Efmeraudes, auecq' vne infinité d'oyfillons &
beftelettes , d'vn efmail fi beau , qu'il fembloit proprement que Nature
les euft elle mefme forgez . Auffi y prenoit le Cheualier de l'ardante Efpée tel plaifir, que tant plus il regardoit, & moins f'y ennuyoit, contem-
plant les hiftoires paintes, au circuit du perron , la plufpart defquelles il
auoit ouy maintesfois raconter chez le Roy Magadan. Et ainfi tournant
d'vn cofté & d'autre, il auifa vn grand Lyon, dormant affez pres du dernier efcalier, à mont lequel il monta , & comme il eut paffé les quatre ou
cinq premieres marches , il aperceut vn portique, fouz lequel eftoit v-
ne porte fermée: qui ardoit toute en feu: & neantmoins vne damoyfelle
eftoit apuyée contre, qui luy fembla plus grande que la commune pro-
porcion des autres: mais au demeurant tresbelle , encores qu'à voir fa
contenance elle fuft pleine d'amertume , & de grande melencolie : car
elle tenoit fa tefte pendante fua fa main gauche , & à la droite vne efpée
nue , du pommeau de laquelle fortoit femblable clarté que de la planet-
te Mars , lors qu'elle eft plus en vigueur . Et combien qu'elle euft les
yeux cloz, ainfi que perfonne fommeilláte, fi luy tomboient les groffes

I iii　　larmes

larmes tout du long de la face, & souspiroit par interualles auecq' gros
sanglouz, qui donna tel esbahissement & compassion au Cheualier de
l'ardante Espée, qu'il s'adressa vers elle, & luy dist: Damoyselle, ie vous
prie ne me celer la cause de vostre ennuy, vous asseurant, que si i'y puis
mettre remede, vous trouuerez secours en moy. A ceste parole ouurit
les yeux, & le voyant si pres, se leua toute effrayée, luy respondant de
grand' colere: Ah! temeraire & presumptueux! as-tu bien osé entreprendre monter çà hault? certes tu en receuras presentement ton loyer.
Lors estendant le bras luy rua tel coup d'espée, qu'elle luy perça l'escu,
haubert, voire le corps iusques à la croisée, tombant le Cheualier estendu sur la place. Mais aussi tost elle s'escria, côme si elle fust reuenue à soy
d'vn profond somme: O Iupiter! helas qu'ay-ie fait! i'ay mis cruellement à mort celuy de qui dependoit ma vie! Et s'asseant sur ses genoux
mist la teste du Cheualier en son giron, puys l'ayât fort regardé, renforça son dueil, si qu'il sembloit que le cueur luy deust fendre: & en ceste
passion tomba esuanouye sur le corps naüré. Pas ne dormoit adôcq' Lucelle, ains solicitée de l'amour qu'elle portoit à son amy, l'auoit continuellement deuant les yeux de sa pensée, & entendit les criz & regretz
de la damoyselle: parquoy ne sçachât qu'en penser, ieta son regard droit
au lieu ou elle l'auoit veu coucher, mais il n'y estoit plus: dont surprinse
d'vne ialousie non acoustumée, se leua, & hastiuement courut vers l'escalier d'ou procedoient, à son auis, les lamentacions qui luy causoient
ceste altere. Si monta iusques au perron, ou elle entr'ouyt de rechef vne
voix qui disoit piteusement: Ah! ah pauurette & malheureuse Gradafilée! que sera-ce de toy, ayant mis à mort de tes propres mains la personn-
ne du monde que tu auois plus chere, & qui t'a tant donné de peine à
trouuer! O chetiue! & plus infortunée qu'autre qui viue entre les ban-
nys de tout bon heur (voyant de tes yeux expirer celuy que tu aymois
trop plus que toymesme, & par ton propre fait) est il possible que tu de-
meures d'auantage en ce monde, duquel tu l'as chassé! Ah Royne d'Argenes! tu me deceuz bien lors que i'entray en ce lieu de tribulacion,
m'asseurant qu'en la saison que mon esperance seroit du tout perdue,
mon cueur auroit repos, voyant celuy que ie desirois trouuer! Mais, helas! ceste tienne promesse est tout au rebours, & ne sçay bônement penser quel desplasir i'ay commis enuers toy, pour m'auoir pourchassé vn
mal si intolerable! Vn bien y a, que moymesmes me donneray la mort,
pour le suyure, mal gré toy, & tenir compaignie à la cruauté tant dure,
qui est partie de ses mains souillées au sang de mon amy! Quand Lucelle
l'eut quelque temps escoutée, & qu'elle parloit de mort d'amy, le sang
luy esmeut si fort, qu'elle ne peut comporter d'auantage ce qu'elle en
pensoit, & à ceste cause vint iusques au plus pres de celle qui essayoit à
retirer l'espée pour meurdrir soymesmes: & voyât le Cheualier estendu
de son

de ſon long, ieta vn ſi hault cry, que le Lyon qui dormoit ſ'eſueilla, & ſe
miſt à faire les plus eſpouentables rugiments, qui furent onques ouyz, &
telz que de frayeur Lucelle ſ'en vouloit fuyr, quand la beſte luy happa la
robe, & auecq' ſes ongles trenchants ſe miſt à tirer contre, ſi qu'il la cuida renuerſer. Certes la pauurette penſoit bien lors mourir, & neantmoins, fuſt de hardieſſe, ou de trop grand crainte, eut recours à l'eſpée
qu'elle voyoit dedans le corps de ſon amy, laquelle elle tira ſi fort, que la
poſſeſſion luy en demeura au poing, non ſans grand miſtere : car la porte ardante ſ'ouurit à l'inſtant par telle impetuoſité, que les habitants de
dix lieuës à la ronde tenoient aſſeurément la ruyne du lieu, & de toute
l'Iſle. Et donna la flamme ſi euidemment à trauers ſalles & eſcaliers, que
le Roy & la Royne, qui dormoient, ſ'en eſueillerent, non ſans frayeur :
par ce que telle clarté ſe paſſa comme vne ombre, laiſſant le lieu ſi obſcur
& fumeux, que de plus d'vn quart d'heure apres on n'y voyoit ſinon
noir & tenebres : durant leſquelles le Cheualier, que Gradafilée & Lucelle eſtimoient mort, ſe releua ſain & haité, & encores plus esbahy de
les voir toutes deux eſtendues de leur long, & ſans remuer pied ny
main. Mais croyez, qu'il paya l'vſure du deſplaiſir qu'auoit eu ſ'amye,
ainſi qu'auez entendu, par ce que l'auiſant en tel ordre, cuyda preſque
deſeſperer, & meſſaire contre ſoymeſmes : auſſi eſtoit il ſur ces termes,
quand il la print entre ſes braz pour (en la baiſant) luy donner, le dernier à dieu. Toutesfois ainſi que les deux bouches ſe ioignirét, les eſpritz
vitaux retournerent en leur chaleur naturelle, ſi qu'elle reuint du tout
à ſoy, & cognoiſſant vif celuy qu'elle iugeoit pour mort, ſe print à luy
dire. Ah ! ah mon amy ! reſue-ie, ou ſi ie vous ay veu n'agueres naüré à
trauers le corps ! Sur mon Dieu, ie cuidois bien que ce fuſt fait de vous !
Ma dame, reſpondit il, il n'ya rien plus vray, que de vous ſeule ie tiens la
vie, & vous ſeule auez pouuoir de la me donner, ou oſter quand il vous
plaira, comme celle de qui depend tout mon bien, mon heur, & ma fortune. Et acheuant ceſte parole, Gradafilée(qui ſemblablement auoit eſté
hors de toute cognoiſſance) ſe releua, & auiſant le Cheualier de l'ardante Eſpée ſain, & ſur piedz, ſ'eſcria à haulte voix : O Infante Gradafilée !
maintenant, certes, ie tiens à bien employé tout le mal que tu as paſſé,
puys que la promeſſe que te fiſt autresfois la Royne d'Argenes eſt veritablement acomplie ! Et ſe ietant les braz tenduz au col du Cheualier,
diſoit : Ah mon ſeul amy Liſuart de Græce ! quantes males nuictz & pi-
res iours i'ay enduré pour vous recouurer ! mais, graces aux dieux, ores
que ie vous tiens embraſſé, ce tourment m'eſt du tout tourné à plaiſir &
repos. Durant telles careſſes, le Cheualier de l'ardante Eſpée ne ſçauoit
que penſer d'ou elles procedoient, n'ayant onques veu Gradafilée : toutesfois il eſtima que (peult eſtre) cognoiſſoit elle ſes pere & mere, & que
ſon nom eſtoit Liſuart, comme elle l'apelloit : & neantmoins Lucelle,

I iiii　　　qui ſe

qui se tenoit interessée, ne prenoit point celà pour argent content, se faisant bien acroire, qu'elle seule, & non autre, deuoit auoir part à son amy,
lequel aymant Gradafilée, s'estoit ainsi celée à elle. Et à dire vray, les lamentacions & regretz precedants, luy en donnoient grande deffiance,
& plus encores, voyant qu'il se laissoit embrasser sans y contredire, combien que son intencion tendoit bien ailleurs, & vouloit seulement sentir de Gradafilée, ou elle l'auoit veu pour le cognoistre ainsi qu'elle en
faisoit semblant: & à ceste cause luy dist: En bonne foy, ma dame, ie croy
que vous me prenez pour vn autre : car ie n'eu de ma vie acointance de
vous que ie sçache. Comment? respondit elle, n'estes-vous pas donques
Lisuart, filz du tresredouté Empereur Esplandian, & de l'Imperatrix
Leonorine? celuy que ie tiray hors des prisons de l'Infante Melie, pour
auquel sauuer la vie ie fu presque mise à mort? Et vous dites que vous
n'eustes onques acointance de moy! Certes s'il vous souuient de Gradafilée, fille du Roy de l'Isle Geante, vous changerez bien tost d'opinion:
car ie suis elle sans autre, & qui pour vostre amour ay demeuré treize ans
en ce lieu enchantée comme vous me trouuastes, auccq' autant d'amertume & malheureuse vie, qu'endura iamais femme triste & esperdue.
Neantmoins tout ce malayse est si bien renuersé, que ie me puis dire à
present la plus ioyeuse & contente de la terre. En bonne foy, dit le Cheu-
ualier, vous me ramenteürez ce qu'il vous plaira, autant ay-ie cogneu
l'Empereur, dont vous parlez, que l'Imperatrix, ny vous mesmes: Et ne
sçay qui sont mes pere & mere, & moins le païs ou ie fu nay, qui m'est
bien le plus dur regret & desplaisir que ie pourrois auoir en ce monde.
Si le regarda lors Gradafilée plus ententiuement qu'elle n'auoit encores
fait : & à la clarté, tant du pommeau de l'espée qui estoit sur le plancher,
que de la lueur & flambe sortant de la chambre ouuerte, cogneut veritablement qu'elle se mescontoit : parquoy (toute honteuse) se retira arriere. Et sur ce poinct, le Roy, la Royne, & Frandamelle, suruindrent bien
esbahiz de voir le Cheualier entre Gradafilée & sa fille. Et comment il
vouloit ouurir la bouche pour leur demander qui les auoit ainsi assemblez, auisa à ses piedz l'espée. Si la recogneut au pommeau luysant, & la
releua soudain : Par mon chef, dit il, ce n'est pas la premiere fois que ie
vous ay maniée, & que ie sçay, que vous fustes au meilleur Cheualier
du monde. Ah! sire respódit le Cheualier, & qui estoit il! Vous le sçaurez, mais non pas à ceste heure, dit le Roy. Il nous fault, premierement
voir les merueilles de ce lieu. Adoncq' s'auança vers les portes ardantes,
qui à l'instant furent changées en Cristal, & entrerent tous sans danger
en la chambre du tresor, ou il suruint vn cas digne de reciter. Ce furent
deux mains qui s'aparurent en l'air, tenants vne coronne d'or enrichie
de maints gros Rubiz, Perles, & Dyamants, & vindrét la seoir sur le chef
de Lucelle: puys se disparurent au son d'vne voix qui s'escria : Receuez,

belle,

belle, ce loyer, en tefmoinage d'auoir mis fin à la plus eftrange auanture qui fut onques, ny fera apareillée pour dame, ny damoyfelle. Ce difant, quatre haultes ftatues d'Albaftre, reprefentants (au quatre coings de
la chambre) quatre dames tenants chacune d'elles vne harpe, fe mifrent
à fonner vn fon tant melodieux, que le Roy, & les autres penfoient ouir
les ioyes de paradis: & à bien confiderer le lieu, il fembloit auffi qu'il y
euft de la diuinité. Car le circuit eftoit de pur Criftal, fouz lequel pa-
roiffoiét(en painture plate d'or & d'azur) maintes hiftoires des glorieux
faitz d'armes de plufieurs illuftres perfonnages, qui auoient efté depuys
le temps de Deucalion, iufques à lors. Et les planchers, tant haultx que
bas, faitz à la Mofaïque, tous de Grifolite & Porphire, rendoient la place
fi amirable, que l'on euft dit proprement, non Vulcan, ou Neptune (qui
côftruit les murs d'Ylion) y auoir ouuré, ains Pallas auecq' toute fon in-
duftrie. Au mylieu de ce pourpris eftoit auffi vn monument de Iacinte,
ou l'on montoit de tous coftez à cinq marches de Marbre gris, & au deffus la reprefentacion d'vn grand Roy, armé de toutes pieces, fors la tefte
qu'il auoit fendue, & quafi mipartie d'vn coup d'efpée: Et la luy foute-
noit vn Cheualier apuyée entre fes braz fur vn oriller de drap d'or, portant en l'vne de fes mains vne petite clef de proëfme d'Efmeraude, & en
l'autre vn cadenas, d'vn gros Ballay, qui tenoit clofe la fepulture, enui-
rônée de tréte fept Roys d'or macif, fi triftes, qu'il fembloit qu'ilz fiffent
dueil: derriere lefquelz (& plus hault) eftoient efleuées douze Nimphes
de pierre d'azur tenants trompes d'argent, comme fi elles euffent voulu
fonner. Et à fin qu'on cogneuft mieux de qui eftoit le corps gifant en ce
fte manificence, aux piedz eftoit vn tableau d'Agate, femé de letres
Caldeanes, qui contenoient: Cefte reprefentacion eft de Zarzafiel Soudan de Babilonne, lequel eftant au fiege de Conftantinople, auecq' le
Roy Armato, fut occis d'vn coup d'efpée par la main du Roy Amadis,
ainfi qu'on le peult voir figuré. Et les Roys d'alentour, qui font trente
fept, reprefentent autant de Princes fubietz à luy, qui tous moururent
en fa compaignie, combatants comme preudz & hardiz qu'ilz eftoient.
Or pour perpetuer la memoire de luy, Zirfée fa fœur Royne d'Argenes,
a fait mettre les cendres de fon corps en vn vaiffeau d'or cy deffouz,
donnant (par la manificence de telle fepulture) tefmoignage de l'amytié qu'elle luy portoit viuant: & pour encores l'honorer d'auantage en
la mort, luy a donné en garde la clef de ce trefor non pareil, qui fera bien
defendu, iufques au temps, que le plus parfait & acomply Cheualier du
monde entre ceans, acompaigné de la plus belle dame viuante lors: lefquelz fe faifiront de la clef, & ouuriront le cadenas, par là vertu de l'a-
mour fecrete, qu'ilz auront l'vn à l'autre. En bonne foy, dit le Roy, au
Cheualier de l'ardante Efpée, c'eft à vous que f'adreffe cefte prophecie,
& non à autre, comme ie penfe. Ah! fire, refpondit il tout honteux, vous
auez

auez pouuoir de me nommer tel qu'il vous plaira : mais ie suis bien d'a-
uis que ma dame vostre fille (qui a commencé de rompre les enchantements)prene la clef & acomplisse le surplus. Et bien, dit le Roy, au pis aller elle n'y peult que faillir . Lors commanda à Lucelle d'y essayer . Ce
dont elle s'excusa, priant d'affection Gradafilée en faire la premiere espreuue, & qu'lle la secóderoit apres, s'il en estoit besoing . Or estoit Gradafilée, belle entre les belles, & pensoit asseurément, que si l'auanture deuoit prendre fin par beauté , qu'elle y auroit bonne part : & à ceste cause
donna prompt consentement au vouloir de Lucelle , en sorte que s'aprochant de la statue qui tenoit la clef, mist tout son effort pour s'en saisir, &
la luy oster : mais tant s'en falut, qu'elle ne la peut seulement esbranler,
dont trop honteuse se retira pour faire place à Lucelle : à laquelle (ainsi
qu'elle s'auançoit) la statue estendit le bras, & luy presenta ce qu'elle desiroit, dont le Cheualier de l'ardante Espée fut grandement esiouy, estimant plus l'honneur de sa dame , que si luy mesmes eust obtenu toute la
gloire du monde . Lors ouurit Lucelle le cadenas qui fermoit la tumbe,
& en osta la couuerture aussi aysément, que si elle eust esté d'vn Liege,
ou de Sapin : & quant & quant les ymages de pierre d'azur se prindrent
à sonner leurs trompes , si hault, que le bruyt en fut ouy par tout le palays , au son desquelles se releuerent du tombeau l'Empereur de Tresbisonde, Lisuart de Græce, Perion de Gaule, & le Prince Olorius d'Espaigne, qui iusques adoncq' auoient esté enchantez, & endormiz souz ceste lame, sans qu'autre que la Royne Zirfée en eust cognoissance. Certes
ie ne sçay pas à qui l'esbahissement fut lors plus extreme , ou au Roy de
Sicile, & sa compaignie, de voir ainsi ces quatre personnes ressuciter, ou
à l'Empereur & les siens de se trouuer en lieu si incogneu, & entre Cheualiers armez & prestz à combatre, en sorte que si l'Empereur craignoit
estre assailly (estant sans armes) les autres, pensants que ce fussent fan-
tosmes, ne se tenoient trop asseurez, quand Gradafilée recogneut Lisuart.
Toutesfois, doutant si elle resuoit, ou non, ne l'oza de prime face aborder : ains se mist à le regarder, & luy elle , sans (toutesfois) proferer vne
seule parole pour le commencement. Or auoient esté ces quatre Cheualiers si bien alienez de leur entendement par Zirfée, que sans sçauoir rien
l'vn de l'autre furent amenez de Tresbisonde, & mis en lieu si estroit,
par la maniere que vous entendrez presentement.

Comme

Comme Zirfée enchanta l'Em-

pereur de Tresibonde: Lisuart, Perion, & Olorius, au chasteau de l'Isle d'Argenes : ou elle arresta de puys
Gradafilée, estant en la queste de Lisuart.

Chapitre XXV.

'Histoire de Lisuart de Græce, recitée amplement en
nostre liure Sixiesme, vous a fait entendre, qu'au siege de Constantinople, ou estoit en personne le Roy
Armato, & la plus grand' partie des Princes de la loy
payenne, eurent fin à leurs iours, par la haulte Cheualerie du Roy Amadis de Gaule, d'Esplandian son silz,
& autres, dont noz derniers volumes sont grandement embelliz . Entre
lesquelz Zarzasiel Soudan de Babilone y fut occis, par ce Roy de la
grand' Bretaigne. Or auoit lors ce Zarzasiel vne sœur, nommée Zirfée,
femme de grand sçauoir en l'art Magique, qu'elle aprint en son icune
aage de l'Infante Melie : & tant en sceut, que desdaignant la court du
Soudan son frere, se retira en l'Isle d'Argenes, ou (pour mieux esprouuer sa science) fist maintes choses incroyables au chasteau du tresor, ainsi
comme nous vous l'auons descrit: duquel (pour prieres ny letres qui
luy enuoyast depuys le Soudan son frere) il ne la peut retirer, tant qu'il
vescut

veſcut. Si luy eſcriuit Zirſée pluſieursfois, qu'il ſe gardaſt bien ſur ſa vie
d'aller au ſiege de Conſtantinople, l'aſſeurant qu'il y mourroit ſans remede, auecq' tous ceux qui l'acompaigneroient : mais il n'en tint pas
grand conte, penſant qu'elle le fiſt pour crainte de le perdre, preferant
ce doute à l'honneur & gloire qu'il y pourroit aquerir, & en celà mal luy
en print, & y mourut, comme il vous a eſté recité. Dont Zirſée ſon heritiere vnique auertie, print incontinent le chemin de Babylone, eſperant
ſ'emparer du païs, ou elle trouua vn que ſon frere y auoit laiſſé pour gouuerner, lequel par amour, ou par force, auoit deſia receu la coronne, &
l'obeïſſance des ſubietz: Et à ceſte cauſe manda à Zirſée vuyder dehors &
ſe retiter, autrement qu'elle mourroit de malle mort. Certes tel meſſage
luy ſembla trop aigre à digerer, neantmoins, voyant que c'eſtoit vn faire
le fault, trouſſa bagaige, emportant quant & ſoy (pour tout droit ſucceſ-
ſif) le corps de Zarzafiel en l'Iſle d'Argenes, ou arriuée le ſacrifia au dieu
Mars, puys fiſt ſoigneuſement recueillir les cendres & enfermer dans le
chef myparty, eſleuant la ſepulture telle, qu'elle vous a eſté deuiſée. Et à
fin que le mort, qui luy touchoit de ſi pres, ne demeuraſt ſans vengeance, iura par grands vœuz & ſermiens ſolemnelz, de procurer tant qu'elle
viuroit tout le mal & deſplaiſir qu'il luy ſeroit poſſible au Roy Amadis, & autres Chreſtiens. Et tout ainſi qu'elle le delibera, ainſi miſt elle
peine de l'executer, en ſorte qu'vn iour entre autres, auertie que Liſuart
de Græce, & Perion de Gaule eſtoient en Treſibonde, ſe miſt en mer,
& nauigant par ſes marches, inuenta la tromperie pour les prendre, telle
que nous la vous auons recitée autresfois, ietāt ſi bien ſon proiect, qu'à la
fin les emmena, auecq' l'Empereur, & Olorius, qu'elle euſt fait mourir à
l'heure, n'euſt eſté qu'elle preuid par ſa Magie, que d'eux ſortiroit tel,
que ſa lignée en ſeroit illuſtrée grandement à l'auenir: mais elle ignoroit
comme, ny comment. Et pour ceſte ſeule ocaſion furent les quatre Cheualiers garantiz, & mis en ſa barque, ou depuys elle ſ'enamoura d'Olorius, auecq' lequel elle continua telles noces, que le ventre luy en enfla,
& fut enceinte: & toutesfois, ne luy voulant pardonner non plus qu'aux
autres arriuez en ſon Iſle d'Argenes, les enchanta, & miſt tous ſouz la
ſepulture du Soudan, au deſceu de chacun, voire d'eux meſmes: Puys
coniura les chambres, & ſerra les portes, par le feu qui y ardoit continuellement. Or auint quelque temps depuys, que Gradafilée (ayant ſceu
la perté de Liſuart) ſe miſt en queſte pour le trouuer: Si trauerſa mains
païs eſtranges ſans en auoir nouuelles, tant que pour dernier remede ſe
retira vers Zirſée: à laquelle elle declara entierement l'ocaſion de ſon
trauail, la ſupliant, auecq' grande inſtance, que ſon plaiſir fuſt la deliurer
de ceſte peine. Ce qu'elle luy promiſt: & de fait, apres l'auoir feſtoyée
quelques iours. la mena voir les portes ardantes, deuant leſquelles eſtoit
plantée l'eſpée de Liſuart. Adoncq' luy demanda Zirſée, ſi elle la cognoiſſoit:

gnoiſſoit . Helas ! oy , reſpondit Gradafilée, pour Dieu enſeignez moy
celuy à qui elle fut.Ie vous diray,dit Zirfée,vous la luy garderez iuſques
à ſon retour : car il eſt raiſonnable (puys que vous eſtes tant ſienne) que
vous en ayez la iouyſſance . Lors la tira du plancher ou elle tenoit, & la
luy miſt au poing, la coniurant en telle ſorte . Voſtre demeure ſera en ce
propre lieu,iuſques au iour que deſeſperée de iamais plus le reuoir, vous
le recouurerez à voſtre grand'ioye & plaiſir . Et proferant ces paroles
demeura l'Infante ſi fort enchantée, qu'elle y eſtoit encores quand Lucel
le y arriua , par laquelle les coniuracions prindrent fin . Ce que Zirfée
n'euſt pas eſtimé , ains faiſoit eſtat , que trop difficilement ſe pourroient
rencontrer à meſme temps , & meſme iour, le meilleur Cheualier , & la
plus belle dame du monde : aumoins qui euſſent enſemble telle amytié
parfaite,qu'il auoit eſté eſtably par ſa Magie. Et pour encores tenir l'entrée de ce lieu plus eſtrange & mal ayſée, ediffia le Perron plus bas, ou e-
ſtoient les ſept ſtatues tenants leurs eſcriteaux , & autres ſingularitez.
Puys trouua façon d'auoir cinq Cheualiers d'excellente proueſſe,à chacun deſquelz elle donna la garde des cinq premieres tours, leur priant,
& commandant par expres,que nul,de quelque eſtat ou condicion qu'il
fuſt , arriuaſt en Argenes, ſans eſtre arreſté & mis priſonnier : dont il a-
uint que pluſieurs y paſſerent maintes mauuaiſes iournées . Et comme
elle eut ordonné toutes ces choſes , ſurprinſe de mal d'enfant, acoucha
d'vne fille belle en perfection, qui ſe nomma Axiane, laquelle paruenue
en aage d'eſtre aymée & ſeruie, tant pour les grands dons de Nature,qui
l'embelliſſoient , que pour la bonne grace & gentile nourriture qui e-
ſtoit en elle , la fiſt embarquer , luy enſeignant le moyen de recouurer
Lucencio, qu'elle amena auecq'elle pour la raiſon que nous vous dirons
aux chapitres ſuyuants : & à ſon retour luy laiſſa Zirfée le gouuernemét
de toute l'Iſle , pour ſ'en aller à vn affaire qui luy importoit , & ou elle
deuoit faire long ſeiour.Ce que depuys venu à la cognoiſſance du grand
ſaige Alquif,& d'Vrgande la Deſcogneuë(auxquelz toutes choſes terre-
ſtres ne pouuoient eſtre celées) voyants le Cheualier de l'ardante Eſpeé
& Lucelle en l'Iſle de Silanchie, & tant parfaitement ſ'entraymer , auiſerent que pour deſenchanter l'Empereur de Trebiſonde, & les autres
tant regrettez, le temps ne ſeroit iamais mieux à propos . Et à ceſte ocaſion fiſrent l'enchantement des deux vieillards luytants ſur la roche,qui
ſ'abiſma en mer,nauigeant lors Alpatracie & ſa troupe, que la tempeſte
& l'orage pouſſerent depuys en l'Iſle d'Argenes, ou les choſes qui vous
ont eſté diſcouruës auoient ia prins fin , quand la belle Axiane auecq' ſa
compaignie reuint de la chaſſe,ainſi que vous entendrez.

K   Comme

Comme estant l'Empereur de

*Tresibonde, Lisuart, Perion, Olorius, & Gradasilée, hors de
l'enchantement ou ilz auoient esté tenuz par longues années, eurent plusieurs propoz a-
uecq' Alpatracie, & le Cheualier
de l'ardante Espée.*

Chapitre   XXVI.

L E Lazare sortant du tôbeau, ressucité par Iesus Christ,
ne fut plus esbahy de se reuoir viuant au monde , que
l'Empereur de Trebisonde, & les trois Cheualiers, qui
auoient esté enchantez par tant de long iours en la
chambre du tresor, ou se trouuants, ainsi que ie vous
ay recité, & sans auoir rien sceu l'vn de l'autre, s'entre-
regardoient, ne proferants vne seule parole, quand l'Empereur leua les
mains & les yeux au ciel, & commença à dire tout hault : O souuerain
Dieu ! qui par vostre infinie bonté voulustes d'vn rien créer toute chose, & qui en aucune saison n'oubliez ceux qui sont vostres , regardant,
non aux merites de leurs œuures, mais estandants sur eulx vostre pitié,
& bonté inesable, à fin de faire recognoistre, principalement à nous pauures pecheurs, le grand pouuoir de vostre maiesté diuine, comme vous
scaurions

ſçaurions-nous iamais rendre les graces de tant de miſericorde qu'auez
monſtrée ſur nous ! ſi n'eſt que vous (ſire) nous en donniez le moyen !
O Empereur de Trebiſonde! certes vous deuez tenir pour bien employé
le long ſeiour que vous auez fait pardeçà, & ſans vous plaindre nullement de fortune, puys qu'elle vous auoit ſi noblement acompaigné.
Et embraſſant, puys Liſuart, puys Perion, & Olorius, leur diſoit: Ah ! ah
mes grands amys ! l'amour que vous auez euë en moy par le paſſé, ſe
manifeſte bien à preſent ! quand en ſi miſerable priſon, ne m'auez onques habandonné ! Aſſeurez-vous que tant que l'ame reſidera en ce vieil
corps, que ie m'en tiendray voſtre obligé, & grandement redeuable ! Sire, reſpõdit Liſuart, ie ne ſçay pas qui nous auoit ſi bien endormiz: mais,
ſur ma foy, ie n'ay ſouuenance du temps que nous auons eſté icy, non
plus que ſil n'euſt iamais eſté : & fault bien dire, que celle qui nous print
en Trebiſonde, a eu enuie de nous faire longuement repoſer, penſant
(comme ie croy) que nous fuſſions encores las & trauaillez des guerres
paſſées: mais ſoit ce qu'il en pourra eſtre, & allons, ſil vous plaiſt, remercier ces Cheualiers, qui ont tant fait pour noſtre liberté . Lors ieta l'œil
ſur Lucelle, la beauté de laquelle luy cauſa vn ſouuenir de la Princeſſe
Onolorie, en ſorte que le cueur luy commêça à fremir, & quant & quant
recogneut Gradafilée, non pas le Roy, ny la Royne, de prime face : bien
penſoit il les auoir veuz, toutesfois il ne ſçauoit ou, ny les autres ſemblablement, vers leſquelz ilz ſ'auancerent pour venir vers eulx, cognoiſſants
qu'ilz eſtoient quelque peu eſtonnez de leur reſueil ſi prompt & eſmerueillable . Lors Gradafilée (à qui Amour commandoit pour ce regard,
plus qu'à nulle des autres) aſſeurée par les propoz de l'Empereur, que
vrayement Liſuart (qu'elle auoit tant quis & atendu) eſtoit là, vint au
deuant & ſe ieta à ſes piedz: Ah ! mon ſeul ſeigneur & amy : dit elle, ſi
par mon ocaſion, vous fuſtes quelque temps en priſon, i'en ay depuys
trop payé l'vſure ! endurant la plus eſtrange & malheureuſe vie, que paſſa onques pauure damoyſelle ! & iuſques à ce iourd'huy, que, par le
moyen de ceſte belle Princeſſe, ie voy la choſe du monde que ie deſire le
plus, qui eſt voſtre perſonne, tant regrettée des grands & des petitz, &
qui pour eſtre ſi parfaitement acomplie de toute vertu , i'eſpere que (en
ayant compaſſion de moy) vous ne me faudrez non plus que ie vous
failly lors, que vous euſtes tant à faire de mon ayde ! Liſuart qui ſçauoit
le danger ou elle ſ'eſtoit miſe pour luy ſauuer la vie , & de combien à ceſte ocaſion il eſtoit obligé à elle, encores qu'il euſt ſouffert plus que Cheualier ne ſouffrit onques, pour le faulx raport qu'on auoit fait d'elle &
de luy à l'Infante de Trebiſonde, luy reſpondit, ſans penſer au but ou elle tendoit: Ma grand' amye, ie vous ſuis redeuable en tant de ſortes, que
aux choſes qui vous touchent, ie m'y voudrois employer comme pour
ma propre perſonne , autrement on me pouroit (par raiſon) nommer

K ii　　　　　　le plus

le plus ingrat qui nasquit iamais de mere : vous asseurant que la prison
ou vous auez esté detenue, comme vous dites , & le mal que vous auez
enduré, m’est aussi grief que si moymesmes l’eusse porté . Tandis qu’ilz
estoient en ces termes, l’Empereur & les autres s’entredónoient cognoissance : Et disoit le Cheualier de l’ardante Espée à l’Empereur. Sire, encores que ie ne soys de vostre loy , ie ne laisseray pourtant à vous asseurer,
qu’en quelque lieu ou ie me treuue , vous aurez en moy vn affectionné
seruiteur, pour les biens que i’ay souuét ouy dire de vous. En bonne foy,
Cheualier, respondit il , veu la beauté & bonté qui est en vous, & les offres que vous me faites, ie ne me puis garder d’estre marry que vous n’e-
stes Chestien, pour le salut de vostre ame : mais au reste , nous sommes
tous tant tenuz à vous, que par raison nous vous deuons honorer & aymer à iamais. Sire, dit le Roy de Sicile, tenu estes-vous à luy vrayement,
& plus que ne pensez. Ie le croy (certes) respondit l’Empereur, qui l’embrassa , & le baisa en la iouë . Et sur ce poinct le Cheualier de l’ardante
Espée voyant Lisuart laisser Gradasilée à laquelle il auoit tenu long propos , & par laquelle il sçauoit qu’il estoit, vint l’acointer, luy disant : Sire
Cheualier, à vous, plus qu’à autre, est deu tout l’honneur qu’on pourroit porter au plus preud’homme de la terre : car pour tel vous auons
nous estimé iusques au iour de vostre absence, durát laquelle voz prouesses & haultx faitz ont esté publiez vniuersellemét, en sorte que vous estes
demeuré, & serez en amiracion, non seulement enuers les viuants, ains à
la posterité : qui me fait remercier deuotement noz dieux, m’ayants donné la grace d’estre nay durant le siecle, auquel ie vous ay peu voir, & qui
m’est l’vne des plus grandes faueurs que i’eusse peu obtenir de leur diuinité , esperant quelque fois m’esprouuer contre vous, qui estes l’exemplaire de toute Cheualerie, & auquel ie desire me combatre , non pour
gloire, que i’en espere, fors que ie me pourray venter auoir eu tant d’hon
neur, que la fleur de toute bonté a daigné mettre la main aux armes pour
exercer cheualerie contre moy . Toutesfois cognoissant l’ocasion estre
maintenant si peu à propos, ie la remettray à quelque autre temps, que
nous nous récontrerons postposant tout danger qui m’en puisse auenir :
car autrement si i’auois mis fin aux auantures plus estranges, sans m’e-
stre combatu à vous, ie penserois, non pas auoir acheué , ains seulement
commencé chose, qui me deust tourner à louange, veu que la fin & le
commencement de cheualerie est en vous & par vous se doit terminer :
en sorte que quelque bon visage que m’ayt móstré fortune iusques à present, si ay-ie grande raison de la blasmer, atendu qu’elle m’a apellé, sur la
consommacion & fin de la haulteur, ou peuuent monter les armes , sans
que vous ayez rien laissé derriere pour illustrer ceulx qui venoient apres
vous : obscurcissant par les rayons du Soleil de voz prouesses, tout ce que
l’on pourroit essayer à entreprendre d’oresenauant. Tandis qu’il tenoit
ce propos

ce propos, Lifuart le regardoit, comme celuy que le naturel luy vouloit
faire cognoiftre : car le pere parloit au filz, & le filz au pere : Et neantmoins & l'vn & l'autre ignoroit telle proximité de lignage.Bien auoient
ilz entr'eulx certain inftinct, qui leur caufoit quelque amour & reuerance plus que le commun : toutesfois quand Lifuart f'entendit louer, &
menacer enfemble du combat,luy qui n'eftoit moins prudent, que preu-
d'homme & bon Cheualier,voulut fatisfaire à celuy qui parloit à luy, a-
uecq' autant de magnanimité que de courtoyfie , luy refpondant : Cheualier,ie vous mercie du bien que vous tefmoignez de moy, tant y a, que
ces louanges retourneront à voftre gloire, par le combat que vous defi-
rez fi fort de voftre perfonne à la mienne, auecq' faifon oportune pour
ce faire, laquelle (fi le trouuez bon) ne fera differée d'auantage, pourueu
que ie puiffe recouurer armes & equipaige neceffaire, ou fi voulez le remettre à vne autresfois,foit tout ainfi qu'il vous plaira:Car quant à moy,
ie l'accepte & acorde au iour & heure que vous affignerez, & des ores ie
vous prefente mon gaige.Lors ieta vn gan qu'il tenoit:& f'auança celuy
de l'ardante Efpée pour le receuoir . Mais le Roy Alpatracie l'arrefta par
le bras, luy difant : Ie vous prie, mon grand amy, qu'en temps de plaifir
il ne foit parlé de chofe qui nous puiffe caufer fafcherie, vne autresfois
viendra que vous vous trouuerez mieux à propos: ce pendant ie vous
prie differez tous deux pour l'amour de moy . Tout ainfi qu'il vous plaira (fire) refpondit celuy de l'ardante Efpée . Et fans monftrer alteracion
ny l'vn,ny l'autre, obeirent au vouloir du Roy:non fans bóne efperance
(venant l'oportunité) de f'entrefaire cognoiftre par efpreuue , quelle
proueffe eftoit en eulx,cóuertiffants fur l'heure le temps en autres deuiz,
& à regarder les fingulatitez de la chambre, d'ou finablement ilz fortirent: Mais auffi toft les portes fe refermerent d'elles mefmes, qui ne furent r'ouuertes de long temps apres, bien eftoient elles fi transperfantes
& diafanes,qu'on voyoit à trauers tout ce qu'elles enfermoient.Puys de-
ualants au perron(apres auoir bien contemplé & leu les efcriteaux qu'ilz
y trouuerent) Alpatracie qui tenoit encores l'efpée de Lifuart la luy prefenta,dont il fut trefayfe,car il péfoit l'auoir perdue.Lors luy dift le Roy
la maniere qu'il l'auoit trouuée, & auant que partir de leans chacun raporta ce qui luy eftoit auenu,mefmes Lucelle.En bonne foy, dift Lifuart
au Roy, fi autresfois ie vous ay fait quelque feruice, vous deliurant des
coniuracions de Medée, ma dame voftre fille m'en a fi bien recompenfé,
que ie luy feray feruiteur toute ma vie . Et tant f'amuferent çà & là, que
l'aube du iour cómençoit à aparoiftre:parquoy defcendirent en la chambre ou le Roy auoit dormy, & y trouuerét aucuns du chafteau,qui d'effroy f'eftoient refueillez, quand les ymages,dont nous vous auons parlé
cy deffus,fonnerent leurs trompes : entre lefquelz vn valet f'auança, difant au Gheualier de l'ardante Efpée, que Gradamarte (celuy qu'il auoit

K iii　　　combatu

combatu à la derniere tour) le prioit qu'il le vist premier que mourir:
car, dit le valet, il se trouue fort debile du sang qu'il a perdu ceste nuiĉt
passée, & vous estime tant, qu'il tiendra son ame plus allegée, si luy faites ce bien de le visiter. Gradafilée oyant nommer ce nom de Gradamarte, se doutant de ce qui estoit vray, & que celuy dont parloit ce messagier fust le frere d'elle, s'escria piteusement: O iupiter ! & qu'est cecy ! seroit ce bien le filz du Roy de l'Isle Geante, à qui ce malheur fust auenu!
Oy, ma dame, respondit le valet, c'est il sans autre . Helas ! dit elle, ie cognois bien que fortune n'est pas encores lasse de m'ennuyer ! Helas c'est
doncq' mon propre frere, qui se meurt, comme vous dites ! pour Dieu,
amy, conduisez moy ou il est, & peult estre que ma mort & la sienne s'a-
compaigneront sans tarder ! Allons y tous, respondit le Roy , il merite
qu'on luy face honneur . Lors y furent conduitz, & le trouuerent gisant
en vn liĉt fort nauré de plusieurs playes, toutes petites, sinon celle de la
iambe qu'on ne luy pouuoit estancher : Parquoy Gradafilée plus morte
que viue se laissa tomber entre ses braz, & sans pouuoir proferer vne
seule parole (tant auoit le cueur serré) y demeura longue espace : mais
d'autant qu'elle estoit en peine, Gradamarte se trouua allegé, & si ayse,
que nonobstant sa douleur & debilité, se leua quelque peu, & baisant &
acolant sa sœur, commença à luy dire : Ah ! ah ma chere sœur ! quantesfois vous auez esté desirée par moy ! En verité mon cueur prest à mourir se sent quasi ressucité, vous voyant si pres de vostre frere qui tant
vous ayme. O dieux immortelz ! vous haultx noms soient louez ! quand
il vous a pleu me permettre, auant laisser le monde, embrasser au iour
d'huy celle, que (si ie meurs) ie regrette plus que ma propre vie ! Gradafilée oyant son frere parler encores si fermement, reprint cueur , & luy
estant la parole reuenue, luy respondit : Mon frere mon amy, vostre vie
& vostre mort sont en leurs disposicions: mais s'ilz ont ordonné de vous
priuer du monde, ie vous prie, auant que ie voye voz yeux cloz, que voz
mains donnent fin à mes iours, à fin que noz espritz s'acompaignent deuant eulx, & à iamais ne les separent, soit aux enfers, ou aux champs Eli-
zées, ainsi qu'il leur plaira ordonner . Lors renforça tellement son pleur,
que Lisuart esmeu de compassion , la retira arriere : car elle nuysoit trop
à Gradamarte : & si bien la sceut reconforter, que se voyant ainsi traitée
de la personne du monde qu'elle aymoit le mieux, apaisa son dueil . Ce
pendant le Cheualier de l'ardante Espée s'aprocha de Gradamarte, qui
(en s'excusant de l'auoir fait venir) luy dist : Sire Cheualier, la cause qui
m'a enhardy vous suplier que ie vous visse auant ma mort, a esté pour
l'estime que i'ay de vous , plus que d'autre que ie sçache : tant pour la
prouesse qui est en vostre personne, que pour la courtoysie dont vous
vsastes hier enuers moy, me laissant la vie, ayant pouuoir de me la tollir
sur le champ : Et en cela monstrastes bien la conformité qui est en vostre

vertu,

vertu, & en voſtre force, ſçachant pardonner aux vaincuz, & vaincre les
plus robuſtes & glorieux. Et pour ceſte cauſe, ſoit que ie meure, ou que
mes iours ſoient reſeruez pour autre plus long temps, ie ſeray voſtre à
iamais, deſirant (ſur toutes choſes) auoir voſtre amytié, pour vous obeïr
& complaire en tout, & par tout, ainſi qu'il vous plaira me commander:
faiſant par celà entendre à tout le monde, que la vertu peult plus que
toutes les forces des plus forts: car par vertu auez ſceu vaincre ma volunté, ſur laquelle autre que les dieux n'auoient puiſſance. Le Cheualier
de l'ardante Eſpée, conſiderant l'honneur que luy faiſoit Gradamarte,
voulut (pour luy complaire) acorder ce qu'auecq ſi grand' inſtance il
luy demandoit, qui eſtoit ſon amytié, & pour ce faire vſa de ſemblables
paroles & gracieuſetez qu'il luy auoit tenues, luy reſpondant: Par mon
chef, ſeigneur Gradamarte, ſi la gloire des combatz victorieux doit eſtre
preſentée à celuy auquel elle eſt iuſtement deuë, ie vous doy bien offrir
mon eſpée: car vous auez tant gaigné ſur moy, que d'oreſenauant ie ſuis
tout voſtre, cognoiſſant tresbien que veritablement la vertu peult plus
ſeule, que toutes les forces des hommes. Ce diſant tira l'eſpée du fourreau, & mettant le genoil en terre, la luy preſenta. Mais Gradamarte, ne
pouuant ſe leuer pour luy rendre ceſt honneur, & luy defferer, ioignit
les mains, & eſtendant les braz, luy diſt: Pour Dieu, Cheualier, ne me
faites iamais ceſte iniure, apres m'auoir tant obligé à vous, ains, en m'ho-
norant comme vous auez commencé, embraſſons-nous, ſi vous plaiſt,
& ſoit noſtre amytié d'oreſenauant ireuocable. Ce que l'autre luy acorda de ſi bon cueur, qu'elle dura par long temps depuys, ainſi que diſ-
courants ceſte cronique vous pourrez entendre. Adonq' ſe fiſrent cognoiſtre tous les autres à Gradamarte, & ſ'offrirent à luy chacun à ſon
regard, quand on leur vint dire, qu'Axiane arriueroit bien toſt: & à ceſte cauſe chacun courut aux armes, & fiſrent tresbien barrer les portes.
Et comme ilz ſ'equipoient ainſi, on aporta à Liſuart le fourreau de ſon
eſpée, qu'on auoit trouué en l'armeurerie de leans entre les autres harnois, ou l'auoit mis Zirfée: & en fut ſi ayſe, qu'il n'en euſt pas voulu tenir la meilleure cité d'Aſie. Or ne l'eſloignoit gueres le Roy de Sicile,
ains deuiſants enſemble, & tombants de propos en autre, luy raconta
tout ce qu'il auoit entendu du Cheualier à l'ardante Eſpée, iuſques à ra-
menteuoir la conqueſte de la montaigne Defendue, qui l'eſmeut à plus
d'enuie qu'auparauant de le combatre, ſ'il trouuoit iamais l'oportunité.
Mais ſi l'vn en auoit bonne deuocion, l'autre y aſpiroit bien autant, encores qu'il ne penſaſt lors à autre choſe, qu'à tenir compaignie à Gradamarte, qui l'entretenoit ce pendant de la maniere comme il eſtoit venu
en l'Iſle d'Argenes. Et entendez, diſoit il, que ſ'eſtant ma ſœur abſentée
des païs du Roy mon pere, par l'eſpace de deux ans & plus, ennuyé que
ie ne la voyois, me mis en queſte pour la trouuer, & tant cheuauchay

K iiii

de conde contrées estranges, que finablement on m'asseura que ie n'en pourrois auoir pluftoft nouuelle ny plus certaine, que par la Royne de ceſte Iſle, vers laquelle ie m'acheminay, & fis tant que ie parlay à elle. Si me promiſt (ou ie luy voudrois acorder vn don) qu'elle me la feroit recouurer. Le don luy octroiay voluntiers, comme celuy qui ayme ma ſœur autant que moy meſmes: & à ceſte cauſe me pria la Royne de garder la ſixieſme tour de ce chaſteau, par l'eſpace de ſix ans, auecq' telles armes que bon me ſembleroit, & que le temps expiré i'aurois ce que ie voudrois auoir d'elle. Or m'eſtois-ie toute ma vie adonné à l'eſcrime de l'eſpée & cappe, & penſois eſtre en cela plus excellent qu'autre qui peuſt venir : parquoy eſleu ceſte façon de combatre, & y ay vaincu pluſieurs iuſques à hier, que Fortune me traita ainſi que vous ſçauez. En bonne foy, reſpondit le Cheualier de l'ardante Eſpée, la Royne vous faiſoit bien acheter l'enuie que vous auiez de voir voſtre ſœur : & m'esbahis comme elle eſtoit tombée en ſi mauuaiſe main. Lors Gradafilée, qui eſtoit preſente, leur conta de poinct en poinct toute ſon auanture, telle qu'elle vous a eſté declarée au chapitre precedant. Dont tous enſemble ſe miſrent à maudire l'Enchantereſſe, qui ſi malheureuſement auoit encloz l'Empereur, & les autres, au deſceu de tout le monde, voire d'Axiane meſmes. A l'heure pouuoit il eſtre quaſi myiour, & n'auoient encores mangé, l'Empereur, ny autre de ſa compaignie : parquoy Gradamarte (qui ſçauoit mieux que nul d'eulx la maniere de recouurer viures) apella vn valet, à qui il commanda apreſter leur diſner, & les conduire en la ſalle prochaine, ſans laiſſer autre auecq' luy, que ſa ſœur, & le Cheualier de l'ardante Eſpée, qui mangeroient enſemble. Le valet fut prompt & diligent, & fiſt ce qu'il luy eſtoit commandé : puys au ſortir de table le reuindrent voir de rechef l'Empereur & les autres, & le trouuerent deuiſant des priſonniers qui eſtoient enfermez, les vns de longue main, & les autres puys peu de iours, ſelon que fortune les auoit amenez. Si les manda querir ſur l'heure, cinquante eſtoient ilz de nombre fait, tous logez en vne baſſe foſſe, enchaiſnez de groſſes manotes, carquans, & fers aux piedz, dont ilz enduroient plus malheureuſe vie que mille morts enſemble. Et comme le Geolier les faiſoit monter à mont par vne eſchelle qu'il leur deualla, eulx (penſants aller au dernier ſuplice) le prierent affectueuſement qu'il leur declaraſt de qu'elle fin ilz deuoient finir, qui ne pourra (diſoient ilz) eſtre du tout ſi cruelle, qu'elle ne nous ſoit encores plus agreable que ceſte longue & dure priſon. Mes amys, reſpondit le Geolier, vous aurez plus de bien que vous n'eſperez, ſuyuez moy. Adoncq' les conduit en la chambre de Gradamarte, ou ſix d'entr'eulx entrerent les premiers, traiſnants leurs groſſes chaiſnes de fer. Si miſrent les genoux en terre, & ſe proſternerent ſaluants la compaignie, de laquelle ilz furent incontinent recogneuz : car l'vn eſtoit le

Prince

Prince Adariel de Naples, Suycie, & Abies d'Yrlande freres, enfants
du Roy Cildadan, Vaillade filz de don Bruneo, le Comte d'Allastre,
& Alarque, lesquelz estants en la queste de l'Empereur & des autres
Cheualiers, apres maintes auantures passées (trop prolixes à vous declarer) vindrent choir es mains de Zirfée, qui les emprisonna, auecq'
ceux qu'elle tenoit auparauant. Lors les embrasserent l'Empereur &
autres aussi, ioyeux & esbahiz ensemble de leur malheur & prospere
fortune. Et n'y eut prisonnier qui ne racontast comme le tout luy estoit
auenu, le mal & la grand' faim qu'ilz auoient enduré par si longs iours:
& finablement louerent Dieu de leur deliurance, concluants ensemble,
que ceux qui le craignent, seruent, & honorent, ne seront iamais oubliez de luy.

Comme vn seul Cheualier se

combatit contre six, deuant le chasteau de l'Isle d'Ar-
genes: & de ce qu'il leur auint.

Chapitre　　XXVII.

Les nou-

Es nouuelles donques venues, que l'Infante Axiane s'aprochoit de son chasteau, l'Empereur auecq' les autres Cheualiers misrent en deliberacion qu'il estoit bon de faire. Aucuns estoient d'auis que l'on luy deuoit courir sus, & la surprendre auecq' sa trouppe. Mais Perion de Gaule, l'vn des plus courtois & gentilz Princes de ce temps, fut d'opinion côtraire, disant, qu'il seroit meilleur enuoyer l'vn d'eulx pour l'auertir de ce qui estoit auenu aux gardes de sa forteresse, & que neantmoins, si son plaisir estoit d'y loger, qu'on luy porteroit tout l'honneur & reuerance que sa grandeur & beauté meritoit. Car, disoit il, ie loueray tousiours que l'on face cas de l'ennemy, principalement lors qu'il est en plus grande auersité, faisant entendre à chacun, que l'honneur n'esloigne iamais le cueur noble & genereux, ains se monstre aussi bien en temps fascheux & plein de malheur, comme en la prosperité: tellement que fortune peult assez & trop souuent metre à neant les biens terrestres subietz à ses mobilitez, non pas le merite & les vertuz de la personne, qui suyuent l'ame. A ceste resolucion chacun s'acorda, & comme ilz regardoient qui porteroit telle parole à Axiane, le Roy de Sicile remonstra, qu'autre que Frandamelle ne pourroit estre plus propre: car, dit il, d'autant qu'Axiane aura ses nouuelles ennuyeuses par vne femme, la fureur qui la surprendra ne pourra amener quant & soy si prompte vengeance, qu'elle feroit contre l'vn d'entre nous, ains se mitiguera, voyant à qui elle aura affaire, si que tout n'en ira que mieux. Et pour ceste raison fut mandée la damoyselle, laquelle, instruite amplemét de sa legacion, s'en partit, acompaignée d'vn Escuyer pour la conduire, & prindrent ensemble leur chemin vers l'Infante, qui estoit venue disner en vne sienne maison de plaisance, assise pres le riuage de la mer. Mais quasi aussi tost on vid retourner Frandamelle à grand' haste, & monter à mont les degrez du donion, tant qu'elle entra en la chambre ou estoient encores tous les Cheualiers deuisants, auxquelz elle dist: Seigneurs, s'il vous plaist voir le combat d'vn Cheualier contre six, venez iusques à la premiere tour, ou ie les ay laissez, & vous y aurez du plaisir. Lisuart, Perion, & Olorius, qui entendirent ces nouuelles, armez comme ilz estoient, y coururent quant & celuy de l'ardante Espée, & arriuants ou leur auoit enseigné Frâdamelle, trouuerent les six qui assailloient rudement l'autre seul, qui estoit grand, asseuré & de belle taille, monté sur vn hardy cheual, auecq' lequel il se portoit tant vaillamment, qu'il auoit desia nauré les autres en plusieurs endroitz. Or estoit il armé d'vn harnois noir, sans aucune deuise, fors vn escu d'or à vn chasteau de gueulles, & faisoit tant d'armes, que ceux qui les regardoient n'eussent sceu autrement dire de luy, sinon qu'il estoit preud'homme: car en moins de rien il tua bien roide les deux plus

auanta-

auantageux, toutesfois les quatre qui reſtoient, deſplaiſants de ceſte perte, l'eſpergnerent ſi peu , que c'eſtoit merueilles comme il leur pouuoit
reſiſter . Et neantmoins il frapoit à dextre & à ſeneſtre , ſi dru, & ſi ſouuent, qu'il en enuoya le tiers à Dieu, ou à tous les dyables. Parquoy leurs
compaignons, tombans de fieüre en chault mal, ſe lancerent ſur luy , & à
force de braz (vouſiſt ou non) le ieterent deſarçonné ſur l'herbe: mais il
en emporta les deux quant & luy , ſi eſtroitement embraſſez , qu'ilz ne
le pouuoient nullement offendre . Ce que voyant le dernier, miſt haſtiuement pied à terre, & penſoit bien ſecourir ſes compaignons & meurdrir l'autre, auſſi l'euſt il fait ſans faulte, ſi ceux qui les regardoient ne
l'euſſent engardé: leſquelz ſ'eſcrierent côtre luy qu'il ſe retiraſt, ou qu'aſſeurément ilz luy courroient ſus. Le galant bien eſtonné de telle menaſſe, eut doute d'auoir pis, & remonta ſoudain à cheual, reprenant, à bride abatue, le chemin qu'il eſtoit venu . Ce pendant ceux qui ſe tenoient
ainſi couplez, ſe culbuterent tant, puys deſſus, puys deſſouz, qu'à faulte d'aleine il leur fut force laſcher prinſe, & ſe releuer : non que pour celà
ilz entraſſent en apointement , ains recommencerent leur combat à
grands coups d'eſpée , ainſi que ſi de tout le iour ilz n'euſſent trauaillé.
Dont il auint qu'apres maints horions donnez & receuz, les aſſaillants
eurent du pire , & les rengea le ſeul Cheualier à telle raiſon, qu'ilz ne faiſoient plus que parer aux coups de celuy qui leur ruoit.

Comme le Cheualier qui ſen-

eſtoit fuy, retourna vers ſes compaignons . & amena Lucencio , qui eut combat contre le Cheua-
lier de l'ardante Eſpée.

Chapitre   XXVIII.

Eſtants

Stants ainſi les deux Cheualiers traitez , & quaſi
preſtz de rendre les armes , on vid retourner celuy
qui auoit prins la fuyte, acompaigné d’vn autre monté ſur vn grand cheual moreau , & armé d’vnes ar-
meures verdes , toutes ſemées de trouſſes & fleches
d’or, & en l’eſcu la main d’vne damoyſelle, qui tenoit
vn arc & le flie deſſus . Si ne fut pluſtoſt arriué vers eulx , qu’il miſt pied
à terre, & embraſſant ſon eſcu tira l’eſpée d’vn fourreau tout couuert de
Perles, Rubiz, & Dyamants : mais le Cheualier de l’ardante Eſpée, doutant qu’il couruſt ſus à celuy des armes noires (qu’il iugeoit en ſoymeſmes l’vn des plus gentilz compaignons du monde) ſauança , & couuert
de ſon eſcu, l’eſpée au poing, diſt au nouueau venu: C’eſt à moy , Cheualier, c’eſt à moy, à qui vous auez affaire , non pas à ceſtuy qui eſt ia laſſé,
pour auoir grandement fait ſon deuoir: auſſi ne ſeroit il pas raiſonnable
que vous, frais, & ſans auoir trauaillé , l’aſſailliſſiez tant à voſtre auantage . Comment? reſpondit il, me voulez vous donques garder que ie ne
prenne vengeance des miens qu’il a mis à mort ? Par Dieu puys, que voſtre teſte eſt ſi folle , & qu’ainſi (à credit) voulez pleger autruy , atendez
& vous aurez le chaſtiment que vous meritez Ce diſant commencerent
à ruer l’vn contre l’autre par telle aſpreté, & promptitude , que les regardants diſoient bien n’auoir iamais veu mieux combatre: dont Perion,
Liſuart, & Olorius, eſtoient grandement ayſes, pour cognoiſtre à l’effait
ſi celuy de l’ardante Eſpée eſtoit auſſi bon Cheualier que l’on aſſeuroit.
Et en ces entrefaites celuy des armes noires miſt à mort l’vn des deux, &
vouloit

vouloit acheuer le dernier : mais il se ieta à ses piedz, & luy requist pardon : ainsi la vie luy demeura sauue . Et toutesfois l'autre qui auoit fuy pour amener secours, n'en fist cas, ains s'adressa au Cheualier de l'ardante Espée, pensant s'il estoit deffait, qu'il auroit puys apres aysément la raison de celuy aux armes noires . Et comme il couchoit son boys pour le charger, Olorius se trouua si à propos, qu'en courant le saisit en la courroye de l'escu, & le tira à soy si rudement, qu'il le ieta bas : puys à coups de pommeau d'espée le traita de sorte, que les lacz de son heaume rompirent, & fut desarmé de teste . Lors se print à crier qu'on eust pitié de luy . Paillard, respondit Olorius, vous mourrez : car le monde ne pourroit que valloir pis de vostre demeure, & haulçant le poing, luy donna du gantelet sur l'oreille & l'assomma. Desia auoient tant combatu les deux autres, que chacun s'en esmerueilloit, & neantmoins à leur contenance nul d'eulx se monstroit lassé, ans continuerent de mieux en mieux : parquoy Lisuart pria Frandamelle d'aller querir l'Empereur, & ceux qui estoient demeurez auecq' luy, les asseurants qu'ilz verroient chose qui leur donneroit plaisir. Si y courut la damoyselle, & leur raconta tout ce qu'elle auoit veu des combatants : parquoy y vindrent tous en diligence, & trouuerent encores les deux Cheualiers aussi prompts, que s'ilz n'eussent fait que commencer. Et à l'instant arriua l'Infante Axiane, qui estoit demeurée derriere, bien acompaignée de dames, damoyselles, Escuyers, & autres. Belle estoit, & de bonne grace, autant qu'il estoit possible, & montée sur vn palefroy blanc, enharnaché d'vn drap d'or figuré à flocz pendants de tous costez. Mais quand elle vid le combat tant cruel des deux Cheualiers, & si grad' troupe, entre lesquelz elle choisit (en liberté) ceux qu'elle souloit tenir captifz, onques femme ne fut plus estonnée : aussi n'auoit elle encores rien entendu de sa perte, qui ne luy causa (pour la sçauoir) tant d'ennuy, que le danger ou elle cognoissoit estre celuy aux armes verdes : car elle l'aymoit plus que soymesmes : dont toute esmeuë, & presque hors de soy, cuida tomber esuanouye, toutesfois honte l'en garda, & se ieta du cheual bas : par ce que son Cheualier combatoit à pied . Lors s'auança Lisuart, & faisant vne grande reuerance, luy demanda, s'il luy plaisoit qu'on luy fist aporter vne chaire du chasteau, pour se mettre plus à son ayse . Et comme elle le vid tant beau, tant humble, & de si bonne grace, luy respondit : Cheualier, si pour estre assise mon ayse en estoit plus grade, ie ne refuserois cest offre, mais elle est tant empeschée, voyant le danger de ces deux combatints, qu'il seroit impossible de plus : toutesfois ie vous remercie de bon cueur, & vous prie me dire qui vous estes. Ma dame, respondit Lisuart quel que ie sois, vous auez en moy vn soldat, pour vous seruir & honorer, ainsi que i'ay de coustume faire à toutes les belles qui vous ressemblent. Ah ! dit l'Infante, quelque iour viendra que i'auray (peult estre)

L plus

plus de moyen de vous sçauoir gré de telle honnesteté . Et plus longuement eussent suiuy leur propos , sans le danger ou elle voyoit son amy,
qui luy faisoit bien penser aill eurs. Toutesfois nulz des deux Cheualiers
pouuoient rien conquerre l'vn sur l'autre , ains se maintenoient si brauement, que par l'espace de deux grosses heures on ne sçauoit auquel atri-
buer plus de gloire: aussi se lasserent ilz tant, que force leur fut reprendre
aleine , & eulx reposer quelque peu . Peu puis-ie dire : car le Cheualier
Verd, voyant Axiane toute troublée, & le visage blesme & sans couleur,
du grand ennuy qu'elle portoit, s'esmeut en sorte, que parant le reste de
l'escu qu'il tenoit , rechargea son ennemy d'vne merueilleuse aspreté.
Mais à beau ieu, beau retour: car l'autre vsa de telle reuanche , que l'herbe (sur laquelle ilz marchoient) en rougit , & pensoient pour certain les
regardants, que tous deux y laisseroient les bottes: par ce que de plus en
plus ilz se monstroient acharnez , si qu'ilz vindrent à s'entresaisir bras à
bras , voulants gaigner auecq' la force du corps ce , à quoy l'espée n'a-
uoit peu proffiter . Ce nonobstant il leur fut impossible aquerir mer-
que l'vn contre l'autre , ains apres maints tours de croc , de piedz , & autre industrie propre à telle luyte, ilz reprindrent finablement leurs premieres erres, recommençants à coups d'espées si desesperément, qu'il ne
leur demoura quasi armes dont ilz se peussent couurir , ny ayder : tellement qu'on leur voyoit la chair nue, & le sang couler par tout, prestz de
tomber par pieces, s'ilz combatoient plus longuement . Lors Axiane, ne
pouuát plus comporter le mal de son amy, se mist à destordre les mains,
& croiser les braz, comme femme transpercée de douleur. Ce que voyát
le Cheualier Verd, reprint tel courage, que (pensant fendre la teste de
l'autre) haulça l'espée à deux mains , au deuant de laquelle il leua l'escu , & toutesfois le coup fut tel , que partissant en deux ce qu'il en rencontra , la pointe descendit sur l'armet , de telle force , que les yeulx luy
en estincelerent, & chancela prest de tomber par terre. Neantmoins il se
r'asseura peu apres , & pour se venger se lança de grand' roideur contre
celuy qui l'auoit tant outragé , luy saisissant les courroyes de l'escu qu'il
tira à soy tant rudement, que la possession luy en demeura , & le ieta arriere de grand despit . Dont le Cheualier Verd estonné , pensant bien la
faulte qu'il en auroit , se monstra de là en auant plus intimidé qu'il n'a-
uoit encores fait: car il ne sçauoit dequoy se couurir , ny plus resister contre l'autre, qui l'importunoit sans cesse, & de si pres, que chacun cogneut
euidemment la fortune mal bastir pour luy , & la victoire certaine vers
le Cheualier de l'ardante Espée. Ah ! ah pauure Axiane ! ne seroit il
meilleur que vousissiez trouuer moyen de les separer ! helas que tardez
vous ! vous voyez vostre amy sur le poinct de rendre les aboys , & toutesfois vous n'y pouruoyez point ! Et à dire vray , elle estoit si pertroublée & pleine d'amertume, qu'elle ne pouuoit proferer vne seule parole.

Dont

Dont Lisuart esmeu de pitié, ne se peut tenir qu'il ne luy dist : Ie m'esbahis, ma dame, pourquoy vous consentez ainsi (& en vostre presence) la
mort de deux tant bons Cheualiers : certes vous ferez trop grand mal, si
vous leur permettez d'auantage ceste meslée. Pour Dieu, puys que vous
y pouuez remedier, separez les, & les priez qu'à vostre requeste ilz se fa-
cent amys : & ou ilz n'y voudront consentir par amour, donnez ordre
que par force vous soyez obeïe, autrement la perte d'eulx fera vne playe
non pareille à toute cheualerie, estants si preud'hommes que chacun a
peu voir. Làs ! il la touchoit iustement au mal qui la tourmentoit, & ne
luy eust peu tenir sur l'heure propos plus agreable. Et à ceste cause, re-
ceuant le conseil de Lisuart, reprint ses espritz, & vint droit aux combatants, qui pour la reuerance d'elle se retirerent quand ilz la virent aprocher. A doncq' (le visage couuert de larmes) commença à leur dire ! Ie
vous prie, Cheualiers, qu'en ma faueur vous vous separez, & faites paix
ensemble : ce que ie croy que ne me refuserez, puys que ie vous en suplie
de telle affectió : & oultre, ou prouesse & preud'hommie est si cogneuë,
la courtoisie voluntiers n'est pas esloignée, laquelle vous exercerez (de
grace) en mon endroit, qui suis telle, que ma presence vous peult tesmoi-
gner. Le Cheualier de l'ardante Espée l'oyant parler si doucement, voulut bien faire entendre à tous, qu'il n'estoit moins traitable, que cheualereux, parquoy luy respondit : Ma dame, ie vous obeïray, si celuy à qui
i'ay affaire y veult consentir. Il le fera, dit Axiane, ie le prens sur moy :
car il est mien & ne voudroit nullement contredire à ce que ie luy com-
manderay. Puys qu'ainsi est (ma dame) respondit le Cheualier de l'ardante Espée, ie vous suplie me dire son nom, à ce que ie cognoisse d'o-
resenauant celuy qui m'a plus donné à souffrir, qu'autre à qui i'aye eu
de ma vie combat. Celà feray-ie pour l'amour de vous, dit elle, & luy
verrez presentement le visage nud, à fin qu'il vous souuienne mieux de
luy. Adoncq' luy osta l'armet de teste. Or voyez si vous le cognoistrez,
puys vous sçaurez son nom. Par Dieu, ma dame, respondit il, ie n'eusse
iamais pensé qu'en si beau & ieune Gentilhomme, comme il est, cheualerie eust esté si forte. Et à dire vray, c'estoit vn des plus excellents personnages qu'il estoit possible. Et continuant Axiane son propos : Son
nom, dit elle, est Lucencio, de plus auant vous enquerre de son lignage,
croyez que luy ny moy ne le sçauós pas : ainsi vous nous en pouuez bien
excuser. Par mon serment, ma dame, respondit le Cheualier de l'ardante
Espée, il nous seroit doncq' mal seant d'auoir iamais guerre l'vn à l'autre, veu la conformité qui est en nous deux : car ie cognois aussi peu mes
pere & mere qu'il fait les siens, & celà me dóne à penser, que (peult estre)
sommes-nous parents. Certainement il pensoit pour l'heure se gaudir,
& toutesfois ilz estoient cousins, luy filz de Lisuart de Græce, & Lucencio, de Perion de Gaule, tous quatre assemblez, & si ne se cognoissoient
L ii   nullement

nullement, ny ne fifrent de long temps apres . Et à fin de ne laiffer rien
derriere qui ferue à noftre hiftoire , il fera bon (auant paffer oultre) vous
auertir comme Axiane amena Lucencio en cefte Ifle d'Argenes . Ie croy
qu'il vous fouuiendra bien, que la Ducheffe de Sauoye vint en Conftantinople , par vne tempefte qui pouffa fon nauire en Thrace, conduifant
le beau damoyfel en la grand' Bretaigne, pour receuoir cheualerie, & la
maniere que Lucencio entreprint d'aller combatre le Cheualier, qui a-
uoit ofté par force le heaume à la damoyfelle, ainfi qu'il vous a efté dif-
couru bien au long au commencement de ce liure . Quoy qu'il en foit,
Axiane fut celle, par laquelle il recouura ce qu'il cherchoit, & à laquelle
auffi il promift vn don , & pour l'acomplir entra en fon vaiffeau, & na-
uiga tant, qu'il vint furgir en l'Ifle d'Argenes, ou defcendu, fut Lucencio requis d'Axiane de garder la feptiefme tour du chafteau, ou eftoit la
chambre du trefor : & ce fift elle, par le confeil de Zirfée fa mere, qui luy
donna adreffe & moyen de le trouuer, non qu'elle luy declaraft aucune
chofe du parentage de luy. Bien le perfuada elle , que fa compaignie luy
feroit agreable. Et en cela ne métit elle pas : car du iour qu'ilz f'entre virent, leur amour fut tant mutuelle, qu'Axiane luy acorda ce qu'elle auoit
plus cher, pourueu qu'il le meritaft par haulte cheualerie, dont il feroit
efpreuue gardant la tour deux ans entiers . Et en eftoit quafi au bout,
quand l'auanture amena en l'Ifle le Cheualier de l'ardante Efpée, auecq'
lequel il eut combat: par ce que retournât de la chaffe, ou Axiane le menoit fouuent, pour le garder d'ennuy, fix de fes Cheualiers rencontrerét
celuy aux armes noftres , à qui ilz coururent fus, efperants le prendre &
emprifonner, fuyuant la couftume. Or eftoit l'Infante demeurée derriere, auecq' Lucencio : mais celuy qui laiffa au befoing fes compaignons
pour fuyr, les vint hafter , & tous deux furent traitez depuys comme
vous auez entendu. Ainfi auons-nous reprins les erres de noftre hiftoire
parlant de luy, que nous auions laiffé des le commencement: mais la matiere difpofée pour remettre en ieu, le vous a amené auecq' les armes &
l'efcu verd, ou eftoit paint l'arc & trouffe, & la fleche, pour tefmoigner
la paffion de fon cueur affligé, aymant (comme il aymoit) la belle fille de
la Royne d'Argenes, & pour luy faire l'Empereur entendre le plaifir
qu'il auoit à l'acord des deux Cheualiers, il luy dift de bonne grace : Sur
mon Dieu, ma dame, vous obligez à vous au iour d'huy beaucoup de
gents de bien, ayant ainfi mis d'acord deux telz Cheualiers, qu'eft le voftre , & celuy de l'ardante Efpée : & fault que nous confeffions, que la
grand' beauté dont Nature vous a voulu pouruoir, a eu plus de puiffan-
ce fur eulx, que nous n'euffions eu tous enfemble . Et pource qu'elle n'a-
uoit onques veu l'Empereur, Lifuart print la parole, & le luy fift cognoiftre. Or auoit elle penfé iufques adonq' qu'il fuft perdu , & ne fçauoit e-
ftimer en quelle forte il eftoit venu en Argenes, ny les autres auffi : &
toutesfois,

toutesfois, conuertiſſant pour l'heure ceſt esbahiſſemét en propoz plus
conuenables, luy fiſt vne grand' reuerance, diſant: Monſieur , ie vous ſuplie me pardonner, ſi de prime face ie ne vous ay fait le recueil que vous
meritez : car ſur ma foy, ſi ie vous euſſe penſé tel, ie me fuſſe miſe en plus
grand deuoir , & ſans auoir eſgard au maltalent, que par nature ie vous
doy porter , ayant eſté cauſe en partie de la mort & ruyne de mes principaux parents . Mais puys qu'ilz ne peuuét eſtre r'apellez entre les vifz,
& que ie conſidere la fortune de la guerre les auoir vouluz ainſi mal traiter, plus par leur malheur qu'autrement , ie ne vous en imputeray autre
choſe, vous ſupliant (à tout le moins) me dire, à quelle ocaſion les gardes
de ceſte place vous ont permis ſi ayſémét le ſciour de par de çà, & qui les
a meuz de donner liberté à ceux que ie tenois en mes priſons. Ma dame,
reſpondit il, voz gardes ont eſté vaincuz & mis à mort , vengeant la per-
nicieuſe couſtume, qu'ilz ont trop longuement entretenue ſouz voſtre
aueu , & par le peché d'auoir ces trois Cheualiers, & moy , eſté malheu
reuſement enchantez & endormiz au lieu, ou la Royne voſtre mere nous
a detenuz, meſmes tous les pauures captifz eſtrangiers es foſſes , en miſere & captiuité. Certes telles nouuelles luy furent aigres à ſuporter, combien qu'elle ſe monſtra lors plus conſtante que vaincue de paſſion, diſant
à l'Empereur : Comment? ſont donques mes gents deſſaitz, & ma place
perdue? Ah ! pour celà fortune n'aura erres ſur Axiane, penſant luy faire
perdre la magnanimité de courage, qui luy vient de nature , eſtant yſſue
de ſi haulte lignée comme elle eſt: car cognoiſſant l'inconſtance d'elle &
la mobilité de ſa rouë, ie ſçay aſſez qu'elle ne peult durer ny tenir ferme:
par ainſi ie vous ſuplie, à tout le moins, permettre que ie me retire, a-
uecq' ce mien Cheualier, mes femmes & ſeruiteurs demeureront, ſi bon
vous ſemble, en ce chaſteau, que les dieux remettront en mes mainsquel-
que autre fois : & ce pendant i'aprendray (& tout à loyſir) à digerer ce
que mon cueur penſe & ma bouche taiſt . Quand l'Empereur l'entendit
parler ſi prudemment, & ſans ſ'eſtouner , il la loua beaucoup en ſoymeſmes, & luy reſpondit: Ma dame, ſil vous plaiſt nous tenir compaignie
nous vous ferons tout l'honneur qu'il nous ſera poſſible, auſſi que la nuiĉt
ſ'aproche : ſinon , & vous trouuez meilleur prendre autre chemin, vous
le pouuez faire librement , & ceux meſmes qui vous voudront ſuyure.
Monſieur, dit elle, vous vous monſtrez enuers moy ſi gracieux , que ie
vous doy ſçauoir gré de tant d'honneſteté:toutesfois ne plaiſe aux dieux
que ie face à mon ennemy faueur de ce qui ſera en ma puiſſance, & que
ie luy pourray deſnier : ainſi m'en iray-ie (puys que le permettez) ſans
que ie delibere r'entrer iamais en ce chaſteau, iuſques à ce qu'il ſoit mien
comme il ſouloit . Lors fiſt amener ſon palefroy , ſur lequel le Cheualier
Verd la monta , treſayſe de voir l'Empereur de Trebiſonde, dont il e-
ſtoit naturel . Et neantmoins, craignant deſplaire à Axiane, diſſimuloit

L iii　　　ſaige-

saigement sa pensée, & suyuit l'Infante, laquelle reprint la voye qu'elle estoit venue auecq' sa compaignie. Et arriuant en sa maison de plaisance, ou elle auoit disné, sist incontinent desarmer son Cheualier : car il estoit naüré en plusieurs lieux : mais le vieillard qui portoit le Faucon, quand il trouua le Roy & les dames pres la premiere coulonne, ainsi qu'il vous a esté recité, luy promist qu'il le mettroit hors de danger, tant estoit expert en telles choses.

Comme le Cheualier aux armes

Noires fut cogneu de l'Empereur, & des autres : & des propoz qu'ilz eurent ensemble.

Chapitre   XXIX.

A Peine fut Axiane esloignée vn trait d'arc, que le Cheualier aux armes Noires vint faire la reuerance à l'Empereur, & mettant le genoil en terre voulut luy baiser les mains : mais l'Empereur ne le consentit aucunement, ains en le releuant luy dist : Cheualier, ie vous prie que ie sçache vostre nom, à fin que ie vous face recueil, & bonne chere. Sire, respondit il, ie vous obeiray en tout ce qu'il vous plaira me commander : mais pour Dieu dites moy, si Perion de

Gaule

Gaule, & Lifuart de Grece (qui furent prins quant & vous)font viuants,
ou non. Viuants font ilz, refpondit l'Empereur, & les voylà tous deux.
Lors les luy monftra, parquoy le Cheualier Noir fut les faluer, & les
embraffant tous deux, s'efcria tout hault: Or ay-ie maintenant deuant
moy ce que plus i'ay defiré voir! Ah! feigneurs, que voftre prefence
me donne vn grand plaifir! Si nous fçauions qui vous eftes, dit Perion,
nous aurions (peult eftre) part à voftre ayfe. Seigneurs, refpondit il, mon
nom eft Balan, & fuis filz de Galeote, filz de Brauor mon ayeul, feigneur de l'Ifle de la tour Vermeille. Ma mere eft Madafime, fille de don
Galuanes, feigneur de l'Ifle de Mongaze: & vous iure ma foy, que ie
n'ay moins d'enuie de m'employer en voftre feruice, que mes predecef-
feurs que vous cognoiffez, efperant que l'amytié que vous leur auez portée n'amoindrira enuers moy, qui fuis leur tige. Seigneur Balan, dit
Lifuart, vous foyez le tresbien venu: mais dites nous quelle auanture
vous a amené par deçà, & pourquoy vous affailloient ainfi ceulx que
vous auez vaincuz. Celà fçaurons-nous tout à loyfir, refpondit l'Empereur, retirons-nous pour meshuy: car la nuict nous preffe: & fi croy que
luy, & le Cheualier de l'ardante Efpée, ont meilleur befoing de repos,
que de plus long entretien. A cefte parole reprindrent le chemin du chafteau, ou arriuez, le Cheualier de l'ardante Efpée pria qu'on luy dreffaft
vn lict en la chambre mefme de Gradamarte. Si furét vifitées fes playes,
qu'on trouua profondes & plus dangereufes que celles de Balan, lequel,
retiré à part, ne fceut oncq'prendre repos, non tant pour les coups qu'il
auoit receuz, que pour vne trifteffe qui luy faififfoit continuellement le
cueur, en maniere qu'il n'auoit plaifir qu'à fe plaindre & foufpirer, &
dont vous entendrez prefentement la caufe. Aux liures precedants, il
vous a efté fait mencion, comme Amadis maria Brauor filz du Geant
Balan, & de luy defcendit Galeote, duquel nous auons parlé au fixiefme
de noz volumes. Ce Galeote, eftant à Londres, eut nouuelles de la mort
de fon pere, mais premier qu'il euft congé du Roy, il luy fift efpoufer la
fille de Galuanes, nommée Madafime, qu'il emmena quant & luy à la
tour Vermeille, ou fes fubietz la receurent & firent les hommaiges, comme à leur feigneur lige & naturel. En l'année enfuyuant Madafime fe
trouua groffe, & acoucha d'vn filz, qui pour l'amour de fon bifayeul fut
nommé Balan, qui eft celuy, duquel nous entendons parler. Luy donques paruenu en l'aage de dixhuit ans, vn iour entre autres que Galeote
& fa femme s'efbatoient auecq' leur filz le long du riuaige de la mer, fans
aucunement eulx deffier de fortune, le Geant Gandalfe, feigneur de
l'Ifle Sagitaire, nauigant cefte cofte, armé & equipé comme Pyrate qu'il
eftoit, voulut defcendre en terre, & fe rafrefchir, ou il furprint de fi pres
Galeote & fa compaignie, qu'ilz les emmena prifonniers, fans aucune refiftance: auffi n'auoient ilz armes, ny moyen d'en recouurer prompte-

L iiii　　ment,

ment, ny moins le loyſir d'eux retirer en leur chaſteau : auquel le Geant
entra d'emblée, & ſ'en fiſt ſeigneur & poſſeſſeur . Lors Balan, ieune &
plein de grand courage, voyant ce malheur auenu, & ſes pere & mere
captifz, cuida mourir de grand deſpit : & combien qu'il n'euſt encores
receu l'ordre de Cheualerie, ſi ne ſe peult il garder de dire à Gandalfe:Ce
m'aiſtdieux, damp Cheualier, ſi le droit que vous auez vſurpé en ceſte
terre deuoit eſtre terminé de vous à moy,i'eſpererois bien vous faire cognoiſtre,que laſchement & meſchamment vous y eſtes entré, & enuoy-
rois voſtre teſte au Roy Amadis, duquel nous ſommes vaſſaulx , & auquel vous faites iniure en nous traitant ainſi.Si ne fut le Roy de l'Iſle Sagitaire pas vn ſeul brin content de ceſte menaſſe,ains le ſurprint telle colere, que par deſpit commanda prendre Galeote, & Madaſime , & les
fouetter d'eſtriuieres en la preſence de leur filz , auquel il diſt : Eſcoute,
Balan, ie te laiſſe en liberté pour aller ou bon te ſemblera receuoir cheualerie,te iurant par le grand dieu Iupin,que ie t'atendray, & te comba-
tray auſſi toſt que ſeras de retour : Et à fin que tu ayes plus de raiſon de
te diligenter, par l'ame mon pere, il ne paſſera iour que ceulx que tu as
veu ſi bien eſtriller ne le ſoient d'auantage, en deſpit de toy, & de ton
Roy Amadis, pour luy faire entendre, & à tous autres, comme ie ſçay
chaſtier les folz qui croyent en autre dieux que les miens. Puys commanda equiper vne barque, en laquelle entra Balan , treſayſe pour auoir
moyen de pourchaſſer ſa vengeance : mais dolent au poſſible du tourment ou il laiſſoit Galeote & Madaſime. Pour à quoy donner ordre, na-
uiga droit en la grand' Bretaigne, & deſcendit au prochain port du
quay,ou eſtoit le Roy Amadis, pour voir chacun iour les proueſſes que
faiſoit le Cheualier de la Ducheſſe de Sauoye . Et là fut auerty par Balan
de toute la deſconuenue de Galeote, dont il ſe trouua fort ennuyé, & le
reconfortant luy diſt,qu'auecq' la grace de noſtre ſeigneur, il y pouruoi-
roit . Ainſi ſe paſſerent huict iours , durants leſquelz le Cheualier de la
Ducheſſe ſe porta tant vaillamment,que Balan ſuplia le Roy de luy faire
octroyer par luy l'ordre de cheualerie . Ce qu'Amadis eut agreable , en
ſorte qu'auant la ſemaine hors, le Cheualier de la Ducheſſe luy donna
l'acolée, non en harnois blanc, comme il eſtoit de couſtume , ains armé
de noir, auecq' l'eſcu,qui vous a eſté deuiſé cy deſſus, ſignifiant la perte
de ſes païs, & la priſon de ſes parents. Luy donques nouueau Cheualier,
apres auoir remercié humblement le Roy , & celuy dont il auoit receu
tel honneur, r'entra en ſa barque, eſperant en brief voir ſon ennemy &
le combatre.Mais il auint tout autrement qu'il ne penſoit:car le deuxieſ-
me iour d'apres ſe leua telle tempeſte, que d'heure à autre atendoit la
perte de luy & de ſon vaiſſeau enſemble: lequel agité puys çà , puys là,
fut ieté en l'iſle d'Argenes, ou il deſcendit : Et pour ſçauoir quelle eſtoit
la contrée,monta à cheual, & cheminant vers le chaſteau,ou eſtoit lors

l'Empe-

l'Empereur de Trebisonde, comme il vous a esté dit, fut rencontré des
six Cheualiers d'Axiane, qui l'assaillerent pour le prendre & emprison-
ner, suyuant la coustume. Toutesfois il se defendit si galantement, que
l'yssue en demeura telle qu'il vous a esté recité.

Comme l'Infante Axiane, estant

arriuée en sa maison de plaisance, ennoya querir le Cheualier de
l'ardante Espée, & Gradamarte, pour estre mieux
traitez qu'ilz n'estoient : car ilz n'a-
uoient aucun Chirurgien
qui les pensast.

Chapitre · XXX.

'Our donques continuer le discours de nostre histoire, entendez, que le iour ensuyuant Balan recita bien
au long à Perion, & Lisuart, l'estat auquel estoient ses
affaires. Dont il n'y eut celuy d'eulx qui n'en eust com
passion, luy promettant ayde & secours, principalement le Cheualier de l'ardante Espée, qui desiroit estre
son amy & compaignon: aussi passerent ilz depuys maintes fortunes ensemble, comme vous entendrez au huytiesme liure. Or auint que le iour
ensuyuant, ainsi que l'Empereur auecq' les dames & les autres Cheualiers se

liers se promenoient sur le pont, pres de la premiere tour, auiserent venir
en tresbon equipaige deux damoyselles, qui acompaignoient vne lictiere couuerte de velours, portée par deux muletz d'emble : & comme elles
furent au plus pres des Cheualiers s'arresterent, pour demander lequel
d'entre eulx estoit l'Empereur de Trebisonde. Damoyselle m'amye, respondit il, ce suis-ie : que vous plaist il ? Sire, dit la damoyselle, l'Infante
Axiane ma maistresse vous suplie, que vous luy enuoyez en ceste lictiere le Cheualier, qui combatit hier le sien, vous asseurant qu'il sera mieux
traité de toutes choses, que non pas en ce lieu, ou entre autres remedes il
y a faulte de Chirurgien, comme elle sçait tresbien : & veult luy faire ceste courtoysie, pour aucunement recognoistre celle dont il vsa hier enuers elle. Et ne doutez, sire, qu'il luy soit fait autrement que bonne chere, car ma dame delibere l'honorer pour la bonté de luy : par ainsi auisez
à nous faire responce. Damoyselle, respondit l'Empereur, ie prendrois
grand plaisir de complaire à vostre maistresse : mais quant à la requeste
qu'elle me fait, ie vous asseure que ie n'ay puissance sur le Cheualier, autre que celle qu'il me voudra donner en le priant. Bien le suaderay-ie, &
de bon cueur, de luy obeïr, & allons vers luy, vous orrez que ie luy en
diray. Sire, dit Balan, sans vous donner ceste peine, s'il vous plaist ie feray
ce message : & croy qu'il sera bien de cest auis, veu la necessité ou il est.
Allez y doncq', respondit il, & nous en raportez nouuelles le plustost
qu'il vous sera possible. Lors s'en partit Balan, & vint trouuer le Cheualier de l'ardante espée en son lict pres Gradamarte, auxquelz Gradasilée
tenoit compaignie, & luy recita entieremét ce qu'Axiane luy mandoit,
l'enuie qu'elle auoit de le traiter, & comme deux de ses damoyselles luy
amenoient vne lictiere en tresbon equipaige. Mon grand amy, respondit
il, Axiane fait tant pour moy, que ie ne sçay en quelle sorte ie luy pourrois de ma vie recognoistre ce bon vouloir : tant y a, que ie n'habandon-
neray point mon côpaignon Gradamarte : & si elle a enuie d'auoir l'vn,
il fault qu'elle ayt tous les deux ensemble. Et bien dit Balan, ie leur vois
donques faire ceste responce, & selon qu'ilz m'aprendront de nouueau,
ie retourneray vous en auertir. Lors sortit de la chábre, & vint ou l'Empereur l'atendoit deuisant auecq' les damoyselles, auxquelles il declara
le vouloir du Cheualier à l'ardante Espée : ce qu'entédu par elles, respondirent, qu'Axiane leur auoit semblablement commandé faire pareille
requeste à Gradamarte, s'il estoit vif, & qu'ilz seroient tous deux les tresbien venuz : car elle l'aymoit, & doutoit beaucoup qu'il eust pis. Quand
Lucelle entendit que son amy deslogeoit, la couleur luy changea plus de
dix fois en moins de rien, ores morne, ores enflammée, plustost pensiue,
plustost inconstante, dissimulát, neantmoins, le plus qu'il luy estoit possible la passion amoureuse, qui luy causoit vn tel desguisement & auecq'
la meilleure asseurance qu'elle peut, retourna acompaigner la Royne, &

les deux

les deux damoyſelles, en la chambre des Cheualiers malades, leſquelz
(ſans differer) furent portez par quatre valetz en la lictiere. Or n'auoient
encores les meſſagieres prins garde à la beauté de Lucelle, mais la voyâts
telle qu'elle eſtoit, elles oſerent quaſi affermer, que Nature n'en auoit onques produit de plus excellente, ny de meilleure grace. Et ſur l'heure
prindrent congé de la troupe, promettants les deux Cheualiers aux
dames retourner en brief, Dieu aydant à leur gueriſon. Ainſi deſloge-
rent, cheminants au petit pas pour n'eſmouuoir leurs playes, & touteſ-
fois ilz arriuerent auant Soleil couché en la maiſon d'Axiane, tant bien
baſtie que merueilles : car tout l'edifice eſtoit de Iaſpe, de Porphire, de
Marbre blanc, gris, & noir, auecq' vn nombre merueilleux de tours, &
tournelles, le long deſquelles ſortoient maintz eſchinaux dorez, rece-
uants les eaux de quatre grands corps d'hoſtel en plate forme, dont on
voyoit les paroiz dedans & dehors, enrichiz du plus excellent ouuraige
que fiſt onques Apelles en boſſe, ou plate painture. Et ſi eſtoit la place a-
compaignée d'vn parc contenant en circuit ſix grandes licuës, plein de
tant de ſingularitez, que ie ne ſçay ſi le palays d'Apolidon ſe monſtroit
quelque choſe d'auantage : par ce que Zirfée auoit mis tout ſon ſçauoir à
le rendre parfaitemét beau, & embelly de tout ce que le naturel en pouuoit ſouffrir, & d'auantage, comme vous aprendrez cy apres. Et combien
que les deux Cheualiers naürez euſſent telle douleur en leur playes, que
le repos leur euſt eſté plus conuenable, que l'amuſement à regarder, ny
deuiſer d'edifices : neantmoins ayants ouy reciter (en cheminant) par les
damoyſelles, la perfection du lieu, prindrent tel plaiſir à contempler le
dehors, qu'il ne leur ſouuenoit quaſi d'entrer dedans, lors qu'Axiane, a-
uertie par vn paige de leur arriuée, vint les receuoir, auecq' tel viſaige,
qu'elle ſe monſtroit plus contente & ſatisfaite, que ſi elle euſt reconquis
ſon chaſteau, & la chambre du treſor perdue. Ce que cognoiſſant le Che
ualier de l'ardante Eſpée, luy diſt : Ma dame, vous auez eu ſi bonne ſouuenance de noſtre ſanté, que quand nous mourrions mille fois en voſtre ſeruice, ſi ne ſçaurions-nous iamais ſatisfaire à la faueur que nous
receuons de vous : Mais tout ainſi que le Soleil eſt naturellement clair,
& autre ne peult eſtre, auſſi vous eſtant yſſue de la maiſon d'ou vous
eſtes, & ſi bien nourrie, ne vous ſçauriez monſtrer autre que ſaige, prudente, belle, & vertueuſe, vſant de douceur & humanité, comme de
choſe auecq' laquelle vous eſtes née, & qui naturellement vous acompaigne, pour vous rendre parfaite entre toutes les dames que ie cognoiſſe.
En bonne foy, Cheualier, reſpondit elle, vous me dites de grandes louanges, pour la choſe non meritée, & que ie ne pourrois laiſſer de faire, ſans
me nyer trois poinctz principaux, qui ſont requis à mon eſtat. Dont
le premier eſt, recognoiſtre en temps d'auerſité le plaiſir qu'on a receu
de l'ennemy, faiſant entendre à chacun, que celuy qui l'en peult recom-
penſer

penser en saison degraciée, a bien moyen de se venger aussi des iniures
souffertes durant son infortune. Le second, se monstrer en toute saison
ciuile & pitoyable, selon le cas qui s'offre. Et pour le tiers, ne troubler
iamais son esprit pour ennuiz, ou fascheries qui auiennent, ains que raison, & discrecion, soient tousiours dominantes. Et sont notoirement ces
trois poinctz necessaires à toutes personnes genereuses, pour maintenir tousiours leur grandeur ferme, & immuable : car vertu non perissable rend la personne trop plus noble & exaltée, que tous les biens de
fortune corruptibles, & subietz aux passions & mobilitez d'elle, veu
mesmement qu'ilz sont quelque fois, & trop souuent, eslargiz à tel qui
ne les merita onques. Mais tout autrement va de la vertu : car celuy seul
l'obtient qui fait acte digne de la conquerir : aussi par elle seule doiuent
les hommes estre estimez, & honorez, voire reputez riches, plus que
s'ilz auoient tous les tresors du monde : par ce que la vraye richesse non
perissable est la renommée des faitz bons & heroïques de la personne
vertueuse. Le Cheualier de l'ardante Espée l'oyant parler de telle grace,
l'estima fort : mais elle estoit fille d'vne des plus auisées dames de l'Asie,
& du Prince Olorius d'Espaigne, saige, & prudent Cheualier au possible : ainsi mal aysément pouuoit elle degenerer. Et à dire vray, veu son
ieune aage & discrecion, Nature monstroit en elle vn œuure amirable,
& digne de grand' louange: parquoy delibera luy porter tout l'honneur
dont il se sçauroit auiser, & elle l'embrassa doucement. Puys furent me-
nez luy & Gradamarte en vne belle chambre, ou couchez en deux diuers lictz, les visita le vieil Cheualier, duquel nous vous auons parlé
cy deuant, lequel pour son grand sçauoir, & longue experience, leur
sauua la vie, & à maintz autres preud'hommes, qui s'en tindrent tres-
obligez à luy.

Comme

Comme le Cheualier de l'ardan-

te Espée fist rendre à Axiane son chasteau : & des
propoz que le Roy de Sicile & elle
eurent ensemble.

Chapitre   XXXI.

Vatre iours entiers demeurerent les Cheualiers de l'ardante Espée, & Gradamarte, es mains du vieillard,
sans cognoistre en eulx amandement quelconque,
iusques sur la fin de la semaine, que la sieure les laissa,
& commencerent leurs playes à bien se porter. Ce
pendant Axiane leur faisoit tout le bon traitement
dont elle se pouuoit auiser, & enuoya vers le Roy de Sicile le prier de les
venir visiter. Ce qu'il eut agreable, amenant quant & luy, pour toute
compaignie, Gradafilée. Eulx donques arriuez en la maison de l'Infante, ainsi que Gradafilée entretenoit son frere Gradamarte, le Roy
de Sicile deuisoit, auecq' le Cheualier de l'ardante Espée, lesquelz tombants de propos en propos, le Cheualier commença à dire : Sire, encores
que le peu de seruice que ie vous ay fait iusques icy, merite, non point recompense, mais le moindre gré du monde : neantmoins considerant la
bonté de vous, la liberalité, & gentil cueur, aussi que ie croy qu'auez
M   desia

desia quelque asseurance de combien ie suis vostre, & le danger ou ie voudrois mettre ma personne pour chose qui vous tournast en seruice, ie me suis enhardy vous faire la requeste que vous entendrez . Vous sçauez, sire, la sorte que la chambre du tresor a esté conquise, & les gardes mis à mort, dont (comme ie croy) l'Infante Axiane a receu double ennuy : Et toutesfois, souz couleur du combat que ie laissay, à sa requeste, contre Lucencio son Cheualier, faisant en celà autant pour moy que pour luy, elle a tel soing de ma santé, que postposant tout mal vouloir, que raisonnablement elle me pourroit porter, a tellement preferé la vertu, qu'il seroit impossible de mieux traiter ny honorer le plus grand Prince de la terre : qui m'a contraint (sire) vous suplier humblemét, qu'il vous plaise me donner ce que nous auons conquis sur elle pour luy en faire present, & recognoistre en quelque sorte ceste grande honnesteté, dont elle vse en mon endroit. Le Roy qui ne desiroit que luy faire plaisir & complaire, fut tresayse de ceste ouuerture, & luy respondit : Mon grand amy, ie voudrois qu'aussi bien vous m'eussiez demandé trois des meilleures citez de mes royaumes, pour vous faire entendre la bonne volunté que ie vous porte, y estant tenu, comme à celuy duquel ie tiens la vie: car en ce que vous me requerez, vous seul y auez plus que moy, ny autre que ie sçache, & à bon droit ayant esté conquis au pris de vostre sang. Ainsi de me demander chose ou ie n'ay rien, & qui est vostre, il me semble que vous me faites tord : mais s'il vous plaist quelque chose dont ie puisse finer, asseurez-vous que vous l'aurez, quoy quelle me soit chere . Le Cheualier de l'ardante Espée le remercia bien humblement. Et sur ce poinct entra l'Infante, qui estoit allée visiter Lucencio son amy, laquelle le Roy vint saluer, quasi le genoil en terre, & elle, qui estoit tant bien aprinse que rien plus, le receut humblement: puys s'assirent en deux chaires tout au plus pres du Cheualier, qui s'adressant à elle commença son propos en telle sorte : Ma dame, vous m'auez desia tant fait de bien, qu'il seroit impossible à si pauure Cheualier que ie suis, vous en rendre iamais assez de grands merciz: toutesfois i'ay tant suplié le Roy, qu'en vsant de sa liberalité, il a esté content me donner la place que vous auez perdue ces iours passez, pour la remettre en voz mains: ce que ie fais de bon cueur: vous priant (ma dame) qu'en vsant de vostre familiere bonté, vous me pardonniez la mort des vostres, qui (sans doute) ont finy leurs iours, plus par la mauuaise coustume du lieu qu'ilz gardoient, que pour plaisir que i'aye eu de vous faire aucun ennuy. Ainsi, ma dame (remerciant le Roy) il vous plaira receuoir ce present, & me tenir à iamais comme l'un de ceulx qui pour vous faire seruice voudroit hazarder la vie, & mieux, s'il pouuoit. Lors combien qu'Axiane eust plaisir non pareil pour recouurer si aysément ce dont elle desesperoit, si dissimula elle ce grand ayse, & modestement luy respondit: Certes

dit : Certes, bon Cheualier, l'offre que vous me faites si liberalement,
& le desplaisir que i'ay receu, perdant ce que vous auez conquis sur
moy & les miens, me mettent en grande confusion : par ce que considerant la sorte que ma place a esté conquise, puys restituée & mise en
mes mains, il semble que mon honneur ne soit pas pourtant satisfait,
sinon que la mort de mes hommes fust vengée, auecq' autant de cruauté, que la grandeur du mal le merite : non pour le regard d'eulx, ains
pour le respect de ma personne, à qui la principale iniure a esté commise, & qui doit estre amandée par semblable satiffaction . Et d'autre part,
la grace, le bien, & l'honneur que ie reçoy du Roy, & de vous, me
semond à oublier toute offence passée, non tant pour la valeur de la
chose que vous me presentez, que pour oster l'opinion qu'on pourroit
auoir, non seulement de mon ingratitude, ains que la cause de mon
refus procedast d'vn moyen non esperé, pour ne sçauoir, ny pouuoir
iamais vous rendre la pareille : ce que les dieux ne prmettent contre
Axiane, quelque auersité qui luy puisse venir, ny moins monstrer en
l'estat & reng qu'elle tient aucune pusilanimité, veu que tel vice n'entra onques au courage d'elle, ny d'autre yssu de sa lignée . Et par ainsi,
conformant le temps à la fortune, les grands merciz de la restitution
que vous me faites seront telz, que ie m'atends vous en recompenser
quelque fois, non pas comme de benefice fait à la fille de la Royne
d'Argenes : mais comme de largesse procedée de si nobles personnages enuers moy, qui ne s'y atendoit pas . Et ce pendant vous prendrez
pour gaige mon bon vouloir, auecq' tout le reste de ce qui est en ma
puissance . Ah ! ma dame, dit le Roy, ie ne veux pas contester auecq'
vous d'auantage, sçachant bien que la courtoysie de vous pourroit vaincre vn trop mieux parlant que ie ne suis : mais vous suffise, que ceulx qui
vous voyent tombent tous en desir de vous faire seruice, lequel desir
aporte quant & soy tant de force, que tout Cheualier qui vous sert se
tient pour bien recompensé, pourueu que son seruice vous soit agreable . Or n'auoit encores Axiane auisé Gradafilée, laquelle, pour entendre ce qu'ilz disoient, laissa son frere, & la vint aborder . Adoncq'
s'entresaluerent de bonne grace : Toutesfois ilz n'eurent pas long propos ensemble, car la nuict s'aprochoit, & vouloit le Roy de Sicile retourner d'ou il estoit party le matin. Ce que cognoissant Axiane le pria,
& Gradafilée aussi, de n'oublier le chemin, & d'amener le lendemain
la Royne, & Lucelle, auecq' toutes les autres, à qui elle feroit la meilleure chere dont elle se pourroit auiser : & sur ce poinct luy donnerent le bon soir . Et descendants à la court monterent à cheual, reprenants leur adresses au chasteau de la chambre du tresor, ou ilz furent
tresbien receuz, specialement des dames, lesquelles desirants sçauoir

M ii

en quelle

en quelle difpoficion eftoient les deux Cheualiers naurez, ne fut le Roy
quite de leur raconter plus d'vne fois tout ce qu'il en auoit veu & a-
prins. Et ce pendant celuy de l'ardante Efpée, & Lucencio, fe vifiterent
quelque fois, dont ilz aquifrent enfemble tel commencement d'amytié,
qu'elle dura depuys pour iamais.

Comme l'Empereur de Trebi-

fonde, le Roy de Sicile, & tous les autres, tant Cheua-
liers, que dames, & damoyfelles, demeurez au
Chafteau de la chambre du trefor, furent
voir Axiane : & des merueil-
les qu'elle leur monftra.

Chapitre   XXXII.

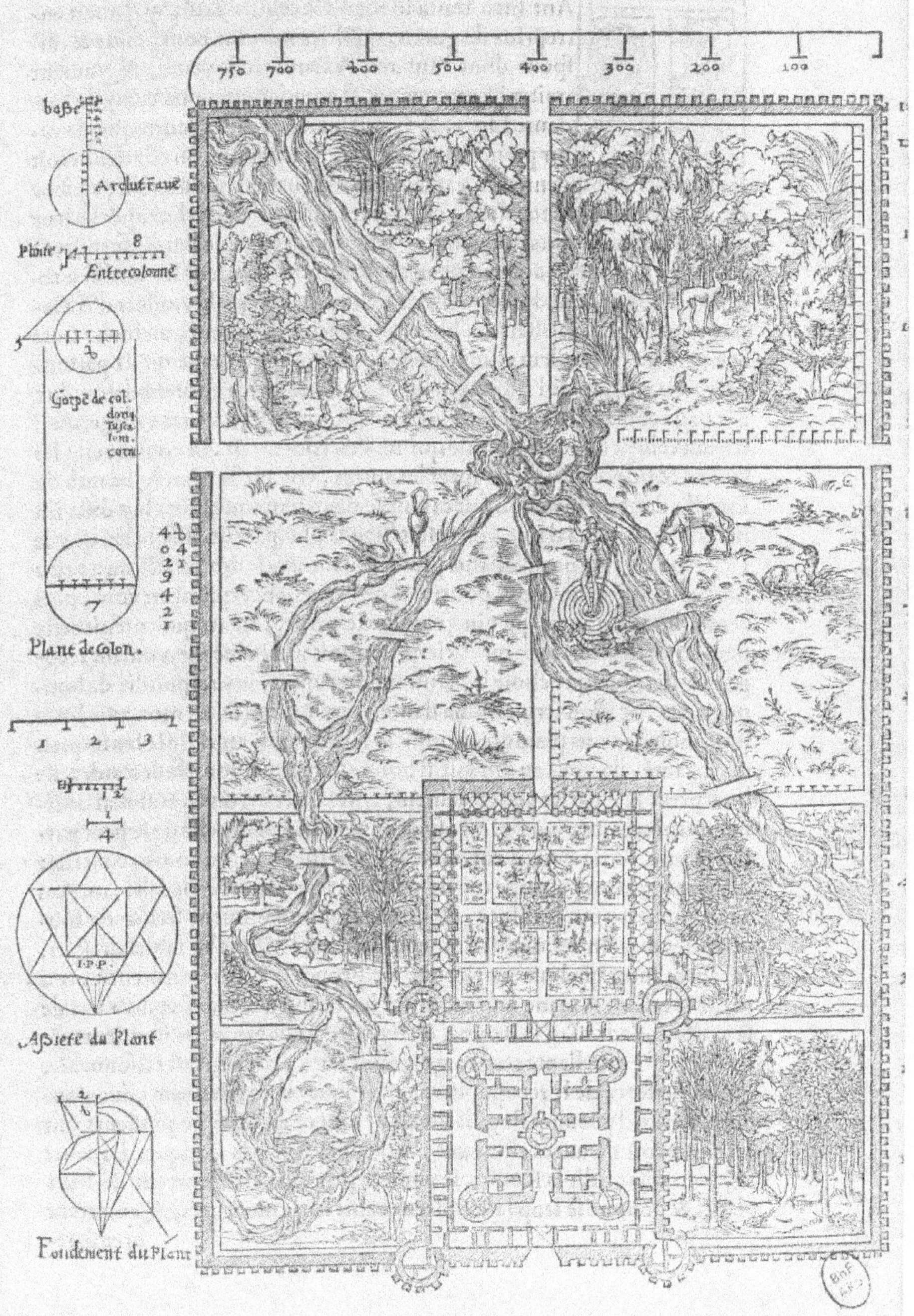

750 700 600 500 400 300 200 100
basse
Architraue
Plinte
Entrecolonne
Gorge de col.
dorıq
Tusca
lon.
corın.
Plant de colon.
1 2 3
1/2
1/4
I.P.P.
Assiete du Plant
Fondement du Plant

Ant bien traita le vieil Cheualier ceulx qu'l auoit entreprins de guerir, qu'il les mist sur bout, sains & dis-
spoz: dont l'Infante Axiane tresioyeuse, & voulant
traiter l'Empereur & sa compaignie, pria celuy de l'ardante Espée, & Gradamarte, les aller semondre de venir prendre la pacience en sa maison, ou elle deliberoit
les festoyer. Ce qu'entendu par les deux Cheualiers, monterent (vn iour
de grand matin) à cheual, & vestuz de manteaux d'escarlate, qu'elle leur
auoit donnez, ayants pour toutes armes leur espées ceintes, se misrent
en voye, tant qu'ilz arriuerent au chasteau, ou ilz furent les tresbien receuz. Adoncq' leur declarerent les deux Cheualiers le vouloir d'Axiane, pour auquel satisfaire delibererent partir sur l'heure mesmes. Lors
enuoyerent querir leurs montures, & cheminerent tant qu'ilz paruindrent à la maison de l'Infante, laquelle, auertie que ia estoient descenduz
à la basse court, vint au deuant les receuoir, auecq' vn si bon visaige, qu'il
n'y eut celuy en la compaignie qui ne s'en contentast. Et comme elle les
saluoit & honoroit les vns apres les autres, voyant la grande beauté de
Lucelle, dont on luy auoit fait cas, ne se peut tenir qu'elle ne luy dist: En
ma conscience, ma dame, vous estes bien la plus parfaitemét belle, que ie
vy de ma vie, & ne m'esbahis plus si l'auanture de mon chasteau a prins
fin, vous ayant les dieux pourueuë de l'excellence qui est en vous, plus
acomplie qu'en autre qui viue, comme ie pense. Lisuart qui entédit ceste
parole, & les louanges qu'Axiane donnoit à la Princesse, voulant recognoistre en quelque chose le plaisir qu'il en auoit, luy respondit de bonne grace: Par mon serment, ma dame, vous n'auez (selon mon auis)nul-
le ocasion de vous plaindre d'eulx:car s'ilz ont mis en ceste Infante quelque beauté, ilz vous en ont fait si bonne part, que vous la secondez de
bien pres. Et à parler veritablement, apres Lucelle, on en eust mal aysément trouué autre qui s'y fust esgalée:, & neantmoins, elle ne se peut garder de rire, & de rougir ensemble. Toutesfois elle ne voulut contester
d'auantage, ains (changeant de propos) les conduit en la salle, ou l'on
auoit couuert pour le disner, & furent si abondamment seruiz de toutes sortes de viandes, que c'estoit chose amirable. Puys les tables dressées,
& apres auoir quelque peu deuisé de propoz qui leur vindrent plus à
plaisir, voulant Axiane leur monstrer les beautez & choses plus rares de
sa maison, s'adressa à la Royne, & luy dist:Ma dame, veu l'honneur que
vous & ceste excellente compaignie auez fait à Axiane,il est raisonnable,
qu'elle s'efforce de le recognoistre en quelque chose, mesmes vous donnant plaisir d'aucunes singularitez qui sont ceans, & que plusieurs ont
quelques fois trouuées estranges. Vous plaist il pas donques les voir?
Oy bien, respondit la Royne, ie vous en prie. Lors se leuerent de leurs
places,& pour ne se trop lasser fisrent venir leurs montures, & entrerent
premiere-

premierement en vn grand parc, partie duquel estoit planté par Ierar-
chies quiconces, d'Orengers, Citronniers, & Myrtes, Grenadiers, Ci-
pres, Loriers, Lentisques, Pins, Sapins, Palmiers, Oliuiers, & autres arbres, si plaisants que merueilles. Et vn peu plus hault sur vne petite croupe, y auoit vn buisson de Cedres, & Platins, ou repairoient toutes sortes
d'animaux, estranges, & priuez. Et au pied decouroit le ruisseau, proce-
dant de maintes belles fontaines, qui arrosoient le lieu ainsi que bon
sembloit, entre lesquelles il y auoit vn hault pillier d'Ambre, qui ietoit
telle abondance d'eau, qu'vn lac spacieux en estoit abruué. Puys tirants
à main gauche, entrerent souz vñe grand' route couuerte d'Ormes,
Tilleux, & Cicomores, tant ombragée, que le Soleil (au plus grand esté)
n'eust sceu ennuyer l'œil de la personne: & pour se reposer y auoit tout
le long vne infinité de petitz cabinetz d'Erables, de Houx francz, & de
Bouiz, entrelassez de Sanguins, & Loriers. Et au mylieu vn rond de cent
toises en quarré, ou estoit Pallas, Iuno, & Venus, de Marbre blanc, qui
regardoient Paris sommeillant sur vn roc de Cristal, d'ou procedoit vne
autre fontaine: à quoy ilz prenoient tous si grand plaisir, qu'il ne leur
souuenoit aucunement de retourner, quand vne nuée suruint, si obscu-
re & tenebreuse, qu'ilz s'entreperdirent tous de veuë, & entendirent sif-
fler vn Serpent, & batre ses aisles, de sorte que tout le parc en retétissoit.
Làs! pauures femmelettes, eustes-vous point de paour? certes oy, & telle qu'elles cuidoient mourir sur l'heure: car la fontaine dont il vous a esté
parlé n'agueres, fut muée en vn si grand feu, qu'il sembloit que flammes
embrasassent le parc petit à petit, n'atendants ceux qui voyoient telle
merueille, que leur fin miserable & desesperée: maudissants Axiane qui
les auoit si cauteleusement emmenez là, pour prendre vengeance (comme ilz pensoient) du desplaisir qu'elle auoit receu d'eulx. Et pour encores leur acroistre ceste frayeur, ilz entendirent sur le grand estang tel
bruit & si grand tonnerre, qu'ilz iugeoient le ciel & la terre s'abismer:
& aperceurent quant & quant sortir & venir à eulx le Serpent, grand, &
espouuentable, ietant feu & flamme par les yeulx, par le nez, & par la
gueule: & au dessus l'Infante Axiane, tenant en son poing vne espée
nue, de laquelle elle donna tel coup entre les oreilles de la beste, que de
grand' douleur se lança au bassin de la fontaine, ou elle commença à se
demener si extremement, que les Cheualiers, dames, & damoyselles, furent baignez de l'eau qui reiallissoit, & tomberent contre terre du hault
de leurs montures, sans toutesfois se faire autre mal. Lors s'euapora l'obscurité, & fut le ciel clair & serain, se trouuants tous au mylieu du boys,
& Axiane parmy eulx, tenant l'espée de Lisuart, & sans plus voir chose qui les ennuyast. Parquoy les Cheualiers, cognoissants leur illusion,
& leur paour passée, se prindrent à rire, non pas les dames, ains trem-
bloient comme la fueille, quelque belle parole que leur donnast Axia-
M iiii   ne, qui

ne, qui les vouloit encores mener plus oultre. Mais Lucelle dift tresbien,
qu'elle n'yroit pour rien du monde, fi elle ne luy promettoit l'exempter
de ces fantofmes. Auffi eftoit elle plus morte que viue, & proferoit ces
paroles de telle grace, que la rizée f'en augmenta. Parquoy Axiane luy
tendit l'efpée de Lifuart, luy difant: Ma dame, pour mieux vous affeurer,
prenez ce bafton, qui a telle vertu, qu'aucun enchâtement ne peult nuyre au perfonnage qui le porte: & pour cefte caufe auois prié le feigneur, à
qui il eft, de me le prefter, entrant en ce parc. Ce qu'il fift, & ie le vous
rends pour defendre vous, & les autres, fi vous eftes affailliz de pareil
effroy que vous auez eu. Par Dieu, refpondit Lifuart, telle defence ay-
merois-ie bien d'elle, & tellement que ie fuis preft de confeffer, qu'elle
& fes femblables ont plus de pouuoir fur moy, que tel qui feroit armé
& en volunté de combatre. Et bien, dit Lucelle, fur cefte parole ie la reçoy, & vous en defendray, fi i'en ay le moyen. Ainfi fe gabants l'vn &
l'autre, le Cheualier de l'ardante Efpée penfant que Lifuart parlaft d'affection, & qu'il portaft faueur à Lucelle, entra en fi forte ialouzie, qu'il
euft voluntiers trouué moyen de le combatre à outrance: mais n'y eftant
le lieu ne l'ocafion difpofée, gardoit en fon cueur ce maltalét, pour quelquefois l'en faire repentir, combien que c'euft efté à grand tord: Car
toute la bonne chere qu'il faifoit à cefte dame, n'eftoit qu'en fouuenance d'Onolorie, à qui elle reffembloit, & pour laquelle il mouroit iour
& nuict.

Comme Alquife arriua par

mer en l'ifle d'Argenes: & du deflogement de
l'Empereur & autres pour re-
tourner en leurs país.

Chacun

Hacun eſtant r'aſſeuré de l'effroy, ainſi que vous auez
ouy raconter, remonterent tous à cheual pour viſiter
le ſurplus du parc, & tournoyerent tant, qu'ilz vindrent au riuage de la mer, qui par ce coſté ſeruoit de
cloſture, ou ilz deſcouurirent d'aſſez loing vne grande nef, laquelle pouſſée par le vent venoit d'vne mer-
ueilleuſe legiereté vers eulx: parquoy ſ'arreſterent, attendants ſ'ilz ſçau-
roient qui y nauigeoit. Et comme le vaiſſeau fut à deux traitz d'arc pres
de la plage, ceux de dedans ieterent hors vne barque, que deux mariniers commencerent à ramer, amenants quant & eulx neuf damoyſelles
veſtues de ſatin blanc tenants chacune d'elles ſa harpe, au ſon deſquelles
l'eau reſonnoit ſi doucement que merueilles. Si deſcendirent peu apres
à terre, & fut recogneuë Alquiſe (qui eſtoit l'vne des neuf) quaſi de tous
les autres Cheualiers, meſmes de celuy de l'ardante Eſpée: car il luy ſouuint que ce fut celle, qui luy pria de laiſſer le combat en la montaigne
Defendue

Defendue contre Esplandian. Et à ceste cause chacun luy porta tresbon visage, & l'embrassa l'Empereur, & le Cheualier de l'ardante Espée, luy disant:Ma grand'amye, en recompense du trauail que i'ay eu pour vous trouuer, ie vous prie que ie vous baise. Elle qui entendoit assez ou il aspiroit, le salua humblement, & luy respondit : Sire Cheualier, vous sçauez le desir que i'ay eu de vous faire seruice, & combien ie suis vostre. Lisuart, & Perion, esbahiz de telle cognoissance, n'en sçauoiét que penser, toutesfois ilz n'en fisrent semblant sur l'heure, ains, apres l'auoir receuë comme elle meritoit, elle leur dist:Seigneurs, mon pere, & Vrgande, vous saluent en toute humilité, & vous mandent par moy, que pour vostre bien vous entriez tous en ce nauire, & sans differer, puys qu'il fault que vous soyez desormais veuz de ceux qui vous ont desirez, & sont pour vostre absence en trop grand'peine. Ainsi auisez, si voulez croire leur conseil : car ilz vous ayment, & desirent vostre proffit, ainsi qu'assez de fois vous auez peu experimenter. L'Empereur(à qui il estoit auis que iamais ne verroit le iour ny le moyen de retourner en Trebisonde) considerant, qu'Alquif, & Vrgande, ne leurs mandoient telles paroles sans ocasion, respondit deuant tous : Ma grand'amye, ie pense que nul de nous voudroit desobeir à personnages, auxquelz nous sommes tant tenuz.Quant à moy, ie suis tout prest, voire sans plus retourner d'ou nous sommes deslogez ce matin.Autant en disrent les autres. Or se souuenoit tresbien Lucencio de la promesse, qu'il auoit faite à la femme sauuage, qu'il trouua en la forest chassant, comme il vous a esté recité au cómencement de ce volume, toutesfois il n'en voulut parler pour l'heure à Lisuart, ny à Perion, esperant que la Royne d'Argenes retournée, il se defferoit d'elle, & les yroit trouuer en Trebisonde, pour les mener à celle qui les demandoit tant. Et sur ce poinct l'Empereur, & les autres Cheualiers, dames, & damoyselles, prindrent congé d'Axiane, luy offrants tout ce qui estoit en leur puissance: dont elle les remercia de bon cueur. Et les commandant à la garde de ses dieux, entrerent au vaisseau d'Alquife, qui peu apres esloigna terre, pensant l'Empereur tirer droit en Trebisonde. Mais il se mesconta pour se coup, ainsi que vous entendrez poursuyuant nostre histoire.

Comme Malfadée, fille du

Geant de la grand'Siclade, fut demander ayde au Roy Amadis, qui, pour la venger du Geant Mascaron, s'en alla auecq'elle.

Chapitre   XXXIIII.

Estants

AV commencement de ceste histoire il vous a esté recité, que le Roy Amadis prenoit vn singulier plaisir, voyant les armes que faisoit chacun iour le Cheualier de la Duchesse de Sauoye, gardant le quay, ou il y auoit fait porter ses tentes & pauillons, en sorte qu'il y seiourna quatre moys entiers : durant lesquelz ce fut chose incroyalbe des escuz que perdirent maints preud'hommes, suyuants la coustume establie au pas. Dont le Roy conceut telle amour au Cheualier, que pour l'atirer à son seruice, & à continuelle residence pres sa personne, luy portoit grand honneur & signe d'amytié. Si auint vn iour entre les autres, que les Veneurs luy vindrent faire raport d'vn grãd Sanglier miré, qu'ilz auoient trouué en vn buisson, assez pres de la marine. Le Roy amy de la chasse, commanda aussi tost qu'on fist tendre les toiles, & auecq' ses leüriers Bretõs, Alains, & grands limiers, le mist aux aboys, & finablement l'enferra d'vn espieu. Et pource qu'il se trouuoit las, vint se refraischir sur la greue de la marine, ou il ne demeura longuement, qu'il vid vne barque que deux mariniers amenerent à terre, & auecq' eulx vne damoyselle, portant sur ses espaules deux testes de Geants, l'vne d'homme, & l'autre de femme. Celle dont ie vous parle

monstroit

monstroit tant de tristesse, qu'vn cueur impitoyable eust esté mué en
compassion. Le Roy, & ceux qui l'acompaignoient, s'aprocherent pour
entendre la cause de telle doleance, & quelle auanture amenoit là ceste
femme. Mais elle les preuint, leur demandant (la larme à l'œil) s'ilz luy
pourroient enseigner le Roy Amadis, refuge & rempart des desolez,
comme elle estoit. Le Roy, entendant qu'elle desiroit parler à luy, respondit doucement: Damoyselle, ce suis-ie, que voulez-vous de moy? A
ceste parole la Geante se prosterna à ses piedz, & augmentant son pleur
& souspirs, luy dist: Helas! sire, si en la saison, que comme Cheualier errant vous cherchiez les auantures estranges, pour faire amander le tord
des outragez, specialemét celuy des femmes vefues & orphelines, maintenant que vous estes Roy, raison vous oblige à ne laisser ceste bonne
coustume, tant sainte, & iuste! Car Dieu n'eslargist ses graces, & grands
biens, à telz que vous estes, sinon pour garder iustice, & secourir les pau
ures desnuez de tous moyens comme ie suis. M'amye, respódit le Roy,
vous dites verité, & certainement ie le veux ainsi, & le feray si ie puis,
tant que i'en auray le moyen: parquoy ne differez à me declarer vostre
douleur, vous asseurant que i'y remediray à mon possible. O bon Prince! dit elle, auecq' ceste esperance suis-ie venue vers vous! & vous suplie treshumblement m'octroyer vn don, lequel est necessaire que m'a-
cordiez, au moins si vous entendez me venger du tord que l'on me fait!
Ie le vous acorde, respondit le Roy. Entendez (sire) dit elle, que le don
que vous m'auez donné est, que vous seul, armé de voz armes, entrerez
& presentement en ma barque, à fin que me vengiez du meschant qui a
mis à mort mes pere & mere, desquelz voicy les testes: & le surplus, sire,
ie le vous diray en nauigant, & tout à loysir. En bonne foy, respondit le
Roy, à moy ne tiendra, que vostre vouloir ne soit executé: car ie vous
suyuray par tout ou vous voudrez. Certes, dit la damoyselle, ceste confiance ay-ie euë tousiours en vostre vertu & bonté: pourtát mandez querir voz armes, & nous en allons. Le Roy apella le Comte Gandalin, &
luy commanda ainsi le faire, sans qu'il en dist aucune chose à la Royne,
ny autre, iusques à ce qu'il fust deslogé. A ce commandement obeit le
Comte, & à son tresgrand regret: mais cognoissant le naturel de son
maistre, qui pour mourir ne faulceroit sa parole, passa oultre. Si ne fist
long seiour à reuenir, & s'arma le Roy, disant au Roy Arban, qu'il aui-
sast la Royne de tout ce qu'il auoit veu, la priant de sa part, qu'elle ne se
donnast peine de luy. Lors entra en la barque, & sans sçauoir ou il alloit
commença à voguer, laissant les siens en vne merueilleuse crainte de le
perdre. Et pource que vous pourriez (seigneurs lecteurs) trouuer estrange, comme ce bon Roy, aagé de quatre vingtz ans, pouuoit encores entreprendre l'execucion de telle, & si estrange auanturé, il fault que vous
entendiez, qu'il fut en son temps le plus magnanime, & du plus grand

cueur,

cueur, que Cheualier, ny autre qui se trouuast. Et puys les iours des hommes n'estoient si auancez comme ilz sont ores: car ilz viuoient, tel deux cents, voire iusques à trois cents ans, & d'auantage. Et (qui plus est) la force des eaux, dont Vrgande la Descogneuë le laua au palays d'Apolidon, lors qu'elle l'enchâta, luy aydoit bien à ceste affaire, comme il vous a esté dit. Retournants donques ou nous estions demeurez, le Roy Arban ayant conduit de l'œil le Roy Amadis, iusques à le perdre de veuë, vint trouuer la Royne Oriane, & luy declara le commandement du Roy, dont elle deuint si pertroublée, que ietant vn hault souspir commença à dire: Vray Dieu! le grand cueur du Roy est ennemy de sa personne & de moymesmes! veu les dangers ou il le côduit à tous propos! Helas! n'est il pas heure de repos pour luy! & laisser entreprendre telles ieunesses à vn si grand nombre de bons Cheualiers, qui ne demandent autre chose! Par Dieu (ma dame) respondit Angriote, vous dites verité: mais quoy? le Roy, qui est nay pour aquerir luy seul l'honneur de tous, desire ainsi entreprendre, & rien nous laisser derriere, pensant (par les grands biens qu'il nous fait) satisfaire assez au seruice & bon vouloir que nous luy portons. Assez d'autres essayerent à reconforter la Royne, deuant laquelle ilz amenerét tant de raisons, que finablemét elle en print quelqu'vne en payement, n'y sçachant meilleur remede: parquoy delibera retourner à Londres. Et de fait, ayant laissé en la garde de nostre Seigneur le Cheualier du Quay, & la Duchesse de Sauoye, deslogea le lendemain de grand matin.

Comme Malfadée la Genate

conta au Roy Amadis son infortune: & des
propoz qu'ilz eurent ensemble.

Chapitre   XXXV.

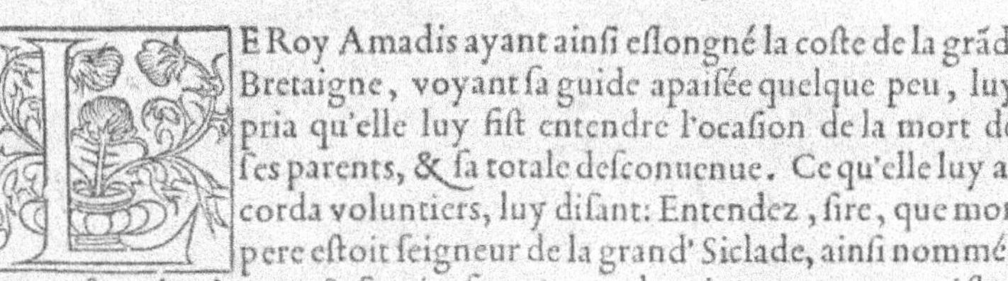

E Roy Amadis ayant ainsi eslongné la coste de la grâd' Bretaigne, voyant sa guide apaisée quelque peu, luy pria qu'elle luy fist entendre l'ocasion de la mort de ses parents, & sa totale desconuenue. Ce qu'elle luy acorda voluntiers, luy disant: Entendez, sire, que mon pere estoit seigneur de la grand' Siclade, ainsi nommée pour estre plus longue & spacieuse qu'autre des cinquante quatre Isles. Et combien qu'il fust Geant, si auoit il en soy maintes bonnes & vertueuses coustumes, grand iusticier estoit, pitoyable, & exerçant tout droit d'amyable hospitalité enuers ses voisins. Entre lesquelz vn se trouua

N   meschant

meschant, trahistre, & dissimulateur, qui(abusant de ceste humanité &
douceur) faignit estre tant amy de mon pere, qu'il l'honoroit par dessus
tous. Celuy dont ie vous parle, nommé Mascaron, vint quinze iours a,
& non plus, auecq' vn sien cousin, en la grand' Siclade, ou ilz furent tresbien receuz : Et neantmoins le lendemain apres le disner, le meschant
pria mon pere, que ie luy tinse compaignie à se promener dans vn iardin prochain de la place. Mon pere innocent de la malice du paillard,
me commanda ainsi le faire, & fusmes Mascaron & moy assez long
temps, sans qu'il me parlast de chose qui me deust ennuyer. mais à la fin
il me pria que ie luy octroyasse mon amour. Moy lors bien estonnée,
luy respondy franchement, que pour mourir ie ne ferois ceste iniure à
mon lignage, luy mettant deuant les yeux la bonne chere, & grand a-
cueil, que luy auoit fait mon pere, à quoy il deuoit auoir esgard. En estes
vous là? dit il, si fault il que vous m'obeissiez, vueillez, ou non: toutesfois
ie vous prie que ce soit par amytié, & non par chose forcée. Certes, luy
respondy-ie lors, auant m'occirois de mes propres mains. Et nonobstāt
rien n'y valut mon refus, qu'il ne mist son pouuoir à me vilainer, tellement que ie me prins à crier si hault, que mon pere(qui deuisoit auecq'
le cousin de Mascaron) vint à mon secours, me demandant la cause de
ma clameur. Helas ! dy-ie, ce meschant m'a voulu deshonorer, & forcer!
Mon pere irrité, & non sans cause, pensant saisir vn baston qui estoit à
ses piedz, baissa le col, & auant qu'il le peust sourdre, le trahistre desgaina
vne simeterre qu'il auoit penduë à la ceinture, & luy en donna tel coup
sur la teste, qu'il la luy separa du corps Lors pauurette que ie suis, me mis
à braire, & lamenter, en sorte que ma triste mere arriua vers moy, laquelle trouuant mon pere ainsi deffait, & la simeterre encores sanglante es
mains du meurdrier, se lança sur luy : & comme la Lyonne furieuse,
voyant ces faons emporter, commença à le mordre, esgratigner, & faire
tout ce que femme cōblée de desespoir peult faire en tel cas. Aussi l'eust
elle mis à mort, sans doute : mais l'autre se mist de la partie, & ieta ma
mere contre terre, sur laquelle il tira depuys l'espée & la meurdrit. Quant
& quant me saisit Mascaron par les cheueux, me disant, que pour me
faire plus souffrir, il ne m'occiroit cōme les autres, ains me forceroit sur
les corps de mes tristes parents, pour receuoir plus grande iniure: & ainsi
executa il sa damnée & malheureuse volunté, quelque resistance ny menasse que ie luy fisse. Puys me donna du pied contre le ventre, me disant:
Va chetiue créature, chercher qui t'honore d'auantage, ou te rende le
bien que tu esperois à l'auenir. Et me laissant seule, luy & son cousin retournerent au chasteau, ou ilz tuerent trop inhumainement maints pauures valetz, & s'en emparerent si bien, qu'ilz le gardent encores. Quoy
voyant prins les testes que vous pouuez voir, & entray en ceste barque
acompaignée de ce mien seruiteur, lequel m'a conduite vers vous à refuge:&

fuge : & ainsi luy commanday-ie, ayant ouy maintesfois asseurer, que
vous ne faillistes onques à pauure desolée. Et voylà, sire, comme le tout
s'est passé, & la fin malheureuse de ceux qui m'auoient engendrée. Lors
se mist tellement à pleurer, qu'il sembloit qu'elle deust fondre en larmes.
Dont le Roy se saisit le cueur si fort, qu'il auoit prou affaire à se garder
de larmoyer, & luy dist: Certainement voylà bien la plus grãde & malheureuse trahison que l'on sçauroit penser, & laquelle i'ay bien esperance ne laisser impunie. Helas ! respondit elle (sire) ie prie Dieu qu'il vous
en donne la grace. Ainsi alloient deuisants le Roy, & Malfadée la Geante, auecq' si bon vent, que le trezeiesme iour ilz arriuerent à vingt mille
pres de la grand Siclade. Ce que le marinier fist entendre au Roy, l'asseurant qu'ilz y prendroient port le lendemain deuant les huict heures. Et bien, respondit il, nous verrons Mascaron & moy, qui aura belle
amye.

Comme nauigant par nuict

l'Empereur de Trebisonde, le Roy de Sicile, & leur compaignie, passa deuant eulx vne barque, en laquelle
estoit vn Cheualier, & vne dame, qui
ploroit tendrement.

Chapitre   XXXVI.

Ous vous auons n'agueres raconté la forte, en laquelle l'Empereur & fa compaignie entrerent en mer, au
partir de l'Ifle d'Argenes, ou il n'y auoit celuy d'eulx,
qui ne fuft en grand plaifir, efperants tirer droit en
Trebifonde. Mais ilz contoient fans leur hofte, auffi
en fut il venu trop grand mal: pour à quoy obuier
Alquife auoit efté enuoyée vers eulx, ainfi que vous entendrez es autres
chapitres. Nauigant donques cefte troupe par l'efpace d'vn moys entier, fans fçauoir ou, ny en quelle part ilz tiroient, eftant le vaiffeau gui-
dé de foymefmes, fans autre pilote, ou gouuerneur (car le faige Alquif
l'auoit ordonné de la forte) auint qu'vne nuict entre autres, le Cheualier
de l'ardante Efpée ne pouuant repofer, pour trop penfer à fes amours,
entendit les pleurs d'vne femme, comme il luy fut auis, fe lamentant &
pleurant à chaudes larmes: parquoy efueilla fon compaignon Gradamarte, à qui il portoit finguliere amytié, & luy demanda, f'il auoit ouy
cefte plainte: car, dit il, felon mon auis, ie penfe qu'elle foit de quelque
damoyfelle des noftres. La plainte ay-ie bien entendue, refpondit Gradamarte, mais elle procede de plus loing: & qu'ainfi foit, l'eau en em-
porte le bruit petit à petit. Iamais Dieu ne m'ayde, dit celuy de l'ardante Efpée, fi ie ne vois fçauoir que c'eft. Et moy, refpondit Gradamarte,
demeureray-ie derriere? Lors fe leuerent haftiuement, & fe couurants
chacun de fon manteau, vindrent fur le tillac du nauire, & f'enquifrent
aux mariniers, f'ilz auoient veu paffer aucun qui pleuraft, ou fift bruit.
Oy, refpondirent aucuns d'eux, c'eft vne damoyfelle, qu'vn Cheualier
emmene dans vne barquette à deux rames. Ce m'aiftdieux, dift celuy
de l'ardante Efpée, il la force donques, & me fierroit mal d'auoir fi long
temps porté armes, & n'y mettre remede: auffi eft il vray femblable, que
ie n'euffe ouy cefte clameur, fans le vouloir des celeftes, qui veulent que
i'y pouruoye. Et partant, Seigneur Gradamarte, ie vous prie m'ayder à
armer: car pour rien du monde ie ne ferois retif que ie ne les fuyuiffe en
noftre efquif, auecq' vn ou deux de noz matelotz. Comment? refpondit Gradamarte, penfez vous mon amytié fi petite enuers vous, que ie
voufiffe vous laiffer aller ainfi feul? Sur mon ame, encores que me def-
daigniffiez iufques là, fi ne vous habandonneray-ie pour rien, que ie
n'aye part au bien & au mal qui vous en pourra furuenir. Quand le Cheualier à l'ardante Efpée l'entendit parler de telle affection, & doutant
luy auoir defpleu, vint l'embracer, luy difant: Pardonnez-moy, monfieur mon grãd amy, & ie vous iure par noz haultx dieux, qu'autre chofe ne m'a fait parler ce langage, finon crainte de vous trop trauailler: car
i'ay plus de plaifir en voftre compaignie, qu'en toutes les autres que ie
pourrois frequenter. Et pourtant ie vous prometz que ie ne pafferay
meshuy voftre commandement, & ordonnez de moy comme il vous
pluira.

plaira . Lors Gradamarte fist signe aux mariniers qu'ilz ietassent l'esquif en mer , & ce pendant s'allerent armer le plus secretement qu'ilz peurent , craignants que le Roy , ou autre , destournassent leur entreprinse. Et eulx equipez sortirent du grand nauire , auecq' deux hommes seulement pour les conduire , auxquelz ilz commãderent tirer la route qu'ilz auoient entendue la voix se complaindre: auisants les autres,que sur leur vie ilz ne declarassent rien de leur partement , iusques au lendemain matin,supliants l'Empereur de leur part , qui les atendist deux iours , s'il luy estoit possible.Lors commença l'esquif à voguer , & fisrent ceux du nauire ainsi qu'il leur estoit chargé:car le iour venu,le Roy de Sicile cuidant aller visiter le Cheualier de l'ardante Espée: & ne le trouuant point ou il auoit acoustumé de reposer , sceut des mariniers la sorte que luy & Gradamarte estoient deslogez,dont il fut tresdeplaisant, mesmes Lucelle , quand elle sceut ce dont ilz prioient l'Empereur , qui estoit de les atendre . Mais la tempeste suruenue au poinct du iour y contredisoit tellement , qu'il leur fut impossible mettre le nauire à l'ancre , ains (voulsissent ou non) deslogerent suyuants la fortune , leur persuadant Alquife, que tout ce estoit ordonné par mistere , & qu'auecq' le temps le Cheualier de l'ardante Espée & Gradamarte se retrouueroient . Et ce pendant nous retournerons au Roy de la grand' Bretaigne , qui nauigeoit auecq' Malfadée.

Comme le Roy Amadis print

port en la grand' Siclade,& combatit contre Mascaron: & du
peril ou il se trouua , dont il fut deliuré par le Che-
ualier de l'ardante Espée,& Gradamarte,
qui y suruindrent en bonne
heure pour luy.

Chapitre　XXXVII.

Radarmarte & le Cheualier de l'ardante Espée, faisoient ramer au possible leurs deux matelotz, pour ataindre celuy qui emmenoit la damoyselle, ainsi qu'il vous a esté dit, lequel ilz descouurirent sur l'aube du iour, dont ilz receurent grand plaisir, esperants que iamais il ne leur eschaperoit. Et le poursuyuants à grand' haste (estant ia vne bonne heure de iour) luy virent prendre terre en vne Isle prochaine, & celuy qui guidoit la barque entrer en vn fort chasteau, d'ou (quasi aussi tost) il sortit, & retourna vers le Cheualier qui l'atendoit sur la greue. Si demeurerent quelque temps ensemble, & depuys aperceurent venir à eulx vn Geant armé de toutes pieces, & apres luy vn autre Geant, & quelque nombre de peuple sans armes: parquoy le Cheualier embrassa son escu, & laçant son heaume mist la main à l'espée, & marcha droit au Geant, lequel se mist en pareil equipaige de combatre. Lors commencerent à charger l'vn sur l'autre telz coups, que les estincelles de feu sortoient de leurs armes, quasi comme d'vn fourneau soufflé par les souffletz de quelque Mareschal. Et ainsi se maintindrent, escartelants leurs escuz, & desmaillants leurs hauberts, si que le mieux armé demeura quasi nud, se monstrant le Cheualier de la barque
si prompt,

ſi prompt, hardy, & legier, qu'il faiſoit maintesfois perdre coup à ſon
ennemy, & le traitoit tãt mal, que le ſang luy ſortoit en maintz endroitz
de la chair viue, dont le Geant trop craintif, voyant ſa fin prochaine, ſ'é-
ſcria à haulte voix : Couſin, couſin, & vous mes hommes, vengez moy
de ce dyable : car ſil fuſt homme mortel, il n'euſt ſceu faire les efforts
que vous auez veu. Ah ! paillard, dit le Cheualier, penſe-tu ainſi garantir ta vie? par mon chef tout le ſecours des trahiſtres ne te ſauuera de mes
mains. Ce diſant commêça à le preſſer plus fort qu'il n'auoit fait de tout
le iour, & ne faiſoit autre choſe le Geant, que parer aux coups, atendant
ſes hommes qui eſtoient tous allez querir armes au chaſteau, dont ilz
retournerent haſtiuement, & ſe mirent à charger ſur le Cheualier de la
barque, qu'ilz enuirônerent de toutes parts. Or quelque peu au parauant
celuy de l'ardante Eſpée, & Gradamarte (qui de loing auoient veu le
commencement du combat, diſoient l'vn à l'autre : Regardez comme
nous auons bien eſté deceuz, celuy que nous penſions emmener la damoyſelle par force, eſt venu la venger de quelque tord qu'elle a receu de
ce Geant:aprochons-nous & voyons comme il en ira. Lors commanderent à leurs matelotz prendre terre, & tant plus il aprochoient, & plus
ſ'eſmerueilloient qui eſtoit celuy qui combatoit ſi vaillamment, lequel à
veuë d'œil rengeoit ſon ennemy comme il luy plaiſoit. Mais ilz aperceurent le ſecours arriuer, & l'aſſaillir de tous coſtez:neantmoins le Che
ualier ſe defendoit tant bien, voyant ſa mort deuant les yeux, qu'il ſem-
bloit que de tout le iour il n'euſt rué coup d'eſpée, encores qu'il euſt affaire à deux Geants, & bien vingt autres, que valetz, qu'Eſcuyers, deſquelz il eſtoit ſi importuné, que c'eſtoit merueilles comme il leur pouuoit ſatisfaire.Gradamarte, & celuy de l'ardante Eſpée, qui en leur eſquif
gaignoient le riuage de l'eau,aprocherent la barque, ou eſtoit demeurée
la damoyſelle, laquelle ſe deſtordoit les mains, & ſe tirant les cheueux,
faiſoit le plus triſte dueil du monde, maudiſſant & coniurant la fortune,
qui luy eſtoit tant contraire & malheureuſe. Adoncq' luy demanda celuy de l'ardãte Eſpée, pourquoy elle ſe douloroit ainſi. Helas ! ſeigneur,
reſpondit elle, ſi en vous ya quelque bonté, & compaſſion, pour Dieu
ſecourez ce bon Cheualier ! qui pour mon droit a entreprins ceſte dure
meſlée, contre le plus cruel & trahiſtre Geant, qui naſquit onques de mere ! lquel violant ſa foy, & promeſſe, fait ainſi deſloyaument aſſaillir le
Roy Amadis, que vous pouuez voir au danger qu'il eſt pour l'amour
de moy ! Quand le Cheualier de l'ardante Eſpée entendit dire à la damoyſelle, que celuy qui combatoit entre tant eſtoit le Roy de la grand'
Bretaigne, il fut grandement esbahy,& parla ainſi à Gradamarte:Vraye-
ment, ie croy que tout ce que renommée a publié de luy par cy deuãt eſt
veritable, & encores n'eſt ce rien, au reſpect de ce que ie voy de mes deux
yeux : parquoy ie ne conſentiray iamais qu'il ſoit ainſi outragé de ces
N iiii   pendards

pendards, ains luy ayderay à mon pouuoir, combien que ie suis seur qu'il
me hait plus qu'homme qui viue. Et, toutesfois, ie m'estime heureux d'e-
stre arriué à temps pour luy faire cognoistre, que postposant arriere hayne) ie suis plus amy de vertu que d'inimytié: aussi est ce chose plus loua-
ble vaincre soymesmes, que non pas tout autre: Pourtant, mon compaignon, ie vous prie chastions ces trahistres, car cheualerie est principalement ordonnée pour semblables rencontres. Lors descendirent sur la
greue, & embrassants leurs escuz, assaillirent rudement ceulx qui tenoient le Roy ainsi assiegé, criant le Cheualier de l'ardante Espée: Arriere meschants, arriere, vous mourrez tous pour auoir si laschement mis
la main au meilleur Roy de ce monde. Et de ce pas dóna tel coup d'espée
au premier qu'il rencontra, qu'il luy fendit la capeline de fer, & la teste
iusques aux espaules. Puys se meslant en la presse, frapa à dextre & à senestre de telle force, que celuy qu'il ataignoit à ferme n'auoit plus que faire de Chirurgien. Gradamarte d'autre costé ne faisoit gueres moins, aussi
estoit il de race de Geant, preux, & vaillant Cheualier, & vouloit bien
faire cognoistre au Roy Amadis, que pour l'amour de Lisuart de Grece,
dont sa sœur estoit tant amoureuse, il employoit de bon cueur sa personne à luy faire seruice. Or estoit lors Amadis fort naüré, neanimoins se
sentant secouru, & par si preud'hommes, eut le cueur si enflé, qu'il reprint
nouuelles forces, & ataignit Mascaron si viuement, qu'il luy aualla la teste de dessus les espaules, criant à haulte voix: De ce iour, trahistre, pren-
dront fin, ta vie, & tes grádes desloyautez ensemble. Ce pendant s'entre-
chamailloient Gradamarte, & l'autre Geant, cousin de Mascaron, lequel
l'auisant en si piteux estat, commença à perdre cueur, & reculer pas à pas
pour euiter la mort: mais le Cheualier de l'ardante Espée le trouuant en
sa voye, luy donna si grand coup sur l'espauliere, qu'il luy aualla le bras
droit, tellemét qu'on luy voyoit le foye & mourut: demeurát le reste des
aissaillants si esperduz, qu'ilz prindrent la garitte, fuyants à vauderoute
en la forteresse. Ce que peu leur proffita: car finablement ilz perdirent
la vie, fors quelques vns qui se rendirent à mercy. Lors la Geante Malfadée cognoissant la victoire estre tournée en sa faueur, voyant la teste de
son ennemy sur le champ, la courut prendre, & à belles dents comméça
à la desrompre, ainsi que fait le Loup affamé l'Aneau qu'il a rauy du pa-
steur: dont le Roy se mist à rire, disant qu'il n'eust iamais pensé, qu'en
corps de femme y eust peu auoir vn cueur si grand. Sire, respondit le
Cheualier de l'ardante Espée, elle veult paracheuer la fin de sa vengeance, & monstrer à l'effait, que souuent telles contraintes sont familieres à
elle, & ses semblables. Veritablement, dit le Roy, extremité la pouuez
vous bien nommer. Mais, mes amys, ie vous prie oster voz heaumes, que
ie vous cognoisse: car vous auez tant fait pour moy, que ie ne tiens la vie
que de vous. Sire, respondit le Cheualier de l'ardante Espée, il vous plai-

ra nous

ra nous donner congé , pource que nous ne pourrions faire plus long seiour auecq' vous . Ah ! ah mes amys ! dit le Roy en les embraſſant , me
laiſſerez-vous donques ſi toſt , & ſans me declarer voz noms ? par tout
tant que ie tiens de Dieu , ce me ſera grand deſplaiſir . Sire, reſpondit le
Cheualier de l'ardante Eſpée , pour vous obeïr vous nous verrez le viſage nud , combien qu'auſſi peu nous cognoiſtrez-vous armez , que ſans
armes : & ſi n'auois deliberé vous faire ſeruice en ceſt endroit:toutesfois
les courages ſe changent auecq' le temps , & diſpoſent ſouuent les dieux,
tout autrement que les perſonnes ne propoſent.Au reſte,ie vous aſſeure,
que ma demeure plus longue par de çà ſeroit trop dommageable à plu-
ſieurs:ainſi vous nous excuſerez pour ceſte heure,s'il vous plaiſt. Le Roy
Amadis,qui durant ces propoz le regardoit ententiuement eut le cueur
tout eſmeu : car il luy va ſouuenir de ſon filz Liſuart,à qui il reſembloit,
& ſupçonna quant & quant (aux enſeignes qu'on luy auoit données)
que c'eſtoit il ſans autre qui auoit conquis la montaigne Defendue , &
combatu en ſa preſence, le Cheualier de la Ducheſſe de Sauoye: parquoy
ayant plus d'enuie d'en ſçauoir la verité,luy diſt:Cheualier, ie vous mercie de bon cueur du bien que i'ay receu par vous , & plus encore d'autant que l'inimytié que vous dites m'auoir portée, ne vous a deſtourné
de ſi bon acte. Quant à moy , ſi vous eſtes celuy que ie penſe , & que i'ay
hay plus que tous les hommes du monde , ie vous iureray maintenant
que (pour l'eſtime que i'ay de voſtre perſonne)le mal vouloir eſt du tout
oublié en mon endroir , dont vous verrez l'experience quand il vous
plaira . Sire,reſpondit le Cheualier de l'ardante Eſpée, ie ne ſçay ſi ie ſuis
celuy que vous preſumez , mais ie me tiendrois pour bien heureux d'e-
ſtre amy & ſeruiteur de ſi gétil Prince que vous eſtes, pour teſmoignage
dequoy,& en aſſeurance que nous voulons demeurer voſtres,vous ſçau-
rez preſentemét qui nous ſommes ,& quelques nouuelles qui vous don-
neront encores plus d'enuie de nous vouloir bien. Ceſtuy mien compaignon eſt Gradamarte, Prince de l'Iſle Geante , & ie ſuis vn pauure ſol-
dat, qu'on apelle le Cheualier de l'ardante Eſpée : vous dire d'auantage
de mon eſtre,ie ne pourrois:car ie ne le ſçay moymeſmes. Les nouuelles
que ie vous veux dire ſont, que voz filz Perion de Gaule, & Liſuart, ſont
pres d'icy, auecq' l'Empereur de Trebiſonde , ou nous les auons laiſſez
dans vn nauire , ioignant lequel vous eſtes paſſé ceſte nuict : & eſtions
venuz apres vous,cuidants(aux pleurs que faiſoit ceſte damoyſelle) que
vous l'enleuiſſiez par force , & maugré elle . Le Roy qui penſoit ſes enfants morts , & oyant qu'ilz eſtoient en bonne ſanté , & ſi pres de là, fut
ſurprins de tant extreme plaiſir , que haulçant les mains au ciel , miſt les
genoux en terre , & ſ'eſcria : O ſouuerain Dieu ! combien ſont grands
& amirables voz iugements ! & quel ſecours vous enuoyez à ceux qui
vous reclament ſans faintiſe, à fin que voſtre grandeur ineffable ſoit cogneuë

gneuë en tous lieux ! Seigneur, ie vous rends louanges, & graces, autant
qu'il m'est possible : car il n'y a pas long temps que ie pensois estre au but
de ma vie, & m'ayant deliuré de mort, par la main de celuy que ie hayois
le plus en ce monde, m'auez quant & quant (& par luy mesmes) fait sçauoir nouuelles les plus ioyeuses qui m'eussent sceu auenir. Puys se releua,
& tendant les braz vint acoler celuy de l'ardante Espée, luy disant. Ah !
mon enfant, certes autrement ne vous puis-ie apeller, veu que raison
m'oblige à vous aymer & estimer plus que Cheualier qui viue, ie vous
suplie me pardonner le peu d'acueil que ie vous ay fait iusques icy : Car
vostre vertu merite bien qu'on vous honore entre tous les preud'hommes que ie sçache. Ie prie à Dieu me donner la grace, que ie puisse quelque iour recognoistre enuers vous tant de bien que vous m'auez fait, &
si m'en ferez encores vn autre, s'il vous plaist. C'est que ces mariniers
retourneront vers l'Empereur, & mes enfants, les auertir de ce qui m'est
auenu, & ce pendãt me tiendrez compaignie: car ie croy quand ilz sçau-
ront, que pour les playes que i'ay il m'est impossible les aller trouuer,
qu'ilz ne faudront à faire voyle par deçà. Sire, respondit le Cheualier de
l'ardante Espée, moy mesmes seray messagier de si bonnes nouuelles,
& les ameneray plus aysément, que non pas ceux que voulez y enuoyer.
Et bien, dit il, allez donques en la garde de nostre Seigneur, qui vous
conduie : Et atendant vostre retour, ie me retireray en ceste place. Lors
s'aprocha Malfadée toute sanglante de la caresse qu'elle auoit faite au
chef de son ennemy, laquelle (remerciant de grande affection les Cheualiers de leur bon secours) fist conduire le Roy Amadis en son chasteau,
ou elle visita ses playes, & y apliqua onguents & remedes necessaires,
car elle estoit sçauante en tel art. Et sur ce poinct Gradamarte, & son
compaignon, ayants congé du Roy, r'entrerent en leur vaisseau, esperants le reuoir en brief.

Cõme nauigants en mer, le Che-

ualier de l'ardante Espée, & Gradamarte, arriuerent par for-
tune en l'Isle de la tour Vermeille, ou fut combatu &
deffait Gandalfe: & tirerent de prison,
Galeote, & Madasime, pere
& mere de Balan.

Chapitre   XXXVIII.

Apres

Pres que le Cheualier de l'ardante Espée, & Gradamarte, eurent prins congé du Roy Amadis, & r'entré
en mer, commanderent à leurs mariniers reprendre
la route du lieu, ou ilz auoient laissé leur compaignie.
Et ainsi le firent, esperants y arriuer en brief, & leur
conter ce qu'ilz auoient sceu du Roy Amadis, qui les
atendoit, ainsi qu'il vous a esté dit. Mais ne trouuants plus le nauire, ny
hôme, pour s'enquerir qu'il estoit deuenu, le Cheualier de l'ardáte Espée
cuida pssionner de desplaisir, combien que Gradamarte le reconfortast
assez, cognoissant d'ou luy procedoit tel ennuy. Si resolurent, pour le
mieux, de retourner vers le Roy Amadis, & ensemble prendre la route,
de la grand' Bretaigne, ou (peult estre) ilz auroient nouuelles de ce qu'ilz
desiroient

deſiroient tant:car, dit Gradamarte, il ſeroit mal ayſé que telz perſonnages, que l'Empereur, & le Roy de Sicile, ſe puiſſent longuement celer,
ſans eſtre deſcouuertz: & à ceſte cauſe, auiſerent les matelotz de leur
intencion, leſquelz, r'adreſſants leur vaiſſeau, commencerent à voguer,
auecq' vent propre, qui dura peu : car il ſuruint ſoudainement telle tempeſte, que maintesfois ilz ſe trouuerent en peril de naufrage, & furent
contraintz habandonuer voyles & rames au bon plaiſir de fortune, qui
les pouſſa quatre iours entiers ſans voir terre, ny choſe qui leur donnaſt
la moindre eſperance du monde de rechaper . Mais le lendemain matin
leur barque vint aborder vne Iſle, en laquelle ilz deſcendirent, rendants
graces à leurs dieux de tel ſecours, encores qu'ilz ne cogneuſſent la contrée, ou ilz auiſerent(non pas loing d'eux) vn chaſteau, tout baſty d'vne
piere rouge comme ſang , & ſouuint au Cheualier de l'ardante Eſpée,
que Balan en portoit vn ſemblable pour deuiſe: parquoy il diſt à Gradamarte. Ne me croyez iamais, mon grand amy, ſi nous ne ſommes arriuez
en l'Iſle de la tour Vermeille, & ſi ceſte place n'eſt le chaſteau, ou ſont
detenuz priſonniers le pere & la mere de Balan , qui m'eſmeut grandement d'aller trouuer Gandalfe, & le prier par courtoyſie qu'il les deliure,
& la terre auſſi, à qui elle apartient . Ce ſont paroles, reſpondit Gradamarte, i'ay tant ouy blaſmer Gandalfe que vertu n'a nulle part en luy : &
ne ſera rien que par force . Et ainſi qu'ilz deuiſoient, virent venir à eulx
vn Eſcuyer monté ſur vn rouſſin, lequel (ſans les ſaluer) leur diſt. Cheualiers, Gandalfe Roy de la Sagitaire, s'eſbahiſt grandement qui vous a
meuz mettre le pied en ce païs qui eſt ſien, ſans l'en auertir, & vous mande par moy, que venez voluntairement en ſes priſons, autrement il vous
fera mourir de la plus cruelle mort qu'il pourra penſer . Et toutesfois ſi
d'auanture Balan, filz de Galeote, eſt l'vn de vous, il veult qu'il entende,
qu'il en eſt fort ioyeux , non pour bien qu'il luy deſire, ains en eſperance de luy oſter la teſte, & l'enuoyer auecq' celle de ſon pere, & de Madaſime, au meſchant Roy Amadis de Gaule, duquel il ſe faiſoit fort, & le
menaſſoit . Mais il penſe, que celuy dont ie parle, n'a pas loyſir de retourner, pour crainte qu'il a que tel bien ne luy auienne, veu meſmement la longue ſaiſon qu'il auoit promis de retourner, & le combatre.
Trop fut irrité le Cheualier de l'ardante Eſpée, ſoyant menaſſer de priſon, & en colere, reſpondit à l'Eſcuyer: Mon amy, retourne à ton maiſtre , & luy dy, qu'il ſe monſtre par ton meſſage plus fol Roy, & ſuper-
be, que nous temeraires , pour eſtre entrez en païs qu'il perdra en brief,
& ou nous ſçauons qu'il n'a rien . Tu luy diras auſſi, que la veuue de Balan le fera autant marry qu'il ſe vente ioyeux: Et pour luy en donner certaine aſſeurance , ie ſuis Balan , qui n'a ſceu venir pluſtoſt le combatre,
non pour crainte de luy, mais pour n'auoir eu le temps & l'ocaſion à pro
pos. Et par ainſi qu'il acompliſſe enuers moy ce en quoy il eſt obligé, &

ie luy

ie luy tiendray semblablement de ma part ce que ie luy ay promis, qui
est faire present de sa teste au Roy Amadis, plus vertueux, & debonnaire, qu'il n'est trahistre, & meschant. L'Escuyer apres l'auoir escouté se mist
à secouer l'oreille, & par moquerie, en se souzriant, luy dist: En bonne
foy, ie cognois bien maintenant, que vous auez le ceruau plus debile &
aliené, que ie ne pensois: Toutesfois, pour estre fol, ce n'est pas argument
pour empescher que ne soyez chastié, ainsi qu'il vous apartient. Mais a-
tendez, ie m'en vois querir qui vous aprendra desormais à parler plus
gracieusement, & reueramment, que n'auez fait de la personne d'vn tel
Prince, qu'est le Roy Gandalfe mon maistre. Lors tourna bride, & donnant des esperons à son cheual, reprint le chemin qu'il estoit venu, laissant Gradamarte tresdeplaisant de ce que le Cheualier de l'ardante Espée
auoit seul acordé si grand fait: car il sçauoit par renommée, que Gandalfe estoit l'vn des plus rudes & forts Geants du monde : & à ceste cause il
dist à son compaignon: Ce m'aist dieux il me semble, puys que vous prenez les affaires d'autruy si fort en main, que vous deuriez beaucoup d'a-
uantage auoir les vostres propres en recommádacion:& m'esbahis comme vous auez entreprins si legierement ceste meslée, sans me faire part
du peril, ou de l'honneur, qui en peult venir : veu que ie ressemble trop
mieux à Balan, soit de grandeur, & de contenance, que vous ne faites,
& prendrois plaisir que Gandalfe me pensast tel, & que vous mesmes
l'en asseuriez : Ce faisant ie cognoistray que vous m'auez voulu recompenser de l'amytié que ie vous porte, autrement, non . Ah ! mon grand
amy, respondit le Cheualier de l'ardante Espée, tant plus nous allons a-
uant, & plus se manifeste (ce me semble) nostre amour commune ! parquoy il n'est ia besoing d'en faire aucune espreuue:& au regard du soing
que vous dites que ie prends aux affaires d'autruy, d'autruy ne sont elles mie, ains nostres: veu que sçauez assez le bon vouloir que Balan a enuers nous, qui nous oblige à defendre ce qui luy touche, comme le nostre propre. Ie ne me veux pourtant excuser du tord que ie vous ay fait,
ne vous demandant conseil auant que respondre à l'Escuyer : mais la colere ou il m'a mis par ces menaces , & paroles haultaines, qu'il nous a tenues, m'ont ainsi fait oublier, & vous prie me le pardonner. Tandis qu'il
desmelloit ces matieres, l'Escuyer vint raporter au Roy la responce des
deux Cheualiers, dont il cuida enrager de despit. Si demanda hastiuement ses armes, & s'arma, auisant ses seruiteurs, que sur tout ilz se donnassent garde, que Balan ne s'en fuyst : car ie le feray brusler, dit il, auecq'
ceux que ie tiens prisonniers . Et commanda dès l'heure allumer (hors
de son chasteau) vn grand feu, vis à vis duquel il fist lier Galeote, & Madasime. Or n'auoient il rien sceu du combat qui se deuoit executer, ains
pensoient bien mourir, quand ilz aperceurent les deux Cheualiers, qui
atendoient Gandalfe, lesquelz voyants ces pauures captifz en telle mi

O   sere,

sere, leur chair lacerée, & toute sanglante du martire, qu'on leur donnoit chacun iour, à coups de verges & de fouetz, ilz ne se peurent tenir
de larmoyer, mesmes pour les regretz qu'ilz faisoient, apellants leur filz
à secours, qu'ilz n'esperoient iamais arriuer à temps. Lors suruint Gandalfe, à qui s'dressa le Cheualier de l'ardante Espée, luy disant : Roy, il
conuient qu'auant nostre meslée tu me iures, que (estant la victoire de
ma part) nul des tiens me portera nuysance. Ah ! malheureuse créature!
respondit il, pense-tu tomber en ce hazard ? Non, non, ie t'en garderay
bien : & à fin que tu n'en doutes, ie te iure, par le hault dieu Iupiter, qu'en
ce combat ie ne t'occiray point, s'il m'est possible, ains te prendray,
pour puys apres te donner tout à loysir mille mortz l'vne apres l'autre.
Or te garde donques d'oresenauant. A ceste parole s'auança le Cheualier de l'ardante Espée, & entrerent les deux champions en si merueilleux combat, que des deux premiers coups (sans les heaumes qui estoiét
fortz & acerez) ilz s'entrefussent rompuz les testes : mais à la longue,
le Cheualier de l'ardante Espée, legier, & adroit au possible, euitoit le
trenchant de l'espée de son ennemy, qu'il endommagea en sorte, que
finablement le pire fut de son costé : non qu'il se monstrast pourtant vn
seul brin recreu, ains cognoissant que tant plus l'autre alloit auant, &
plus se monstroit disposé, & luy hors d'aleine, s'auisa de le saisir au faulx
du corps, & l'estraignit de toute sa force pour l'estouffer. Ce neantmoins
l'autre, qui y prenoit garde, se desmarcha, & d'vn reuers le naüra durement au bras droit, toutesfois Gandalfe suyuit son entreprinse, & vousist le Cheualier de l'ardante Espée, ou non, il fut contraint de luy ter bras
à bras. A quoy ilz se harperent, & se porta le Cheualier si bien, qu'ilz s'a-
batirent culbutants l'vn sur l'autre, ores dessus, tantost dessouz, sans
qu'ilz eussent autre moyen de s'offendre de leurs espées. Mais que peult
seruir à la matiere, d'escrire par le menu toutes ces ruzes, ny tant de
coups ? Finablement tous deux lassez & hors d'aleine se releuerent : &
comme s'ilz ne se fussent encores outragez, recommencerent à s'entre-
chamailler de plus fort en plus fort. Ce pendant, Gradamarte s'aprocha
de Galeote, & Madasime, liez au posteau nudz, comme il vous a esté
dit, & les destacha, leur remonstrant que ceste meslée estoit entreprinse
pour leur liberté, & qu'à ceste cause ilz priassent Dieu pour la victoire
du bon Cheualier : car oultre, disoit il, que voz affaires se porteroient
mal, s'il luy venoit autrement qu'à poinct, si seroit ce trop grand dommage qu'il mourust. Eux, qui iusques adoncq' auoient ignoré l'ocasion
de ce combat, leuerent les yeux au ciel, & pleurants à chaudes larmes,
faisoient deuotes prieres & oraisons. Tandis les deux combatants, qui
mettoient grand peine à se deffaire l'vn l'autre, furent contraintz de rechef prendre aleine, & se tirer arriere : toutesfois ce propos dura peu, car
le Cheualier de l'ardante Espée, voyant son escu dehaché, & le sang

taindre

taindre en quelques endroitz son haubert, fut tant animé, que la teste
baissée rechargea Gandalfe, le pressant de sorte à coups d'espée, si souuent, & menu, que le cueur luy commença à diminuer, & à s'apesantir si fort en son harnois, que luy lourd, & massif par nature, perdit
quasi le moyen de sçauoir leuer le bras, fust pour se couurir, ou pour
vser de reuenche. Dont forcené de grand despit, s'adressa à ses dieux,
& les coniurants & maugreants à toutes heurtes, leua son grand cou-
steau à deux mains, esperant bien que le coup profitast : mais le Cheualier gauchit, & para l'escu au deuant, dans lequel il entra plus d'vne
grand' palme, dont toutesfois il se fust bieu vengé, si l'espée ne luy eust
tourné au poing, auecq' tant de malheur, qu'au lieu de fraper du trenchant, il donna du plat tant rudement, qu'elle se brisa en trois pieces.
Si lors Gandalfe fut ayse, seigneurs, qui auez autresfois veu telz passetemps, vous en pouez aysément iuger, mesmes du desplaisir qui en vint
à Gradamarte : lequel, considerant le peril de son compaignon, & le
peu de moyen qu'il auoit de soy emparer de là en auant, fut esprins de
telle fureur, qu'oubliant le commun droit qui s'obserue en telz actes,
tira hastiuement son espée, & vouloit courre à Gandalfe, quand le Cheualier plein de courage, & trop mal content, se mist entre deux, luy
criant : Ah ! seigneur Gradamarte, ne me vueillez tuer pensant me donner la vie ! car i'ayme trop mieux mourir, que vous faciez chose qui
vous diffame. Gradamarte, s'entendant nommer, s'arresta comme s'il
se fust esueillé d'vn long dormir, & cognoissant sa faulte, se retira pour
donner lieu à l'ennemy : lequel, auecq' telle auantage commença à
poursuyure le Cheualier de l'ardante Espée, qui (neantmoins) ne s'e-
stonna nullement, ains auecq' le peu d'escu qui luy restoit, paroit quelque fois aux coups de l'autre, ou se desmarchoit si dextrement, qu'il
ne pouuoit estre offencé. Toutesfois, considerant qu'à la longue il su-
comberoit, baissa la teste, & se coulant souz Gandalfe le poussa de sorte, qu'il tomba par terre à la renuerse, prenant si grand sault, que l'espée
luy saillit du poing : de laquelle le Cheualier s'empara si habilement,
que premier que Gandalfe eust moyen de se releuer, il luy mist le pied
sur la gorge, & l'espée dedans.

O ii   Comme

Comme le Cheualier de l'ardan-

te Espée ennoya au Roy Amadis la teste de Gandalfe, par la
damoyselle Macette, & permist emporter le corps
en l'Isle Sagitaire, pour estre inhumé.

Chapitre   XXXIX.

Stant donques le Geant mort, comme vous auez entendu, Gradamarte s'aprocha du Cheualier de l'ardante Espée, & larmoyant de grand ayse, luy dist:
Helas! mon compaignon, en quel ennuy ie me suis
veu n'agueres pour l'infortune qui vous estoit auenue!
Ie vous prie, beau sire, dites moy si vous estes fort naüré. Non pas, respondit le Cheualier, pour en mourir, aumoins selon
mon auis. Et comme il acheuoit ceste parole, Galeote & Madasime, vindrent se ieter à ses piedz. O bon Cheualier! dirent ilz, nous sommes
maintenant si pauures & debiles, que nous n'auons nul moyen de vous
rien presenter, qui soit en nostre puissance! mais Dieu vueille vous re-
munerer par sa grace de tant de bien que nous receuons au iourd'huy
par vostre moyen. Mes amys, respondit il (en les faisant leuer) sçachez
en gré à Balan vostre filz, pour lequel ie voudrois faire d'auantage, &
allons nous refreschir: car ie pense que vous en auez aussi bon besoing
que moy

que moy. Lors entrerent en la forteresse, ou furent incontinent relaschez les gents de Galeote, qui auoient esté longuement detenuz prisonniers par le Geant. Et pource que le Cheualier de l'ardante Espée estoit blecé en plusieurs lieux, il se desarma tost apres, & furent ses playes visitées d'vn vieillard honorable, qui sçauoit tresbié l'art de Chirurgie: parquoy atédant sa guerison, delibera d'enuoyer au Roy Amadis la teste de Gandalfe, & luy mander la sorte qu'ilz s'estoient combatuz. Si eut ceste charge Macette l'vne des femmes de Madasime, laquelle le Cheualier de l'ardente Espée instruit entierement de ce qu'elle auoit à faire : & là ou (dit il) vous ne trouueriez le Roy, adressez vous à la Royne de la part de Balan, lequel pour acomplir sa parole luy enuoye tel preset. Mais si le Roy y est, faites luy les treshumbles recommandacions de mon compaignon Gradamarte, & de moy, le supliant de nostre part, qu'il nous pardonne la faulte que nous luy auons faite, ne retournants vers luy, suyuant nostre promesse. Ce qui nous fut impossible : car la mer nous ieta depuys par tempeste, & maugré nous, en ceste isle. Comment ? respondit Galeote, auez-vous donques trouué le Roy Amadis hors de la grand' Bretaigne ? Ie vous suplie, sire Cheualier, nous raconter ceste auanture. Ce qu'il fist voluntiers, dont Galeote loua Dieu deuotement. Et le iour mesmes s'embarqua la damoyselle, portant en vne quesse la teste de Gandalfe, tresayse d'auoir moyen de faire entendre à la Royne les bonnes nouuelles du Roy, s'il estoit encores absent. Et à Balan celles de la deliurance de ses pere & mere, pour le tourment desquelz il enduroit beaucoup : & plus encores le Cheualier de l'ardante Espée, estant ainsi esloigné de Lucelle, par la fortune qui vous a esté recitée.

Comme l'Empereur de Trebi-

sonde, & sa compaignie, entrerent en la coste de la grand' Bretaigne, ou ilz prindrent port, & vindrent au quay, que gardoit le Cheualier de la Duchesse de Sauoye, contre qui Perion de Gaule eut combat, qui fut separé par la Duchesse d'Austriche, & le Cheualier du Quay cogneu.

Chapitre   XL.

LA nef ou estoit l'Empereur acompaigné, comme vous auez entédu, demeura en mer, depuys le partement du Cheualier de l'ardante Espée, par l'espace de trois semaines, sans s'arrester, ny sçauoir en quelle contrée elle tiroit: mais à la fin de ce temps, vn lundy de grand matin, vint surgir le long d'vne plage, pres d'vne grande forest. Si fut l'Empereur, & sa cópaignie, tresayses d'auoir moyen de descendre & eulx refreschir, mesmes pour la necessité qu'ilz auoient d'eau douce: car celle de leur vaisseau s'estoit empuentie: parquoy fisrent mettre leurs montures à terre, & eulx aussi commandants à ceulx ordonnez pour la garde de leur vaisseau, ne partir de là, qu'ilz n'eussent de leurs nouuelles. Lors s'armerent les Cheualiers, & conduisants les dames bien acoustrées de leurs touretz de nez, pour n'estre cogneuës, entrerent en l'espesseur du boys. En ceste troupe estoiét, l'Empereur, le Roy de Sicile, Lisuart, Perion, Olorius, le Prince Elinie, Adariel, Suycie, & Abies d'Yrlande freres, Alarin frere du Duc d'Ortilense, & le Comte d'Alastre, tous lesquelz desirants trouuer aucun qui leur nómast le païs ou ilz estoient, suyuirent vn sentier batu, ouquel ne cheminerent longuemét qu'ilz auiserent venir à eulx vne damoyselle, montée sur vne haquenée noire, qui s'arresta pour les regarder passer: & en passant les salua, leur disant: Mes bons seigneurs, peult estre vous allez-vous esprouuer contre le dyable, qui garde cy deuát vn quay, pour l'amour d'vne damoyselle qui l'acompaigne, & y a ia six moys qu'il a fait ceste entreprinse, ou il s'est porté si vaillamment, que la renommée en bruit par tout ce païs, tellement qu'il

n'ya plus

n'y a plus Cheualier qui l'ozé combatre, ne s'adreſſer à luy, tant il en a
vaincu . Quand le Roy de Sicile l'entendit parler, il diſt à l'Empereur:
Mon Seigneur, aſſeurez-vous, à ce que ie voy, que nous ſommes en la
grand' Bretaigne, & ce Cheualier, de qui elle fait ſi grand bruit, eſt celuy
dont quelque fois ie vous ay tenu propos. Il eſt vray, dit la damoyſelle,
que vous eſtes en la grand' Bretaigne: & auſſi ie vous conſeille que preniez autre voye, ſi ne voulez auoir mal'encontre . De tel conſeil ſe prindrent tous les Cheualiers à rire, deliberants, neantmoins, paſſer oultre.
Parquoy elle les commanda à la garde de noſtre Seigneur, les laiſſants
treſioyeux de leur arriuée ſi à poinct en païs, ou ilz eſperoient, non ſeulement eſtre les bien receuz du Roy Amadis: mais auoir le plaiſir de
voir les iouſtes du Cheualier amy de la Ducheſſe, contre lequel Perion
deſirant s'eſprouuer, ſuplia l'Empereur, & les autres, luy permettre la
premiere courſe, ce qui luy fut acordé . Et paſſants plus oultre arriuerent
à vn carrefour, à la trauerſe duquel ſe ioignit à eulx vne dame, montée
ſur vn hobin de forte taille . Veſtue eſtoit de draps de ſoye noire, le viſage ſi couuert, qu'on ne luy pouuoit voir ſeulement les yeux . Et l'acompaignoient dix Cheualiers, armez de toutes pieces, & quatre bien belles damoyſelles. Si les ſalua courtoyſement, & ilz luy rendirent ſon ſalut,
luy demandants ou elle tiroit. Seigneurs, reſpondit elle, nous allons voir
les merueilles que fait vn Cheualier, qui garde vn quay pres d'icy, &
dont la renommée eſt telle, que i'en ſuis partie expreſſement de mon
païs . En verité, dit l'Empereur, nous vous y acompaignerons doncq':
car quelqu'vn des noſtres a deſir de s'eſprouuer contre luy. En bonne
heure, reſpondit la dame, i'en ſuis treſayſe, nous verrons lors s'il eſt vray
ce que l'on dit de luy. Et ainſi deuiſants ſortirent de la foreſt, & aperceurent en la plaine deux riches tentes dreſſées dedans vne ormoye, ou il y
auoit maintes lances apuyées: & ſouz la freſquade vne chaire de pare-
ment, en laquelle eſtoit aſſiſe vn bien belle damoyſelle, & aupres d'elle
vn Cheualier armé de toutes armes, lequel voyant ceſte troupe aprocher
la mõta incontinent ſur vn puiſſant rouſſin, que deux Eſcuyers tenoient
par les reſnes, & leur diſt : Seigneurs, la Ducheſſe de Sauoye ma maiſtreſſe vous mande, ſi deliberez paſſer le quay, qu'il fault que ce ſoit a-
uecq' les condicions que tous les autres y paſſent, leſquelles elle leur declara. Perion, qui deuoit le premier entrer en ieu, print la parole deuant
tous les autres, & luy reſpondit: Damoyſelle, à autre ocaſion ne ſommes
nous venuz icy, & n'eſt beſoing nous en dire d'auantage: pourtant re-
tournez vers voſtre maiſtreſſe luy declarer, que nous entretiendrons la
loy qui y eſt eſtablie. Tant mieux, dit elle. Et ſoudain reprint ſes erres, &
tourna bride . Ce pendant le Cheualier du Quay, cognoiſſant que Perion s'equipoit pour iouſter, chargea vne groſſe lance, & ſe couurant de
ſon eſcu, marcha au petit pas encontre: mais aprochants la carriere, cou-

O iiii   rurent

rurent de telle roydeur l'vn contre l'autre, que leurs glaiues volerent
en esclatz, se rencontrants d'escuz, de corps, & de teste, en sorte que tous
deux vindrent à terre, & leurs cheuaux souz eulx. Toutesfois ilz se
releuerent, & mettants les mains aux espées, commencerent à fraper
l'vn sur l'autre si outrageusement, qu'ilz donnoient bien à entendre
qu'ilz n'estoient pas aprentifz à tel ouurage. Car deux heures & plus
continua ce premier assault, sans prendre aleine, ny qu'on cogneust qui
auoit le meilleur, ou le pire : & furent leurs escuz si detaillez, leurs mailles & hauberts tant endommagez, que ne pouuants plus quasi resister
contre le trenchaut de leurs espés, on voyoit couler le sang clair de leurs
corps iusques sur l'herbe. La Duchesse qui regardoit piteusement son
Cheualier, rougissoit, & blesmissoit à toutes heures, par ce que tât plus
Perion alloit auant, & plus se monstroit prompt, & hardy, se faisant si
bien redouter à son contraire, qu'il pensoit mesmes n'auoir onques trouué homme (apres le Cheualier de l'ardante Espée) qui luy donnast plus
à penser : & à ceste cause, priant en soymesmes, disoit: O Dieu ! qui m'a-
uez gardé l'honneur si long temps, ie vous suplie ne m'habandonner
contre ce dyable, qui me vilainera, s'il peult ! Dyable est il notamment,
encores qu'il aye figure d'homme: car s'il fust autre, il ne me traitast ainsi rudement: parquoy, Seigneur, ne permettez qu'en cinq iours qui restét
pour acomplir mon serment de garder ce pas, ie tombe en quelque honte, & peril de mon corps. Mais Perion n'en pensoit moins de sa part:
toutesfois il eust mieux aymé n'auoir onques esté desenchanté, qu'estre
vaincu si malheureusement, & en la grand' Bretaigne: dont la colere
luy monta si fort au visage, qu'il redoubla ses coups, dont le Cheualier
de la Duchesse faisoit peu de cas: aussi ne cognoissoit-on point plus d'a-
uantage à l'vn plus qu'à l'autre, encores qu'ilz fussent tous deux si taintz
de sang, que leurs harnois au parauant clairs, deuindrent rouges, qui
desplaisoit fort à Lisuart, estimant qu'il seroit impossible que Perion
n'en eust mauuaise yssue. Et à ceste cause, ieta vn œil piteux en le regardant, dequoy Perion s'aperceut : & estimant qu'il l'acusast de pusilanimité, surprins de honte, entremeslée d'ire, haulça le bras, & pensant
donner de toute sa force sur la teste de son ennemy, entra l'espée si auant
en l'escu, qu'il le mypartit, & porta la pointe seulement au front, le na-
ürant en sorte, qu'il chancela deux ou trois pas arriere. Ce que voyant la
Duchesse, changea couleur, dont s'aperceut son Cheualier, lequel voulant recouurer sa reputacion, & resiouyr celle, qui du mal de luy estoit
plus morte que viue, se lança contre Perion, luy donnant tel coup sur
l'armet, que, s'il n'eust esté des meilleurs du monde, sa vie estoit moins
que rien. Mais de malheur l'espée se brisa quasi dans le pommeau, ne
luy demeurant au poing que les gardes. & toutesfois de grand' roydeur,
les courroyes du heaume se rompirent, & se trouua Perion desarmé de

teste,

teſte,contraint de ſ'apuyer d'vne main pour ne tomber, tant fut eſtour-
dy.Si eſt ce qu'il ſe releua promptement,& print ſon eſpée à deux mains
preſt à luy rendre la pareille, quand la damoyſelle qu'ilz auoient trouuée en chemin, acompaignée de ſi belle troupe, ſe ieta du cheual à terre,
& ſaiſit Perion ſi fort, qu'elle l'arreſta,luy diſant:Ah ! ah, ſeigneur, c'eſt
aſſez ! pour Dieu deportez vous ! car celuy que voulez faire mourir, eſt
voſtre filz don Florelus, & celle qui vous tient embraſſé eſt ſa mere.Pe-
rion bien eſtonné de ſes paroles, recogneut ſoudain eſtre la Ducheſſe
d'Auſtriche,celle qui le vint querir en Trebiſonde pour defendre ſa terre, qu'il luy reconquiſt, ainſi qu'il vous a eſté declaré au volume precedant, dont grande fut la ioye qu'il receut lors. Et toutesfois(comme ſ'il
euſt eſté deuant ſa dame Gricileric) ne ſe peut garder de rougir , craignant qu'elle en fuſt mal contente:neantmoins ſe trouuant Florelus tel,
& ſi bon Cheualier, que l'on n'auoit point cogneu d'auantage entr'eulx
deux, il ſe perſuadoit qu'elle luy remettroit ayſément ceſte faulte.Flore-
lus donques entendant au propos de ſa mere , qu'il eſtoit filz de Perion,
onques homme n'eut tel contentement:bien luy auoit elle dit autresfois
ce qu'il en eſtoit:mais il ne l'auoit iamais veu, & ſe deliberoit (ſon entre-
prinſe acheuée) l'aller trouuer quelque part qu'il fuſt. Parquoy voyant
qu'il eſtoit deliuré de ce trauail, & l'offence qu'il auoit faite, ieta ſon
heaume contre terre,puys ſe mettant à genoux pour luy baiſer les mains
luy diſt la larme à l'œil: Helas ! mon Seigneur, pardonnez moy ceſte iniure ! de laquelle certainement ie ſuis tresbien chaſtié ! encores que i'e-
ſtime mes playes à rien, & moins la reſiſtance que i'ay tenue côtre vous!
Car ſil y a en moy quelque bonté, elle vient de vous, qui eſtes mon pe-
re.Perion plus ayſe qu'on ne pourroit dire, le releua, & le baiſant & em
braſſant,luy reſpondit: En bonne foy,mon filz, ou il n'y a point d'offence, il n'eſt ia beſoing de pardon : & d'auantage, c'eſt moy qui ay failly,
ayant voulu (de gayeté de cueur)entreprendre, & ſolement, ce, dont ie
me fuſſe bien paſſé : au fort, ſi ie l'ay fait, ie m'en repens de bon cueur,
veu que par la grand' proueſſe qui eſt en vous, chacun a peu cognoiſtre
que le pire du combat eſtoit de mon coſté . Et ainſi il eſt raiſonnable, que
mon eſcu,& mon nom, tienne compaignie aux autres que vous auez
conquis : & que ma perſonne ſoit deſormais employée à ſeruir la Ducheſſe, à qui vous eſtes. Or allez ſaluer l'Empereur de Trebiſonde, &
voſtre couſin Liſuart, auecq' ces autres Cheualiers, pour les faire tous
participants de noſtre ayſe.Mon Seigneur,diſt la Ducheſſe d'Auſtriche,
onques femme ne fut plus dolente que i'ay eſté pour vn temps : car il me
laiſſa, & mon païs,ſans prendre congé de moy, pour ſ'en venir(comme
ie ſceu depuys)en Sauoye, & eſtois deſia en chemin pour y aller,quand
on m'aporta les nouuelles qu'il eſtoit en ces marches, ou ie l'ay trouué,
& tout à poinct pour vous & pour luy. Ma dame, reſpondit Florelus,il
vous

vous plaira me pardonner. Et comme il vouloit bastir ses excuses, l'Empereur, & les autres Cheualiers, ayants ouy, & veu les choses ainsi qu'elles estoient passées, entre le pere, la mere, & le filz, auoient mis pied à terre, & ne se voulants plus couurir, s'aprocherent d'eux trois, disant l'Empereur à la Duchesse d'Austriche en la baisant: Par Dieu, ma dame, vous vous deuez contenter de vostre voyage: car sans vostre arriuée si à propos, la fleur de voz amys estoit au iourd'huy en vn merueilleux danger. La Duchesse luy fist vne grande reuerance, puys embrassa l'Empereur, Florelus: & autant en fist Lisuart, le Roy de Sicile, & tous les autres. Si la Duchesse de Sauoye auoit de telle cognoissance ioye & plaisir, vous le pouuez estimer, mesmes quand elle sceut que Perion estoit pere de son amy, vers lequel elle s'adressa, & portant en escharpe la riche espée, l'escu, & le heaume entre ses braz, loyer de celuy qui vaincroit au quay, ainsi qu'il vous a esté fait mencion, les luy presenta disant: Monsieur, receuez ces armes, lesquelles vous sont deuës iustement, ayant si bien fait contre nostre Cheualier. Ma dame, respondit il, il vous siet bien de dire ce que vous dites, comme courtoyse, & belle Princesse entre les belles. & à moy vous en remercier d'affection, & vous liurer aussi mon escu, & mon nom, suyuant la coustume, pour estre enrolé auecq' les autres qui sont obligez de vous seruir. Lors le tira du col, & le luy offrit. Mais elle s'humilia deuant sa face, luy disant: Monsieur, vostre escu est vostre, & tous ces autres aussi, & le Cheualier mesmes qui les auoit conquis. Et moy, respondit Perion, encores plus à vostre commandement. Auecq' s'aprocherent la Royne de Sicile, & Lucelle, qui n'estoient encores descendues de cheual, mais elles se mirent à pied, & pour auoir part à ce plaisir. Si furent receuës des deux Duchesses, auecq' tresgrand honneur d'vne part & d'autre, principalement Lucelle par l'amye de Florelus, laquelle esmerueillée de sa beauté extreme, disoit en soymesmes n'auoir onques veu femme qui en aprochast. Et sur ce poinct entrerent en son pauillon, ou les deux Cheualiers, pere, & filz, se desarmerent: & vindrent Chirurgiens les visiter. Et pource que leur guerison prenoit vn long trait, l'Empereur enuoya querir Balan au nauire, ou il estoit demeuré, triste, & trop melencolique, pour la prison de ses pere & mere, desquelz il aura, si Dieu plaist, bien tost nouuelles, qui le resiouyront.

Comme Alquife alla trouuer

la Royne Oriane, pour luy faire entendre la nouuelle de Perion, & Lisuart, qui estoient en ses païs.

Chapitre   XLI.

Alquife

ALquife , ayant entendu que Florelus estoit filz de Perion , & veu la fin de leur combat , & le commencement de leur paix , pensa d'en aller porter les premieres nouuelles au Roy Amadis, & à la Royne : & à ceste cause, sans en rien dire à nul des siens , se desroba , &
piqua droit à Londres. Mais en chemin on l'asseura,
que le Roy n'estoit point au païs passé a long temps , dont Oriane estoit
si desconfortée , qu'elle ne faisoit iour & nuict que pleurer . Si ne laissa
pourtant Alquife à suyure son entreprinse , & arriua en la ville sur le Soleil couchant. Lors monta droit au palays, & pource qu'elle estoit vestue
d'vn habit estrange , plusieurs l'acompaignerent , tant qu'elle rencontra
la dame de Dannemarc, qui la recogneut, & les braz tenduz vint la receuoir, luy disant: Ha, ma grand' amye Alquife! vous soyez la tresbien
venue : quelle bonne auanture vous ameine maintenant par deçà? Conduisez moy, respondit elle, vers la Royne , & vous le sçaurez puis apres:
tant y a qu'elle aura plaisir des nouuelles que ie luy aporte . Adoncq' la
print par la main , & entrants en la chambre trouuerent la Royne en
prieres & oraisons: car c'estoit tout son passetemps depuys la perte du
Roy . La Royne qui cognoissoit Alquife , pensant que sa venue n'estoit
sans ocasion, eut le cueur tout esmeu: parquoy se leua , & apres l'auoir re-
cueillie, ainsi qu'elle sçauoit bien faire, s'enquist petit à petit de quel païs
elle venoit , & si elle auoit point ouy nouuelles de Perion , & Lisuart,
qu'on tenoit pour perduz: dont , dit elle , ie porte tel ennuy , que i'en
meurs sur piedz. Ma dame, respondit elle, ie ne vous ay veuë depuys
qu'ilz estoient par deçà, & vous asseure qu'ilz y sont encores, & arriuez
de ce iourd'huy, ou ilz ont trouué augmentacion de parentage. Ah ! ah
Dieu ! dit la bonne dame ioignant les mains , est il possible que mes enfants soient vifz, & en la grand' Bretaigne? Ah ! ma grand' amye, dites
moy ou , & qui est ce nouueau nostre parent que vous me racontez . Ma
dame , respondit elle , le Cheualier qui a si long temps gardé le pas du
Quay, pour l'amour de la Duchesse de Sauoye, a esté ce iourd'huy trouué filz de Perion , & de la Duchesse d'Austriche , laquelle est arriuée en
ce païs par la plus grande auanture du monde : car, sans elle, le pere & le
filz estoient au danger de mort. Lors commença à luy reciter comme le
combat d'eulx deux auoit esté entreprins, le commencement, & l'yssue:
mesme que l'Empereur de Trebisonde, le Roy de Sicile, la Royne, l'Infante Lucelle , le Prince Olorius , & plusieurs autres estoient aux tentes
de la Duchesse, auecq' Lisuart, & Perion . Helas ! dit la Royne, voicy de
bonnes nouuelles ! ie prie à Dieu qu'il me donne la grace d'en ouyr en
brief de telles du Roy ! Si en courut incontinent le bruit par tout le palays , & tant qu'il vint aux oreilles du Roy Arban de Norgales, d'Angriote d'Estrauaux , & de plusieurs bons Cheualiers , tous lesquelz vindrent vers

drent vers la Royne, qui leur fist part de son grand plaisir: & n'oublia pas Alquife à raconter la merueille, comme l'Empereur, & sa compaignie, auoient esté desenchantez par le Cheualier de l'ardante Espée. Certes, dit la Royne, ie ne pensois pas qu'il me deust iamais tant faire de faueur. En bonne foy (ma dame) respondit Alquife, il est si vertueux, & tant bien condicionné, qu'on n'espere que tout bon heur de luy. Et nous viendra il point voir? dit la Royne. Non (ma dame) respondit Alquife: car il s'est separé de nous par vne estrange auanture. Hé Dieu que i'en suis desplaisante! dit elle: car encores qu'il nous ayt donné au commencement beaucoup d'ennuy, si ne laisseray ie de l'honorer, ayant fait ce que vous nous asseurez. Ma dame, respondit Alquife, vous aurez, comme ie pense, bien tost les autres, mesmes la fille du Roy de Sicile, qui est bien la plus belle, & saige Princesse, que vous vistes onques: & par qui en partie ces enchantements ont prins fin. Ma dame, dit le Roy Arban, ie serois donques d'auis (s'il vous plaisoit) que i'allasse demain les trouuer, pour les suplier (en vostre nom) venir à Londres: car ie suis seur, que le Roy seroit trop desplaisant qu'on ne fist le recueil à l'Empereur, & au Roy de Sicile, tel que leur grandeur merite. Ie vous en prie, respondit la Royne, & prenez auecq' vous telz de ceux de ceans que bon vous semblera. Dites leur de ma part, que pour l'absence du Roy, ie ne laisseray de leur faire la meilleure chere qu'il me sera possible: & me recommandez affectueusement à leurs bonnes graces, specialement à la Royne de Sicile, & à l'Infante sa fille. Dites aussi à mes filz, qu'ilz les amenent tous, & qu'ilz ne different nullement à me venir voir. Si deslogea le lendemain le Roy Arban, & en bône compaignie de Cheualiers, & Escuyers vint au quay, ou il trouua l'Empereur oyant messe, auecq' les autres de sa troupe, auxquelz le Roy Arban recita le message de la Royne, les priant, & conuiant, comme il sçauoit bien faire. Certes, respondit l'Empereur, nous ne voudrions faillir à si bonne Princesse, & ne tiendra à nous. Mais ie doute que noz malades n'auront moyen de desloger, tant sont fort naürez. Or les allons trouuer, & nous sçaurons leur auis. Adoncq' entrerent au pauillon, ou estoient couchez Perion, & Florelus. Perion, qui recogneut incontinent le Roy Arban, les braz tenduz l'acola, luy demandant, si le Roy, & la Royne faisoient bonne chere: Mon Seigneur, respondit il, du Roy ne vous sçauray-ie dire, car il est absent: mais de la Royne, elle vous prie, vous, & Lisuart, que la veniez voir le plustost qu'il vous sera possible: & quant & vous ces seigneurs, & dames. Pour meshuy, dit Perion, il n'y auroit pas ordre: oy bien demain, & ce pendant ie feray faire vne biere cheualeresse, pour porter moy, & ce Cheualier naüré. Ainsi vous retournerez vers elle, luy porter noz excuses. Parquoy, apres auoir quelque temps deuisé auecques luy, & qu'il eut eu congé de l'Empereur, & des autres, le Roy Arban reprint le chemin de

Londres,

Londres, ou il fist entendre à la Royne, la responce des Seigneurs, qui seroient le iour ensuyuant à disner auecq' elle. Et à ceste cause, commanda
tendre ses belles tapisseries, & orner son logis, auecq' le plus de manificence qu'il luy fut possible.

Comme l'Empereur de Tre-

bisonde, & sa compaignie, vindrent à Londres visiter
la Royne Oriane : & des propoz
qu'ilz eurent ensemble.

Chapitre   XLII.

Pres que le Roy Arban eut laissé au quay l'Empereur,
& les autres, la Duchesse de Sauoye, sçachant qu'ilz
deuoient tous partir pour aller à Londres, donna ordre à faire faire vne litiere, pour porter son amy Florelus, & Perion. Si passerent le reste du iour en tout
plaisir, & le lendemain chacun monta à cheual, fors
les deux naürez qu'on porta à braz d'hommes, pour n'estre trop esmeuz
sur le chemin. Et derriere eulx estoit la Duchesse de Sauoye, montée sur
vn grand chariot branlant, couuert d'vn drap d'or: en son col portoit la
riche espée, & l'escu, & tout à l'entour, ceux des Cheualiers vaincuz, &

P   leurs

leurs noms au deſſouz , pour teſmoignage du triumphe , & victoire de
Florelus. Qui pleut tant à Perion,qu'il luy enuoya le ſien,la priant qu'el
le le miſt au reng des autres , autrement qu'il en auroit deſplaiſir . Elle
qui ne l'oſa refuſer, le print, & diſt à l'Eſcuyer qui l'auoit aporté: Mon a
my , dites au Seigneur Perion , que ie luy obeïray , puys qu'il luy plaiſt:
mais que ie le mettray en lieu qu'il merite. Lors demanda vne lance , &
le fiſt atacher au fer, qu'elle eſleua tout au plus hault du char , & enuoya
le ſien riche auecq' l'eſpée pendre à la lictiere de Perion,qui ne le vouloit
permettre au commencement: & en tel equipaige entrerent en la ville
de Londres. Au deuant deſquelz furent les receuoir,le Roy Arban, Angriote d'Eſtrauaux,auecq' pluſieurs Ducz,Comtes, Barons, Cheualiers,
& Eſcuyers.Grand fut le recueil qu'ilz ſ'entrefiſrent, & l'honneur qu'on
leur porta des l'entrée de la ville . L'Empereur conduiſoit la Royne de
Sicile.Olorius d'Eſpaigne,l'Infante Lucelle:& Liſuart Gradafilée, dont
elle ſe tenoit plus contente, que ſi la grand' Bretaigne meſme luy fuſt eſ-
cheuë par ſucceſſion. Balan entretenoit la Ducheſſe d'Auſtriche: mais il
eſtoit tant melencolique, qu'il ne penſoit à autre choſe que d'auoir ſon
congé, pour aller combatre le Roy Gandalfe: & en tel ordre deſcendirent au palays, ou le Roy de Sicile print la Ducheſſe de Sauoye par de-
ſouz les braz, pour l'amour de Florelus, qu'il aymoit & eſtimoit grandement du iour qu'ilz ſ'eſprouuerent enſemble : & chacun des autres
menoit la ſienne,comme il vous a eſté dit . Si vint la Royne Oriane, veſtue de drap noir,pour l'abſence du Roy Amadis,& à l'entrée de la ſalle leur fiſt vn treſgrand & ſumpteux acueil . Auecq' elle eſtoient tant
de belles dames , & damoyſelles , & ſi richement parées , qu'elles ſem-
bloient plus déeſſes deſcendues en terre , que femmes mortelles . Les reuerances, donques, & bienuenues, baiſers, & embraſſements, d'vne part
& d'autre ainſi commencez, & paracheuez ,la Royne Oriane ſ'adreſſa à
l'Infante Lucelle, & luy diſt : Ma dame, à ce que i'ay peu entendre , i'ay
au iourd'huy par voſtre moyen mes deux filz : vous ſoyez la mieux que
tresbien venue.Ma dame,reſpondit elle , vous en deuez ſcauoir gré ſeulement à vn, qui eſt pour ceſte heure abſent de ceſte compaignie : veu
que la bonté, & haulte proueſſe qui eſt en luy , a eſté cauſe de les auoir
deſenchantez. Dieu me doint grace, dit la Royne,que ie le puiſſe quelquefois voir en la preſence du Roy: car ie ſuis ſeure qu'il l'honorera,
ainſi qu'il le merite: & quant à moy , ie ſçauray gré toute ma vie à tous
deux,de ce que vous en auez fait. Durant ceſt entretien, la Royne Oriane prenoit vn tel plaiſir à contempler la treſgrande beauté de Lucelle,
qu'elle n'en pouuoit retirer l'œil, quand Liſuart luy vint faire la reuerance, en luy preſentant Gradafilée, qu'elle auoit autresfois veuë en
Conſtantinople . Les propoz qu'ilz eurent enſemble ſeruiroient de peu
à la matiere , ſuffiſe-vous que tous ſe contenterent de la bonne chere &

honneur

honneur qui leur fut fait. Et pource qu'on auoit mené Perion , & Florelus en leur chambre, ſans entrer en la ſalle, elle les fut viſiter, & en les
embraſſant l'vn apres l'autre, leur diſoit : Helas mes enfants ! trop cher
vous a couſté ceſte premiere cognoiſſance ! ie voudrois bien que ce fuſt
le plaiſir de Dieu, que voſtre ſanté ſe trouuaſt meilleure que ie ne la voy !
Et vous, mon filz Florelus, quel tord auez-vous fait à voſtre mere, en
vous celant par tant de iours ? certes vous m'auez beaucoup offencée.
Ma dame, reſpondit il, ie vous ſuplie me pardonner : car ce que ie me ſuis
ainſi couuert, a eſté pour plus honorer le Roy, & vous, ne m'oſant nommer voſtre humble parent, pour n'auoir fait choſe qui me rendiſt digne
de telle aliance : meſmes conſiderant la bonté & proueſſe de monſieur
mon pere, tant eſtimé entre les meilleurs Cheualiers du monde . Sur ma
foy, mon amy, dit la Royne, vous eſtes tel, que mó filz Perion doit louer
Dieu d'auoir pour filz vn ſi gentil perſonnage que vous eſtes, & ſ'en e-
ſtimer heureux. Auſſi fais-ie, ma dame, reſpondit Perion . Et pource que
les tables eſtoient couuertes, & le diſner preſt, elle les laiſſa en la garde
de leurs Chirurgiens, & ſe retira vers l'Empereur, & les autres, qui l'a-
tendoient en la grand' ſalle, ou ilz furent ſeruiz de toutes viandes, & en
manifique abondance.

Comme Macette arriua en la

court du Roy Amadis, auecq' la teſte du Roy Gandalfe, & des
nouuelles qu'elle y porta, qui fiſrent deſloger Balan, &
prendre la route de l'Iſle de la tour Vermeille,
ou ſeiournoient pour lors le Cheua-
lier de l'ardante Eſpée, &
Gradamarte.

Chapitre   XLIII.

P ii   Eſtant

Stant ceste noble compaignie à table, faisants la plus grand' chere dont ilz se pouuoient auiser, fors Balan, qui ne pensoit qu'à aller combatre son ennemy, & deliurer ses pere, & mere, de la cruelle prison ou ilz estoient detenuz, entra en la salle vne damoyselle, portant en ses mains le chef d'vn Geant, qu'elle tenoit par les cheueux. Si fut ceste femme aussi tost recogneuë de Balan: car c'estoit Macette, à qui le Cheualier de l'ardante Espée auoit baillé la teste du Roy Gandalfe, pour presenter au Roy Amadis. Balan, qui n'auoit encores sceu la bonne fortune auenue en l'Isle de la tour Vermeille, ains doutoit que, pour sa trop longue absence, le Tyran eust fait mourir Galeote, & que c'en fussent les enseignes, tout le cueur luy commença à fremir, quand Macette demanda tout hault, lequel d'eux estoit le Roy Amadis. Damoyselle, respondit l'Empereur, il n'est ceans pour ceste heure, dont nous sommes bien desplaisants. Il peult bien estre, dit Macette, qu'il n'est pas encores arriué: mais son retour ne tardera plus gueres: & ce pendant, ie vous prie me monstrer laquelle de ces dames est la Royne Oriane, à qui, pour l'absence du Roy, il m'est commandé de m'adresser. M'amye, respondit elle, ce suys-ie, me voulez-vous quelque chose? Madame, dit la damoyselle, le Cheualier de l'ardante Espée, le plus acomply qui soit auiourd'huy viuant entre les hommes, vous enuoye ceste teste du Roy de l'Isle Sagitaire, pour rendre quite Balan, filz de Galeote, de la promesse qu'il auoit faite. Et pour vous faire entendre comme il va du tout, ce vaillant Cheualier, desirant faire amender le tord, & grand outrage, que tenoit ce meschant Roy Gandalfe à Galeote, & Madasime,

à qui

à qui ie fuis, il a eu combat contre luy, le plus cruel & merueilleux que l'on vid onques: mais à la fin Dieu(vray iufticier) a donné la victoire au iufte, lequel a fi bien abatu l'orgueil du Tyran, que vous pouuez voir dequoy, & font maintenant en liberté ceux qu'il a fi long temps detenuz prifonniers, tous lefquelz vous baifent les mains en grande humilité. Certes telles nouuelles pleurent tresfort à tous ceux qui les entendirent, louants de plus en plus la proueffe du Cheualier de l'ardante Efpée: & entre autres Balan, qui en fon courage prioit à Dieu, luy donner moyen de quelquefois recognoiftre enuers luy le bon tour qu'il luy auoit fait. Lors refpondit la Royne à Macette: En bonne foy, damoyfelle, le Roy, & moy, fommes fort tenuz au bon Cheualier, & voudrois bien qu'il fuft en cefte compaignie: tant y a, que Balan eft deliuré maintenant d'vne grand' peine, ainfi qu'il me femble, & fa promeffe bien aquitée. Amy, dit le Roy de Sicile, me fçauriez-vous dire, comme il eft allé d'vn Cheualier qui emmenoit par force vne damoyfelle, & par lequel celuy dont vous parlez efloigna noftre vaiffeau? Oy dea(fire)refpondit elle, le Cheualier n'alloit mie forçant dame, ny damoyfelle, ains fuyuoit celle dont vous parlez, pour combatre vn trahiftre, qui auoit occis le pere & la mere d'elle. Et fçachez que c'eftoit le Roy Amadis, qui ne fut onques en tel danger, fans l'ayde que luy fifrent le Cheualier de l'ardante Efpée & Gradamarte, lefquelz arriuerent vers luy tout à poinct. Lors fe mift à reciter tout ce qu'elle en auoit entendu, qui donna affez d'esbahiffement & de ioye à toute l'affemblée, concluants, pour faire fin de conte, que le Cheualier à l'ardante Efpée fe pouuoit nommer le plus excellent perfonnage qui fuft au monde: dont Lucelle n'eftoit tant foit peu mal contente, fe reputant plus que bien heureufe d'eftre ainfi aymée de luy, comme elle fçauoit affeurément. Mais quand la Royne Oriane entendit que le Roy eftoit encores en la grand' Siclade, depefcha le iour mefmes le Comte Gandalin, auecq' vn fort nauire pour l'aller trouuer. Et fut, à la requefte de Balan, la tefte de Gandalfe atachée fur la principale entrée du palays, pour eftre veuë d'vn chacun. Ce fait, & ayant prins congé de l'Empereur, & de toute l'affemblée, f'embarqua auecq' Macette, tirant droit en l'Ifle de la tour Vermeille, non fans eftre priez l'vn & l'autre par Lucelle, de prefenter vne infinité d'humbles recommandacions au Cheualier de l'ardante Efpée: & que pour acomplir la promeffe qu'il auoit faite au Roy fon pere, il les vint trouuer le plus toft qu'il luy feroit poffible, l'affeurant qu'il feroit bien receu, & comme celuy qu'elle defiroit grandement voir. Si print voluntiers Macette telle charge, & la feeut tresbien acomplir à fon arriuée, qui fut quelques iours apres. Durant lefquelz la Royne Oriane pria l'Empereur, & les autres, d'atendre le retour du Roy Amadis, qu'elle efperoit en brief. Ce qu'ilz luy acorderent, au moins iufques à vn moys. Mais fortune l'apella ailleurs, ainfi que vous entendrez.

P iii　　　Comme

Comme le Geant Lerfan de la

Roche vint an à la grand' Siclade, ou le Roy Amadis luy donna à femme & efpoufe Malfadée, & f'en retourna le Roy en la grand' Bretaigne.

Chapitre   XLIIII.

Vatre iours demeura le Roy Amadis en la grand' Siclade, depuys le partement de Gradamarte, & du Cheualier de l'ardante Efpée, les atendant d'heure à autre: mais voyant qu'il n'en auoit nouuelles, fe trouua fort ennuyé, neantmoins qu'il penfaft bien que la faulte ne venoit de leur part, ains par le vice de la mer, laquelle f'eftoit enflée, à l'ocafion des vents & orages furuenuz. Or le traitoit fi bien Malfadée, qu'il commença à bien fe porter, & fes playes à fe refouldre & confolider, tellement qu'auant trois femaines il fut du tout guery, & preft à porter armes, & faire voyage. Si eftoit defia en deliberacion de retourner, quand il arriua au port vn nauire, au quel nauigeoient plufieurs Cheualiers, qui acompaignoient vn ieune Geant, vaillant homme, nommé Lerfan de la Roche, ainfi apellé, pour vn fort chafteau qu'il tenoit en vne Ifle, fitué au fommet d'vn hault rocher. Or auoit Lerfan efté auerty de la trahifon commife par Mafcaron, & pour l'amytié qu'il portoit à Malfadée, entreprint de venger fon iniure, & la remettre en fes païs: & pour ce faire, iura de iamais ne repofer, iufques à ce qu'il euft deffait Mafcaron & les fiens. Au moyen dequoy f'equipa, & auecq' bonne troupe de ieunes Cheualiers, & autres, vint defcendre en la grand' Siclade. Ce que venu à la cognoiffance du Roy Amadis, enuoya l'vn des gents de Malfadée fçauoir qu'il demandoit. Et par là fceut Lerfan la mort du trahiftre, dont il receut grand plaifir, & plus ayfe encores euft il efté, f'il fuft arriué à temps pour en auoir fait luy mefmes la vengeance: parquoy donna telle refponce au meffagier: Amy, recommandez moy affectueufement à voftre maiftreffe, & luy dites, que pour chaftier Mafcaron, i'eftois party de mes païs: & toutesfois, puys qv'vn autre m'a preuenu, priez la, aumoins, que ie la voye deuant que defloger, qui me fera fatisfaction en partie, de la peine que i'ay prinfe pour elle. Le meffagier retourna, & fift ce qu'il luy eftoit commandé: dont le Roy Amadis, & Malfadée, eurent tel plaifir, qu'ilz r'enuoyerent luy dire, qu'il feroit le tresbien venu. Et ainfi vint vers culx en tresbon ordre. Si luy fut fait bien bon recueil, & voluntiers euft cogneu Lerfan le Cheualier qui auoit combatu Mafcaron, & f'enqueroit à Malfadée, f'il eftoit encores au

res au

res au païs . Le Roy qui estoit present, luy respondit, que c'estoit il, &
pourquoy il le demandoit . Sire Cheualier, dit Lerfan, non pour autre
raison, que pour vous seruir & honorer: car oultre le bien que vous auez
fait à ma dame de tant entreprendre pour sa querelle, i'ay entendu que
vous luy auez remis en ses mains ceste terre, qui luy apartient, dont
vous sçay tresbon gré : & vous suplie qu'en faueur de vous, & de l'amytié que ie luy ay portée toute ma vie, vous la priez me daigner aymer, &
me receuoir à mary . Amadis ignorant le vouloir de la damoyselle, ne
sçauoit que respondre : mais elle print la parole, disant : Certes, seigneur
Lerfan, ie cognois, & de si longue main, l'affection que vous auez enuers moy, que si le Roy le me commande, luy & vous serez obeïz . Puys
que vous y consentez tous deux, respondit Amadis, ie n'y contrediray
pas, allons disner, à fin que nous ayons meilleur courage de parfaire &
donner fin à ce commencement . Or estoient les tables couuertes, & furent seruiz au banquet de telz metz qu'ilz pouuoient recouurer, durant
lequel les propoz s'eschaufferent si bien, qu'auant la nuict venue leur a-
cord fut paracheué, & coucherent ensemble au grand contentement de
tous deux. Et depuys y seiourna le Roy iusques au premier iour de l'autre semaine, qu'il s'embarqua, prenant congé des deux nouueaux ma-
riez, lesquelz luy vouloient bailler vn gros aparcil pour le conduire:
mais il ne voulut autre que deux mariniers . Et auecq' ce peu fist voyle,
singlant en haulte mer.

Comme nauigant le Roy Ama-

dis par la mer Mediterranée, pour entrer en l'Occean, rencontra
la Royne Buruca, femme du Roy Magadan de Saba, qui
estoit en queste du Cheualier de l'ardante Espée,
pour defendre la faulce acusation,
que Maudan auoit faite des
amours d'eulx deux.

Chapitre   XLV.

LE Roy Amadis party du port de la grand' Siclade en
la conduite de ses deux mariniers, passa incontinent
la mer Egée: & au sortir vint se ioindre à eulx vn legier nauire, dedans lequel y auoit vn pauillon de drap
d'or, & au dessouz vn lict de camp tresriche, ou reposoit vne Royne More, portant coróne sur son chef:
mais au reste ses acoustremens n'estoient que d'vne grosse frize, se monstrant si esplorée que rien plus. A ses piedz estoient assises deux damoyselles, tenants leurs chefz apuyez sur leur bras gauche, comme femmes
comblées d'amertume: Et à costé deux Cheualiers noirs tant caducz,
qu'ilz croulloient de grand' vieillesse: & non pourtant armez d'vnes
armes de grand' valeur. Si en fut le Roy aucunement esbahy, toutesfois
il les salua courtoysement, & l'vn d'eulx en rendant son salut, luy dist:
Bon champion, que Dieu vous doint gracieuse auanture, ne nous pour-
riez-vous enseigner vn personnage, qu'on nomme le Cheualier de l'ardante Espée? Le Roy, à qui la volunté creut d'auantage de sçauoir qu'ilz
luy vouloient, respondit: Seigneurs, il est party d'auecq' moy puys peu
de iours en çà, & si croy que mal aysément vous pourrois-ie dire à ceste
heure ou il est, & plus dificilement le trouuerez-vous encores, comme
ie pense. Mais, pour autant que ie l'ayme & estime beaucoup, s'il vous
plaist me declarer l'affaire que vous auez à luy, ie me parforceray d'auantage à vous en dire ce que i'en sçay: Et, si ie puis, en son lieu, il n'y a chose, tant grieue soit elle, que ie n'entreprene pour luy faire plaisir & seruice. A ceste asseurance, respondit le vieillard, & aussi que vous me semblez

blez preud'homme , ie vous satisferay . Entendez , sire Cheualier , que
ceste dame, que vous voyez là couchée , est Royne de Saba , femme du
Roy Magadan, duquel nous sommes proches parents . Ce Roy prenant
plaisir à se seruir de personnes blanches, aucuns des siens luy donnerent
(dix ou douze ans a ou enuiron) vn enfant, apellé le Damoysel de l'ardante Espée, pour la representacion d'vne espée, qu'il a naturellement
emprainte en l'estomac, rouge comme sang , auecq' certains caracteres
blancs, lesquelz n'ont encores esté cogneuz de personne , que nous sçachions . Si luy a fait le Roy tant d'honneur , que de le nourrir auecq' son
filz Fulurtin , & à tous deux donné l'ordre de Cheualerie, tellement
qu'au lieu du damoysel, il se nomme au iourd'huy le Cheualier de l'ardante Espée.Or le cherchons-nous à ceste heure,& pour le trouuer sommes partiz de Saba en l'equipage que vous voyez . Et à fin que vous entendiez mieux cest affaire : Estant encores ce Cheualier de l'ardāte Espée
en Saba,vn Gentilhomme filz de l'vn des plus grands Princes de Morone, auisa le Roy,que celuy, dont ie vous parle, commettoit felonnie enuers sa maiesté , abusant de la Royne Buruca cy presente . Dont le Roy
trop desplaisant, delibera auerer ce lasche tour,par les surprendre ensemble, mais il se trouua deceu: Car le Cheualier de l'ardante Espée en fut a-
uerty, & s'absenta, si que depuys n'en auons eu nouuelles . Et à ceste cause le Roy commanda prendre la Royne, & garder estroitement, iusques
à ce qu'il eust recouuert l'adultere , pour les brusler en mesme feu . Toutesfois, voyant que ceste cruelle sentence auoit desia esté differée par
longs iours, & que l'autre n'estoit plus en ses païs, arresta qu'elle seroit
mise à execution . Mais la Royne offrit de prouuer son innocence , par
vn Cheualier,qui côbatroit Maudan (ainsi nommé l'acusateur) A quoy
le Roy ne vouloit nullement prester l'oreille , n'eust esté que nous, qui
sommes ses oncles, & beaucoup d'autres Princes de son sang , esmeuz
de pitié, le persuadasmes tant qu'il s'y acorda . Ce que venu à la cognoissance de Maudan,vint par vne grand' brauade remonstrer,que non seulement il defendroit son dire , ains bailleroit vn sien cousin qui le sou-
stiendroit iusques au mourir : Et qu'eulx deux ensemble entreroient en
camp contre deux autres, telz que la Royne pourroit trouuer . Et de fait
ieta son gaige: mais nul s'auança de le releuer , encores que la Royne soit
grandement aparentée, non pour doute qu'elle ne soit incoulpable, ains
pour la prouesse qu'on dit estre aux deux assaillants . Si en fut le Prince
Fulurtin tāt marry, qu'il leua le gaige, & luy seul offrit sa personne pour
la iustification de sa mere. Ce qu'ilz refuzerent,disants:que contre le filz
vnique de leur souuerain seigneur, ilz ne mettroient (pour mourir) la
main à l'espée. Ainsi se trouua la bonne dame destituée quasi de tout remede,implorant à iointes mains la misericorde du Roy, auecq' delay de
six moys pour trouuer estrangier qui la defendist , puys qu'en Saba , &

Morone,

Morone, aucun ne se mettoit en auant. Et combien que Maga dan fist le
sourd, neantmoins (importuné de nous deux) luy acorda en fin ce qu'elle demandoit , souz condicion que nous la conduirons ou elle nous
voudroit mener: & que le terme de six moys passé la representerions sur
noz vies. Ce que nous luy iurasmes solennellement. Lors fismes equiper
ce nauire, & du Nil sommes entrez en ceste mer, ou nous auons desia seiourné par douze semaines & plus, nous enquerants, auecq' grande diligence, du Cheualier de l'ardante Espée, en qui gist toute l'esperance de
la Royne : par ce que luy seul sçait mieux côme il va de ceste affaire, que
tous les autres hommes ensemble . Et fait bien estat ceste bonne dame
(cognoissant le bôn cueur de luy) qu'aussi tost qu'il en aura la nouuelle,
il laissera toutes choses pour defendre ceste querelle . Or auez-vous entendu au long le moyen de nostre voyage , par ainsi nous vous prions
afectueusement, si vous sçauez quelque remede en ce negoce, nous l'enseigner: autrement, & si les dieux n'y pouruoyent, la bonne dame est en
trelgrand danger, & d'honneur, & de vie . Durant ce propos la Royne
pleuroit & se douloroit tant, que le plus dur cueur du monde en eust eu
compassion, & tomba en l'esprit du Roy Amadis, que vrayement elle
estoit innocente : parquoy, pensa soudain qu'auecq' si bonne ocasion , il
rendroit la pareille au Cheualier de l'ardante Espée, du secours qu'il a-
uoit receu de luy en la grand' Siclade, & à ceste cause dist au vieillard:
Si la Royne me veult iurer en son ame, qu'elle est faucement acusée par
Maudan, i'iray auecq' vous le combatre : car (peult estre) ne pourriez
vous trouuer de dix ans celuy que vous cherchez , & ce pendant ses affaires iroient tresmal . Ah ! ah, sire Cheualier ! respondit la Royne, ie
vous iure par le hault nom de Iupiter, que ne pensasmes onques à la des-
loyauté qu'on nous met à sus ! Ma dame, dit Amadis , ie le croy à vostre
parole: ainsi, donques, ayez bonne esperance en Dieu : car il est droiturier pour vous garder iustice, si iustes vous estes. Lors furét les deux vieillardz bien ioyeux d'auoir ainsi acoursi leur voyage, & trouué tant à propos Cheualier, qui vousist combatre Maudan, & soustenir le droit de la
Royne : laquelle, le remerciant de grande affection , & ses deux oncles
aussi, le prierent d'entrer en leur nauire. Ie le feray, respondit il , souz le
protexte de la parole que vous m'asseurez tous trois, que la querelle de
l'acusateur est faulce: aussi est il bien requis que vous ayez plus d'esperance en vostre bon droit, qu'à ma force, autrement, pensant garantir
vous, ma dame (dit il à la Royne) ie vous ruinerois , & moy quant &
quant. Helas ! sire Cheualier, dit elle, ie vous suplie estimer, que cognoissant le bon vouloir qu'auez à me defendre, si ie sentois en moy le moindre doute du monde, ie ne voudrois hazarder vostre vie pour moyenner la mienne ! qui m'est desia si ennuyeuse, que ie l'estime moins que
rien ! Et en ceste foy, respondit Amadis, i'en prendray donques la charge: &

ge: & vous prie ne trouuer estrange ce que ie vous ay remonstré, veu
que tout Cheualier qui entre en champ de bataille fault grandement, s'il
n'y va auecq' asseurance que la iustice est de son costé. Celà vous iuray-ie
de rechef, dit la Royne. Il suffit, respondit Amadis, allons quand il vous
plaira. Lors entra au nauire, & donnant congé à ses barqueraux, changea
son nom, & se fist nommer le Cheualier Vermeil, parce que ses armes
estoient toutes rouges, & celles mesmes que luy enuoya Alquif, quand
il s'embarqua, apres son desenchantement pour aller au siege de Constantinople. Ainsi retournerent arriere ceulx de Saba, deuisants ensemble des propoz qu'ilz eurent plus agreables, tant qu'ilz r'entrerent en la
bouche du Nil, le long duquel ilz nauiguerent, & vindrent descendre à
Terrodin, ou la Royne dist à Amadis: Bon Cheualier Vermeil, nous
sommes maintenât au païs, ou i'espere en noz dieux, en vous, & au bon
droit que i'ay, que vous ferez cognoistre aux meschants, qui m'acusent,
leur trahison: car il n'y a plus qu'vne iournée d'icy à Saba, & là trouuerons la court. Tant mieux (ma dame) respondit il. Or furent incontinent les Citadins auertiz du retour de leur Princesse, & du secours
qu'elle amenoit auecq' elle: parquoy vindrent la receuoir, & luy faire
honneur: car elle estoit grandement aymée de tous pour ses vertuz. Et à
ceste cause luy presenterent montures, & ce qu'il luy estoit necessaire,
pour aller trouuer le Roy. Deuant lequel, eulx arriuez en Saba, les deux
vieillardz ses oncles amenerent Buruca, & le Cheualier estrange. Magadan, & les seigneurs de sa court, esbahiz du retour si soudain de la Royne, & plus encores de celuy qui vouloit combatre les deux Cheualiers
qui l'acusoient, commencerent à ieter leur regard sur Maudan, pour
voir la contenance qu'il tenoit, quand Buruca entama sa parole, disant
au Roy: Monsieur, pour vous monstrer, qu'iniustement, faulcement, &
desloyaument, le trahistre, que ie voy là, m'a acusée d'adultere, ie vous
presente ce Cheualier, lequel fera tel deuoir (s'il plaist à noz dieux) que
mon innocence demeurera aucrée, & le meschant acusateur puny selon son merite. Dame, respondit le Roy, si vostre Cheualier fait tant
pour vous, vous luy demeurerez tresobligée. Or vienne donques a-
uant, & die par sa bouche propre ce qu'il a entreprins. Roy Magadan,
dist lors Amadis, pource que ie sceu l'acusation qu'on a faite à l'encontre de ceste noble dame, estre inuentée par la plus grande meschanceté
du monde, ie suis prest de combatre les trahistres, & leur prouuer par
armes, que meschamment & malheureusemét ilz l'ont blasmée, & menty par la gorge de tout ce qu'ilz vous ont dit de mal d'elle, & du Cheualier de l'ardante Espée. Si n'eut plustost acheué le mot, que Maudan
s'auança, & tenant son cousin par la main, respondit d'vne merueilleuse audace: Par mon chef, pauure estrangier, tu es bien deceu, pensant
ainsi garantir la Royne, qui merite estre bruslée, pour seruir d'exemple,
non

non seulement aux dames nobles de Saba, mais à toutes celles de la terre : Car il est certain (& ainsi le maintenons-nous) qu'elle s'est forfaite
enuers le Roy, par la paillardise & adultere, que le meschant qui s'en est
fuy, & elle, ont commis ensemble . Et pource que tu en as parlé si auant,
ie te dy, que toymesmes as menty, & que vous meritez tous deux le
feu, ou bien estre trainez à quatre cheuaux par les carrefours de ceste
ville . Ah ! paillard (respondit celuy des armes vermeilles) si tu sçais
autant bien combatre qu'iniurier, tu dois estre gentil compaignon : toutesfois vne chose me fait penser qu'il n'en est rien, puys que, pour te seconder en vn si meschant acte, tu prends vn aussi homme de bien que
tu es . Ainsi tous deux ne vallez rien, & à tous deux ie maintiens les
paroles, que i'ay dites & proferées deuant la maiesté du Roy, & tant
de seigneurs presents : & voylà mon gaige pour le defendre en camp
de bataille, & presentement . Lors estendit le deuant de son haubert,
que Maudan (trop irrité) print, & le tira si rudement à soy, qu'il cuyda
faire tomber le Roy Amadis, dont il fut si mal content, qu'il mist la
main sur l'espée prest à desgaigner, si la consideracion du lieu ou il e-
stoit ne l'en eust destourné, aussi que le Roy Magadan s'en mesla . Et cognoissant le tord & iniure que luy auoit fait l'autre, parla à luy de telle
colere : Comment ? vous apartient il d'estre si temeraire deuant moy ?
par tous noz dieux, si ie vous happe, ie vous feray vn mauuais tour :
allez, & ne vous auienne plus de tant contester en ma presence . Demain matin soit le combat, comme cest estrange l'a demandé, auquel
ie iure, en foy & parole de Roy, faire garder si bonne iustice, qu'il n'aura cause de se plaindre . Puys se leua, & fort fasché entra en sa chambre
auecq' Fulurtin, & autres ses plus priuez : Ce pendant Maudan, & son
cousin, gaignerent leur logis, se retirant le Cheualier Vermeil quant
& ceulx qui l'auoient amené, auecq' grand honneur & bonne chere, a-
tendants l'heure du combat, ainsi qu'il auoit esté ordonné par statut.

Comme le Roy Amadis com-

batit Maudan, & Azaruque son cousin, qu'il des-
fist : puys s'embarqua pour retourner es
parties de Septentrion.

Chapitre   XLVI.

Or dit

OR dit le conte, que le Roy **Amadis** s'arma le lendemain de grand matin, supliant Dieu deuotement,
qu'il luy pleust le preseruer du peril ou il entroit, comme il auoit fait plusieurs fois : mesmes atendu la iuste
querelle de Buruca, pour laquelle defendre mieux,
luy fut amené, par l'vn des Escuyers des deux oncles
du Roy, vn tresbeau destrier, sur lequel il monta. Et vint, pour le conduire au camp, Seniel l'vn des Iuges, que le Roy Magadan y enuoya,
acompaigné de cinq cents Cheualiers. Si luy portoit Seniel sa lance, &
les deux anciens Ducz, l'armet, & l'escu. Et en bonne ordre marcherent
ensemble au lieu ordonné pour le combat, ou (apres auoir fait par trois
fois la ronde auecq' retentissement de trompettes & clairons) le misrent
à l'vn des deux boutz souz vn pauillon, atendant les deux assaillants,
Maudan, & Azaruque, qui en pareil honneur entrerent peu apres au
camp, hors duquel (& vn peu à l'escart) estoit vn grand feu allumé, &
la Royne tout ioignant, auecq' quelques Gentilzhommes ordonnez
pour sa garde : Et le bourreau derriere prest à executer son office, ou le
Cheualier Vermeil demeureroit vaincu. Mais Buruca auoit si bonne,
& si asseurée constance, que chacun prioit pour elle, la reputant innocente, & acusée à tord. Pour à quoy les mieux persuader, portoit ce
iour là tous les plus precieux acoustrements qu'elle eust. Si auoit la coronne & diadesme, selon l'vsage de Saba, qui augmenta tant le cueur à
celuy qui soustenoit l'honneur d'elle, qu'il luy tardoit beaucoup que les

Q   Heraux

Heraux ne fiſſent leur cry, pour luy permettre commencer la meſlée.
Ce qui auint toſt apres : car par le commandement de Magadan, eſtants
d'vn coſté Maudan, & Azaruque, acompaignez de deux Comtes leurs
parents, qui leur ſeruoient de parrains, & le Cheualier Vermeil d'autre
coſté, entre les deux vieillardz qui l'auoient amené, vn Roy d'armes
proclama haultement, qu'aucun ne fuſt ſi ozé, ou hardy, pour bien, ou
mal, qui auint aux combatants, de leur faire ſigne d'œil, de parole, ou
en quelque autre maniere, fuſt pour les eſmouuoir, ou deſmouuoir : &
ce ſur peine de la hard. Puys ſ'eſcria à haulte voix par trois diuers coups,
diſant telles paroles : Laiſſez aller les bons combatants faire leur deuoir.
A ce cry ſe retirerent les parrains d'vne part & d'autre, & commmence-
rent trompes à ſonner. Lors ſ'eſmeurent les deux couſins contre le Cheualier Eſtrange, qui au ioindre choyſit Maudan, auquel il vouloit mal
de mort, pour la brauerie qu'il auoit tenue luy preſentant gaige de bataille, & le rencontra ſi rudement, que briſant ſon boys iuſques dans le
gantelet, luy en demeura vn tronçon dans l'eſpauliere, qui le perça d'oultre en oultre, auecq' tant de douleur, qu'il tomba deſarçonné du cheual
par terre. Ce que voyant la Royne Buruca fut grandement ayſe, combien que celà luy dura peu : car Azaruque coucha bas, & donna en l'eſpaule du cheual d'Amadis tellement qu'il cheut, & ſon maiſtre deſſouz, lequel (pourtant) ſe releua premier qu'Azaruque euſt acheué ſa
carriere : & mettant l'eſpée au poing vint vers Maudan, qui eſtoit ia ſur
piedz : & comme ſil n'euſt ſentu douleur pour le coup qu'il auoit au
bras, tira rudement le tronçon, & le ieta bien loing arriere de luy. A
doncq' ſe miſrent les deux Cheualiers à ſ'entreferir cruellement : mais
Azaruque, qui eſtoit ſeul demeuré à cheual, donna des eſperons, & penſant abatre Amadis & le fouler aux piedz, vint de grande roydeur contre luy. Le Roy qui l'aperceut ſe tira à quartier, & d'vne grande adreſſe
(ainſi que le cheual esbranlé paſſoit oultre) luy donna ſur le iarret, en
ſorte que la iambe luy demeura impotente & tomba, non pas ſi lourdement, qu'Azaruque ne trouuaſt moyen prompt d'habandonner les e-
ſtriers, & venir à pied ſecourir ſon compaignon, que le Cheualier Vermeil pourſuyuoit hardiment. Et comme celuy qui n'eſtoit aprentif à tel
meſtier, ſe meſla parmy eulx ſi courageuſement, que chacun commença
à luy iuger l'honneur de l'yſſue : par ce qu'ilz n'eurent longuement tournoyé, qu'il ataignit Azaruque au deſſus de l'armet, & de grand' puiſſance le luy entama iuſques en la ceruelle, le rendant mort ſur le champ. Si
lors Maudan euſt voulu eſtre loing de là, ie le vous aſſeureray pour luy :
car le cueur luy commença à aſoyblir, ſi qu'à veuë d'œil il perdoit toute
contenance, parquoy Amadis luy eſcria : Maintenant (trahiſtre) ſera voſtre laſcheté manifeſtée, & receurez le loyer des iniures que vous me di-
ſtes

stes deuant le Roy . Maudan plus estonné qu'on ne pourroit penser, ne
respondit vn seul mot, & sans se defendre, ny resister, ne faisoit plus que
fuyr çà & là . Mais Amadis le print par les courroyes de l'escu, & le tira
à soy si roydement, qu'il le ieta le nez contre terre : Et à coups de pommeau d'espée se mist à le caresser si doucement, que l'armet luy sortit
de la teste, & quant & quant luy mist le pied sur la gorge : & leuant le
bras faignoit le vouloir faire mourir, quand Maudan s'escria : Ah ! ah,
sire Cheualier Vermeil, ayez pitié de moy ! & pardonnez à ma vie !
Paillard, respondit il, s'il y auoit en toy esperance d'amendement, ie
le ferois : mais estât si trahistre comme tu es, on feroit tord à Vertu d'executer compassion enuers toy . Toutesfois, si tu veux confesser deuant le
Roy, & les Princes de sa court, la verité du fait, ie ne passeray plus
oultre . Maudan craintif de la mort, & nonchallant d'honneur, promist d'ainsi le faire : Et à ceste cause Amadis apella les Iuges, auxquelz
il declara ce qu'auez entendu, & qu'il leur pleust mander le Roy, &
les autres seigneurs de Saba. Ce qu'ilz allerent dire incontinent à Magadan, qui descendit de son theatre, auecq' Fulurtin, & maints preu-
d'hommes : deuant lesquelz (la Royne presente) Maudan se mist à genoux, requerant mercy à iointes mains, & pour l'obtenir adressa sa
parole au Roy, luy disant : Sire, vous pouuez voir en moy, comme
Fortune se iouë des meschants telz que ie suis : aussi ne fut il oncques
veu, qu'vn peché n'atirast vn autre, & vn second plusieurs, tant qu'à la
fin ilz aueuglent si bien les personnes, que (pensants aller le grand chemin) tombent en la fosse qu'ilz ont faite eulx mesmes, dont ilz ne se
peuuent plus apres retirer . Ce qui se manifeste presentement en moy,
qui (enuieux de l'honneur que vous faisiez au Cheualier de l'ardante
Espée) controuuay ce que ie vous dis de luy, & de la Royne, pour le
chasser de vostre court, & tenir son lieu . Puys deduisant sa trahison de
poinct en poinct, n'en oublia vn seul mot. Or ay-ie esté cause de grand
mal , & sçay bien que ie merite vn tourment non pareil : toutesfois,
sire, ie vous suplie, que (preferant pitié & misericorde à la rigueur de
vostre iustice) il vous plaise me pardonner, faisant cognoistre par celà à
vn chacun, que d'autant que mon peché est grief, vostre clemence, &
bonté, est extreme : qui vous tournera à grand louange, demeurants à
iamais moy, & les miens, plus tenu de vous seruir, que nulz autres de
voz subietz, d'autant que vous m'aurez plus pardonné & remis. Tandis
que le trahistre faisoit ceste belle harangue, le Roy de Saba estoit si perplex, qu'il ne sceut proferer vne seule parole, considerant le mal & iniure
qu'il auoit fait à la Royne, & à la legiere creance de luy, dont il sçauoit
bien qu'il seroit blasmé à iamais : toutesfois (auant que se retirer) commanda qu'on ietast le trahistre au feu, & par edit perpetuel declara ban-
niz ceulx de son lignage, qui à ceste cause se retirerent le iour mesmes.

Q ii   Et retourna

Et retourna le Roy en son palays, ou la Royne Buruca fut amenée, a-
uecq' aussi grand triumphe, que si elle eust fait vne seconde entrée. Et
comme elle arriua deuant le Roy, se ieta à ses piedz, luy disant: Monsieur, puys que mon innocence est auerée, ie vous suplie me receuoir en
vostre bonne grace, comme au parauant, & vous souuenir vne autrefois
de croire moins de legier, sans vser de vostre puissance sur l'acusé, premier que l'ouyr en ses iustifications: considerant comme vous auez pro-
cedé rigoureusement, non seulement contre ma pudicité, ains contre
l'honneur de moy, & de la maison dont ie suis yssue. Le Roy, qui d'vn
grand remords de conscience se trouuoit assiegé, la releua & la baisant
auecq' la larme à l'œil, luy respondit: Ma dame, ie sçay bien que vrayement ie ne puis excuser mon offence, & m'en desplaist, en sorte que ie
vous prie me le pardonner, & l'oublier aussi, vous iurant par ma coronne, que ie l'amenderay enuers vous, & les vostres, comme vous l'auise-
rez. Ah! ah, sire, dit elle, sans le bon Cheualier Vermeil, mes affaires se
fussent mal portées! pour Dieu honorez le, & pour le premiet amandement que vous ferez, s'il vous plaist. Et comme elle acheuoit ceste parole, ses deux oncles amenerent Amadis, lequel entrant en la salle, Magadan, & Buruca le vindrent receuoir, & en l'embrassant, luy dist la
Royne: Certes, bon Cheualier, ie ne sçay pas le moyen de pouuoir iamais recognoistre ce que vous auez fait pour moy, m'ayant dóné la vie,
& honneur ensemble. Ma dame, respondit il, le bon droit que vous a-
uez s'est aparu manifestement: car Dieu, qui est droiturier, ne permet
iamais iniustice sans la vengeance, quoy qu'il tarde. Ainsi (vous estant
incoulpable) quand bien ie n'eusse entreprins le combat contre les trahistres, vn autre fust venu, qui eust fait ce que i'ay executé. Mon grand
amy, dit le Roy, si ie vous eusse aussi bien cogneu le iour d'hier, que ie
fais à present, ie vous eusse porté plus d'honneur: mais l'ennuy que i'a-
uois des meschantes paroles qu'on m'auoit tenues de la Royne, me faisoit oublier toute courtoysie, voyre mon naturel propre, qui est de
receuoir gracieusement tous estrangiers qui viennent en ma court. Ainsi ie vous prie ne prendre en mauuaise part ceste faulte, ains l'excuser,
& à la charge que d'oresenauant ie mettray peine de l'amender. Ah! sire, respondit Amadis, vous me faites tord! ie suis vn simple Cheualier,
qui s'estimeroit heureux de pouuoir faire seruice à vn si grand Roy que
vous estes. Non, non, dit Magadan, si voulez demeurer auecq' moy, il
n'y a chose en ma puissance dont vous ne finiez. Bien humblement le
remercia Amadis. Et pource que le Roy pensoit qu'il fust nauré, luy bailla son filz Fulurtin pour luy tenir compaignie, & le conduire en l'vne
des meilleures chambres du palays, ou il se desarma. Et combien qu'il
fust vieil, comme vous pouuez estimer, veu ce que desia nous auons tant
escrit de luy, toutesfois l'eau dont Vrgande le laua au chasteau d'Apolidon le

dont le tenoit tant frais, qu'il ne se monstroit pas aagé de quarante ans:
& ressembloit si bien au Cheualier de l'ardante Espée, que Fulurtin ne
se pouuoit tenir d'auoir l'œil sur luy, le regrettant d'heure à autre, & de
plus en plus. Amadis, donques, desarmé, & sans playe qui luy comman-
dast garder la chambre, retourna en la salle auecq' le filz du Roy. Et
pource qu'on auoit couuert pour le disner, Magadan le fist lauer quant
& luy, & asseoir tout ioignant la Royne, laquelle le pria tresinstamment
de raconter ce qu'il sçauoit du Cheualier de l'ardante Espée. A quoy il
obeit: & s'esmerueillerent tous ceulx qui l'ouyrent de tant de prouesses,
tellement que Fulurtin entreprint (quoy qu'il en peust auenir) de l'aller
trouuer. Puys estants les tables leuées, Amadis (à qui il tardoit trop qu'il
ne voyoit la Royne Oriane) sçachant l'ennuy qu'elle portoit de son absence, delibera suplier le Roy, luy faire donner vaisseau propre pour retourner ou la Royne Buruca l'auoit trouué. Et combien qu'il pourchas-
sast son congé auecq' grande instance, si ne le peult il obtenir que quatre
iours apres, durants lesquelz on le festoya grandement. Et tandis luy
fut equipée vne nef, en laquelle Fulurtin pensoit bien s'embarquer, &
aller chercher son compaignon, mais le Roy ne le voulut permettre pour
l'heure. Et à ceste cause pria Amadis luy laisser ses armes vermeilles, qu'il
porteroit pour l'amour de luy, & en souuenance du meilleur Cheualier
du monde. Amadis ne les luy refusa, aussi que Fulurtin luy en donna
d'autres toutes blanches, & plus riches. Puys auecq' son congé entra au
Nil, & de là en la mer Mediterranée, par vn vent propre pour retourner
en Ponant, d'ou il estoit party. Dieu le conduie donques. Et pour diuer-
sifier & embellir nostre histoire, entendez comme ce pendant se portoient les affaires de l'Empereur Arquisil, duquel noz volumes precedants ont fait si grand' mencion.

Comme estant l'Empereur Ar-

quisil en la ville de Maiance, arriua à court Acaye filz du Roy
de Tessalie, lequel Manasses, filz du Duc de Buillon, mist à mort par ialousie de l'Infante Esclariane.

Chapitre   XLVII.

Rquifil Empereur de Rome seiournant en sa bonne
ville de Maiance, auecq' l'Imperatrix Leonorine, Di-
nerpie, & Brisenne sa femme, fille du Roy Amadis,
ne pensants qu'à faire feste & la meilleure chere dont
ilz se pouuoient auiser, pour estre la court remplie lors
de Princes, tát du païs, qu'estrangiers, la pluspart desquelz estoient expressement venuz voir Esclariane, fille du Prince Dinerpie, & de Brisenne, dont la renommée volloit par tout, pour la beauté & bonne grace qui estoit en elle, resemblant quasi du tout à l'excellence qui auoit esté autresfois à son ayeule la Royne Oriane. Dequoy A-
caye, Prince de Tessalie, auerty, voulut estre de la partie, esperant la demander à l'Empereur pour femme & espouse. Et à ceste cause deslogea
de ses païs, & en belle & grosse compaignie arriua à Maiance, ou Arquisil le receut humainement, & honorablement, tant pour l'amour du Roy
de Tessalie son pere, qu'aussi pource qu'il estoit Prince, beau, ieune, &
tresbien condicionné. Si s'en contenta grandement Acaye, & plus encores quand il eut veu, & deuisé auecq' Esclariane. A laquelle il trouua
maniere de faire entendre l'ocasion de son arriuée à la court, luy promettant (si elle le trouuoit bon) impetrer de l'Empereur, & du Roy de Tessalie, le consentement au mariage de luy, & d'elle. L'Infante inacoustu-
mée à telles embassades, rougit de prime face, le remerciant (toutesfois)
de l'honneur qu'il luy faisoit: & comme saige, & auisée, s'excusa du surplus. Or estoit de fortune present, lors que Acaye & Esclariane deui-
soient ensemble, vn autre ieune Prince, nómé Manasses, filz du Duc de
Buillon, lequel (pretendant au mesme bien que faisoit Acaye) sentit en
son ame grande perturbacion de la bonne chere qu'ilz se monstroient
l'vn à l'autre: & de fait entra en vne ialousie, qui depuys tourna en trop
de mal, ainsi que vous entendrez. Ce filz du Duc de Buillon, estoit ieune,
dispos, & bon Cheualier au possible: mais Esclariane sçachant qu'il venoit de reng de trahistres, n'en faisoit conte, quelque amour & seruitu-
de qu'il luy portast, & qu'elle cognoissoit notamment: en sorte que pour
estre dame de tout le monde, elle ne l'eust voulu à mary. Et ce qui le mist
d'auantage aux champs, il auoit trouué moyen d'entendre partie des
offres que faisoit Acaye à la Princesse, dont il s'enflamba tellement, qu'il
delibera se venger de son coriual, & de le tuer pour s'en depescher du
tout. Et ce qui y ayda beaucoup: entendez qu'à l'ocasion de si grand'
court, l'Empereur auoit fait dresser lices pour tournoyer, & eschaufaux
tout à l'entour: parquoy Acaye s'equipa au mieux qu'il peut, esperant,
en faueur de s'amye, faire armes, & se monstrer tel qu'il estoit. Et à fin
qu'elle le cogneust mieux, vn iour entre les autres vint au palays, ou l'on
auoit couuert pour le disner. Grand & sumptueux fut le seruice, durant
lequel Acaye ne se pouuoit ressasier d'auoir l'œil continuellement sur

celle

celle qu'il aymoit de tout son cueur. Et combien qu'elle n'y print garde comme ieune, & non ataínte de semblable mal, Manasses, pourtant, estoit en vne estrange peine, & à tous propoz se rongeoit les ongles, tant que les tables furent haulcées, & descendirent Cheualiers, & dames, en la court, ou ilz trouuerent leurs montures prestes, pour aller voir qui mieux courroit ceste apresdisnée. Si ne s'esloigna pas Acaye, ains print les resnes de la haquenée d'Esclariane, & la conduisoit, l'entretenant ainsi qu'ont de coustume faire ceux qui desirent la bonne grace de leur amye. Dont Manasses, tombant de fieüre en chauld mal, ne fut vn seul brin content : mais n'y pouuant donner pour l'heure remede, s'auisa, pour nuyre à tous deux, se mettre à costé, & entendre, ou garder, qu'ilz ne parlassent priuément l'vn à l'autre. Et neantmoins Acaye, qui ne se doutoit de rien, ne laissoit à poursuyure ses erres, tant qu'il dist à l'Infante : Ma dame, s'il vous plaisoit me faire tant de faueur, que de me donner quelque manchon, & me commander le porter demain au tournoy, croyez qu'il me semble qu'il ne me pourroit mal auenir : & que les forces me redoubleroient à vostre ocasion. Monsieur, respondit elle, vous estes tant bon Cheualier, que vostre deuoir ne laissera à estre fait sans manchon, ou autre ioyau, que vous pourriez auoir de moy. Manasses qui l'escoutoit, ne se peut tenir d'auantage qu'il ne print la parole, disant à Acaye : Par Dieu, Prince, vous vous fussiez bien passé de tenir ce propos à ma dame, veu que si elle vouloit de tant eslargir sa liberalité, elle la pourroit faire à autre, qui la sçauroit trop mieux seruir que vous : & pour vous venter ainsi, ne vous faloit ia sortir des païs du Roy vostre pere, & venir pardeçà, ou est la fleur de toute Cheualerie. Vrayement, Cheualier, respondit Acaye, il peult bien estre qu'autre que moy la seruiroit : mais non pas mieux, ny auecq' plus d'ocasion de droit, ny de merite. Et par ainsi, il me semble qu'eussiez beaucoup fait pour vous de parler plus courtoisement, non pas auecq' telle audace : car si ie suis venu de mes païs ie tiens mon voyage pour bien employé, & ne fust ce qu'ayant veu la grande beauté de ma dame, qui m'a fait tant enhardir de la suplier me permettre la seruir, comme ie feray toute ma vie. Ie ne dy pas qu'il n'y ayt par deçà, & ailleurs, de trop meilleurs Cheualiers que ie ne suis : mais ce n'est pas vous, veu que communément preud'hommie, & prouesse, ne s'acompaignent d'orgueil, ny d'outrecuidance. Tout beau, tout beau, dit Manasses, gardez-vous de plus m'iniurier, autrement ie vous monstreray que vous estes vn fol. Acaye, à qui la colere eschauffa le cerueau, fut si desplaisant, qu'il respondit à Manasses : Par Dieu, damp Cheualier, si l'Empereur ne vous commande chastier, ie vous feray repentir de ceste parole. Suffise-vous qu'Acaye a le cueur assez bon, & le moyen suffisant pour vous punir, comme le meritez. Manasses se confiant à vn tas de parents qu'il auoit à l'entour de sa personne, ne peut dissimuler d'a-

Q iiii   uantage,

uantage, ains mift foudain la main à l'efpée, & chargeant fur le Prince
de Teffalie, luy dift: Paillard, vous apartient il menaffer ainfi lafchement
meilleur que vous?Lors luy rua tel coup fur la tefte, qu'il le rendit mort,
tombant du cheual en la place, dont fut l'efmeute grande : car les gents
du Prince, voyants tel outrage, coururent fus à Manaffes : mais il fut defendu des fiens, tellement que maints d'vne part & d'autre y finirent
leurs iours : & pis encores y euft eu, fi l'Empereur n'y euft donné ordre:
lequel fe mettant entre deux, commanda fur la vie qu'on fe retiraft. Et
prenant Manaffes, le fit mener en vne forte tour, iurant qu'il l'amende-
roit. Ce pendant fe retira vn chacun en fon logis, mefmes l'Infante Efclariane, tant defplaifante que rien plus, pour auoir efté caufe (comme il
luy fembloit) de tel meurdre. Et d'autre part, les gents du Prince mort
fifrent fi grandes plaintes, que l'Empereur(bon iufticier) enuoya le lendemain Manaffes pendre aux carneaux du lieu ou il eftoit enfermé.
Mais fes amys trop mal contents, prindrent le corps, & l'emporterent
au païs de Buillon, laiffants la court en trifteffe, & fort troublée. Car encores que telle iuftice fuft aprouuée de tous gents de bien, fi difoit-on
publiquement, que le Duc f'en pourroit venger : par ce qu'il eftoit trefgrand Seigneur, & plus haultement aparenté qu'autre de l'Empire.

Comme le Duc de Buillon

*fceut la mort de fon filz : & de la grand' ruze qu'il fift pour
mettre à mort l'Empereur, & Dinerpie fon filz,
pour f'emparer de l'Empire.*

Chapitre   XLVIII.

Manaffes

Anaſſes mort, ainſi que vous auez entendu, & le corps emporté par ſes parents au Duché de ſon pere, onques homme ne mena tel dueil, durant quinze iours : mais (comme toutes choſes ſoublient ou amoindriſſent auecq' le temps) la douleur du vieillard ſe modera quelque peu, non pas le deſir qu'il eut de vengeance. Car lors que l'on penſoit les choſes plus aſſopies, il fiſt apeller ceux de ſon lignage, & les ayant retirez à part, leur diſt: Meſſieurs, mes bon amys & alliez, vous auez veu, & ſceu le deshonneur, que l'Empereur noſtre Prince a pourchaſſé, non ſeulement à moy, ains à vous tous, tant en particulier, qu'en general: en ſorte que non ayant eſgard à nous, qui ſommes ſi grands & puiſſants que chacun ſçait, a vilainement fait pendre celuy, qui apres moy ſe pouuoit dire chef de voz armes, & Duc de Buillon: dont i'ay telle douleur, que i'en meurs cent fois le iour. Et quant à vous ſes bons parents, ie croy pour certain, que le naturel vous eſguillonne tellement, que le cueur vous pleure, & ſuintera ceſte playe, tant que vous, ou les voſtres, aurez nom de Gentilzhommes. Toutesfois, ſi vous voulez ſuyure mon auis, nous n'en differerons ſi long temps la vengeance : mais vous donneray moyen de recouurer noſtre honneur tant abaiſſé, & qui vous tournera à gloire, & grand proffit. Lors chacun ſ'eſcria qu'ilz y employroient leur vie, & leurs biens: Mes amys, dit il, eſtes vous deliberez de ſuyure mon conſeil? Monſieur (reſpondit le plus auoué de tous) nous vous iurons ſur la foy que deuons à Dieu, que nous vous obeirons quant à ce poinct. Bien affectueuſement les remercia le

Duc:

Duc: & voyant leur bonne volunté, commença à demefler fon entreprinfe, ainfi que vous entendrez. Meffieurs & parents, dit il, il me femble que pour paruenir à mon entente, l'vn de vous doit aller vers l'Empereur, & luy baifer les mains de ma part, l'affeurant que la iuftice qu'il
a monftrée en mon filz m'eft trefagreable, veu l'iniure qu'il auoit faite à
fa maiefté, mettant à mort le Prince de Teffalie tant inconfiderément,
& en fa prefence. Et que, combien que l'amour paternel me femond à
quelque regret, fi eft ce que quand ie penfe à l'equité, de laquelle il a vfé,
comme bon Prince, & droiturier Empereur, ie me treuue tellement con
folé, que i'apreuue, non feulement telle iuftice, pour eftre exemplaire à
tous, mais d'auantage ie le remercie humblement de ce qu'il m'a releué
d'eftre feuere contre ma propre chair. Ce qui eftoit expedient que ie fif-
fe, voulant conferuer mon integrité, & l'honneur de ma maifon. Voylà,
mes amys, les ambles ou il le faudra ieter, pour venir à noz ataintes, auxquelles aiouftant foy, reffemblera proprement le Corbeau qui tient le
formaige, que le Renard femõd à châter, pour luy faire perdre fa proye.
Car par ce moyen il aura affeurance de nous, & pourrons l'aller trouuer
iufques au nid, & à noftre ayfe le voller, luy, & les fiens, fans qu'il en
rechape vn feul qui me contredie à l'Empire, ou ie paruiendray maugré
eulx, demourants vous riches par la defpouille de voz ennemys, & moy
vengé au pris de leur propre fang. Certes ce confeil, & auis damnable,
eut tant de force, que nul des affiftants y contredit, mais l'aprouuerent.
& louerent: eflifants fur l'heure (pour feruir d'amorce & porter le meffage faint) Madaran, coufin du Duc, & quafi auffi homme de bien que
luy: lequel f'en partit, & arriuant vers l'Empereur, fceut tant à propos
palier fon meffage, & trahifon, que le bon Prince en creut plus qu'il ne
deuoit, difant deuant tous, que veritablement le Duc de Buillon eftoit
l'vn des plus faiges Cheualiers du monde, & qui mieux meritoit le gou-
uernement d'vne Monarchie. Si fift de grands prefents au meffagier, luy
commandant raporter à fon maiftre, qu'il le prioit venir en fa court, ou
il l'honoreroit ainfi qu'il le meritoit. Madaran, ioyeux de telle affeurance, f'en retourna vers le Duc, qui l'atendoit auecques grande partie de
fes aliez, qui fe tenoient preftz, felon la nouuelle qu'ilz auroient du
meffagier, lequel leur raconta entierement le propos de l'Empereur. Et
pour cefte caufe deflogerent la nuiĉt enfuyant, tirants droit à Maiance. Et le plus couuertement qu'ilz peurent f'affemblerent iufques à plus
de mil, qui demeurerent tout le iour embufchez en vne foreft prochai-
de de la Cité, & fur le foir entrer êt dedans, fans eftre defcouuerts. L'Empereur qui ne fe doutoit de trahifon, veu mefmes l'honnefte meffage
que le Seigneur de Buillon luy auoit enuoyé faire par Maradan, eftoit en
fon palays, deuifant auecq' l'Imperatrix, & plufieurs Cheualiers qui l'a-
compaignoient, lors que le Duc y furuint tout armé, & auecq' luy yingt
ou trente,

ou trente, lefquelz mettants les mains aux efpées, coururent fus à ceux qu'ilz rencontrerent. Dont l'Empereur bien effrayé cuida gaigner le hault: Mais Madaran le deuança, & luy donnant fur la tefte, f'efcría: Demeure, Empereur, demeure: & te fouuienne de l'iniure que tu as faite à la maifon de Buillon. Le coup fut mortel, & tomba le bon Prince mort en la place. Ce que voyant Dinerpie, entra en telle fureur, que tout defarmé qu'il eftoit, fe lança contre le meurdrier armé, & l'ataignit fi à ferme, qu'il le fendit iufques au ceruean. Lors f'efchauffa la reuolte: car maints preud'hommes qui eftoiét là prefents, mifrent incontinent leurs manteaux au tour de leurs braz, & auecq' les efpées nues, refifterent long temps aux trahiftres. Or cognoiffoit Dinerpie qu'il ne pouuoit euiter fa mort prefente: parquoy delibera la vendre cherement, auffi ne rencontroit il homme qui ne tombaft fans plus en parler. Ce nonobftant (de malheur) vn des trahiftres le furprint par derriere, & le naüra à trauers le corps. Ah! dit Dinerpie, mefchant, tu m'as occis! Et tournant vifage, luy fepara l'efpaule du refte du corps. Et tomberent l'vn quant & quant l'autre aux piedz du Duc, lequel craignant que Dinerpie fe releuaft, luy trencha la tefte. Ainfi affaillants les vns, & fe defendants les autres, Brifenne, & Efclariáne, qui eftoient en leur chambre, ouyrent le bruit, & enuoyerent foudainement vne damoyfelle pour fçauoir que ce pouuoit eftre: mais incontinent qu'elle entra en la falle, aperceut l'Empereur mort, & l'Imperatrix efuanouye fur le corps. Dont de grand effroy, retourna vers les dames, aufquelles elle dift en foufpirant, & pleurant: Ah! ah, mes amyes, fauuez-vous! le mefchant Duc de Buillon a meurdry l'Empereur, & tous ceux qui l'acompaignoient! A ce cry la Princeffe Brifenne ne trouua meilleur remede, finon prendre fa fille, & fuyants par deffouz les voultes du palays, vindrent en vn poultiz, qui eftoit fur la riuiere, ou ilz auiferent vne naffelle de pefcheurs, dedans laquelle ilz entrerent: Et la deflians, l'eau commença à la porter contre bas de telle roydeur, que premier qu'il fuft iour, ilz arriuerent en mer. Ce pendant, ceux qui eftoient embufchez au logis du Duc, & qui n'atendoient que le carnaige, fortirent, & coururent droit en la place, tuants & naürans tout ce qu'ilz trouuoient. Là fut la pitié, & horreur: car les mefchants n'efpergnoient bien fouuent pas les poures femmes, lefquelles defcheuelées regrettoient, l'vne fon mary, l'autre fon pere, ou fon frere. Et toutesfois la fureur des trahiftres ne f'amoindrit qu'il ne fuft iour, & commanda le Duc que chacun mift peine de trouuer la Princeffe Brifenne, & Efclariane fa fille: Car de l'Imperatrix il la tenoit en feure garde, & toutes fes damoyfelles auffi. Si chercherent d'vne part & d'autre: & neantmoins ilz n'en peurent auoir nouuelles. Dont trop irrité, fift crier à fon de trompe, que fur peine de la hard, on les luy amenaft: & que ou elles feroient trouuées apres le cry, ceux, ou celles, qui les auroient

recelées,

recelées, en feroient penduz & eſtranglez par leur col. Mais ce fut en
vain, les bonnes dames eſtoient hors de ſon pouuoir, & à la mercy de
Dieu & des vagues. Au moyen dequoy le trahiſtre ſ'empara de l'Empire: & enuoya leuer gentſd'armes de toutes parts, pour deſtruire qui luy
contrediroit. Et à ceſte cauſe ſ'aſſemblerent en peu de temps plus de
vingt mil hommes, auecq' leſquelz il fiſt maux innumerables, commandant, premier que ſortir de Maiance, que l'Empereur, & ſon filz, fuſſent
penduz au lieu meſmes, ou Manaſſes auoit eſté mis. Et y demeurerent
par long iours, ainſi que vous entendrez ſur la fin de ce liure:

Comme la Princeſſe Briſenne

& ſa fille Eſclariane, ſe perdirent en mer, & furent prinſes
par courſaires.

Chapitre   XLIX.

Rop pitoyable eſt d'eſcrire la fortune de Briſenne, &
ſa fille: leſquelles deuallants à val l'eau en la petite naſ-
ſelle, plorants & ſe doulourants, arriuerent en la haulte mer, ainſi que l'aube du iour commençoit à poin-
dre: & en moins de rien furent pouſſées en ſorte, qu'elles perdirent terre de veuë. Mais peu ſ'en ſoucioient
les bonnes dames: car elles (plus mortes que viues, & ſans penſer le nouueau peril ou elles eſtoient arriuées) ſe tenoient embraſſées, ſouhaitants,
pour leur meilleur confort, leur mort prochaine. Et ainſi agitées, puys
çà, puys là, comme il plaiſoit au vent, & aux vagues, demeurerent deux
iours & deux nuictz ſans boire ny menger, n'eulx ſouuenir d'eulx meſmes: tant qu'vne nef les rencontra, en laquelle nauigeoient deux courſaires de Hongrie, leſquelz acompaignez de quinze auſſi gents de bien
qu'eulx, & qu'ilz auoient à leur ſoulde, roboient, & pilloient tout ce qui
tomboit en leurs mains. Eulx donques eſmerueillez de voir en ce petit
baſteau ces deux dames ſi bien en ordre, & faiſants tant de pleurs, pen-
ſerent incontinent que la rançon en ſeroit bonne: & à ceſte cauſe vindrent les ſaiſir, premier qu'elles ſ'en aperceuſſent: & eſbahiz de la grand'
beauté d'Eſclariane, furent eſmeuz à tant de compaſſion, qu'ilz les ſaluerent amyablement. Or eſtoit encores la Princeſſe Briſenne tant pertroublée, qu'elle cuidoit certainement que ce fuſſent aucuns des gents
du Duc de Buillon: parquoy, ſ'aſperant contre eulx, ſe print à crier, diſant: Trahiſtres, meurdriers, deſloyaux enuers voſtre Seigneur naturel,
que voulez-vous à moy, ny à ceſte pauure fille, ſans pere, & deſnuée de

tous

tous biens? Acheuez, meschants, de nous tuer , & soit vostre raige sou-
lée en nostre sang : car le viure d'auantage nous ennuye. Puys se teut, &
recommença son dueil pire que deuant, & auecq' tant de regretz, que les
coursaires mesmes ne se peurent garder de pleurer : esbahiz, toutesfois,
qui luy causoit telle passion, parquoy luy respondirent gracieusement:
Dame, il n'y a nul en ceste compaignie qui vous vueille desplaisir, aussi
ne vous vismes onques, comme ie pense : & si serions ioyeux de vous
pouuoir venger de ceux dont vous vous pleignez tant, si en auions le
moyen: parquoy dites-nous, s'il vous plaist, qui ilz sont, & l'ocasion de
vostre ennuy . A ceste parole la Princesse reprint vn peu ses espritz, &
cognoissant pour certain qu'elle s'estoit abusée, les ayant prins pour les
satellites du Duc, s'excusa grandement enuers eulx , les remerciant de
bien bon cueur des offres qu'ilz luy presentoient. Et ne trouuez estrange, disoit elle, si mon dueil est extreme, car ie me voy au iourd'huy sans
moyen, sans bien, & du tout perdue: toutesfois i'espere qu'à la fin le plaisir que nous receurons de vous, pourra auecq' le temps estre bien recompensé, qui me fait vous suplier humblement (puys que fortune nous a
ietées en voz mains) que nostre honneur soit gardé, ainsi que nous auons
confiance en vostre bonté & gentilesse: car autre chose ne nous est il demeuré. Asseurez-vous, respondirent les coursaires, qu'il ne vous sera en
rien meffait, & si vous seruirons & honorerons à nostre pouuoir. Dieu
vous en doint la grace, dit Brisenne: & sur ceste foy nous nous rendons
à vous . Lors les prindrent les coursaires souz les braz, & les menerent
en leur vaisseau, ou auecq' grande instance ilz les prierent de manger: ce
qu'elles n'oserent refuser, tant furent persuadées , auecq' gracieuses prieres. Mais telle courtoisie leur dura peu, qu'ilz ne retournassent à leur naturel . Si les conduirent à la chambre de la nef, & leur fut baillé vn lict
pour reposer: puys, les laissants seules, sortirent sur le tillac, louants l'vn
à l'autre l'excellente beauté d'Esclariane, pretendants les deux pyrates
(ce grand dueil apaisé) trouuer façon d'en faire leur amye, combien
qu'ilz le dissimulassent au mieux qu'ilz pouuoient. Ainsi demeurerent
les bonnes dames tant esplorées que merueilles, se consolants souz les
paroles des coursaires, & la promesse qu'ilz leur auoient faite, iusques
sur l'heure du souper, qu'ilz les manderent querir par l'vn de leurs soldatz: lequel, parlant à Esclariane, se sentit tant surprins de l'amour d'elle,
qu'il ne sçauoit quelle contenance tenir, & onques n'en partit l'œil, iusques à ce que de rechef elles se fussent retirées en leur chambre, ou (pour
leur trauail passé) lassées, & brisées, se coucherent toutes vestues, & s'endormirent , demeurants les trois amoureux en peine de trouuer le
moyen, pour chacun d'eulx paruenir à la iouyssance de la belle.

R   Comme

Comme l'vn des soldatz des

deux coursaires desroba l'Infante Esclariane, & la
cuidant forcer fut secourue par don Florestan : & d'vne estrange a-
uanture qui leur a-
uint depuys.

Chapitre   L.

Pres que les deux dames se furent endormies, celuy
qui dernierement auoit regardé Esclariane de l'œil
impudicq', dont nous vous auons parlé, se trouua si
embrasé de l'amour d'elle, que toute nuict ne faisoit
que souspirer, songeant comme il pourroit paruenir à
ses ataintes. Et en ceste pensée, oyant ses compaignons
ronfler, se leua doucement, & vint à l'huys de la chambre, ou estoient
les dames, qu'il ouurit : & pource qu'elles dormoient profundement, s'a-
procha tout au pres, & tant plus il regardoit l'Infante, & plus s'augmentoit en ses entrailles le feu ia allumé, disant en soymesmes : Helas ! si ie
ne iouys bien tost de ceste femme, il est impossible que ie puisse viure !
en mal'heure vy-ie onques tant de beauté qui est en elle ! Lors va penser qu'à son auis il la pourroit bien enleuer sans bruit, parquoy fut s'armer:

mer: puys retourna court en la chambre, & posément print la belle entre ses braz, & l'emporta sans l'esueiller, tant estoit assopie, iusques dans
vn esquif ataché au nauire, lequel il deslia soudain: & couurant sa proye
de son manteau, commença à voguer sans estre aperceu d'aucun. Si na-
uiga toute nuict qu'onques elle ne se resueilla: mais vne heure deuant le
iour, ne pouuant ce Cheualier plus endurer sa soif, estant si pres de la fon
taine qu'il desiroit sur toutes choses, lascha les resnes de sa passion, &
s'aprochant d'Esclariane vouloit la descouurir, quand elle s'esueilla en
sursault, & se trouuant ainsi seule commença à s'escrier: Sainte Marie
aydez moy! qu'est cecy! songeay-ie, ou s'il est vray ce que ie voy! Et
vous, dit elle au Cheualier, qui estes vous, qui m'auez esueillée? Ma
grand' amye, respondit il, ce que vous voyez n'est pas songe, ains vous
ay amenée en ce basteau, tant pour l'amour que ie vous porte, que pour
vous tirer des mains de ceulx qui indubitablement vous eussent desho-
norée, & iouy de ce qu'autre que moy ne merite, ayant deliberé vous
faire dame de moy, comme celle à qui ie veux le plus de bien en ce
monde. Et pourtant, ma douce amye, ie vous prie ayez pitié, & m'o-
ctroyez liberalement vostre amour, sans laquelle ie ne puis viure. Quand
Esclariane l'entendit ainsi parler elle fut si courroucée, que sans rien
craindre luy respondit asprement: Damp Cheualier, remenez moy tost
ou vous m'auez rauie, sans que plus vous auienne me tenir telz propoz:
car ie ne suis si peu de chose, qu'il vous apartienne vser enuers moy de
telle priuauté. Et ne permette Dieu, que ie macule de tant mon lignage:
premier (certes) m'occirois de mes deux mains, & deuant vous. Bien e-
stonné, & marry tout ensemble, fut le Cheualier, lequel, forcé d'ardeur,
entra sur le poinct d'vser de violance: toutesfois il voulut bien tascher
premierement à l'auoir par douces paroles, luy disant: Comment? pensez vous valoir mieux que moy? Non non, ie suis Cheualier qui vous
merite, & d'auantage: & par ainsi n'entrez point en ces contestacions,
& me laissez faire, si voulez que ie vous pardonne les iniures, que vous
auez maintenant proferées par trop indiscretement: sinon, ie vous monstreray que vostre foible resistance ne vous garantira pas, ains vueillez,
ou non, vous passerez par là. Esclariane qui entendit ces menasses, vid
bien que c'estoit à bon escient, & neantmoins sans se monstrer estonnée,
luy respondit aussi tost: Vous? ha gardez-vous en bien: car telle force
vous seroit cherement vendue, & ne fust ce que par celuy qui est au ciel,
qui ne le permettra pas, s'il luy plaist. Ha a, dit il, en se souzriant, en
bonne foy ie verray maintenant s'il se mesle de tant de choses. Adoncq'
la voulut renuerser, & passer oultre: mais elle l'empoigna aux cheueux
& s'escriant à haulte voix, demandoit secours à Dieu, qui, comme doux
& misericordieux l'exauça: tellement qu'à l'heure suruint vne barque,
& vn marinier conduisant vn Cheualier, lequel entendant ceste voix,

R ii

com-

commanda soudain à sa guide, qu'il y adreſſaſt le baſteau, pour voir
que c'eſtoit. A quoy il obeït en grand' diligence . Et combien que la mer
fuſt couuerte de brouillatz, ſi ſ'aprocha il ſi pres de l'eſquif, qu'ilz choiſi-
rent le paillard tenant la damoyſelle ſouz luy , laquelle trauailloit fort
à ſe deffaire de ſes mains, ſe lamentant à haulte voix . Dont celuy de la
barque peu content, ſ'eſcria contre l'autre : Ah ! trahiſtre, laiſſez la damoyſelle, que maudiz de Dieu ſoient les meſchants telz que vous eſtes,
voulants ainſi vſer de force ! Quand elle, qui eſtoit quaſi hors d'aleine,
l'entendit parler, eſtimez quelle ioye elle eut : & apellant à l'ayde le
Cheualier de la barque, luy diſoit: Helas ! ſeigneur, ſecourez moy contre
ce trahiſtre qui me veult deshonorer . A cela ne faudray-ie pas, reſpondit il . Et de fait vouloit ſaulter en l'eſquif, mais l'autre laſcha prinſe , &
courut prendre ſes armes, diſant: Par mon chef, damp Cheualier, la ioye
que vous m'auez fait perdre vous tournera à deſplaiſir . Ce diſant chargerent l'vn ſur l'autre, & fut leur combat treſrude à l'entrée : car le cour-
ſaire eſtoit prompt, & à droit, non pas qu'à la longue il peuſt reſiſter au
Cheualier: car (vouſiſt ou non) il recula, & entra l'autre en l'eſquif. Lors
commençoit le poinct du iour à aparoiſtre, & auiſa l'Infante, que celuy
qui combatoit pour ſa defence eſtoit grand, de belle taille , & armé d'vn
harnois noir, ſans aucune deuiſe, fors en l'eſcu qu'il portoit d'or à vn
cueur de gueules myparty par moytié. Et pource qu'à veuë d'œil ſa victoire ſe monſtroit de ſon coſté, la ieune dame prioit deuotement noſtre Seigneur, qu'il le vouſiſt conſeruer iuſques à la fin, qui auint toſt a-
pres : car le Cheualier de la barque luy donna deux telz coups d'eſpée
ſuyuants, que force luy fut mettre le genoil en terre : & redoublant, la
mort en enſuyuit, & tomba en mer. Ce que voyant Eſclariane, diſt tout
hault: Deſormais, meſchant, ſeront les damoyſelles deliurées de tes
mains, & hors de ton pouuoir . Or à l'heure le Soleil ietoit ſes rayons
que le Cheualier de la barque n'auoit encores prins garde à la beauté
d'Eſclariane: mais quand il l'eut regardée, amour le ſurprint ſi fort, qu'oubliant les angoiſſes & malheurtez qu'il auoit ſouffertes par ſi long téps,
pour l'amour de celle qui luy auoit premierement rauy ſa liberté, &
pour laquelle il ſ'eſtoit mis en vne infinité de dangers, trauerſant tant de
contrées eſtranges , ou il donna fin à pluſieurs belles auantures, ſ'en a-
moura ſi bien de ceſte cy, qu'il commença à changer couleur, & deuenir
morne & tout penſif. Dont elle dolente, cuidãt qu'il fuſt naüré, luy diſt:
Helas ! bon Cheualier, ie vous prie efforcez-vous ! car pour vous voir le
viſage ie ne puis auoir ioye au cueur ! veu l'obligacion que i'ay à vous,
& ce que vous auez fait pour moy ! Helas ! ſi vous eſtes naüré, monſtrez
moy ou c'eſt ! que i'y remedie, au moins mal qu'il me ſera poſſible ! A
ceſte gracieuſe parole, le Cheualier Noir ſe trouua ſi allegé qu'on ne
pourroit dire , & mettant les deux genoux en terre, luy reſpondit: Pardonnez

donnez moy , ma dame, si d'arriuée ie ne vous ay porté l'honneur que ie
deuois : car vostre beauté si excellente m'a tellement aliené les plus sai-
nes parties, & du cueur, & de l'esprit, que ie me suis trouué en vn instant
libre,& aussi tost captif, & feru d'vne si mortelle playe, qu'autre medecine n'y peult proffiter , que vostre bonne grace : laquelle ie vous suplie
m'octroyer,me disant vostre nom , & l'auanture qui vous a icy amenée,
pour vous seruir ainsi que vous me commanderez . Elle qui l'auoit veu
tant bien combatre, & l'oyant parler de telle grace , auecq' ce qu'il estoit
l'vn des plus beaux Cheualiers du monde, souhaita aussi tost en soy mesmes, qu'il fust de maison digne d'elle, pour l'auoir à mary : & toutesfois
elle dissimula pour l'heure ceste pensée, & faignant ne l'entendre, tourna la charrue contre les bœufz, & luy respondit : Certes, bon Cheualier,
ie ne vous pourrois assez remercier de l'honneste offre que vous me presentez , pour m'ayder en mes affaires , lesquelles m'ont esté si estranges
depuys huict iours,que moy mesmes,en qui elles sont passées,ne les puis
comprendre,ny entendre: sinon que ie vous puis iurer,qu'onques ne fut
vne plus pauure & desolée damoyselle que ie suis: esperant, toutesfois,
en Dieu,que le bon secours que vous m'auez fait,& en si grand besoing,
ne demeurera incogneu enuers vous , ains en serez recompensé auecq'
le temps : veu qu'il seroit impossible , que la fortune si aspre en mon endroit, pour vn commencement , peust longuement durer . Parquoy ie
vous prie me conduire en la grand' Bretaigne:car mal aysément sçauriez
vous me remener ou ce meschant m'a rauie , dormant pres d'vne dame,
qui aura grand ennuy de mon absence. Et estants arriuez deuant le Roy
Amadis,sçaurez entierement ma desconuenue,& qui ie suis.Ce pendant
vous mesmes me ferez le bien de me dire qui vous estes , à fin que ie ne
faille plus à vous porter l'honneur & courtoisie qui vous est deuë. Quãd
le Cheualier Noir entendit qu'elle vouloit tirer en la grand' Bretaigne,
il eut plus d'enuie que deuant de la recognoistre: neantmoins, craignant
luy desplaire, ne la voulut importuner d'auantage,& luy respondit:Ma-
dame,ie suis tant vostre, que ie ne vous desobeïray en rien,& vous conduiray,soit en la grand' Bretaigne , ou ailleurs , ainsi que bon vous semblera. Mon nom , puys que desirez le sçauoir , est le Cheualier du cueur
myparty , & monstre bien cest escu la signifiance de la douleur, ou i'ay
vescu iusques au iourd'huy , qu'elle estoit presque amortie par la longueur du temps, mais ie l'ay sentue renouueller en sorte, qu'à bon droit
tel nom m'est encores plus conuenable qu'il ne fut onques . Et ne vous
apellez-vous point autrement?dit Esclariane.Oy bien,ma dame, respon
dit il, dame dy-ie de mon cueur: car il est vostre, & ne seroit pas raisonnable qu'il vous teust chose que desirez entendre : & par ainsi ie vous
auise, que ie suis Florestan,filz du Roy de Sardaigne, lequel long temps
a n'ouyt nouuelles de moy , par ce que i'ay trauersé maintz païs inco-

R iii   gneuz,

gneuz, endurant tant de paſſions, pour l'amour d'vne dame à qui i'a-
uois donné mon cueur, & qui l'a ſi durement traité, qu'onques Cheualier ne ſouffrit tant, iuſques au iourd'huy, que ie ſuis tombé de fieüre en
chaude maladie. Et plaiſe à Dieu vous donner cognoiſſance du bien
que ie **vous** veux, & du mal que i'endure pour voſtre amour, plus em-
braſée (certes) en mon ame, que ne fut onques l'ardeur qui m'a tourmenté par cy deuant, pour trop eſtre loyal à celle, qui m'a laiſſé triſte, & ſans
aucune ioye. Auſſi eſtoit il verité: car depuys que l'Empereur de Trebiſonde eut marié Griliane au Duc de la Breigne, il n'auoit eu plaiſir, &
ſ'en eſtoit party vagant par le monde, & incogneu, tellement qu'il eut
combat contre Liſuart, ainſi qu'il vous a eſté recité, & fut en maintes Iſ-
les, acheuant pluſieurs auantures, ou il aquiſt grand honneur, ſouz ce
nom deſguiſé. Et encores ſuyuoit ſa fortune en mer, ſans deſirer autre
compaignie, que le marinier qui le guidoit, lors qu'il trouua le Cheualier qui vouloit forcer Eſclariane. Mais pour autant que ceſte hiſtoire eſt
miſe en ieu pour autre que pour luy, nous ne nous ſommes amuſez à
parler de ſes vaillances, auſſi que ce ſeroit choſe fort prolixe, & peu à propos. Et à ceſte cauſe, reprenant noz erres, entendez, qu'auſſi toſt qu'Eſclariane ſceut qu'il eſtoit filz du Roy de Sardaigne, qu'elle cognoiſſoit,
comme celuy qu'elle auoit veu maintesfois à la court de l'Empereur de
Rome, & de qui elle eſtoit parente, ſon propos ſe confirma du tout à
n'auoir iamais autre mary : & le releuant de genoux, ou il ſ'eſtoit tenu
long temps, luy diſt: Seigneur Floreſtan, ſi ie n'ay eſté enuers vous ſi
humble que ie deuſſe, excuſez, ſ'il vous plaiſt, mon ignorance, & le peu
de cognoiſſance que i'auois de vous: tant y a, que ie voy bien maintenãt,
que Dieu ne m'a pas oubliée du tout, puys qu'il m'a fait tomber es mains
de tel Cheualier que vous eſtes. Or ie vous prie de rechef me mener en
la grand' Bretaigne : car iuſques là ne ſçaurez-vous d'auantage de mon
eſtre: bien vous auiſe, ſi vous m'aymez, que ie vous porte telle affection,
qu'autre que vous ne ſera iamais ſeigneur de moy, ſi me voulez tant de
bien de me receuoir à femme & eſpouſe. Ce qui ſe pourra moyenner a-
uecq' le Roy Amadis: car ie n'ay à preſent autre pere que luy : parquoy
eſt neceſſaire qu'il y conſente, autrement ie faudrois, & vous auſſi, qui
me fait vous requerir humblement differer iuſques là. Ma dame, reſpondit il, l'aſſeurance que vous me donnez m'aporte tant d'ayſe, que ie ne
ſçay bonnement quelz grands merciz vous en rendre. Et quant au reſte,
ie vous iure de ne ſortir aucunement hors de ce qu'il vous plaira me
commander, ains vous conduiray en la grand' Bretaigne, ou nous ſe-
rons les bien venuz, par ce que le Roy eſt frere de mon pere. I'en ſuis treſ
ayſe, dit la Princeſſe. Or eſtoit lors la tourmente, & la mer fort eſ-
meuë, & ſ'augmentoit d'heure à autre, pouſſant leur barque à la mercy
des vents, ſans que leur marinier y peuſt mettre ordre, tellement qu'ilz

doutoient

doutoient beaucoup le naufraige : car par l'espace de huict iours ilz
ne sceurent ou ilz tiroient : & non pourtant Florestan se trouuoit si
content, ayant s'amye aupres de luy , qu'il ne se soucioit quasi de peril
qui se presentast . Et ainsi agitez vindrent arriuer en vne tresbelle Isle , &
fort plantée d'arbres , ou ilz descendirent . Lors Florestan print souz les
braz Esclariane , & la proumenant entre ces ombraiges pour la delasser,
escoutants desgoyser le ramaige de maints oysillons , volerent par dessus eulx deux grands Griffons , qui amenerent telle paour à la Princesse,
que sans l'asseurance que luy donnoit Florestan elle fust morte. Mais
pour celà ne s'arresterent , ains passerent oultre iusques pres d'vne claire
fontaine, qui sortoit d'vn creux rocher , & faisoit vn petit lac , au mylieu duquel estoit planté vn hault pilier de Marbre , & au dessus l'effigie
d'vne dame , taillée en Porfire , portant sur son chef vne bien belle coronne, & vn escriteau dans le pillier, ou estoient grauées certaines letres
Caldées,que Florestan ne peut lire, côbien que peu de langages luy fussent incogneuz. Si print enuie à Esclariane de boire de ceste eau tant belle, & claire : & comme elle en eut auallé le premier trait, se trouua muée
en vn horrible Serpent , lequel batant ses æsles , & remuant la queuë, se
lança au profond du lac, laissant Florestan le plus dolét & estonné homme du monde . Mais tost apres se separant reuint sur l'eau, ou il n'arresta
gueres, qu'il n'entrast au creux du rocher ioignant . Parquoy Florestan,
quasi desesperé , le suyuit, disant en soymesmes : Ia Dieu ne m'ayde, si
i'habandonne ainsi ma dame. Et courant apres, il n'eut mis plustost le
premier pas en la roche, qu'il rencontra vn monstre le plus espouentable que l'on sçauroit penser : car il ressembloit à vn sauuage, fors qu'il e-
stoit sans teste, & auoit les yeulx en l'estomac:au demeurant grand comme le plus hault Geant qu'il eust onques veu. En sa main portoit vn gros
baston,duquel il frapa tant lourdement Florestan, qu'il cuida tomber, &
mist le genoil en terre : toutesfois il se releua, & s'aprochant du monstre
luy donna tel coup d'espée qu'il luy separa l'vne des iambes d'auecq' le
corps, & tombant ieta vn hault cry.Lors se lança Florestan sur luy, & a-
cheuoit de le tuer , quand il aperceut tout au plus pres vne dame atour-
née de grands voyles blancs, qui se soustenoit d'vn billard, & luy dist de
grand'colere:En mal'heure,damp Cheualier,eustes-vous onques tant de
pouuoir pour auoir si legierement meurdry la garde de ma cauerne . Ce
disant estédit le bras, & de toute sa force le frapa au dessus de l'armet. Et
dea, dit elle, vous me seruirez donques , & serez mis en son lieu. A peine
eut receu Florestan le coup de billar, dqu'il demeura sur piedz : & comme homme priué de sens, ne pensoit plus qu'à garder ceste entrée. Si s'en
retourna la dame dont elle estoit sortie : Et tandis le marinier demeuré
en la barque , voyant que Florestan & Esclariane ne retournoient point,
mist son vaisseau à l'ancre , & sortit en terre pour les aller chercher . A-

R iiii   doncq'

doncq' quiſt tant de toutes parts, qu'il vint à la fontaine ou il beut : Et à l'inſtant fut ſi hors deſoy, qu'il demeura ſans ſe cognoiſtre ſoymeſmes: bien luy eſtoit il auis que deux damoyſelles l'emportoient, & ſi ne ſçauoit ou, ſinon qu'à la fin il ſe trouua en vn lieu tenebreux, & empriſonné, auecq' pluſieurs autres, leſquelz il ne pouuoit quaſi voir, pour l'obſcurité du lieu. Or les laiſſons donques tous trois en ceſt eſtat, iuſques à ce que le propos nous r'apelle, & retournons à la Princeſſe Briſenne, qui auoit perdu ſa fille en dormant.

Comme au reſueil de la Princeſ-

se Briſenne, ne trouuant point ſa fille, fut grandement deſeſperée : de ce qui en auint, & la ſorte que finablement elle fut deliurée.

Chapitre   LI.

Ous auez entendu la ſorte comme l'Infante Eſclariane tomba es mains du paillard qui la vouloit forcer, & la maniere qu'elle fut enleuée, dormant pres de ſa mere, ſans ce qu'elle, ny autre, ſ'en aperceuſt. Or ſ'eſueilla la bonne dame toſt apres : car l'ennuy dont elle auoit l'eſprit tant agraué, ne luy permiſt que bien peu le repos. Adoncq' ieta les braz pour ſentir que faiſoit ſa fille, mais ne la

trouuant

trouuant point, se leua, & auecq' vn flambeau qui ardoit en la chambre
regarda par tous endroitz, si elle s'estoit point cachée, pour dormir plus
seurement. Lors cogneut bien qu'on l'auoit desrobée : parquoy sortant
sur le tillac, comme desesperée, se print à braire & à crier si hault, que
Maragnon (ainsi nommé le principal coursaire) entr'ouyt ceste clameur,
& s'esmerucilla, demandant à la Princesse qu'elle auoit : Helas ! seigneur,
respondit elle, qu'auez-vous fait de ma fille ! on me l'a enleuée n'agueres !
Trop se trouua Maragnon surprins, quand il entendit ceste perte, & se
douta que Brutus son compaignon luy eust ioué finesse : & à ceste cause
s'arma legierement, & sans respondre à Brisenne, print vn flambeau, &
vint en la chambre de Brutus, lequel le voyant entrer en tel equipaige,
luy demanda qui le mouuoit. Qui? respondit Maragnon, vous mesmes,
qui auez enleué la belle damoyselle que nous prismes hier. Par Dieu, dit
l'autre, il n'en est rien, ains vous mesmes l'auez desrobée, & voulez faire
le fin. Lors se leua hastiuement & commanda alumer deux torches pour
chercher iusques dans la sauoure, esperant rompre l'entreprinse de Maragnon, & recouurer Esclariane. Mais si l'vn estoit en peine, l'autre n'e-
stoit en repos : toutesfois ilz trauailloient, & en vain, ainsi qu'auez entendu. Ce pendant la triste mere se lamentoit piteusement, dont Brutus
compassionné, & plus marry de se voir frustré de son entente, mist la
main à l'espée, disant à Maragnon : Par Dieu vous auez rauy la damoyselle, aussi auray-ie ceste cy pour moy, vueillez, ou non. Ouy? respondit
l'autre : & moy, quoy ? Lors s'aprocherent pour s'entreferir, & iouer des
cousteaux. Ce que leurs gents ne volurent permettre, ains se misrent entre deux, leur priant, premier qu'entrer si auant en matiere, qu'ilz fissent
encores meilleure enqueste de la damoyselle perdue : & ou elle ne se
trouueroit qu'ilz ietassent au sort à qui seroit la dame. Cest auis leur sem-
bla raisonnable, & n'y eut chambre, ny chambrillon, sauoure, ny rembade, qui ne fust visitée hault & bas : tant qu'à la fin ilz s'aperceurent, que
l'vn de leurs compaignons en estoit coulpable, & qu'asseurément il l'a-
uoit enleuée dans l'esquif. Dont se renforcerent les pleurs & regretz de
la pauure mere, laquelle ayant deuant les yeulx le damné vouloir des
pyrates, qui se la promettoient par sort la perte de sa fille, qu'elle pensoit
bien auoir esté forcée, & en corps, & en honneur, & la souuenance de la
mort de son mary si recente, cuyda tomber en desespoir : & fut sur le
poinct de se ieter en l'eau, plustost qu'endurer d'auantage. Ce qu'elle eust
fait sans doute, si le peril de l'ame ne l'en eust destournée, aussi qu'il suruint vne grande auanture. Car aucuns du nauire auiserent vn vaisseau
que la tourmente auoit ieté hors de sa route, & nauiguer sans sçauoir ou :
parquoy commença l'alarme entr'eulx, criants qu'on l'abordast pour
le piller, & arrester ceulx de dedans prisonniers. Lors se misrent les
coursaires en equipaige de combatre, & aprocherent le vaisseau qu'ilz

ioignirent

ioignirent auecq' crocz & agrafes. Mais si n'y entrerent ilz pas comme ilz pensoient: car vn Cheualier couuert de tresriches armes qui estoit dedans, acompaigné de quinze autres, se presenterent bien armez, & en tresbon vouloir, non seulement de leur resister, ains de les deffaire s'ilz passoient plus auant. Et ce qu'il leur en donna encores plus d'ocasion cestuy qui estoit si bien armé, recogneut aussi tost la Princesse Brisenne faisant son dueil, & requerant à Dieu secours : dont il eut telle compassion & desplaisir, que sans marchander d'auantage courut sus aux pyrates, & soustenu de ses compaignons, entra dans leur nauire (puys la teste baissée, quelque empeschement qu'ilz luy donnassent, print la Princesse par le bras, & l'emmena en son vaisseau, tandis que ceulx de sa part luy faisoient espaule. Si la donna en garde à ses Escuyers, & retourna court en la meslée, ou tous se porterent tant vaillamment, qu'on ne vid onques bataille nauale plus cruelle, pour le peu de gents qe'ilz estoient. Car celuy des riches armes, & Maragnon, atachez l'vn à l'autre, monstroient assez le peu d'amytié qu'ilz se portoient : en sorte que par leur bien combatre, chacune des deux parts prenoit courage, & s'enhardissoit : aussi estoient ilz tous bons Cheualiers, specialement Brutus. Toutesfois à la fin les coursaires se prindrent à branler, & reculer dans leur vaisseau : car Maragnon fut abatu, & emporté par deux valetz pensants luy sauuer la vie. Et ne pouuoient plus les autres resister à celuy des richer armes, quand (de fortune) va suruenir vne barque à deux rames, dans laquelle nauigeoit vn Cheualier, armé d'vn harnois blanc, le plus beau, & mieux diapré que l'on vid onques. Celuy dont ie vous parle s'adressa ou gisoit Maragnon naüré, lequel, voyant si diuers combat, s'enquist de l'ocasion. Sire Cheualier, respondit Maragnon, vn paillard que vous voyez à ces riches armes, m'est venu meschamment assaillir, pour me tollir par force vne dame que i'ayme plus que moymesmes: & de fait la tient presentement en son vaisseau. Est il vray ? dit le Cheualier Blanc, si ie puis ie l'en feray repentir. Lors commanda aprocher sa barque, & mettant l'espée au poing se mesla entre les combatants de la part des coursaires : & frapant à tord, & à trauers, rencontra l'vn des autres qu'il rua mort sur la rembade. Lors Brutus & les siens reprindrent cueur : & commença la troupe des autres à reculler, iusques ioignant le lieu ou estoit la Princesse: dont celuy aux riches armes trop marry, cognoissant que tel malheur leur venoit par l'effort du Cheualier blanc, luy fist teste, & s'arrestant ferme luy donna tel coup au dessus de l'armet, qu'il se sentit trop chargé: & voluntiers eust vsé de reuenche, mais ilz se trouuerent si pres l'vn de l'autre, que le Cheualier Blanc n'eut espace pour leuer le bras: parquoy auança la main gauche, & le saisit aux courroyes de son escu, qu'il tira à soy de si grand' force, que vousist, ou non, celuy des riches armes cheut le nez contre bas. Et dea, dit l'autre, maintenant vous feray-ie rendre

dres des dames que vous rauiſſez par force. Et le prenant au heaume le
luy arrracha de la teſte, preſt à leuer l'eſpée pour le ferir : mais il le recogneut auſſi toſt, car c'eſtoit Gandalin, lequel, comme il vous a eſté recité,
eſperoit trouuer le Roy Amadis à la grand' Siclade, & ſçachant qu'il e-
ſtoit deſlogé, ne vouloit retourner en la grand' Bretaigne ſans luy. Auſſi
l'alloit il cherchant encores, quand il tomba au peril de celuy aux blanches armes, qui eſtoit Amadis, que la tempeſte auoit pouſſé en ceſte mer.
Si doncq' le Roy fut esbahy, & ayſe, par telle rencontre, vous le pouuez
ayſément croire : auſſi ſ'arreſta il coy, diſant à celuy qu'il auoit ſouz luy:
Ah ! Gandalin, eſt il poſſible que vous meſlez de prendre à force les damoyſelles ! qu'en dira la Comteſſe voſtre femme ſi elle le ſçait? A ceſte
parole entendit Gandalin la voix de ſon maiſtre, & ioyeux plus qu'il
n'auoit eſté dolent, luy reſpondit : Comment? ſire, apellez-vous forcer
les dames, quand ie combatois pour deliurer ma dame Briſenne voſtre
fille, des mains de ces courſaires, qui l'enleuoient maugré elle ? Sur mon
Dieu vous auez eſté par trop deceu : car vous nous auez preſque tous
vaincuz. Le Roy bien eſtonné, & eſprins de fureur, ne luy peut reſpondre, mais laiſſa Gandalin, & tourna viſage contre les courſaires, deſquelz
il fiſt tel carnaige, que la plus part paſſa au fil de l'eſpée, & les autres tomberent en l'eau. Puys commáda le Roy, qu'on emportaſt toute leur deſ-
pouille au nauire de Gandalin, & que l'on miſt le feu dans l'autre: Ce qui
fut executé ſur l'heure. Adoncq' ſ'aprocha Amadis de ſa fille, laquelle ſe
ſentant deliurée du peril ou elle auoit eſté, & voyant le Roy en bonne
ſanté, les doleances qu'elle faiſoit au parauant ſe conuertirent en louanges de noſtre Seigneur: & vint ſe ieter aux piedz du Roy, ayant le cueur
ſi ſaiſi, qu'elle ne luy ſceut dire vne ſeule parole. Mais il la releua, luy de-
mandát quelle fortune l'auoit ſeparée de l'Empereur. Ah ! ah, monſieur,
reſpondit elle, fortune la pouuez-vous bien nommer ! la plus eſtrange,
& malheureuſe, qui fut onques à pauure femme deſolée ! Car elle m'a
ictée du hault eſtat ou vous m'auiez miſe, au plus bas qu'elle euſt peu faire, me laiſſant ſans mary, ſans enfants, & deſnuée de tous biens. Helas !
le trahiſtre Duc de Buillon a mis cruellement à mort Arquiſil, & ſon
filz, & fuyants ſa fureur, ma fille, & moy, trouuaſmes façon de nous deſ-
rober, & gaigner vn petit baſtelet ou nous entraſmes, ſans autre guide
que la miſericorde de Dieu, à qui il pleut, pour eſprouuer (cóme ie croy)
ma pacience, nous faire tomber es mains de ces larrons pyrates, leſquelz
cauteleuſement, & ſans m'en aperceuoir (tant eſtois agrauée de profond
ſomme) ont rauy Eſclariane, & emmenée ie ne ſçay ou ! Helas ! ceſte
ſeule eſtoit reſeruée pour mon reconfort ! auſſi eſt ce merueille, comme
i'ay peu viure iuſques icy : car les meſchants ietoient leur ſort pour me
deshonorer, lors que le Comte Gandalin arriua auecq' ſa flotte, lequel les
aſſaillit vigoureuſement: toutesfois ie doute qu'ilz euſſent eu prou d'affaires,

faires , sans voftre heureufe arriuée . Et voylà, monfieur, l'eftat ou vous
trouuez voftre fille pleine de tout dueil & ennuy. Lors commença a efpã-
dre larmes, & foufpirer fi ameremét, qu'elle euft efmeu le plus dur cueur
du monde à pitié . Mais le Roy, faige, & magnanime, cognoiffant qu'il
n'eftoit heure de faire cognoiftre ce qu'il en penfoit, luy dift : Ma fille,
vous auez raifon de vous douloir, encores que par voz pleurs vous ne
pouuez reuoquer ce qui eft fait. Vn feul poinct, dõques, vous refte maintenant : c'eft la vengeance du trahiftre , qui ne pourra eftre fi grieue, que
fa trahifon n'ayt efté plus grande . Toutesfois ie m'y emploiray en forte,
qu'il en fera memoire tant que le monde durera . Et au regard de voftre
fille, i'efpere en noftre Seigneur qu'il ne l'aura habãdonnée, nõ plus qu'il
vous a fait, & que la verrez quelque iour en bõne fanté, fans auoir enduré
honte, ny outrage . Ainfi, donques, reconfortez vous, & vous acouftrez
d'vn cueur d'homme , encores que foyez femme , monftrant la maifon
dont vous eftes yffue, eftant fille d'vn Roy de Gaule, qui eft bié la nation
plus conftante & genereufe, qui foit au iourd'huy entre les viuants. Tant
d'autres raifons luy fceut amener Amadis, qu'elle fe trouua aucunement
confolée: Et fe defarmant le Roy, f'adreffa à Gandalin, auquel pour changer propos, & fe plaignãt du grãd coup d'efpée qu'il auoit receu, luy dift
par gaudifferie. Commét? Comte, careffez-vous ainfi voz amys? en bonne foy ie n'euffe iamais penfé, que vous euffiez voulu fi à bon efcient efprouuer la bonté de mon harnois: toutesfois ie le vous pardonne de bon
cueur. Sur mon ame, fire, refpondit il (fecouant la tefte) fi tous voz ferui-
teurs eftoient payez du bien que vous leurs faites en pareille monnoye,
que le change que vous m'auez donné n'agueres, vous en trouueriez peu
qui vous tinfent longuement compaignie : & auez raifon de le me pardonner , car c'eft ainfi que le batu paye l'amende . Or eftoit il ia tard, &
n'auoient de tout le iour mangé : parquoy furent les napes mifes , & en
difnant, & deuifant, le Roy demanda en quelle mer ilz eftoiét lors. Sire,
refpondirent les mariniers , affez pres de la Sicile . Tant mieux, dit il. Si
penfa de defcendre à Naples, & enuoyer de là en Efpaigne, vers le Roy
Brian, & aux autres fes amys , & aliez, demander ayde pour venger l'outrage de fa fille: car il ne deliberoit retourner en la grand' Bretaigne, qu'il
n'en euft fait l'execution . Et à cefte caufe, ayant prins port à Salerne, ou
le Roy Adariel le receut honorablement , depefcha gents de toutes
parts : Et efcriuit bien au long à la Royne Oriane , luy faifant fçauoir de
fa bonne fanté, & la caufe de fon retardement. Ainfi preparant la guerre
contre le Duc de Buillon, vn iour entre les autres , qu'il f'enqueroit à
Gandalin de ce qui f'eftoit paffé en fes païs durant fon abfence , il luy raconta l'ocafion pour laquelle la Royne l'auoit depefché , & tout ce qu'il
fçauoit du Cheualier de l'ardante Efpée, qui auoit enuoyé à Londres la
tefte de Gandalfe : dont le Roy fut bien ayfe , pour l'amour de Galeote,

& Ma-

& Madafime : Et me defplaift, dit il , que ie n'ay eu moyen de feftoyer
l'Empereur de Trebifonde, & le Roy de Sicile : mais ce fera pour vne
autre fois . Tant y a que i'eftime mon voyage bien employé : car i'ay remis vne pauure damoyfelle en fes païs, qui luy auoient efté oftez, & fauu-
ué l'honneur à la Royne de Saba, qu'on acufoit d'adultere . Adoncq' luy
recita par le menu toutes les trauerfes qu'il auoit faites, & le fruit qui
en eftoit auenu.

Comme l'Empereur de Trebi-

fonde, le Roy de Sicile, & autres, qui atendoient le retour du
Roy Amadis à Londres, voyants fon retardement,
prindrent congé de la Royne, & fuyui-
rent leur chemin, & leurs
entreprinfes.

Chapitre   LII.

IL vous a efté recité es chapitres precedants, que l'Empereur de Trebifonde, & le Roy de Sicile, promifrent
à la Royne Oriane atédre le Roy Amadis deux moys
entiers : mais au bout de ce temps, voyants qu'il ne retournoit point, delibererét prendre leur chemin, à fçauoir, l'Empereur en Trebifonde, & le Roy Alpatracie
en Gaule, efperant recouurer fon royaume de Metz : parquoy la Royne
cognoiffant qu'elle leur feroit tord de les arrefter d'auátage, ne les voulut
plus importuner, fors qu'elle pria le Roy de Sicile luy laiffer (tant que fa
guerre dureroit) la Royne, & fa fille. Ce qu'il eut trefagreable, & les dames auffi : car telle requefte venoit en partie d'elles . Et de ce auoit efté
moyen Lucelle, pour atendre le Cheualier de l'ardante Efpée fuyant ce
qu'elle luy auoit fait fçauoir par Macette. Eftants dôques ces Princes fur
leur embarquement, Lifuart, & Perion, ennuyez qu'ilz ne voyent leurs
amyes, ne voulurent habádonner l'Empereur, & voluntiers leur euft tenu compaignie Olorius : mais il auoit promis au Roy de Sicile luy ayder
durant fes affaires : Et femblablement Florelus, remettant le mariage de
luy, & de la Ducheffe de Sauoye, à fon retour . Or auoit defiré Gradafilée de long temps, cognoiftre la Princeffe Onolorie, pour l'amour de
Lifuart : & à cefte caufe l'importuna tant , qu'il luy acorda la mener en
Trebifonde : dont il fe fuft excufé voluntiers, toutesfois il ne peut. Et ainfi
entrerent en la nef d'Alquife, laquelle, auecq' fes damoyfelles qu'elle a-
uoit amenées en l'Ifle d'Argenes, entreprint les conduire en Afie . Et de
S   fait,

fait, apres les grands merciz renduz d'vne part & d'autre, & congé prins, y nauigerent. Et le Roy de Sicile d'autre costé. Si ne furent plustost deslogez, que deux ieunes Princesses arriuerent à Londres, pour estre nourries auecq' la Royne. L'vne, fille du Roy Galaor, nommée Galarcie, & l'autre, de don Bruneo, apellée Altimonée, toutes deux belles en perfection: & qui prindrent si grande amytié à l'Infante Lucelle, qu'elle ne pouuoient l'vne sans l'autre. Dont la Royne Oriane leur sçauoit tresbon gré, passant auecq' elles partie de la tristesse qu'elle portoit, pour ne sçauoir nouuelles du Roy, atendant lequel delibera aller à Miresleur, & les y mener. Mais elle n'y fist depuys long seiour, que le Gentilhomme (enuoyé de Naples par Amadis) arriua garny de letres, & paroles de creance, qu'il luy declara, dont elle fut si triste que rien plus, entendant l'infortune auenue à l'Empereur Arquisil, & aux siens. Et à ceste cause manda incontinant le Roy Arban, & Angriote d'Estrauaux, venir vers elle: auxquelz elle communiqua ce que le Roy luy mandoit, les priant qu'à toute diligence ilz donnassent ordre, que gents fussent assemblez, en sorte que l'intencion de leur maistre sortist effait. A quoy ilz prouuerent si bien, qu'en peu de iours se trouuerent plus de dix mille bons Cheualiers, prestz à s'embarquer. Et leur furent baillez pour chefz, & capitaines, Giontes Duc de Cornouaille, Guillan Duc de Brisloye, Angriote d'Estrauaux, & Ambor de Gandel son filz. Au regard du Roy Arban, il demeura, comme celuy qui en l'absence du Roy, & souz l'auctorité de la Royne, gouuernoit entierement le royaume. Et entrerent tous ces autres en mer, prenants la route de Naples. Dont, toutesfois, nous tairons à present, pour retourner au Cheualier de l'ardante Espée, & à Gradamarte.

Comme apres que le Cheualier

de l'ardante Espée fut guery des playes qu'il auoit receuës, combatant contre Gandalfe, s'embarqua auecq' Gradamarte: & d'vne merueilleuse auanture qu'ilz trouuerent en mer.

Chapitre   LIII.

Balan

Alan faifant voyle en l'Ifle de la tour Vermeille vers
Galeote fon pere, ne peut auoir vent fi commode, qu'il
n'arriuaft huict iours apres que le Cheualier de l'ardante Efpée eut prins congé de ceulx qu'il auoit remis
en leurs biens. Et fut Balan trefdefplaifant de ne les
trouuer plus : car il deliberoit faire peu de feiour par
delà, & aller quant & eulx trouuer le Roy de Sicile en Gaule, & luy ayder en fes affaires. Nauigants, donques, le Chéualier de l'ardâte Efpée, &
Gradamarte, en plaine mer, quelque fois par beau temps, & bien fouuent
en tourmente, vint vn fouuenir au Cheualier de l'ardante Efpée de la
belle Lucelle, qui le folicitoit iour & nuict: tellement qu'il deuint du tout
folitaire, ne prenant plaifir qu'à fe tenir feul, & refuer à part foy, difant
quelque fois en foymefmes : Ah ! ah pouret ! ne t'euft il mieux valu demeurer à iamais enchanté, & trauerfé de l'efpée que Gradafilée te mift
en l'eftomac pres la chambre du trefor ! Helas ! elle te naüra, mais telle
playe n'a efté mortelle, comme celle que i'endure maintenant pour trop
aymer ! Ah ! Lucelle, comme eft il poffible que vous fimple damoyfelle,
fimple dy-ie, non pour le reng que vous tenez, mais par la fimpleffe debonnaire qui eft en vous, ayez peu reduire en fi extreme baffeur vn tel
Cheualier, que celuy de l'ardante Efpée ! lequel ayant l'efcu au poing,
n'eut onques crainte, ny paour, du danger qui f'offrift deuant fes yeux !
Et toutesfois voftre bonne grace l'a tellement intimidé, qu'il f'eft rendu
voftre vaincu, & captif, fans qu'il ayt moyen de f'efforcer à faire, ne defi-
rer autre chofe, que ce qu'il vous plaift luy demander, qui eft le comble
S ii　　　　de fon

de son malheur. Ah! ah pauure chetif! cognoissant ton peu de merite,
& la haultesse d'elle, le plus grand bien qui te peult auenir est de mourir
promptement! car ce ne seroit pas raison, que si grand' dame comme elle
est, s'abaissast iusques à se soussier de bien, ou de mal, qui te soit destiné.
Et d'auātage, si elle s'efforçoit de te remedier, il est seur, que sa reputacion
en seroit moindre: ainsi au lieu de receuoir seruice par toy, ou de toy, elle
auroit dommage. Et puys que tu te dis seruiteur, le bon seruiteur doit
plustost chercher l'hôneur de son seigneur, que la vie de soymesmes, veu
qu'à vn besoing il se deuroit sacrifier pour celuy à qui il est, voire mourir plus d'vn coup s'il estoit possible. Lors se desesperoit, & desconfortoit, presque à rendre l'ame: & tant plus il pensoit amortir son feu, ou le
rendre moindre, & mieux ressembloit à celuy qui iete vn peu d'eau sur
la fournaise allumée. Ce que cognoissant Gradamarte, prenoit peine de
l'en retirer au mieux qu'il luy estoit possible. Dont il auint qu'vne nuict
entre autres, ne dormants, ains deuisants de compaignie, entr'ouyrent
pres d'eulx le son d'vne harpe, acordāt à la voix d'vn Gentilhomme, qui
faisoient vne si douce harmonie ensemble que merueilles. Tous deux se
leuerét, & auiserent vne flotte de nauires, en l'vn desquelz estoient douze flambeaux alumez souz vn pauillon de drap d'or, ou reposoit vn
Cheualier ieune & de bonne grace, qui chantoit, & iouoit de tel instru-
ment. Celuy dont ie vous parle auoit harnois en doz, mais nud de teste,
& de mains, & au cheuet de son lict estoit dressé vn perron d'Albastre,
fort bien taillé: & au dessus l'effigie d'vne dame, belle en toute perfection, & si diuinement insculpée, qu'il n'y restoit que la parole. En sa
main tenoit vne chaisne d'or, qui enuironnoit (en forme de carquan) le
col du Cheualier, & sur son chef vne coronne, auecq' vn escriteau, qui
contenoit ces motz. Onorie d'Apolonie, Princesse de la beauté. En sa
main dextre tenoit trois autres chaisnettes, esquelles estoient atachées
par le col trois statues de damoyselles, coronnées de coronnes royales
& assises à ses piedz: & chacune portoit son escriteau, dont le premier
estoit, Luciane: le second, Imperie, Princesse de Boësme: Et le tiers, Alegrie Infante de Macedone. Et vn peu à coslé, derriere le perron, pendoit
vn grand escu d'or sans autre painture, auecq' le heaume & l'espée du
Cheualier. Aux piedz duquel estoient aussi deux autres Cheualiers,
couchez sur vn tapis velu, & armez de toutes pieces, fors d'armetz, & de
ganteletz. Gradamarte, & celuy de l'ardante Espée, esmerueillez de telle
auanture, fisrent aprocher leur barque ioignant celle ou estoient les
flambeaux. A l'heure le Cheualier chantant disoit vn motet, dont les
paroles estoient telles. Ah! Lucelle, Princesse de Sicile, que grand mal
m'est auenu pour auoir tant ouy dire bien de vous, & de vostre beauté!
Car du iour que mon cueur, & mon esprit, eurent tesmoignage de voz
perfections, ie n'ay eu repos ny allegement! Puys se teut, sans cesser de
souspirer.

souspirer. Le Cheualier de l'ardante Espée qui se sentoit chatouiller, &
pinser sans rire, par ces affections, deuint morne, & pensif, en sorte qu'il
cuyda mourir, quand il entendit nommer celle de qui il estoit seruiteur
passionné, & dist à Gradamarte: Mon compaignon, voyez-vous l'outre-
cuydance de ce fol, qui aspire à chose ou il n'est digne de donner atainte de l'œil seulement? Par Dieu, deuant qu'il m'eschape, ie luy feray
changer d'opinion, si ie puis, ou il me coustera, ou à luy, la vie. En bonne foy, respondit Gradamarte, vous ne ferez pas saigement: car luy, ny
autre, ne vous sçauroit faire tord d'aymer ou bon luy semblera: veu que
s'il met son affection en lieu non merité pour luy, il s'apreste vn tourment pire qu'on ne luy pourroit donner. Il est vray, dit le Cheualier de
l'ardante Espée, & ce cognois-ie certainement en moymesmes: Et, toutesfois, il seroit impossible qu'il peust souffrir autant de peine, que merite de louange celle dont il parle. Mais il y a bien pis, quelle gloire se voudroit il donner plus grande, que penser en si hault lieu? Donques si tel
pensement luy tourne à honneur, & contentement, ne serois-ie pas bien
nyais d'endurer en ma presence, qu'on me coupast ainsi l'herbe souz le
pied? Ah! ie ne m'estimerois à iamais digne de porter nom de Cheualier: atendu mesmement que ie cognois à veuë d'œil, qu'il porte ceste
ymage de dessus expressement pour l'amour d'elle. Ainsi ie vous prie ne
m'en rompez plus la teste: car aux choses d'amour, le conseil n'est nulement aprouué. Ce disant le feu luy monta au visage, & du bord de son
vaisseau apella le Cheualier qui tenoit la harpe, luy disant: Ca maistre,
ça, qui sçauez autrement chanter d'amour que vous ne meritez: apro-
chez vous, beau sire, ou ie vous iray querir, pour vous faire cognoistre
comme vous auez la teste mal faite, tellement qu'à vous, ny à autre qui
vous ressemble, n'apartient parler de celle que vous allez louant, & pour
laquelle vous souffrez aussi. Quand l'autre entendit ceste menasse, luy
qui pour penser à ses amours ne l'auoit encores aperceu, se deffist soudain de la chaisne qu'il auoit autour du col, & laçant son heaume, print
son escu, & marcha brauement vers l'autre vaisseau, ou il auisa Gradamarte, & son compaignon, auxquelz il respondit posément: Pour certain, Cheualier, ie ne vous niray pas, que ie ne face folie d'aymer au lieu
que mon cueur à choysi, par ce que tous les merites du monde sont en
ma dame: Et neantmoins, pour estre ma loyauté si grande qu'elle exce-
de mes folies, i'ay osé tant entreprendre. Toutesfois si m'est il auis, que
l'vn ny l'autre n'ont trouué en moy meilleure part, qu'à fait orgueil, &
presumpcion en vous, me tenants propoz si peu courtois, pleins de menasses, & d'iniures. Et à fin qu'vne autre fois ne vous auienne de donner conseil à qui ne le vous demande, le trenchant de mon espée vous a-
prendra, que vous deuiez taire, lors qu'auez commençé à parler. A peine eut il proferé ce mot, qu'il monta sur le bord de son nauire: & com-
S iii   mença

mença entre luy , & le Cheualier de l’ardante Espée , le plus cruel combat que l’on vid onques . Dont Gradamarte trop desplaisant, s’eshahis-
soit assez de la bonté , & de l’vn, & de l’autre . Ce que les deux comba-
tans mesmes trouuoient estrange: car tant plus ilz alloient auant , &
plus auoient à recommencer , tellement que ceulx qui les regardoient
n’en esperoient que leur mort,ou (pour le moins) tant de playes en leurs
corps, qu’ilz n’en seroient quites pour garder vn moys la chambre.
Pource que quand l’vn auoit donné coup iusques au sang, son ennemy
luy respondoit de mesmes: en sorte que difficile estoit de cognoistre,
auquel fortune promettoit le plus : & voluntiers les eust separez Gradamarte,s’il y eust eu ordre.Mais à la fin,voyât qu’ilz ne se laissoient point,
& que par l’espace de trois grosses heures leur meslée auoit eu continua-
cion , il s’auisa (pour les garder de pis) les gaigner par prieres , leur di-
sant:Holà,seigneurs,holà,pour l’amour de moy pardonnez à vous mes-
mes:car ce seroit à vous grand’ simplesse,de vous faire mourir à si petite
ocasion . Si despleut tant ceste parole au Cheualier de l’ardante Espée,
qu’il se mist à regarder Gradamarte d’vn mauuais œil . Ah ! respondit
il, mon compaignon , vous me faites tord, d’estimer ainsi à peu ce que
ie tiens à plus,que chose qui m’auint onques ! & tellement que si ce Cheualier ne recognoist sa folie, & me iure de n’aymer iamais celle dont il se
vente, ie ne sçache homme , non pas le plus grand Dieu du ciel qui peust
empescher la fin de ceste meslée, quelque commandement qu’il fist. Par
mon chef, damp Cheualier, dit l’autre,vous estes donques bien loing de
ce que vous pensez: car pour ceste seule raison,que vous alleguez, comba-
terois, encores que ie fusse mort . Or auant donques , respondit celuy de
l’ardante Espée . Lors recommencerent de plus belle , & auecq’ telle opi-
niastreté , qu’ilz s’amusoient plus à fraper , qu’à rompre les coups l’vn de
l’autre , si que le sang leur decouroit de toutes parts , sans que l’on cogneust auantage quelconque : mais pensoient bien contiuuer si longuement, que leur deffaillant la force, la vie leur fineroit aussi. Dont Gradamarte trop fasché , & n’y sçachant nul remede , apella les deux Cheualiers qui estoient de l’autre part, & leur dist: Seigneurs, pour Dieu faites
amortir les torches,aumoins auront ilz quelque relasche. Eulx,qui ne desiroient moins la separacion de si aspre combat, que celuy qui leur donnoit tel conseil, le creurent, & fut incontinent la lumiere estainte,en sorte
que les tenebres eurent du tout lieu . Et toutesfois, les deux combatants
acharnez,ne laisserent à fraper, à tord & trauers . Ce que voyant Gradamarte , pria ceulx à qui il parloit n’agueres de degraffer , & separer les
vaisseaux,les mettants à la voyle. Et ainsi le fisrent, prenant Gradamarte
le Cheualier de l’ardante Espée par le faux du corps, & eulx l’autre. Et
à forces de rames l’vn tirant à Ourse,l’autre à Pouge,gaignerét païs. Qui
rendit en telle fureur le compaignon de Gradamarte , que peu s’en falut

qu’il

qu'il ne s'outrageast, luy disant : En mal'heure, damp Cheualier, auez vous rompu mon entreprinse : mais par Dieu vous en repentirez. Gradamarte cognoissant sa colere, ne luy respondoit vn seul mot : & ce pendant leur vaisseau vogoit tousiours, esloignant l'autre de si loing, qu'auecq' lobscurité du temps, on ne sceut qu'il deuint. Au moyen dequoy petit à petit se passa partie de ceste fureur, & nauigerent toute nuict, tant que sur le poinct du iour vindrent surgir en vne Isle, ou ilz prindrét terre, pour medeciner le Cheualier de l'ardante Espée, si naüré, que l'on doutoit beaucoup de sa vie. Et neantmoins il estoit si despité contre Gradamarte, qu'il ne daignoit, non pas seulement parler à luy, ains le regarder de bon œil, iurant, & coniurant, que luy sain pour porter armes, ne seiourneroit vne heure, qu'il n'eust retrouué le paillard qui l'auoit tant offencé, & en auroit la vie. Parquoy nous le laisserons, pour vous dire ce pendant que faisoit l'autre, & qu'il estoit.

Quel estoit le Cheualier, qui

eut ce gros combat contre celuy de l'ardante Espée : & l'occasion pour laquelle il nauigeoit en tel equipage.

Chapitre   LIIII.

Ous vous auons autresfois dit, que don Brian de
Moniaste, Roy d'Espaigne, eut deux filz. L'aisné qu'on
apella Olorius, gentil Cheualier entre les meilleurs:
& le second, Birmartes, qui est celuy duquel nous entendons parler maintenant, qui fut si acomply, tant
en beauté de visaige, que perfection de membres, &
autres choses requises à l'excellence d'homme, que mal aysément on
eust peu trouuer qui le surpassast. Ce Birmartes estoit six ans plus ieune
que son frere Olorius, lors qu'il fut enchâté: & depuys, croissant en aage,
creut aussi en vouloir de suyure les armes. A quoy l'esmeut d'auantage
le raport qu'on luy fist des grands dons que Nature auoit mis en Lucelle, fille du Roy de Sicile, de laquelle il s'en amoura sans l'auoir veuë,
& par opinion seulement: de sorte qu'il delibera aller en la court d'Alpatracie, & luy faire tant de seruice, que voluntiers il la luy donneroit à
femme & espouse. Et en ceste volunté, vn iour entre autres, trouuant son
pere à propos, le suplia humblement de luy donner l'ordre de cheualerie. Ce qu'il ne luy refusa pas, ains l'arma, & en fut la solemnité tresgrande par toute Espaigne. Mais le iour mesmes, au sortir de la table, se mist à
genoux deuant le Roy, & de bien bonne grace luy demanda vn don.
Don Brian, qui l'aymoit comme son enfant, fut liberal à promettre.
Monsieur, dit il, vous me permettrez donques faire le voyage de Sicile,
pour voir l'Infante Lucelle, qu'on tient au iourd'huy pour la plus parfaitement belle, & de meilleure grace qui soit en Europe: Et si ainsi est, ie
m'efforceray au seruice du Roy son pere, auecq' tant de deuoir, qu'il me
la donnera puis apres à femme, si ie la luy demande. Don Brian ayse,
voyant son filz en telle deliberacion, le loua, & fut content qu'il print
telz Cheualiers de sa court qu'il voudroit choisir, auecq' argent, & equipage necessaire à si haulte entreprinse. Dequoy le ieune Prince le remercia treshumblement. Et depuys ayant fait freter vn gros nauire de guerre, esleut pour l'acompaigner, entre autres Cheualiers, les deux filz du
Duc de Bisquaye, dont le plus vieil se nommoit Esquinel, & l'autre,
Meander d'Espaigne. Et estoient ces deux qui le separerent, à la persua-
sion de Gradamarte, combatant contre celuy de l'ardante Espée. Eulx
donques embarquez en tresbonne ordre, costoyerent longuement la
coste d'Afrique, & laissants Sardaigne à Pouge, arriuerent à Messine, ou
ilz eurent nouuelles du rapt, qu'auoit puys n'agueres fait Frandalon
Ciclops, & son filz, de la Royne de Sicile, & de Lucelle. Et à ceste cause commanda Birmartes à ses mariniers, prendre la route de Silanchie,
bien deliberé de les combatre, quoy qu'il en deust auenir. Mais son trauail fut en vain, parce qu'il n'y trouua que le gouuerneur, qu'Alpatracie
y auoit laissé, duquel il eut auis de ce qui s'estoit passé. Ce qu'il luy despleut merueilleusement: & maudissoit sa fortune, pour luy auoir osté si

belle

belle ocasion, par laquelle il eust peu aquerir ce qu'il doutoit fort de perdre. Lors r'entra en son vaisseau, & prenant congé du gouuerneur, reprint la route de Sicile, ou il faisoit estat de trouuer ce qu'il cherchoit. Et
quelques iours apres rencontra vn Geant, qui emmenoit plusieurs Chrestiens captifz, & eurent combat luy, & Birmartes, qui finablement le
vainquit: & mesmes les deux filz du Duc de Bisquaye deffirent quant
& quant six de ses Cheualiers, donnants liberté à tous les forçatz qui e-
stoient lors dans la nef du pyrate, pour eulx retirer ou bon leur sembleroit. Et ainsi suyuants la voye pour prendre port en Sicile, courut fortune, & s'enfla la mer par l'impetuosité des vents, de sorte qu'ilz furent ietez maugré eulx au royaume d'Apolonie, ou ilz descendirent. Et pour
eulx refraischir, ennuyez de la marine, entreprindrent(vn moys durant)
visiter le païs: Et à ceste cause, commandants à leurs mariniers ne partir
du port, monterent tous les Cheualiers sur leurs cheuaux, prenants le
droit chemin de la grand' Cité d'Apolonie. Le long duquel ilz sceurent
comme Branzahar Duc de Clarence gardoit en vne tour Onorie, Princesse d'Apolonie, qui estoit renommée l'vne des plus belles dames de la
terre. Et la maniere, auecq' la raison de telle garde, vous sera recitée de ce
pas. Entendez, que ce Duc de Clarence estoit vn trespuissant Cheualier,
mais laid, contrefait, & de plus mauuaise grace:au reste, yssu de lignage
Geant.Or luy fist-on si grand cas de la grand' beauté d'Onorie, qu'il en
eut le cueur feru: & pour la voir vint à la court du Roy son pere, acompaigné de deux Geants ses cousins: mais la presence de la belle luy rauit
tant la liberté, qu'il pensoit mourir s'il ne l'auoit à femme. Et de fait la
requist par grande instance, & importunité au Roy, lequel (pour son
excuse) le cognoissant tel qu'il estoit, & si mal basty, que iamais sa fille
n'y consentiroit, luy fist responce, qu'elle n'auoit aucune volunté de se
marier. Le Duc bien estonné de telle nouuelle, se cuida desesperer lors:
toutesfois, pour dernier remede, dist au Roy, que puys que sa fortune
luy estoit si marastre, luy denyant la chose qu'il aymoit le plus en ce
monde, il n'auroit de sa vie ioye au cueur: & neantmoins, qu'en recompense du trauail qu'il auoit prins de venir en sa court, il luy pleust luy a-
corder vn don. Ce que le Roy ne luy osa refuzer, pourueu que l'honneur de sa fille n'y fust offencé. Non sera il certainement (monsieur) dit
il, plustost consentirois à ma propre ruyne. Mais puys qu'elle veult consommer sa vie sans mary, & que la beauté d'elle met ceux qui la voyent
en vn tourment non pareil, il est raisonnable (pour euiter tant de mal)
qu'elle soit desormais enfermée en vne tour, ou elle ne sera plus veuë
que de vous, de la Royne, & de celles qui seront ordonnées pour la seruir. Et garderons, moy, & ces deux Geants, les trois premieres entrées,
si qu'aucun n'y passera, si n'est à force d'armes. Et encores luy conuien-
dra il(pour le seruice d'elle) acomplir les condicions que ie feray escrire

contre

contre certaines pierres, qui feront efleuées au dedans de cefte tour, par
lefquelles(dit il) fera cogneuë la grandeur de la beauté de voftre fille, &
combien ie feuffre, & veux endurer pour l'amour d'elle. Si fut le Roy
trefdefplaifant d'auoir promis tant de legier ce, qu'il ne pouuoit reuoquer pour fon honneur, & voluntiers euft trouué excufe qui contentaft
le Prince de Clarence: mais la pierre ietée, & mife hors du poing, ne
peut eftre r'apellée:parquoy delibera baiffer la tefte, & permettre enfermer fa fille, ainfi qu'il eftoit deuifé. Et pour ce faire manda Branzahar
ouuriers de toutes parts, qui conftruirent en peu de iours dans la tour
vne chambre quarrée, pour feruir de prifon à la Princeffe:prifon puis-ie
dire, par ce qu'elle eftoit affife au mylieu d'vne grand'falle, & treilliffée
tout à l'entour de gros barreaux d'or, à trauers defquelz on luy pouuoit
bailler fes neceffitez, & non autrement. Vray eft que pour le peu que
contenoit la quadrature, il n'eftoit poffible de voir chofe plus belle, ny
plus riche:car la voulte, & le bas, eftoient lambriffez de grandes lames
d'or, & d'argent, taillées à la Damafquine: & les paroiz tapiffées de ta-
pifferies d'or, & de foye, diuinement ouurez, pour l'excellente de la
manufacture. Au mylieu auoit vn lict, à cielz, couuertures, & foubaffe-
ments de fatin cramoyfi, femé de Perles, & groffes Cantilles, enrichies
de Rubiz, Dyamants, & Efmeraudes: Et à cofté toutes fortes d'inftru
ments, dont Onorie fçauoit iouer. Cefte prifon donques paracheuée,
comme vous auez entendu, Branzahar ordonna planter au deuant vn
pillier d'Albaftre, & au deffus l'effigie au naturel de la Princeffe, auecq'
vn efcriteau au tour de la tefte en forme de chapeau ducal, qui contenoit
ces motz. Onorie, dame de la Beauté. Ce fait print l'Infante, & l'enfer-
ma fouz vn fort cadenaz, dont il emporta la clef: & laiffant fes damoyfelles hors, dift: Ceans ferez-vous enclofe, en recompenfe de la cruelle
prifon d'amour, ou vous me tenez captif, & n'en fortirez iufques à ce
que celuy vienne, qui pour m'ofter de peine receura pire trauail, voyant
voftre trop grande & dangereufe beauté. Puys atacha au pillier vn efcriteau, auecq' letres qui difoient: Toy Cheualier, qui par proueffes es ve
nu iufques au lieu, ou tu peuz voir la plus belle Princeffe du monde, ne
foys fi hardy de la tirer hors, premier que tu ayes porté cefte effigie,
qui reprefente fa perfonne par toute la terre ronde, & maintenir à force
d'armes, que celle pour laquelle elle a efté faite, eft la premiere en grand'
beauté. Et là ou l'heur, & la fortune, te feront fi profperes, que la victoire
t'acompaigne toufiours, encores es-tu tenu d'aporter ceans les ymages
des dames, amyes des Cheualiers vaincuz par toy, auecq' leurs noms ef-
critz au deffouz. Adoncq' te fera permis tirer la belle de prifon, & non
pluftoft. Sinon le cas auenant, que tu trouuaffes meilleur que toy, qui te
vainquift, en raportant la permiffion de tel victorieux, féellée, & fignée
du nom, & feau de f'amye. Lors pourra elle fortir en liberté, ainfi qu'il

luy

luy plaira : car tel est le conuenant, entre le Roy de ce païs, & moy. Et
comme il eut ataché cest escriteau, fist dresser vne autre coulonne deuāt
la premiere & principale porte de la tour, auecq' vn roulleau contenant
ce qui s'ensuit. Nul s'auanture d'oresenauant passer oultre, si n'est à force
d'armes : pource que la beauté d'Onorie, dame des belles, ne sera plus
manifestée, iusques à ce que vienne celuy qui la deliure du tout : car Bran
zahar, Prince de Clarence, defendra ce pas iusques à la mort. Et aussi tost
ordonna l'vn de ses Geants à la garde de ceste porte, & vn autre à la seconde, puys luy en la tierce. Et eulx troys, armez de tresriches armes, entreprindrent combatre tous venants. Dequoy le Roy fut esbahy au possible, mesmes comme tel, & si grand Seigneur que Branzahar, vouloit se
mettre en telle subiection, & danger de sa personne. Or estoit il bon
Cheualier, & ceux qu'ilz auoit esleuz, rudes, & forts, oultre le commun
naturel, qui luy faisoit peu esperer la prompte deliurance d'Onorie :
mais le Roy, & la Royne, la pouuoient voir quand bon leur sembloit,
& auecq' ce peu prenoit grand' alegeance en sa fortune. De laquelle Bir
martes auerty, pensa incontinent selon la renommée de Branzahar, que
celle pour laquelle il entreprenoit si grand' charge, deuoit estre vrayement belle : & demanda à quelques vns du païs, si ceste auanture n'auoit
encores esté esprouuée d'aucun. Qui luy respondirent, que plus de cent
Cheualiers, tant de la court, qu'estragiers y auoient mis leur effort : mais
tous s'estoient trouuez vaincuz par le Geant de la premiere porte, en
sorte que depuys six moys (disrent ilz) nul s'est osé presenter deuant luy.
Et tant plus on en disoit à Birmartes, & plus luy croissoit l'enuie d'aller
voir la belle : tellement qu'il delibera (quoy qu'il en deust auenir) essayer
la fortune, pour la mettre en liberté. Mais il ne sçauoit pas que contenoit
l'escriteau ataché à la coulonne de l'ymage, comme il vous a esté dit,
aussi estoit il incogneu à tous. A l'ocasion dequoy maints bons Cheualiers mettoient leurs vies en hazard, esperants aquerir honneur, & l'a-
mour d'Onorie. Si chemina tant Birmartes, & ses deux compaignons
Esquinel, & Meander, qu'ilz arriuerent en la ville d'Apolonie, ou il de
manda qu'on luy monstrast la tour d'Onorie. Ce que voluntiers fist vn
Cheualier du païs. Lors suiuy de grand nombre, aucuns coururent auer
tir le Roy, comme vn estrangier vouloit combatre le Geant de la premiere porte : & croyez, disrent ilz (sire) qu'il seroit impossible voir plus
beau, ieune, & à droit Cheualier, qu'il est. Le Roy bien ayse de ces nou
uelles, monta soudain à cheual, & vint trouuer Birmartes, qui acheuoit
de lire l'escriteau du premier perron. Lors s'entresaluerent, & s'humi-
liant le Roy, commença à luy dire : Sur mon Dieu, Cheualier, si fortune
vouloit vous fauoriser de tant, que peussiez abaisser l'outrecuidance du
Duc, & deliurissiez ma fille, asseurez-vous que ie vous ferois de grands
biens. Birmartes, voyant le bon recueil que luy faisoit le Roy, luy respondit :

pondit: Sire, celuy es mains duquel sont toutes choses, sçait le bon vouloir que i'ay à faire seruice à vous, & à voz semblables: specialement en
telz actes, ou (auecq' l'honneur qui s'y peult aquerir) consiste la liberté
de telle Princesse, comme est ma dame vostre fille. Non pas que ie me
vueille venter de mettre fin à ce, à quoy tant de bons Cheualiers n'ont
sceu paruenir: mais, pour le moins, ie me mettray en mon deuoir, asseuré
que ce faisant, la mort, ou la vie, ne me peult estre qu'honorable, imitant
les preud'hommes qui s'y sont esprouuez deuant moy, n'estant rien au
pris d'eulx. Lors s'equipa pour commencer la meslée, par ce que le premier Geant se tenoit prest à le receuoir. Aussi ne tarderent ilz gueres à
s'entre courre sus, si que nul d'eulx faillit d'atainte: car le Geant le rencontra de telle force en l'escu, qu'il le luy faulça, & passant le glaiue souz
l'esselle, s'aparut plus d'vne grand' brace de l'autre costé. Mais Birmartes, qui couroit de plus droit fil, baissa son coup, & le print entre l'arçon
de deuant, & l'estomac, en sorte que ne pouuant resister l'espesseur de
la lame à la roydeur de l'atainte, la lance luy entra aux tripes, & tomba
le Geant mort sur le paué, sans remuer pied, ny main. Dont tous les regardants furent tresioyeux, doutants, toutesfois, que Birmartes fust naüré durement: mais ceste opinion leur dura peu, car retirant sa lance
marcha vers la seconde porte, ou il trouua l'autre garde trop marry de
l'infortune de son cousin: pour la vengeance duquel baissa son boys, &
donnant carriere à son cheual faillit d'atainte: non pas Birmates, qui
le rencontra si durement, que sa lance volla en esclatz, & du choc que
s'entredonnerent les cheuaulx, tous deux tomberent, & leurs maistres
dessouz. Neantmoins Birmartes se releua promptement sur piedz, &
mettant la main à l'espée, auisa l'autre qui se lamentoit tendrement, pour
la douleur extreme qu'il sentoit, ayant la iambe gauche brisée en trois,
ou quatre endroitz, & son destrier qui le pressoit sans ce pouuoir re-
sourdre. parquoy s'aprochant Birmartes, luy dist: Geant, tu es mort, si tu
ne te rends pour vaincu, & me permetz, sans plus m'empescher, l'entrée de ceste porte, ainsi que bon me semblera. Ah! respondit il, celà
peux-tu bien faire! & si me rends du tout à ta discrecion. Lors passa
oultre Brimartes, & auisa Branzahar, Prince de Clarence, monté sur vn
grand cheual moreau, qui marchoit au deuant de luy. Or estoit il laid,
& mal basty: & toutesfois il auoit en soy maintes bonnes condicions,
& courtoisies, ainsi qu'il monstra lors, disant à Birmartes: Cheualier,
tu as ia tant aquis d'honneur, qu'à iamais la gloire t'en demeurera: &
combien que ç'ayt esté oultre mon gré, & que mon cueur ne se puisse
contenter de la perte des miens que i'aymois tant, & que tu as mis à
mort, ains suis apellé à leur vengeance: neantmoins, considerant que ce
malheur leur est auenu par ta seule prouesse, faisant ce que tu deuois
faire pour aquerir bruit entre les preud'hommes, ie ne me puis tenir
d'vser

d'vſer enuers toy de la courtoiſie que la raiſon me commande, te voyant las, ſans glaiue, & ſans monture. Tellement que ſi i'auois le deſſus de toy (equipé & monté comme ie ſuis) telle victoire me deuroit plus tourner à blaſme, qu'à nulle gloire. Au moyen dequoy i'ayme trop mieux deſcendre à pied, & eſtants egaulx en armes, laiſſer iouer fortune ſon rolle, pour tendre la main à qui il luy plaira de nous deux. Ce diſant miſt pied à terre, & embraſſant ſon grand & fort eſcu, l'eſpée nue au poing, marcha vers Birmartes, lequel l'ayant ouy parler ſi gracieuſement, luy reſpondit de meſmes: Seigneur Prince, voſtre courtoiſie m'a plus eſtonné, que la grandeur de voſtre corps, & puiſſance de voz membres, gros, & lourdz: car la magnanimité des cueurs ne conſiſte point à la maſſe de la chair, ains à la gentileſſe, & vertu de la perſonne, qui ayme honneur, & deſire perpetuer ſa memoire, non par brauerie, & outrecuidance, ains faiſant ſon deuoir auecq' peu, & doux langage, & roy de execucion: en ſorte qu'ayant deſia trouué en vous l'vn de ces deux poinctz, qui eſt la courtoiſie, ie ne fais doute que le ſecond en ſoit eſloigné: veu que peu ſouuent, ou iamais, ilz ſ'habandonnent, non plus que fait le feu de la chaleur, & la chaleur du feu. Voylà pourquoy, ſ'il m'eſtoit honorable, & raiſonnable, ie ferois pluſtoſt, & plus voluntiers, amytié auecq' vous, que paſſer d'auantage à eſprouuer noz perſonnes l'vn contre l'autre. Mais n'y ayant ordre, ny vous, ny moy, ne pouuons refuſer la carriere qui eſt offerte: d'autant que ce vous ſeroit iniure de laiſſer l'entreprinſe que vous auez commencée, & à moy grand blaſme de ne pourſuyure l'heur, qui m'a donné vn tel commencement que chacun a peu voir. Ainſi, donques, ſoit la victoire comme il plaira à Fortune, & au boys qui aura bonne beſte. A ceſte parole ne voulurent conſommer le temps d'auantage en harangues, ains ſe chargerent l'vn l'autre par telle vehemence, que tous les regardants ſ'en esbahyſſoient. Vn poinct auoit Birmartes trop auantageux ſur l'autre, il eſtoit prompt, iſnel, & ſi diſpos, que de dix coups que ruoit Branzahar, il n'en venoit pas vn au dommage de ſon ennemy, tant ſe ſçauoit bien couurir, & deſtourner. Et luy, non: car pour la grandeur de ſa perſonne, & groſſeur de ſon corps, il n'auoit iambe qui le peuſt quaſi ſouſtenir: tellement que Birmartes commença à le traiter ſi mallement, qu'il douta beaucoup l'yſſue de ſa meſlée: & à bon droit, pour la perte du ſang qui luy ſortoit de maintes playes dont il ſe ſentoit naüré, & affoiblir petit à petit, en ſorte qu'apres les grands coups ruez d'vne part & d'autre, il tomba du hault de ſoy eſuanouy. Parquoy Birmartes ſe lança ſur ſon corps, & luy mettant le pied ſur l'eſtomac, luy arracha le heaume de la teſte: mais auſſi toſt qu'il eut air il reprint ſes eſpritz, & ſ'eſcria Birmartes: A ce coup finiront tes iours, & l'amour que tu as eu à la belle, ſi tu ne m'octroyes l'entrée de ſa chambre, ainſi qu'il me plaira. Et à fin que ie te ſois auſſi gracieux à l'effait,

T que

que tu m'as esté en propos, m'acordant ce que ie te demande, ie t'octroi-
ray la vie, sans que ie me donne l'honneur de victoire: aussi ne la pourrois-ie auoir sur tant bon Cheualier que tu es. Branzahar, se voyant en
telle extremité, eut le cueur fort triste: mais n'y sçachant donner ordre,
respondit à Birmatres: Ce m'aistdieux, ie cognois bien que c'est grand'
folie cuider rompre, & forcer, ce que Fortune a entreprins, laquelle m'a
esté si contraire iusques à maintenant, que pour me faire aymer celle,
qui est plus belle que la mesme Beauté, ie suis reduit à la honte, ou chacun me peult voir: pourtant, Cheualier, fay de moy ce qu'il te plaira,
puys qu'il est en ta main me donner la mort, si bon te semble, laquelle
(consideré le malheur de ma vie) ie desire plus que tu ne penses. Or va,
donques, à ton ayse voir celle, de qui le regard seulement a tel pouuoir,
que l'effort que tu as eu contre moy, & les miens, ne te sçaura parauanture garantir que tu ne meures tout vif. Lors pourras-tu cognoistre, quel
plus grand bien tu me feras à m'oster la vie par vne mort soudaine, que
me la laisser d'auantage pour mourir tant de fois le iour, comme ie feray, si ie vy plus longuement. Quand Birmartes l'ouyt parler de tel courage, il en eut si grand' compassion, qu'il suplia le Roy le faire penser
par ses Chirurgiens. Mais Branzahar n'y voulut entendre, ains manda
à ses seruiteurs, qu'ilz fissent vne biere cheualeresse, pour luy, & l'autre
Geart naüré: & sans seiourner d'auantage, prindrent le chemin de Clarence, ou il vesquit depuys le plus triste du monde, ayant tousiours deuant les yeux de sa pensée la beauté d'Onorie. & la honte qu'il auoit
receuë par trop l'aymer.

Comme Birmates fut voir

la belle Onorie en sa prison: & des propoz
qu'ilz eurent ensemble.

Chapitre   LV.

Branzahar

Ranzahar Prince de Clarence emporté hors du camp,
& la victoire glorieuse demourée à Birmartes, le Roy
le vint embrasser, luy disant: Ah ! bon Cheualier, meilleur qu'on ne pourroit dire, allons , s'il vous plaist,
vers ma fille, que i'espere en brief (veu la prouesse qui
est en vous) voir en liberté , & moy quite de la pro-
messe que i'ay faite au Prince, qui la tenoit si estroitement logée à mon
grand regret . Allons, sire, respondit Birmates. Lors, acompaignez de
maints preud'hommes, entrerent en la salle ou estoit la prison d'Onorie,
ainsi qu'auez entendu : & pour la grand' chaleur du iour, Birmartes se
desarma de teste, & bailla son heaume à l'vn des siens, monstrant vne
couleur au visage plus que de coustume , quand le Roy le prensenta à la
belle: laquelle ayant desia sceu par ses damoyselles l'yssue de Branzahar,
qu'elle hayoit de mal de mort, onquesfemme ne fut plus ayse : aussi tel
plaisir luy rendoit le viaire si gay, qu'oultre l'excellence de sa beauté, elle
secondoit de bien pres la perfection de Lucélle, par ceste gayeté, qui luy
donnoit la grace plus diuine qu'humaine . Lors dist le Roy à sa fille : Me
mignonne, voyez le bon Cheualier, qui pour l'amour de vous a fait au
iourd'huy armes non croyables, & pense qu'il vous donnera bien tost
moyen de sortir hors de ceans: parquoy ie suis d'auis, & vous prie, que
luy faciez bonne chere. En bonne foy, monsieur, respondit elle, ie serois
bien ingrate d'y faillir, veu l'obligacion que ie luy doy, ayant desia tant
souffert pour moy . Ce disant auança le bras à trauers la grille pour le leuer, car il estoit à genoux , comme surprins de son amour, & par telle ar-

T ii   deur,

deur, qu'oubliant l'affection qu'il auoit portée iusques adoncq' à celle,
pour laquelle il auoit tant trauersé de mers, la parole que luy auoit dite
Branzahar, se trouua en luy veritable, dont il luy souuint tresbien : & à
ceste cause luy print doucement la main, & baisa, luy disant: Ma dame,
le Prince faisoit ce qu'il deuoit, defendant qu'on ne vous vist, puysque
voftre doux œil peult faire mourir les hommes sans remede. De ceste
louange rougit quelque peu Onorie, non pour desplaisir qu'elle en
eust: car Birmartes luy sembloit de si bonne forte, qu'il luy estoit en tout
agreable. Et comme elle vouloit entrer en excuses, le Roy interrompit
leur propos : & monstrant à Birmartes l'ymage, & l'escriteau ataché à
la coulonne, luy dist: Mongrand amy, vous auez desia tant fait, qu'on
vous peult nommer le meilleur Cheualier du monde : mais il fault faire
d'auantage, si voulez paracheuer ceste auanture. Voyez la condicion e-
stablie par le Prince de Clarence, laquelle, selon que ie puis estimer, vous
donnera plus à penser, que le combat des trois Geants. Adoncq' s'aprocha Birmartes, & leut l'escriteau & qui ne l'estonna en rien, ains estima
(s'il y pouuoit fournir) qu'oultre l'honneur qu'il aquerroit, il pourroit
quant & quant gaigner le cueur, l'amour de la belle : parquoy respondit au Roy : Sire, ie ne sçay comme vous estimez ceste entreprinse si mal
aysée, veu que tout Cheualier, pour peu cheualereux qu'il soit, ne doit
craindre d'aller par le monde maintenir la beauté de ma dame voftre
fille: car elle est telle, que si la victoire des combatz suyt la raisó, il est certain qu'il ne pourra estre vaincu, ains sera victorieux en tous endroitz.
Et pour vous monstrer qu'il soit vray, i'accepte des maintenant ceste
charge, me confiant, qu'ou defauldra ma prouesse, la raison, & iustice y
supliront. En bonne foy, dit le Roy, ie m'asseure plus de voftre bonté,
que de la beauté de ma fille: & vous mercie affectueusement de l'honneur, & du bien, que vous luy voulez. Mais allons en mon palays, ou ie
vous feray bien traiter: car ie suis seur, que vous estes naüré en plusieurs
lieux. Toutesfois Birmartes voulut premier prendre congé d'Onorie,
qui auoit entendu tout ce qu'il auoit dit d'elle, & la promesse qu'il auoit
faite de defendre sa beauté par tout le monde. Dont elle luy sceut tant
bon gré, que le regardant de son œil gracieux, le pria humblement, que
luy guery, il retournast vers elle auant que partir. Ce qu'il luy acorda
voluntiers. Et luy faisant vne grande reuerance, la laissa, non moins le
desirant, que luy prompt à la seruir toute sa vie. Car des l'instát Amour
s'empara de leurs cueurs, les transferants, par sa deité, de corps à autre,
sans qu'ilz en eussent autre aparence, ny sentiment, sinon l'ardeur du
feu, desquelz ilz les embrasa pour tousiours. Ainsi suyuit Birmartes le
Roy, qui en cheminant luy demandoit son nom, & son estre mais il le
suplia que pour l'heure il luy pardónast, & qu'vne autrefois il le sçauroit
tout à temps: parquoy, voyant qu'il se vouloit celer, ne l'importuna d'a-

uantage

uantage. Et deuifants d'autres propoz arriuerent au palays, ou Birmartes fut tresbien recueilly par la Royne, & les dames, lefquelles le conduirent en vne belle chambre : & pour plus l'honorer, elles mefmes le defarmerent, & coucherent en vn tresbon lict. Puys vindrent les Chirurgiens vifiter fes playes, & luy promifrent brieue guerifon, priants que chacun fe retiraft pour le laiffer dormir. Mais quand il fe trouua feul, au lieu de repos, fe mift à penfer à la beauté de fa nouuelle amye, fe plaignant plus de Lucelle, qui auoit efté caufe de le faire venir en ces marches, ou il auoit veu ce qu'il luy caufoit tel tourment, que d'Onorie, pour laquelle il eftoit tourmenté. Ce que ne pouuant comporter feul en fon ame, quelques iours depuys defcouurit ce qu'il en penfoit à fes deux compaignons, Efquinel, & Meander, lefquelz le confolerent aumoins mal qu'ilz peurent, luy donnant efperance, que luy de retour, & ayant parfourny à ce qu'il auoit promis, le Roy d'Apolonie, fçachant qu'il eftoit, fe tiendroit heureux de luy donner fa fille pour femme & efpoufe.

Comme eftant Birmartes gue-

ry, print congé du Roy d'Apolonie, & d'Onorie, pour commencer fon entreprinfe : & de ce qu'il en auint.

Chapitre   LVI.

'Enuie que Birmartes auoit de satisfaire à ce qu'il a-
uoit promis, pour maintenir la beauté d'Onorie en
tous endroitz, & retourner vers elle, comme il desiroit, auança beaucoup la guerison de ses playes : lesquelles bien consolidées & recloses, fist mettre ses nauires en l'equipaige que les trouua le Cheualier à l'ardante Espée, lors qu'ilz combatirent. Puys venu le iour de son embarquement, s'adressa au Roy, & luy dist : Sire, pour ce que ie me delibere
entrer presentement en mer, ie vous suplie que ie voye ma dame vostre
fille auant que desloger, à fin qu'en vostre presence, & de vostre consen
tement, elle m'octroye vn don que ie luy veux demander. Et bien, respondit il, allons y donques. Si le conduit le Roy en la tour, ou arriuez,
apres les reuerances d'vne part, & d'autre, Birmartes mist le genoil en
terre, & s'adressant à Onorie luy dist : Ma dame, suyuant vostre commandement, ie suis venu prendre congé de vous, pour acomplir ce à
quoy voluntairement ie me suis obligé, esperant (auecq' si iuste ocasion)
ne tomber en peril qui me puisse nuire, estant acompaigné de vostre bon
ne grace, laquelle ie vous suplie m'octroyer, ensemble le bien que ie me
puisse d'oresenauant nommer vostre Cheualier en tous lieux. Bien ayse
fut Onorie de se voir presenter ce qu'elle desiroit de tout son cueur,
parquoy luy respondit : En bonne foy, ie me sens tresheureuse, que tel
Cheualier que vous estes se daigne nommer mien : & serois bien femme
de mauuais iugement, & difficile, si ie refusois cest offre, lequel i'accepte, & vous en prie autant qu'il m'est possible, me confiant tant en vostre
bonté, que ma beauté (qui est petite au respect de tant d'autres excellen-
tes dames) aquerra le bruit par tout le monde, supliant vostre effort en
elle, ce que Nature y a obmis. Mais encores vous veux-ie requerir d'a-
uantage, c'est que vous me diciez vostre nom, à ce que desormais ie sçache mieux celuy qui est mien. Ma dame, respondit il, ie ne vous desobeïray iamais, sçachez que l'on me nóme Birmartes l'Amoureux, & à bon
droit : car Amour a puissance sur moy, & celle à qui ie suis, & non autre.
Ainsi se nomma Birmartes, & onques puys ne luy tomba ce surnom :
entendant tresbien Onorie la fin ou il tendoit, & le Roy mesmes, qui
n'en fut point mal content, ains delibera sur l'heure que luy de retour,
ou il se trouueroit digne de sa fille, la luy donneroit en mariage, laquelle (sans la presence du Roy) ne fust demeurée en si beau chemin, ayant
assez matiere pour entretenir plus longuement son amy : mais elle n'oza
d'auantage, ne luy semblablement, qui print congé d'elle, la laissant en
estrange peine, pour sentir en son esprit l'amour, qui iusques à l'arriuée
de Birmartes, n'auoit peu rien conquerir sur elle. Mais il se monstra lors
victorieux, en sorte que pour manifester le commencement de son tro-
phée, luy aporta maintes larmes aux yeux, & vne infinité de souspirs

& regretz

& regretz au cueur. Voylà comment ce bel Enfant traite ceulx qui luy
obeïssent, lesquelz bien souuent sont reduitz en telle cecité, que rien ne
leur est agreable, que ce qui leur nuist le plus. Birmartes, donques, sorty
de la presence de sa nouuelle amye, vint à la coulonne, & print l'ymage
d'elle, disant si hault qu'elle le peut entendre : Certes, pourtrait, ie pense
bien vous raporter en ce lieu, si bien acompaigné, que chacun cognoistra vostre gloire. Lors sortit de la salle, & souz le bon plaisir du Roy,
apres estre armé, entra en son nauire, & esleuant l'effigie qu'il emportoit
sur vn riche pillier, fist voyle droit en Constantinople, ou il descendit. Et
là en la presence des Princes, & Seigneurs, recita l'ocasion de son voya-
ge:parquoy vn filz du Roy de Hongrie, aymant tout oultre Luciane fille de l'Empereur, entreprint maintenir s'amye estre plus belle qu'Onorie, dont ilz vindrent à meslée & fut Birmartes victorieux, & emporta
le pourtrait de Luciane en son vaisseau, qu'il atacha au pillier à vne petite chaisne, au dessouz de l'autre. Et depuys eut plusieurs autres combatz
contre maints bons Cheualiers : mais il ne tint conte d'auoir l'effigie de
celles qu'ilz aymoient, estimát ne meriter la compaignie de son tableau,
s'elles n'estoient filles d'Empereurs, ou de Roys : & à ce estoit obligé,
sans plus. Si ne fist depuys long seiour en Constantinople, ains prenant
congé de l'Empereur, & des Cheualiers de sa court, tira à Macedone, ou
il conquist l'ymage de l'Infante Alegrie, fille du Roy, & eut le dessus
d'vn Duc qui l'aymoit grandement, & la victoire sur plusieur autres,
qui seroient longs à nommer. De là print la route de Boësme, & entra
en camp contre vn autre Duc, sur lequel il gaigna la statue d'Imperie, fille du Roy Grasandor, & de la Royne Mabile, qui estoit belle, & gracieuse Princesse : mais si y demeura elle pour gaige, acompaignée de maintes
autres dames, & damoyselles : dont sa renommée courut tant, que l'on
ne le nommoit plus que le Cheualier Acoustumé de vaincre. Et voyant
qu'en Boësme nul s'osoit plus adresser à luy, delibera aller à Naples, ou
il fut auerty que le Roy auoit vne fille, nommée Iusaliane, belle entre
les belles. Et de fait, lors qu'il rencontra le Cheualier de l'ardante Espée,
il nauigeoit celle part. Si combatirent ensemble, & finablement furent
separez, ainsi que vous auez entendu, dont il fut si desplaisant, qu'à tous
propoz il disoit qu'il n'auroit iamais ioye, qu'il ne l'eust retrouué. Et ainsi
tira à Naples, se faisant guerir, petit à petit, des playes qu'il auoit receuës
en grand nombre. Parquoy en atendant qu'il vienne mieux à propos,
nous nous en tairons : car vous sçauez tresbien, que ceste histoire n'est
propre à luy, ains au Cheualier de l'ardante Espée, duquel nous entendós
descrire les prouesses, & vaillances, plus que de nul autre.

T iiii   Comme

Comme le Cheualier de l'ardan-

te Eſpée ſe deſroba de Gradamarte, pour aller chercher Birmartes: & de ce qu'il luy auint.

Chapitre   LVII.

Ous auez entendu la colere ou eſtoit entré le Cheualier de l'ardante Eſpée, pour auoir eſté ſeparé de Birmartes par Gradamarte, contre lequel il ſe monſtra
tant marry, que durant le ſeiour qu'il fiſt pour la gueriſon de ſes playes, il ne voulut onques parler à luy, ne
luy tenir vn ſeul propos. Toutesfois l'autre ne laiſſoit,
faiſant office de vray amy, à le traiter aumoins mal qu'il pouuoit, treſdeſ-
plaiſant (neantmoins) du mauuais viſage qu'il luy monſtroit. Or auint
qu'vne nuict entre autres, eſtant le Cheualier de l'ardante Eſpée quaſi
preſt a ſe bien porter, reſuant à la meſlée qu'il auoit euë contre Birmartes, ſe trouua tant faſché, qu'il en perdit entierement le repos : & tour-
noyant, puys d'vn coſté, puys d'autre, diſoit en ſoymeſmes : Que fais-tu,
pauure malheureux, ſi long temps au lict, deshonoré comme tu es? Qui
te retient pour n'aller prendre vengeance de celuy, qui ayme celle que
nul merite ſeruir? Ie ne ſçay pas pourquoy tu naſquis onques au monde,
ny la raiſon qui te meut de prendre armes, t'en aydant ſi mal, qu'il a falu
qu'ayes enduré, & en ta preſence, vn eſtrangier ſe ventant, & chantant
l'amour de ta maiſtreſſe: & (qui pis eſt) ſe departir de toy, auecq' tant de
gloire. Ah! ma dame, peult eſtre auſſi aymez vous celuy, qui publie ainſi
(à mon treſgrand regret) les perfections de voz louanges! Que tant me
fut le iour infortuné que ie vous vy ſi belle, que ie meurs eſtant pres de
vous, & abſent ie ne puis viure! Pour Dieu faites moy entendre, ſi pour
aymer ceſt autre, vous m'auez laiſſé, à fin qu'obeiſſant à voſtre vouloir,
ie le trouue quelque part qu'il ſoit, non pour luy faire ennuy, ains pour
le ſeruir toute ma vie, ſ'il vous eſt agreable. Et, toutesfois, il ne peult tomber en mon eſprit, qu'en ſi peu de temps vous ayez oublié voſtre loyal
eſclaue: veu que mon cueur (en quelque part qu'ayez eſté) a touſiours
parlé à vous apertement, & ſans diſſimulacion : qui me fait croire, que
vous n'auez nul courroux contre moy. Parquoy ie ne demeureray plus
en ce lieu, mais vous iray venger, de celuy qui (ſans voſtre commandement) a bien ozé entreprendre de vous ſeruir, & aymer, qui luy ſera cher
vendu, ſi ie le trouue, ou ie mourray en la peine. Ce diſant la colere luy
augmenta ſi fort, qu'il ſe leua haſtiuement du lict, & voyant que Gradamarte dormoit, ſ'arma de toutes ſes armes, & bridant & ſellant luymeſ-
mes

mes l'vn des cheuaux que Galeote luy auoit donnez, sur lequel il monta & print le chemin de la marine, ou l'atendoient ses mariniers, qui furent tous esbahiz de le voir à telle heure. Si entra au vaisseau, leur commandant leuer les ancres, & suyure la fortune, qui ne luy pourroit estre
(disoit il) si contraire, qu'elle ne le guidast ou il rencontreroit le Cheualier qui s'estoit departy si sain d'auecq' luy. Adoncq' luy demanderent
ceulx du nauire, s'il luy plaisoit pas atendre Gradamarte. Non, respondit il, faites ce que ie vous commande : ie ne veux plus qu'il me destour-
ne d'executer mes volūtez, pour me diffamer ainsi qu'il a fait. A ce commandement n'oserent les autres contester d'auantage, ains laschants le
vaisseau sans gouuernail, ny auiron, print le fil de l'eau, qui le guida selon la force des vagues, & du vent, iusques au sixiesme iour d'apres,
qu'ilz rencontrerent vn nauire, sur le tillac duquel estoit assis vn homme
tresancien, que le Cheualier de l'ardante Espée salua, luy disant : Vieillard honorable, si Dieu vous gard, ie vous prie (de grace) me dire, si
vous auez veu, ny rencontré, ou si sçauez nouuelles d'vn Cheualier, qui
nauige le long de ceste mer par estrange sorte : car il m'est force de le
trouuer, mort, ou vif. Adoncq' luy mist deuant les yeux les meilleures
enseignes qu'il peut de Birmates. Ce qu'entendu par le vieillard, luy
respondit : Certainement, Cheualier, vous le cherchez, peult estre, pour
chose qui vous tournera à dommage, & peu de proffit : car il est tel, que
peu de meilleurs, ny de si bons, se trouueroient par le monde. Toutesfois, puys que vous m'en priez de telle affection, soit à vostre proffit,
ou autrement, ie vous en diray ce que i'en sçay. Asseurez vous qu'il a
prins la voye de Naples, le long de laquelle ie l'ay rencontré, & voylà
tout ce que pouuez en aprédre pour ceste heure. Bon voyage vous doint
Dieu, dit celuy de l'ardante Espée, vous m'auez grandement esiouy. Et
tirant son nauire à Ourse, & celuy du vieillard à Pouge, se perdirent incontinent de veuë. Ce pendant Gradamarte, qui auoit longuement dormy, s'esueilla, & ne trouuant point son compaignon, ny ses armes, l'ennuy qui le surprint seroit malaysé à descrire. Lors s'en alla soudainement
au nauire, pensant y rencontrer le vaisseau auquel ilz estoient venuz :
mais il n'en eut vent, ny voix. Parquoy se print à detester, & maudire sa
fortune tant contraire, ayant à si bône ocasion garanty de mort les deux
meilleurs Cheualiers du monde, pour luy en succeder tant de desplaisir
qu'il en auoit. Et en ceste fascherie s'escrioit de fois à autre. Ah ! ah, Cheualier de l'ardante Espée ! que tant mal vous cognoissez la bonne amytié que vous porte vostre amy Gradamarte ! Certes vous auez tord de
m'auoir ainsi habandonné ! Tord?non, non, ie faulx : mais grand'raison,
puys que ie desire tant de bien à celuy qui me prise si peu, s'estant si e-
strangement absenté de moy. Mais quoy qu'il en puisse auenir, ie ne ces-
seray iamais d'aller tant que ie vous aye trouué, pour me plaindre à vous
de vous

de vous mesmes . Et comme il se desconfortoit en telle sorte, auisa au riuage de la mer vne barquette de pescheur , ou il fist mettre quelques viures, puys entrant dedans, la detacha d'vn pieu ou elle estoit liée, & l'habandonnant aux vagues, la laissa voguer tant qu'il esloigna terre en peu
d'heure, si desplaisant qu'il souhaitoit la mort à tous propoz , quand il
rencontra le mesme vieillard qui auoit parlé au Cheualier de l'ardante
Espée, auquel il demanda, s'il luy sçauroit dire nouuelles d'vn Cheualier,
grand de corps, armé de harnois blanc , qui nauigeoit en vn nauire, a-
compaigné seulement de deux mariniers . En verité, respondit le vieillard, vous vous enquerez de celuy , trouuant lequel vous aurez plus de
ioye, que vous ne pensez : & si serez vous mesmes plus quis de luy , que
luy de vous : & autre chose ne vous en diray pour ceste heure . De tel
propos s'esbahit assez Gradamarte, & vouloit le prier qu'il luy declarast
comme il entendoit : mais à peine eut le vieillard acheué sa parole, que
le vent donna dans les voyles du vaisseau ou il estoit, & singla tellement,
qu'il ne le peut onques puys ataindre . Parquoy delibera suyure son a-
uanture , & ne laisser pourtant de chercher son compaignon, lequel tirant la route de Naples, ainsi qu'il vous a esté dit, s'auisa de changer son
nom, commandant à ses mariniers, ne l'apeller de là en auant que le Cheualier sans fortune . Si luy auint, que le deuxiesme iour d'apres qu'il eut
parlé au vieillard, la mer s'enfla en sorte, que maugré luy vint prendre
port à Ciuita Veche, pres Rome, ou il descendit, disant à ses matelotz,
qu'ilz l'alassent atendre pres de Naples: car il vouloit aller par terre: Parquoy monta sur son destrier , & suyuit le grand chemin , le long duquel
il auisa venir vne damoyselle acompaignée d'vn seul Escuyer, portant
vn paquet enuelopé d'vn camelot rouge. Gracieusement les salua le Cheualier de l'ardante Espée : & ilz luy rendirent son salut, luy disant la damoyselle : Peult estre, Cheualier, estes-vous de ceulx qui ont mis à mort
l'Empereur de ce païs . Pourquoy me dites-vous celà ? respondit le Cheualier. Pour autant, dit elle, que si vous estes de ceste ligue, ie suis d'auis
que preniez autre adresse, que celle de Rome : car le Marquis de Man-
touë y est entré, auecq' bon nombre de soldatz , & la garde pour l'imperatrix Leonorine, & sa fille, à laquelle l'Empire vient par droit successif:
Et ne trouue Cheualier, ny autre, tenant le party du Duc de Buillon,
qu'il ne face mourir de male mort . Ie vous prie (damoyselle) respondit
celuy de l'ardante Espée, contez moy la mort de cest Empereur : car ie
n'en ay encores ouy parler qu'à vous. Lors elle se print à discourir la trahison du Duc, ainsi qu'elle vous a esté recitée. Et a le Marquis, dit elle,
eu ces iours passez nouuelles, que le Roy Amadis est arriué à Naples,
pour venger la mort de l'Empereur son gendre: dont plusieurs de ce païs
sont tresioyeux, & atend grande puissance de toutes parts, ainsi qu'il
est bruit . Ce m'aist dieux, damoyselle, respondit le Cheualier de l'ar-

dante

dante Espée, ie suis fort ayse d'estre arriué à temps, pour faire seruice au Roy que vous dites : car ie l'ayme, & estime grandement. Ah ! dit elle, vous auez raison ! &, à ce que ie voy, mon chemin est acourcy : par ce que i'ay charge de m'adresser au premier Cheualier que ie trouueray sur ce chemin, me tenant les propoz que vous me tenez, & luy presenter ce qui est dans ce paquet. Et, toutesfois, ie le vous feray porter iusques à la ville de Naples, ou ie vous acompaigneray, comme il m'est enchargé : & là vous diray qui est celuy qui le vous enuoye, & autres choses dont vous ne serez point marry. Ce pendant auisez, s'il vous plaist me commander quelque chose, par ce que ie vous obeïray en tout, & par tout. En bonne foy (damoyselle) respondit le Cheualier de l'ardante Espée, vous me faites esmerueiller de ces nouuelles. Quant à moy, ie n'ay que faire à Rome, & me semble (pour le mieux) que nous deuons aller droit au Roy Amadis : & me tarde desia beaucoup que ie ne voy le present desployé, & sçauoir qui me fait ce bien. Allons, dit elle, ie vous en prie. Lors piquerent ensemble : mais ilz n'eurent esté deux iours de compaignie, qu'ilz entrerent en vne longue forest, ou ilz rencontrerent cinq Cheualiers armez de toutes pieces, lesquelz s'adressants à celuy de l'ardante Espée luy escrierent : Demeurez, Cheualier, demeurez, il conuient que nous dissiez à qui vous voulez ayder, ou à l'Empereur de Rome, ou à son contraire. I'ay deray, respondit il, à ceulx, auxquelz trahison n'a part aucune : & feray contre le Duc, qui si laschement à mis à mort son seigneur. Voylà le chemin qu'il vous fault prendre, respondirent les autres, pour tost mourir. Ce disant baisserent tous leurs lances, & luy coururent sus tant rudement, que peu s'en falut qu'ilz ne le desarçonnassent : mais il se tint ferme, & donna à l'vn d'eulx telle atainte, qu'onques puys il n'en parla. Si luy retira le glaiue entier du corps, & chargeant les quatre autres, fist mourir le second sur le champ, volant son boys en esclatz : parquoy mist soudain la main à l'espée, & commença entr'eulx vn merueilleux combat, lequel print fin quasi aussi tost : car les trois qui restoient, ne peurent soustenir l'effort de celuy qu'ilz auoient assailly, en sorte que le troisiesme eut la teste mypartie : Ce que voyât les deux derniers, tournerent doz, & à bride abatue prindrent la fuyte. Mais celuy de l'ardante Espée les laissa aller, & sans les poursuyure d'auantage, suyuit son chemin auecq' la damoyselle, qui s'esmerueilloit moult de sa grand' prouesse, & haulte cheualerie. Or estoient ces brigands aliez du Duc, lesquelz embuschez en la forest, espioient les Cheualiers mal acompaignez, & leur couroient sus, quand ilz s'auouoient du party du feu Empereur : tellement qu'en ceste sorte de brigandage, maints preud'hommes y auoient ia perdu la vie, quand ilz s'adresserent au Cheualier de l'ardante Espée, qui les chastia ainsi que vous auez entendu. Et à ceste cause nous le laisserons cheminer auecq' la damoyselle, & changerons de propos.

Comme

Comme le Roy de Sicile, & sa

flotte, eurent nouuelles de la mort de feu l'Empereur Arquisil, & son filz: Et de leur arriuée à Naples.

Chapitre   LVIII.

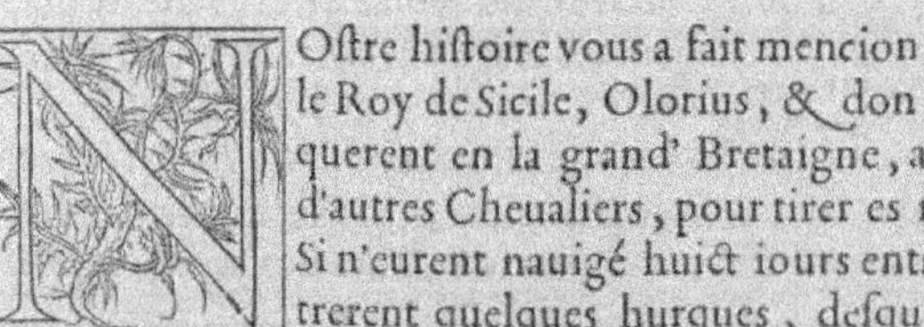

Oſtre hiſtoire vous a fait mencion cy deuant, comme
le Roy de Sicile, Olorius, & don Florelus, ſ'embarquerent en la grand' Bretaigne, auecq' bon nombre
d'autres Cheualiers, pour tirer es marches de France.
Si n'eurent nauigé huiĉt iours entiers, qu'ilz rencontrerent quelques hurques, deſquelles eſtoit chef le
Comte d'Armignac, parent du Roy de Metz, à la faueur duquel ilz co-
ſtoyoient

ſtoyoient ceſte coſte, pour empeſcher que les Siciliens, ny autres de leur
party, prinſſent port en la Picardie. Si cogneut incontinent le Comte
aux banderoles, & enſeignes, que le Roy Alpatracie eſtoit en ceſte flotte : parquoy commanda à ſes gents l'aſſaillir de toutes parts, eſperant le
prendre & emmener. Lors ſe ioignirét les deux armées, & auecq' crocz,
& agraffes, couplerent leurs vaiſſeaux, & fut le combat dur, & merueilleux : mais finablement les Armignaciens eurent du pire, & demeurerent tous mortz, ou vaincuz : & les autres victorieux. Par le moyen dequoy ilz ſceurent des priſonniers, comme l'Empereur Arquiſil, & ſon
filz Dinerpie auoient eſté occiz, & l'arriuée du Roy Amadis à Naples,
qui amaſſoit gents de tous païs pour en faire la vengeance. Auſſi le grãd
oſt que faiſoit le Roy de Metz, pour ſecourir le nouueau Empereur.
Ce qu'entendu par le Roy de Sicile, penſa ſoudain (puys que l'ennemy prenoit ce chemin) qu'il ne trouueroit iamais meilleure oportunité de recouurer ſon royaume, tandis qu'il en ſeroit abſent : & pour ceſte
cauſe fiſt dire à ſes Pylotes, & mariniers, qu'ilz fiſſent la meilleure diligence qu'ilz pourroient. Mais comme il auient ſouuent, que l'homme
propoſe autrement que Dieu n'a diſpoſé, la nuict d'apres ſ'eſleua vn tel
vent, & courut tant fortune, que le ſixieſme iour ilz ſe trouuerent en la
mer d'Eſpaigne, & maugré eulx paſſerent les colonnes d'Hercules, entrants en la mer Mediterranée : parquoy changerent du tout leur de-
ſceing, & fut d'auis le Roy de Sicile, d'aller trouuer le Roy Amadis, &
enſemble combatre l'vſurpateur de l'Empire, & ſon alié, puys qu'ilz ſe
ioignoient enſemble. Ainſi ſuyuirent la route de Naples, ou (ſans auoir
deſtourbier) prindrét port, quaſi auſſi toſt que le Roy de Sardaigne don
Floreſtan, qui auoit eſté mandé auecq' bon equipaige: & ſemblablement
le Duc de Calabre, lequel amoureux de la belle Iuſaliane fille du Roy
de Naples, y amena groſſe armée par terre. Si leur fut à tous fait grand
recueil, principalement par le Roy Amadis, qui n'y eſtoit arriué qu'vn
peu deuant Adariel, le Prince Elinie, Suycie d'Yrlande, Abies, & pluſieurs autres Cheualiers de nom, tous leſquelz mandez pour venir à ceſte guerre, & eulx aſſemblez, arreſterent qu'on atendroit l'armée de
don Brian, Roy d'Eſpaigne, & celle que le Roy Amadis auoit enuoyé
querir en la grand'Bretaigne. Et ce pendant ſeroit-on ſçauoir aux Princes de l'Empire, tenants leur party, qu'ilz ſe tinſſent preſtz, pour deſloger, quand on les manderoit. Eſtants, donques, ainſi arreſtez en la grand'
Cité de Naples, viſitoient chacun iour la Royne, & les dames, tenant le
Roy maiſon groſſe & manifique, tant qu'on ſ'en esbahiſſoit.

V

Comme

Comme Birmartes arriua en la

court du Roy de Naples, ou il deffia tous les Cheualiers
qui y estoient, sur la beauté de leurs amyes:
& des merueilles qu'il y fist.

Chapitre   LIX.

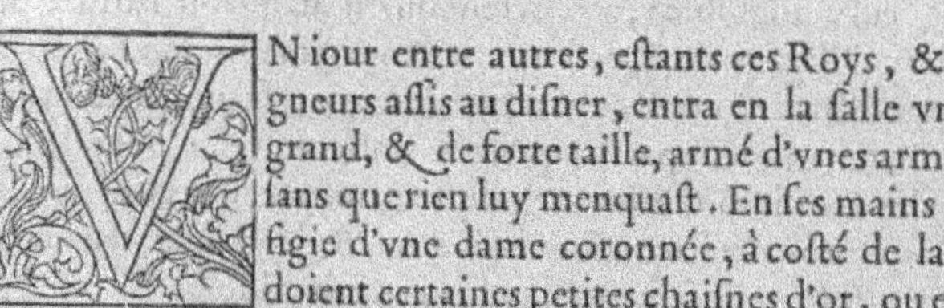

Niour entre autres, estants ces Roys, & grands seigneurs assis au disner, entra en la salle vn Cheualier
grand, & de forte taille, armé d'vnes armes blanches,
sans que rien luy menquast. En ses mains portoit l'effigie d'vne dame coronnée, à costé de laquelle pendoient certaines petites chaisnes d'or, ou estoient atachées trois ymages, que soustenoient deux Cheualiers. Celuy qui premier marchoit, estoit Birmartes l'Amoureux, dont l'histoire a fait grande mencion cy deuant, lequel (sans faire aucun acte de reuerance) demanda tout hault, si le Roy de Naples estoit là, & on luy respondit que
oy, &

oy, & le luy móstra l'on. Lors s'adreſſa à luy, puys à tous les autres Cheualiers, diſant: Treſpuiſſants Roys, & Seigneurs, ne trouuez eſtrange, ſi
me preſentant deuant vous, ie ne me ſuis humilié, ſelon que voz excel-
lences meritent: la raiſon eſt, que ie porte entre mes braz ceſt ymage, qui
eſt la repreſentacion d'vne Princeſſe, laquelle (pour ſa grandeur) ne doit
reuerance, à Roy, ny Empereur, pour puiſſant qu'il ſoit. Et ſi ie dy d'a-
uantage, que mon arriuée en ceſte court eſt ſeulement pour maintenir
contre tous Cheualiers, qu'Onorie, dame de Beauté, Infante d'Apolonie, eſt plus belle que nulle autre dame, ny damoyſelle non mariée, qui
ſoit au monde. Et ce entends-ie prouuer par armes, à qui voudra y contredire, par telle condicion, ſi le contrediſant eſt ſeruiteur, ou amy, de
fille de Roy, ou d'Empereur, & pour ſon amour entre en combat contre moy, il ſera tenu aporter l'ymage d'elle coronnée, & ſon nom eſcrit
au deſſouz, qu'il perdra, & l'atacheray auecq' ces autres, ou cas que la
victoire me demeure: mais ſi le Cheualier a amye de moindre lieu, il ſera excuſé de l'ymage, ou tableau, que i'ay deuiſé. Maintenant doncq'
(ſire) dit il au Roy de Naples, puys que ceſte auanture eſt premierement
arriuée en voſtre court, qu'à nulle de ces autres Princes, ie vous ſuplie
faire publier à ſon de trompe l'ocaſion de ma venue, telle que ie l'ay declarée preſentement, à fin que tout Cheualier, qui voudra me combatre,
ſçache que ie l'atendray en ceſte prairie, dans vne tente que i'y feray
dreſſer, & le combatre auecq' telles armes qu'il voudra choiſir. Et comme il eut ce dit, ſortit de la ſalle, & reprint le chemin qu'il eſtoit venu,
laiſſant tous ces ſeigneurs esbahiz de la temerité de luy, en ſorte que
pluſieurs entreprindrent la luy abatre, ſpecialement le Duc de Calabre,
& Olorius d'Eſpaigne, qui aymoit ſi ardemmét Luciane, fille d'Eſplandian, qu'il n'en pouuoit repoſer. Lors vint Birmartes en la prairie, & fiſt
tendre deux riches pauillons ſur le bord de la marine, ou il ſe logea.
Mais il eut tout loyſir d'y repoſer: car nul ſe preſenta en ce iour, & iuſ-
que au lendemain apres diſner, que pluſieurs entrerent en ieu: & ſe porta ſi bien Birmartes, qu'auant la nuict il en vainquit douze, & quinze le
iour d'apres: tellement que pluſieurs diſoient n'auoir onques veu ſi bon
Cheualier. Or n'eſtoit encores venu le Duc de Calabre, mais il ſe preſenta toſt apres, armé d'vn harnois verd, portant ſur ſon heaume, au lieu
de panache, le pourtrait de ſamye. Lors Birmartes, cognoiſſant bien
qu'il auoit forte partie, choiſit vne groſſe lance, & marchant au petit
pas, auant que donner carriere, le Duc luy eſcria d'aſſez loing: Par mon
chef, damp Cheualier, maintenant vous feray cognoiſtre, que la Princeſſe Iuſaliane, de qui ie porte l'effigie, paſſe en toutes beautez celle, que
vous auez tant louée. Ie ne ſçay pas, reſpondit Birmartes, comme vous
le pourrez verifier: Quant à moy, chacun ſçait que ie m'oublirois lourdement, ſi ie ſuyuois ceſte opinion: & puys que la preuue giſt en com-
V ij

bat,

bat, non point en paroles : voyons qu'il en fera. Ce difant coucherent l'vn contre l'autre, & furent leurs rencontres telles, que le Duc brifa fa lance iufques dans le gantelet : toutesfois Birmartes le choifit fi à propos, qu'il le defarçonna par terre, luy demeurant au poing fon boys entier. Et pour autant que le Duc eftoit eftourdy, ne remuât pied, ny main, l'autre defcendit de cheual au retour de la carriere, & faignant luy vouloir tailler la tefte, luy dift tout hault : Cheualier, confeffez la beauté de voftre amye n'eftre rien au pris de celle d'Onorie, autrement vous mourrez. Mais pour toutes ces menaffes le Duc ne luy refpondit vn feul mot, encores qu'il fuft reuenu à foy, ains eftoit fi defplaifant, qu'il euft voulu defia eftre mort. Ce que cognoiffant aucuns feigneurs, prierent Birmartes le laiffer en pacience, & fe contenter de fa victoire, auecq' le pourtrait de Iufaliane, qu'il print, & emporta en fon pauillon, pour acompaigner les autres. Ce pendant le Duc fe releua, & tout honteux fe retira en fon logis. Lors entra au champ vn Cheualier grand, & tant bien à cheual que merueilles, lequel f'adreffa à Birmartes, & luy dift : Si vous ne confeffez de gré m'amye plus belle que la voftre, ie le vous feray faire par force. Comment ? refpondit il, autant m'en difoit n'agueres celuy qui f'en va auecq' fa courte honte : & combien qu'il vous deuft feruir d'exemple, vous parlez auffi hault qu'il faifoit : gardez, beau fire, qu'il ne vous en prenne autant. A cefte parole coururent de fi droit fil, que leurs lances vollerent en efclatz, mais ilz fe rencontrerent d'efcuz, & de corps fi lourdement, que Birmartes perdit vn eftrier, & f'il n'euft embraffé le col de fon cheual, il eftoit par terre. toutesfois l'autre eut pis, car luy & fa monture tomberent l'vn fur l'autre. Neantmoins il fe releua, & mettant l'efpée au poing, dift à Birmartes, qui defia auoit tourné bride : Cheualier, pied à terre, & ne vueille Dieu que par faulte de mon cheual, ie perde deux fois le droit de mon entreprinfe. Lors defcendit Birmartes, & embraffant fon efcu, commença entr'eulx deux vn combat fi rude, que par l'efpace d'vne heure, & plus, malayfément pouuoit-on iuger qui auroit du meilleur, ou du pire. Mais à la fin le Cheualier Incogneu fe trouua tant hors d'aleine, qu'il fut contraint fe retirer arriere. Ce que voyant Birmartes, luy dift. Et dea, Cheualier, vous prenez mal le chemin pour me faire confeffer fi grand' menterie, dont vous ventiez n'agueres : eftes-vous defia fi recreu ? L'autre trop marry de cefte moquerie, luy refpondit : Par Dieu, beau fire, vous le cognoiftrez à cefte heure. Et haulçant le bras donna tel coup d'efpée à Birmartes, que les yeux luy eftincelerent, & recommença leur meflée, tant afpre, que bien fouuent l'on iugeoit la fortune eftre pour le Cheualier Incogneu, & quelquesfois pour Birmartes. Neantmoins la fin fut telle, qu'il emporta la victoire, & tomba l'autre fur le champ, tant laffé, qu'il n'en pouuoit plus. Parquoy Birmartes fe ieta legierement fur luy, & luy

arra-

arrachant le heaume, cogneut que c'estoit son frere Olorius: dont trop
marry, craignant qu'il eust pis, luy dist: Sire Cheualier, il est vray semblable que la coulpe de la beauté de vostre amye est cause de ce qui vous
est auenu, non pas faulte de prouesse: car autremét (veu ce que i'ay trouué en vous) il est certain que ie ne fusse pas si legierement party de voz
mains comme i'ay fait. Olorius l'oyant parler auecq' tant d'humilité,
encores qu'il fust fort irrité, luy respondit: Ce m'aistdieux, Cheualier, ie
ne vous puis respondre de la beauté de m'amye, car ie ne la vy onques:
mais ie deuois considerer ce qui est en vous, premier que rien entreprendre, aumoins pour euiter la honte que i'endure. Lors se leua, & luy tendit Birmartes la main pour luy ayder, car il estoit fort naüré: mais Birmartes n'en auoit gueres moins. Parquoy se retirants l'vn en la ville,
l'autre en son pauillon, garderent quinze iours le lict, premier que leurs
playes fussent consolidées.

Comme vn Cheualier

estrange vint combatre Birmartes:
& de ce qu'il leur auint.

Chapitre   LX.

Irmartes, donques guery, & deliberant recommencer
son entreprinse, entra en son pauillon vne damoyselle,
acompaignée d'vn Escuyer, qui portoit sur son col v_
ne quesse bien enuelopée. Si salua la damoyselle Birmartes par grand' courtoisie, & desliant le paquet, luy
presenta vne armes vermeilles comme sang , auecq'
vn escu à champ d'or, souz vn Orme de sinople, luy disant : Cheualier
Coustumier de vaincre, celuy qui vous ayme, & estime, pour la prouesse qui est en vous, vous enuoye ce present : & vous mande par moy, que
pour ceste heure ne sçaurez-vous qu'il est : mais tant y a, que ces armes
qu'il vous a gardées, vous feront plus de besoing que ne pensez. Damoyselle m'amye, respondit il, ie remercie humblement tel personnage,
qui a eu si bonne souuenance de moy, & estime ce harnois d'auantage,
par ce que le mien estoit tout rompu. Vous luy direz, qu'en quelque lieu
que ie soys, il a en moy vn Cheualier bien à son commandement. Lors,
sans plus continuer ce propos, print la damoyselle congé de luy, le laissant en grand' pensée dont luy venoit tant de faueur. Et le iour mesmes
fist sçauoir aux Roys, & autres Cheualiers, qu'il se trouueroit sur les
rengs, s'aucun vouloit defendre l'honneur de s'amye. Parquoy, sortants
de la ville, vindrent au lieu ordonné, auecq' grand nombre de peuple,
ou ilz ne furent plustost arriuez, qu'ilz aperceurent marcher au petit pas
vn grand Cheualier, monté sur vn cheual rouen, & armé d'vn harnois
inde, couuert de maintes Estoiles, & l'escu de mesmes. En son poing
tenoit vne grosse lance, qu'il portoit sur sa cuisse tant brauement que
rien plus. Et au hault de l'armet estoit ataché le pourtrait d'vne damoyselle, belle en toute perfection. Si passa en tel equipaige deuant l'eschaffault des Roys, qu'il salua sans se descouurir : & s'aprochant de Birmartes, luy dist assez hault : Cheualier, il conuient que vous m'acordiez, que
vostre amye n'esgale en rien à la dame dont ie porte la figure, autrement vostre teste m'en fera la raison, vengeant l'outrage de la folle entreprinse qu'auez faite, la voulant comparer à celle, de qui elle ne merite
estre seruante. Birmartes fort marry, s'entendant menasser, & iniurier sa
dame, respondit : Vrayement, beau sire, vous parlez bien hault, & auroit
esté mon seiour en ce lieu trop en vain, si pour voz menasses ie confessois
si grand' mensonge : mais i'espere, premier que m'eschapiez, vous chastier en sorte, que vous serez exemple aux autres, qui pourront venir
d'oresenauant. Et quant à ma teste, ie la garderay mieux que ne ferez la
vostre : & voyons qu'il en sera. Lors s'esloignerent, & pour fournir leur
carriere, vindrent de telle roydeur l'vn contre l'autre, qu'ilz se rencontrerent de lances, d'escuz, de corps, & de testes, si impetueusemét, qu'ilz
tomberent estourdiz sur le champ, ne remuants pied, ny main, de long
temps apres. Et pensoit-on qu'ilz fussent mortz, quand ilz se releuerent,

embras-

embraſſants leurs eſcuz, & mettants leurs eſpées au poing. Adoncq'
commencerent leur combat ſi outrageux, qu'à ouyr retentir leurs coups,
on euſt penſé que telle meſlée fuſt executée par plus de vingt enſemble:
& eſtoient les eſtincelles du feu de leurs harnois en telle quantité, que
le fer ſortant de la fournaiſe, & batu ſur l'enclume, ne rend point plus
de lueur. Mais qu'eſt il requis nombrer leurs coups, pour embellir noſtre
hiſtoire? tant fraperent, & chamaillerent l vn ſur l'autre, que ſans la bonté de leurs harnois, ilz ſe fuſſent taillez en pieces. Et voyants que leurs
eſpées n'y pouuoient mordre, ſ'entre ſaiſirent corps à corps, mettants
tout leur effort pour ſe deſroquer & abatre. A quoy ilz proffiterent auſſi
peu qu'au parauant, combien qu'ilz demeurerent en ceſt eſtat plus de
deux groſſes heures, ſi que chacun les penſoit recreuz, & hors d'aleine.
Toutesfois ilz cogneurẽt bien le contraire toſt apres: car les deux combatants retournerent de rechef prendre leurs eſpées, & comme ſi du
iour ilz n'euſſent trauaillé, recommença leur meſlée plus aſpre & dangereuſe que deuant. Et neantmoins, ou pour la trempe de leurs armeu-
res, ou pour l'eſpeſſeur & bonté d'elles, ilz ne donnerent onques iuſques
à la chair, pour en tirer vne ſeule goutte de ſang. Dont eulx meſmes eſbahiz, & principalement le Cheualier aux Eſtoiles, diſt à l'autre: A ce
que ie voy, Cheualier, nous trauaillerons tout le iour ſans rien aquerir
l'vn ſur l'autre, puys que noz eſpées ne taillent autrement: ainſi ie vous
prie deſarmons-nous, & pour donner plus prompte fin à ce commencement prenons la cappe & l'eſpée ſeule: car, par Dieu, ſi i'euſſe penſé ce
qui eſt auenu, ie fuſſe autrement entré au combat contre vous. Quand
Birmartes ouyt ce propos, il fut eſmerueillé du grand cueur de ſon ennemy, & ſe douta ſur l'heure que c'eſtoit celuy ſans autre, à qui il auoit
eu affaire ſur la mer, lors qu'on les ſepara. Et toutesfois les armes qu'il
portoit eſtoient autres, dont il meſcognoiſſoit, & luy reſpondit: Cheualier, puys que nous auons commencé noſtre meſlée, ce nous eſt force
de la paracheuer, pourtant faites du mieux que vous pourrez: car il ne
peult eſtre qu'à la longue l'vn de nous deux ne ſe laſſe. Et bien, dit le
Cheualier aux Eſtoiles, ie penſois vous faire plaiſir. Lors, ſi au parauant
ilz auoient fait grand deuoir, ilz retournerent à ſe monſtrer encores plus
enuiez, combien qu'ilz ſ'apeſantiſſent à veuë d'œil, auſſi y auoient ilz
continué plus de cinq heures ſans repoſer: & d'auantage, la chaleur du
iour eſtoit ſi extreme, que le plus legier veſtu ſuoit à toutes heurtes.
Dont le Roy Amadis compaſſionné les voyant tant ſouffrir, ne ſe peut
tenir qu'il ne diſt aux autres: En ma conſcience, c'eſt grand' pitié de laiſſer mourir les deux meilleurs Cheualiers du monde, qui ſont ſi animez
l'vn enuers l'autre, que iamais le victorieux ne pardonnera au plus foy-
ble. Et comme il diſoit ces paroles, Birmartes ſe monſtra auoir quelque
peu du pire: mais il euſt pluſtoſt eſleu la perte de cent mille vies, ſ'il les

V iiii   euſt

eust euës, que faillir vn seul poinct de son deuoir. Toutesfois celuy des
Estoiles gaignoit païs petit à petit, dont de gayeté de cueur, branlant
l'espée au poing, s'escria: Ha! Cheualier, maintenant te tiens-ie en lieu,
que ny par estaindre les torches, ny par force, pourrons-nous estre separez: & payeras les folles paroles que tu as voulu maintenir. Ce disant le
pressa de plus pres qu'il n'auoit encores fait. Si cogneut Birmartes à ces
menasses, que vrayement il auoit bien supçonné, aussi estoit ce le Cheualier de l'ardante Espée, à qui la damoyselle, qu'il rencontra pres de
Romme, presenta le harnois qu'il portoit, ainsi qu'il arriua à vne iournée
de Naples, sans luy declarer de par qui: Et le laissant vint vers Birmartes auecq' les armes vermeilles, cóme il vous a esté recité. Or preuoyoit
le saige Alquif, que ces bons Cheualiers deuoient combatre l'vn contre
l'autre, & pour la saluacion de tous deux, leur enuoya dequoy eulx garantir: car il est certain, que sans la bonté de ses harnois, ilz s'entrefussent
coupez braz & iambes. Mais ilz ne se peurent onques offendre à sang,
ains seulement se meurdrir de coups orbes, dont ilz se sentoient fort
chargez. Retournant doncq' sur noz brisées, entendant Birmartes à qui
il auoit affaire, le cueur luy haulça en sorte, qu'il respondit au Cheualier
de l'ardante Espée: Par mon chef, ce m'est grand plaisir de sçauoir qui tu
es, pour auoir plus d'ocasion de te faire abaisser ceste outrecuidance: &
ne pense auoir auantage quelconque sur moy, car deuant que le ieu de-
parte, tu sentiras comme ie sçay mieux me venger, que toy menasser.
Disant ceste parole rua sur l'autre, & l'ataignit si viuement au plus hault
de l'armet, qu'il le contraignit mettre le genoil en terre: mais il se releua
promptement, & pour reuanche luy donna à mesme endroit tel coup,
que les deux mains luy seruirent d'apuy contre l'herbe, combien qu'il
n'y fist long seiour, ains redressant son heaume, recommencerent mieux
que deuant: non pas qu'on ne cogneust tousiours quelque peu d'auantage au Cheualier de l'ardante Espée. Aussi estoit il yssu d'vn sang le plus
illustre, & glorieux, qui soit entre les Monarques & Potentatz: c'est de
ceste noble maison de France, dont auoit prins origine Amadis son
grand ayeul, lequel considerant, si plus il les laissoit combatre, la mort
de l'autre estre prochaine, dist aux trois Roys assiz pres de luy, qu'il va-
loit mieux les aller prier d'eulx separer, veu la grand' perte que ce seroit
en les perdant. Ce qu'ilz trouuerent bon, & descendáts de leurs eschaf-
faux vindrent vers les deux Cheualiers, qui se retirerent pour leur arriuée, & s'adresserent le Roy Amadis, & le Roy de Sicile au Cheualier de
l'ardante Espée, auquel ilz disrent: Cheualier, faites tant pour l'amour
de nous, s'il vous plaist, de ne passer oultre en ce combat: car il n'est pas
raisonnable que deux tant preud'hommes comme vous estes, meurent
à si peu d'ocasion. Luy, qui pensa aussi tost, que les refusant estants
telz qu'ilz estoient, & luy prié si gracieusement (mesmes par le pere de

celle

celle qu'il aymoit mieux que sa propre ame) il pourroit encourir blas-
me, leur respondit: Pour certain, Seigneurs, il m'est grief de me retirer
ainsi, toutesfois, voulant vous obeïr en tout, sçachons qu'il en semble à
mon ennemy, contre lequel ie suis le plus mal infortuné que fut oncques
malheureux Cheualier: Car voylà desia la deuxiesme fois qu'il m'eschape, auecq' plus d'honneur que ie ne luy en desire. Ie vous asseure, dist le
Roy Amadis, qu'il fera ce dont le prieront les Roys de Naples, & de
Sardaigne, lesquelz ce pendant induisoient Birmartes à consentir à cest
effait. A quoy il presta voluntiers l'oreille, cognoissant auoir du pire,
combien qu'il couurist brauement ce qu'il en pensoit. Et pour ceste cause leur dist: Seigneurs, nous auons telle chose à demesler, ce Cheualier,
& moy, que i'aymerois trop mieux perdre la vie, que laisser ce combat:
mais pour l'amour de vous, à qui ie desire complaire, ie feray vostre commandement. Ainsi le menerent en son pauillon, & laisserent les Roys
de la grand' Bretaigne, & Alpatracie, auecq' l'autre, qu'Amadis pensoit
bien estre celuy de l'ardante Espée. Et de fait, il en auoit ia dit au Roy de
Sicile ce qu'il luy en sembloit: Parquoy, pour en sçauoir la verité luy fist
signe de l'œil qu'il s'en enquist: & à ceste cause luy dist Alpatracie: Cheualier, ie vous prie, de grace, me dire vostre nom: car ie vous supçonne
estre vn Gentilhomme, que i'ayme, & estime grandement: & si ainsi est,
vous auriez tord de vous courir, principalement au Roy Amadis, lequel a fait pour celuy que ie pense telle chose en Saba, qu'il ne sera iamais
qu'il ne luy en demeure obligé. Et ce mettoit il en auant, pour plustost
sçauoir ce qui'l desiroit du Cheualier de l'ardante Espée : lequel, pour ces
nouuelles, fut si estonné de prime face, qu'il fut vn bien long temps sans
respondre. Et voluntiers se fust descouuert, n'eust esté qu'il se vouloit
venger de Birmartes en quelque part qu'il le trouuast, pensant qu'il ay-
mast Lucelle. Parquoy il respondit au Roy: Ie ne sçay pas l'amytié que
vous me portez, ny comme vous m'estimez: tant ya, que si vous me voulez quelque bien, c'est auecq' bonne ocasion: veu que i'ay desiré toute
ma vie faire seruice à vous, & à ceux qui vous ressemblent. Ainsi il vous
plaira me nommer celuy pour lequel vous me prenez, à ce que ie sçache
mieux qu'il est. En bonne foy, dit le Roy, il se nomme le Cheualier de
l'ardante Espée, & croy bien que ce n'estes-vous pas: car il ne se celeroit
iamais à moy. Certainement, Sire, respondit il, ie l'ay laissé n'a pas encores lonh temps, & suis si fort son amy, que ie vous suplie, en sa faueur,
me raconter ce que le Roy Amadis a fait pour luy en Saba, à fin que si ie
le treuue, il en ayt les nouuelles. Lors luy discourut Alpatracie, comme la Royne Buruca auoit esté acusée, & entierement ce qui en estoit a-
uenu. Ah! disoit le Cheualier de l'ardante Espée ce pendant en soy mesmes, trahistre Maudan! les Dieux ont eu trop de pitié de vous! car sans
trauailler vn tel Prince, vous meritiez la corde. Ce neantmoins il ne

donna

donna aucune cognoissance de ceste pensée, & moins de sa personne, ains respondit au Roy Alpatracie : Sire, pour l'amour du Cheualier de l'ardante Espée, ie suis fort ioyeux de tant bonnes nouuelles, lesquelles asseurément ie luy feray entendre, & auant qu'il soit gueres : parquoy il vous plaira me donner congé, vous asseurant, si ie le puis rencontrer, que ie moyenneray tant enuers luy, que nous nous trouuerons de compaignie en la guerre qu'entreprenez, soit contre l'Empereur, ou contre le Roy de Metz. Ce pendant ne trouuez mauuais, si ie vous tais qui ie suis : car ie ne me delibere descouurir, premier que i'aye mis fin à vne affaire, qui m'importe iusques à l'honneur. Voylà comme il ferma la bouche à ces deux Princes, qui depuys ne l'importunerent d'auantage, encores qu'ilz eussent tousiours fantasie que c'estoit il sans autre. Neantmoins ne le voulants contraindre plus oultre, le remercierent, toutesfois, du secours qu'il leur promettoit. Et pour autant qu'il commençoit fort à brunir, & que la nuict chassoit le iour, voyants les Roys de Sardaigne, & de Naples, retourner du pauillon de Birmartes, luy donnerent le bon soir, pour s'aller ioindre aux deux autres. Et eulx quatre de compaignie prindrent le chemin de la ville, & le Cheualier de l'ardante Espée celuy, d'ou il estoit party le matin.

Comme le Cheualier de l'ardan-

te Espée arriua en sa tente, ou il auoit laissé la damoyselle d'Alquif, & s'auisa d'escrire au Roy Magadan de Saba, s'excusant de ce qui luy auoit esté mis sus.

Chapitre   LXI.

Elle fut l'yssue de ce combat perilleux que vous auez entendu, au retour duquel le Cheualier de l'ardante Espée pensant, puys à la faulte qu'il auoit faite n'ayant peu vaincre son ennemy, puys aux nouuelles du Roy de Saba, & à l'obligacion dont il se sentoit redeuable au Roy Amadis, vne fois triste, puys tout soudain ioyeux, chemina iusques ou il auoit laissé la damoyselle d'Alquif. Et eulx deux ensemble (pour n'estre suyuiz) tirerent la part ou il esperoit trouuer ses mariniers qui l'atendoient : mais quand la damoyselle le vid ainsi pensif, elle ne se peut tenir de luy demander, d'ou luy procedoit telle melencolie. Ah ! ma grande amye ! respondit il, ie pensois à laisser ce païs, pour aller en Saba trouuer le Roy, pour quelques nouuelles que i'ay ce iourd'huy entendues, & qui me touchent de bien pres ! Et d'autre
part,

part, ie suis forcé rompre ceste entreprinse , estant apellé par deçà, à chose qui despend de mon honneur: Ainsi ie me voy entre deux extremitez,
& si ne sçay laquelle ie doy eslire pour le mieux . Si vous trouuez bon,
dit elle , que ie face quelque message pour vous au Leuant, & me bailler vostre barque, i'iray ou vous me commanderez, & porteray telle letre qu'il vous plaira au Roy Magadan, que ie cognois tresbien . Ie vous
en prie, respondit il, vous asseurant (damoyselle) que ie n'oubliray iamais ce plaisir. I'escriray donques au Roy: & demain vous ferez voyle, si
nous trouuons noz gents au port. Ainsi deuisants arriuerent ou estoit la
barque, & le soir mesme le Cheualier aux armes Estoilées escriuit à Magadan vne letre, dont la teneur s'ensuyt.

Treshault, trespuissant, & tresexcellent Prince , si les choses futures
estoient presentes aux hommes , comme elles leur sont incogneuës,
il se trouueroit peu de personnes trompées , & moins de meschants qui les peussent deceuoir par faulx donner à entendre: mais estant
tel secret hors de nostre puissance , nous deuons (certes) plus craindre
ceste malice des hommes, que la mesme Mort, qui ne fait mourir qu'vne
fois . Car celle ou nous acheminent ces trahistres , & meschants, n'oste
seulement la vie, ains l'honneur immortel, que peult aquerir toute personne de vertu , conuertissant sa bonne renommée en vitupere , & blas-
me , dont ilz repaissent les oreilles de ceux qui les escoutent . Et de ce
(Roy victorieux) pouuez-vous maintenant iuger mieux que nul autre,
ayant esté sur le poinct de tomber en la reputacion de Roy inique , voulant à si grand tord faire mourir la Royne , pour la faulce acusacion qui
vous auoit esté raportée d'elle, & de vostre loyal subiet , & seruiteur, le
Cheualier de l'ardante Espée. Non, sire, que ie me vueille excuser de la
faulte que ie fis, m'absentant de vostre court , suyuant le conseil que me
donna Maudan : car ou estoit mon innocence, la peine ne pouuoit auoir
lieu . Et d'auantage sans laisser mon honneur douteux par ma fuyte , ie
me deuois plustost souzmetre à vostre chastiment (cognoissant vostre
vertu & ma iustice) que craignant vostre fureur , & fuyant la mort, que
ie ne meritois, me rendre ainsi supçonné de coulpe . Or ont permis les
dieux, à ce que i'ay entendu , que la verité ayt esté descouuerte depuys,
par celuy mesmes qui l'auoit cachée , & l'honneur de la Royne , & le
mien, recouuert, par la prouesse inuicible du Roy de la grand' Bretaigne Amadis, qui soustenant mon droit, a mis à mort le trahistre en plain
champ de bataille deuant vostre maiesté Et neantmoins, sire, s'il vous restoit encores quelque estincelle de maltalant à l'encontre de vostre humble seruiteur, ie vous suplie l'oublier, & me donner part en vostre bonne
grace, atendant que i'aye moyen de retourner vers vostre excellence: ou
desia ie me fusse acheminé, n'eust esté la promesse que i'ay faite à ces

Roys

Roys assemblez ne les habandonner, que la guerre entreprinse , contre
deux autres trahistres, n'ayt prins fin. Parquoy il vous plaira m'excuser,
baisant les mains de vostre grandeur en toute humilité.

Ceste letre ainsi escrite , pliée , & bien cachetée , il la bailla à la damoyselle , laquelle il tira à part , & luy dist : Damoyselle m'amye, puys
que me voulez faire le bien d'aller pour moy vers le Roy Magadan , ie
vous suplie (en luy presentant ceste letre) luy dire l'ocasion de mon seiour par deça : & qu'aussi tost que i'auray moyen, ie ne faudray à me retirer vers luy , pour luy presenter mon seruice , ainsi que ie suis tenu.
Vous verrez la Royne , & le Prince Fulurtin , faites leur aussi mes treshumbles recommendacions à leurs bonnes graces. Monsieur, respondit
elle, ie ne faudray à ce que me commandez : mais, premier que partir, ie
veulx bien que vous sçachez, qui vous a enuoyé les armes que ie vous ay
presentées: c'est le saige Alquif, qui vous ayme, & honore, plus que Cheualier qu'il cognoisse . Il m'a donné charge vous faire entendre , que vostre pere est Grec de nacion, & que vous estes yssu de sang tresillustre, &
vous contentez à tant : car ie ne vous puis dire d'auantage , fors qu'il
vous mande, que premier que vous partez d'Italie vous receurez vne
des principales choses que vous tenez pour perdue. Bien esbahy, & plus
ayse , fut le Cheualier de l'ardante Espée , quand il sceut qu'il estoit Gentilhomme , & de grand parentage , & embrassant celle qui luy aporta
tant bonnes nouuelles, luy dist : Helas ! ma grande amye, pour Dieu dites moy donques le nom de mon pere, si vous le sçauez ! car c'est le plus
grand desir que i'aye en ce monde ! Asseurez vous, respondit elle, si ie le
sçauois, qu'il ne vous seroit celé . Et sur ce poinct elle, prenant congé de
luy , s'embarqua, la priant le Cheualier, qu'elle trouuast moyen de luy
raporter la responce le plustost qu'il luy seroit possible. Et à l'instant don
na le vent dans les voyles , & singla le vaisseau en haulte mer . Adoncq'
& à mesme heure, le Cheualier de l'ardante Espée print le chemin de
Salerne, pour s'aller rafrechir , faisant estat, qu'aussi tost qu'il seroit plus
dispos, trouuer Birmartes , & le combatre de rechef à outrance, quoy
qu'il luy en deust auenir . Ainsi seiournant , & pensant d'heure à autre à
ce que la damoyselle luy auoit dit, que son pere estoit natif de Græce, re-
solut de prendre le surnom de tel païs , & le nom du Roy Amadis , aussi
à qui il se sentoit plus obligé, qu'à tous les hommes du monde, luy ayant
fait recouurir son honneur . Ainsi s'apellera d'oresenauant en plusieurs
endroitz Amadis de Græce.

Comme

Comme nouuelles vindrent aux

Roys estants à Naples, du gros apareil que faisoit l'vsurpateur
de l'Empire, pour venir leur donner la bataille au
Friol: Et de la rencontre qu'ilz eurent
contre le Roy de Metz.

Chapitre   LXII.

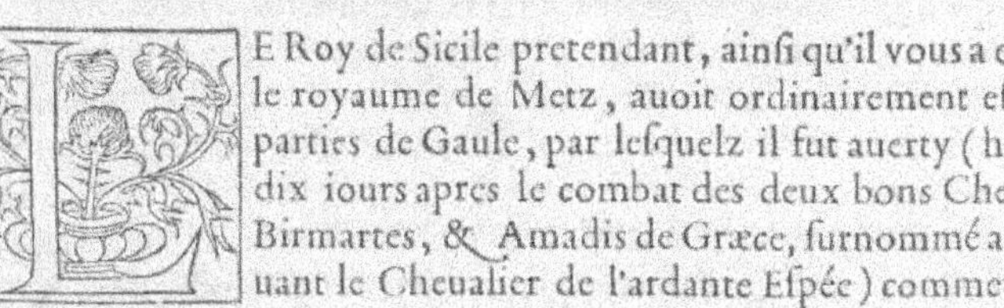

E Roy de Sicile pretendant, ainsi qu'il vous a esté dit,
le royaume de Metz, auoit ordinairement espies es
parties de Gaule, par lesquelz il fut auerty (huict ou
dix iours apres le combat des deux bons Cheualiers
Birmartes, & Amadis de Græce, surnommé au parauant le Cheualier de l'ardante Espée) comme l'vsurpateur de l'Empire, auecq' son armée, deuoit se venir ioindre au Roy de
Metz en la pleine de Veronne, & là atendre le Roy Amadis, & son ost.
Or estoit le Duc de Loraine alié du Roy Amadis, & soustenoit entierement le party de l'Imperatrix sa fille, en sorte qu'auecq' six mil combatants, il empeschoit au possible, que le Roy de Metz, qui vouloit passer
par les marches de Suysse, ne faisoit pas tout ce qu'il vouloit: car il le co-
toyoit tousiours, le contraignant quelque fois de seiourner en vn lieu
plus qu'il ne vouloit. Cela fut en partie cause, que l'armée de ces Roys
X   assemblez

assemblez à Naples , les alla trouuer iusques dans les Alemaignes, & là
leur donner la bataille Et pour ce faire fut crié en leur camp, que chacun
se tint prest à desloger le huytiesme iour ensuyuât. Durant lequel temps
arriuerent d'Espaigne sept mille bons soldatz, & Cheualiers, que le Roy
Brian enuoyoit par le Duc de Meride au secours, desquelz fut chef O-
lorius. Eulx donques assemblez, voyant Amadis, qu'il n'auoit nulles
nouuelles de l'armée, qu'il auoit enuoyé leuer en la grand' Bretaigne,
delibera, nonobstant, marcher auecq' ses forces droit à Aquilée, & de là
à la Marque d'Ancone, costoyant tousiours la mer de Venise, pour auoir
viures plus aysément, tant qu'il vint à Veronne, ou il eut auis, que le Roy
de Metz marcheroit par les montaignes d'Alemaigne , pour venir gaigner la Lombardie , & là se parqueroit atendant les forces de l'Empereur. Lors s'assemblerent ces seigneurs au conseil, & delibererent de l'aller trouuer, premier que l'Empereur l'eust ataint : & de fait le lendemain
deslogerent au poinct du iour , & fisrent telle diligence qu'ilz entrerent
es montaignes, auant que le Roy de Metz y eust pensé : & le surprindrét
de si court, qu'il luy presenterent la bataille quasi inesperément. Or auoit
il en sa troupe grande caualerie, & bon nombre de gents de pied, que le
Comte d'Armignac, & les Ducz de Normandie, & de Braban, y auoient
amenez, auecq' quelques Alemans mal en ordre . Si fut l'escarmouche
belle d'vne part & d'autre, & finablement en auint tel conflit, qu'auecq'
l'ayde de Birmates , Florelus , & de Amadis de Græce , qui y vint couuertement , le Roy de Metz fut desconfit, luy mort , & le Comte d'Armignac, aussi le Duc de Sauonne, & son filz, & plusieurs autres grands
Princes, seigneurs, & bons Cheualiers : en sorte que sans la faueur de la
nuict qui les separa, fuyants le Duc de Normandie , auecq' le reste en l'e-
pesseur d'vne grande forest, il n'en fust eschappé vn couillon. Lors furent
contraints les gents d'Amadis se retirer pour l'obscurité , & se logerent
au camp de leurs ennemys, faisants bon guet: car on leur vint dire, que le
Duc de Normandie se r'alioit pour les venir retrouuer le lendemain.
Toutesfois il auint autrement: car le Duc, qui estoit saige, & prudent
Prince, considerant le tord que le feu Roy auoit fait au Roy de Sicile,
vsurpant le païs qui apartenoit à la Royne Miramynie sa femme, apella
les autres Princes, & Capitaines, qui s'estoient retirez auecq' luy, & leur
remonstra, que pour le mieux , ilz deuoient enuoyer vers Alpatracie le
suplier, qu'oubliant l'iniure qu'ilz luy auoient faite, ainsi que mal con-
seillez, il luy pleust les receuoir en sa bonne grace : & ce faisant, ceux qui
estoient du royaume de Metz luy presteroient le serment de fidelité , &
demeureroient à iamais ses humbles & obeïssants subietz, & vassaux:
Et moy, dit il, & mes semblables, ses amys, aliez , & confederez, le ser-
uant, & fauorisant, enuers tous, & contre tous: specialement sur l'Empereur, lequel (veu la trahison qu'il a commise en la personne de son

Prince

Prince & droiturier seigneur) ne peult longuement durer, sans tomber
en grande ruyne. Si n'y eut celuy en la troupe qui ne prestast voluntiers
l'oreille à ce côseil: & fut le Duc mesme esleu de tous, pour aller au camp
du Roy de Sicile luy porter ceste parole. Au moyen dequoy, aussi tost
que l'aube du iour commença à paroistre, monta à cheual, & acompaigné des principaux du royaume de Metz, vindrent en la tente du Roy,
ou les conduirent ceux du guet, qui le trouuerent comme il s'armoit. Et
desia se mettoient en bataille les soldatz, pour aller poursuyure leur victoire precedante: mais tout s'arresta à la venue de ceste nouuelle embas-
sade, laquelle entendue par Alpatracie, & autres Princes, & seigneurs
de l'armée, furent les offres qu'ilz presentoiét acceptées, l'acord conclud,
& la paix asseurée: & auant disner Alpatracie proclamé par tout Roy de
Metz, & de Sicile. Si en fut incontinent auerty l'Empereur, qui ce iour
là estoit arriué en la ville de Constance, auecq' son ost: parquoy se hasta
pour empescher l'ennemy de passer plus auant: mais ilz s'entrerencon-
trerent le huictiesme iour d'apres, vn lundy tout tard: & commença l'escarmouche en vn village, ou chacune des deux armées vouloit loger
pour sa commodité. Là maints bons Cheualiers d'vne part, & d'autre,
finirent leurs iours: & sans la nuict, qui pour ce coup fauorisa la part du
Roy de Sicile, les Alemans eussent emporté la victoire: mais la chance
tourna le lendemain, car Birmartes, Amadis de Grece, Olorius, don Florelus, Orizenes, & Brauarte filz des Roynes Calafie, & Pintiquinestre,
fisrent la pointe: & acompaignez de maints bons Cheualiers, & soldatz
des qu'ilz peurent voir sur qui fraper, assaillirent viuement leurs ennemys. Et estants pesle mesle, & quasi au fort du conflit, arriua vers l'Empereur vn courrier, qui luy aporta nouuelles, comme la ville de Maiance a-
uoit esté prinse d'emblée, la garnison mise à mort, & la vefue du feu
Empereur tirée de la prison ou elle estoit. Et croyez, sire, dist ce messagier, que tout ce est auenu par le Comte de Flandres: car ie l'ay cogneu
en la troupe, acompaigné de plus de deux mille Cheualiers. Certes telles
nouuelles ne pleurent gueres à l'Empereur, ny à ceux qui les entendirent: Et en courut tellement le bruit par tout le camp, que plusieurs (voire la pluspart) perdirent cueur, & sans estre chassez fuyrent droit en la
ville de Constance. Et toutesfois l'Empereur ne laissa à faire teste au Roy
Amadis, & y eut si grand conflit d'vne part & d'autre, que l'Empereur
mesmes y demeura, le Duc de Saxe, le Comte de Meride, son filz, & plusieurs seigneurs, & Princes, auecq' tát d'autres gents, & de toutes sortes,
que les cheuaux estoient au sang par dessus les pasturons. Mais la mort
de l'Empereur mist tel effroy entre les siens, qu'ilz tomberent du tout en
deconfiture, & tournants doz fuyrent à vauderoute vers Constance, ou
ilz s'enfermerent, non pas tous: car plus de dix mil demeurerent sur le
champ. Et la nuict mesmes fut la ville assiegée, laquelle assaillie le lende-

X ii   main

main viuemét, & bien defendue, ne peult estre prinse des trois premiers
assaulx, & iusques au quatreiefme qu'elle fut eschellée, & y entrerent par
force les gents du Roy Amadis, mettans au fil de l'espée tout ce qu'ilz y
trouuerent, sans prendre à mercy vne seule ame viuante. Ainsi vaincuz,
& deffaitz ces Alemans, le Roy Amadis retourna au camp, ou le iour
precedant auoit esté la bataille: & là fist chercher le corps de l'Empereur
& autres ses parents, qu'il fist pendre par la gorge, puys brusler à petit
feu, executant la vengeance de la trahifon qu'il auoit commife en la perfonne de l'Empereur fon beau frere, & de Dinerpie fon gendre. Ce qu'il
escriuit incontinent à la Royne Oriane, l'asseurant qu'il retourneroit
vers elle, aussi tost qu'il auroit remis l'Imperatrix en liberté, & asseu-
rancé de son estat.

Comme la ville de Maiance

fut prinse d'emblée, & par qui.

Chapitre   LXIII.

S'il vous

S'il vous souuient, il vous a esté recité, que don Gasqui-
lan Duc de Bristoye, Angriote d'Estrauaux grand
Maistre du Royaume de la grand' Bretaigne, acompaignez du Comte de Cornouaille, & bon nombre
de gents de guerre, Cheualiers, Escuyers, & soldatz,
s'embarquerent pres Londres: & poursuyuâts le man-
dement du Roy leur maistre, tirerent droit à Naples, ou il assembloit
forte armée, pour recouurer l'estat de l'Empire, & venger la mort du
feu Empereur, & de son gendre Dinerpie. Si eurent vent en poupe quatre iours durants, mais la cinqiesme suruint vne telle tempeste, qu'il ne
leur demeura mast entier, tranquet, voyle, ny cordage, dont ilz se peussent ayder: tellement que voulsissent, ou non, furent poussez en la coste
de Flandres, ou ilz prindrent port, tant pour le r'adoubement de leurs
vaisseaux, que pour eulx reposer vn peu du trauail qu'ilz auoient eu.
Dequoy le Comte de Flandres auerty, & ayant desir de se monstrer e-
my & bon parent du Roy Amadis, les vint receuoir, & tellement les
persuada d'entrer en Alemaigne, qu'ilz delibererent tirer droit en la
ville de Maiance, & l'emporter d'emblée, durant que l'Empereur estoit
empesché à l'armée qu'il apareilloit, pour aller contre les Princes assemblez à Naples. Si executerent si bien leur deliberacion, & se tindrent
tant secretz & couuertz, qu'ilz furent aussi tost aux portes de la ville,
que ceux de dedans en eurent les nouuelles : toutesfois l'alarme s'eschauffa, & trouuerent moyen ceux de dedans d'abaisser les herses, en
sorte que la resistance fut forte, & dangereuse. Mais à bien defendu, bien
assailly: car au second assault les Cheualiers de la grand' Bretaigne, bais-
sants la teste, enfoncerent leurs ennemys, & en fisrent tel carnaige à la
fureur, que peu, ou point, se sauuerent. Lors vindrent en la tour ou e-
stoient penduz les corps de l'Empereur, & Dinerpie, qu'ilz porterent
ceremonieusement en la principale Eglise, & là les inhumerent, auecq'
grande manificence. Puys defermerent l'Imperatrix, qui iusques a-
doncq' auoit demouré en estroite prison, & treshonorablement la menerent au palays, ou elle sceut l'execucion, & tuerie des trahistres habitants, dont elle fut quelque peu consolée, regrettant sans cesse la mort de
ses mary, & enfant, & la perte de ses autres amys. Mais on l'asseura, que
la Princesse, femme de son filz, & sa fille, estoient au pouuoir du Roy
Amadis son beau frere: au reste, que Dieu ne la delaisseroit point, veu le
bon commencement de victoire qu'ilz auoient obtenu. Et pource qu'ilz
eurent auertissement que l'Empereur alloit à grand' iournées trouuer
le Roy Amadis, & sa puissance, pour le combatre, ne voulurent seiourner plus hault de deux iours à Maiance, ou ilz laisserent bonne garnison. Et s'acheminants droit à Constance, eurent nouuelles de la deffaite
de l'Empereur le soir precedant qu'ilz y arriuassent, qui leur donna telle

X iii enuie

enuie de visiter leurs amys, qu'ilz se ioignirent à eulx le iour d'apres, &
de bonne heure. Or estoient la pluspart des Princes gardants le lict,
pour quelques playes dont ilz auoient esté naürez: mais la vénue des seigneurs de la grand' Bretaigne leur donna telle ioye, qu'en brief ilz receurent guerison. Aussi que l'Imperatrix y suruint, qui fut receuë de
tous, comme sa grandeur le vouloit, non sans maintes larmes espandues,
& plusieurs regretz de la perte soufferte, qui s'augmenterent de trop
plus, quand elle auisa sa belle fille Brisenne, qu'Amadis, & Gandalin a-
uoient recouuerte des mains des Pyrates, comme il vous a esté dit. Ainsi
se passerent quelques iours, durants lesquelz les Roys pouruenrent aux
affaires plus requises de l'Empire, & print Birmartes congé d'eulx, pour
paracheuer son entreprinse, suyuant la promesse qu'il auoit iurée à O-
norie, fille du Roy d'Apolonie. Parquoy finerons nostre Septiesme liure en cest endroit, remettants le surplus de l'histoire sur la huictiesme
partie, matiere, & subiet assez bon, pour employer plus subtil, & meilleur esprit, que le mien.

Acuerdo Oluido.

Fin du Septiesme liure d'Amadis de Gaule, nouuellement im-
primé à Paris, en l'Imprimerie de Ieanne de Marnef, de-
mourant en la rue Neuue nostre Dame, à l'enseigne
saint Iean Baptiste: & fut acheué d'imprimer
le vingtquatreiesme iour de Mars, mil
cinq cents quarante six.

Nul ne s'y frotte.
Patere, aut abstine.
Ieanne de Marnef.